유해 사료, 안중근을 찾아서

진인진

일러두기

1. 외국어(중국어, 일본어, 영어 등)나 한자를 한글과 함께 기록해야 할 경우, 한글을 먼저 쓰고 뒤 '( )' 안에 외국어를 표기했다.
   예시: 안중근(安重根), 이토 히로부미(伊藤博文)

2. 외국의 지명과 인명은 한글 뒤 '( )' 안에 원문을 표기했다.
   예시: 이토 히로부미(伊藤博文), 상하이(上海), 미조부치 다카오(溝淵孝雄)

3. 외국인 이름을 표기할 때 줄여 쓰지 않고 성과 이름 모두 함께 표기했다.
   예시: 이토(伊藤博文) (×) → 이토 히로부미(伊藤博文) (◯)

4. 외국인 이름과 지역 이름은 한국식 한자 발음이 아닌 원어(중국어, 일본어 등)의 발음의 체계로 표기했다. 표기는 국립국어원의 외래어표기법에 따랐다. 단, 역사적으로 굳어졌거나 통칭되는 용어는 그대로 표기했다.
   예시: 이등박문(伊藤博文) (×) → 이토 히로부미(伊藤博文) (◯)
   상해(上海) (×) → 상하이(上海) (◯)

5. 한자 자료의 경우 일본어 자료는 번체자로 표기하고 중국어 자료는 원자료에 따라 번체자와 간체자를 혼용해서 표기했다.
   예시: 《日本監獄法》, 〈安重根埋葬地寻访调查〉

6. 원문 중 판독이 불가능한 경우, '(미상)'으로 표기했다.

7. 원문 중 빠진 글자(缺字)는 '□'으로 표기했다.

8. 번역 중 추가 설명은 '( )' 안에 제시했다.

9. 모든 날짜는 양력으로 환산했다. 다만 사료 검색에 필요한 중요 문서의 경우 양력과 함께 음력 또는 양력과 일본력을 병기하였다.
   예시: 메이지(明治) 43년(1910년) 2월 23일

유해 사료, 안중근을 찾아서

초판 1쇄 발행 | 2023년 2월 14일

편　저 | 김월배, 김이슬 , 강일규, 김기홍, 김동국, 김봉진, 김성수, 김순진, 김원웅, 노치영, 오노시 마유, 육사명, 이성호
발행인 | 김태진
발행처 | 진인진
등　록 | 제25100-2005-000003호
주　소 | 경기도 과천시 별양상가 1로 18 614호(별양동 과천오피스텔)
전　화 | 02-507-3077-8
팩　스 | 02-507-3079
홈페이지 | http://www.zininzin.co.kr
이메일 | pub@zininzin.co.kr

ISBN 978-89-6347-547-9 93900

* 책값은 표지 뒤에 있습니다.

목차

편자(가나다순)

강일규(姜一圭, 한성대학교 교수)

김기홍(金基弘, 한국직업진로상담연구원)

김동국(金東局, 프로듀서, 에이엔에스엔터테인먼트)

김봉진(金鳳珍, 일본 기타큐슈 시립대학교 명예 교수)

김성수(金星洙, 한양대학교 교수)

김순진(金順鎭, 청홍가야금연주단 대표)

김원응(金元應, 한국철도공사 남북대륙 사업처장)

김월배(金月培, 하얼빈이공대학교 외국인 교수)

김이슬(金이슬, 하얼빈이공대학교 박사 수료)

노치영(盧致榮, 예비역 육군 준장)

오노시 마유(大熨真由, 송도고등학교 원어민 강사)

육사명(陆思茗, 서울대학교 대학원 석사 졸업)

이성호(李誠昈, 독립운동가 이용혁 후손, 독립운동가 정대호 유족)

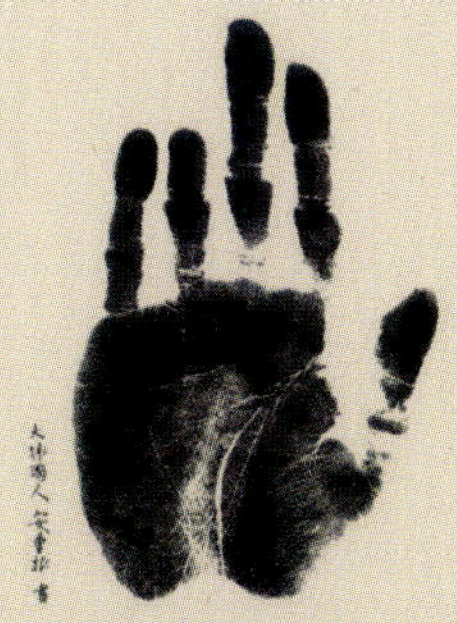

유해 사료, 안중근을 찾아서

간행사

간행사

이성호(독립운동가 이용혁 후손, 독립운동가 정대호 유족)

안중근 의사가 저의 삶에 자리한 것은 10여 년 전입니다.

신문에서 안중근 아카데미 모집 공고를 보았습니다. 안중근 의사 숭모회에서 운영하는 안중근 의사를 배우는 프로그램입니다. 16주로서 한 학기 동안 안중근 의사 기념관에서 일주일에 한 번씩 안중근 의사를 알아 가는 것입니다.

저는 결혼 후 안중근 의사를 직접적으로 알게 되었습니다. 저의 배우자는 안중근 의사 친구이자, 하얼빈 의거시 김아려 여사와 공근, 정근을 하얼빈으로 모시고 온 정대호 선생의 손녀입니다. 정대호 선생은 싱가포르에서 살다가 돌아가셨습니다. 그 후 국가보훈처의 도움으로 지금은 대전 현충원에 모셔져 있습니다.

이러한 인연으로 안중근 의사를 언젠가는 체계적으로 알아야겠다는 생각을 가지고 있었습니다. 이러한 시기에 안중근 의사 아카데미 모집공고 신문을 보게 된 것입니다. 제가 안중근 의사를 알아 갈수록 안중근 의사에 대한 흠모는 더욱 깊어져 갔습니다. 안중근 의사 기념관에 안중근 엽서를 사서 기증도 하였습니다. 연세대학교에 '대호 장학금'이라는 장학금도 만들었습니다. 그리고 안중근 아카데미에서 해외 답사를 가게 되었습니다. 하얼빈에서 김월배 교수를 만나게 되었습니다. 하얼빈부터 뤼순까지 전체 일정을 안내한 김월배 교수에게 언제 한국에 오느냐고 물었습니다. 그해 여름 방학에 한국에서 만나게 되었습니다. 그게 벌써 7년이 되었습니다. 안중근 의사 유해 발굴을 위해 뤼순에 있는 김월배 교수를 보면서 안중근 의사 유해 발굴을 위해 무엇인가 해야겠다고 결심을 하였습니다. 이러한 인연으로 이번《유해 사료, 안중근을 찾아서》가 간행되었습니다. 김월배 교수가 그동안 모아온 안중근 의사 유해 관련 사료 중 일본, 중국, 한국 사료를 번역하고 정리하여 발간하였습니다. 자료 수집과 보완, 번역 출간에 이르기까지 수고하신 김월배 교수와 김이슬 박사에게 깊은 감사의 말씀을 전합니다. 두 분은 사람이 어떻게 살아야 하는지, 국민이 어떻게 나라를 사랑해야 하는지 실천하는 연구자입니다. 이 편저가 안중근 의사 유해 발굴의 밀알이 되기를 진심을 바랍니다.

사료가 수많은 사람들 손을 통하여 수집되었을 것입니다. 사료를 기꺼이 제공해 주신 안중근 연구자들에게 감사함을 전합니다. 안중근 의사 유해 발굴의 그날이 빨리 오기를 진심을 바랍니다. 안중근 의사의 평화 정신이 일본과 중국에도 널리 알려지어, 일본과 중국 국민들께서도 기꺼이 안중근 의사 유해 발굴에 동참하기를 바랍니다. 향후 안중근 의사의 올바른 정립과 연구와 출간에도 지원을 아끼지 않을 것입니다. 연구자 여러분들의 깊은 관심을 부탁드립니다.

2022년 10월 26일 이성호

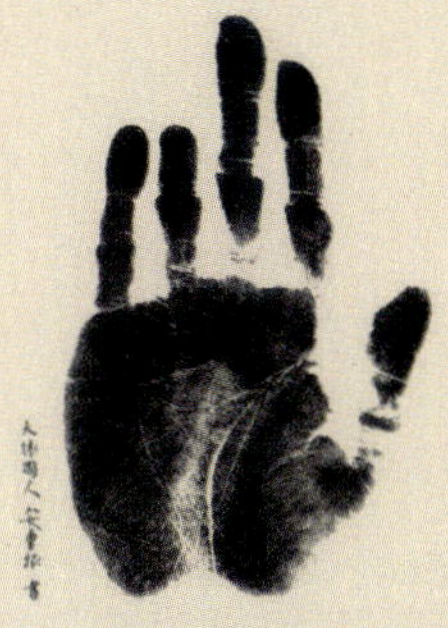

유해 사료, 안중근을 찾아서

추천사

추천사

유영렬(안중근의사기념관 관장)

올해 2022년은 안중근 의사께서 하얼빈 의거를 일으키신지 113주년이 된 해이자, 이역만리 뤼순에서 순국하신지 112주기가 되는 해입니다. 우리는 식민지를 거치고도 세계적으로 주목받는 성과를 거둔 것에 그치지 않고 선진국 대열에 접어든 역동적인 나라에 살고 있습니다. 그런데 우리를 둘러싼 최근의 국제 정세는 마치 110여 년 전 안중근 의사께서 활동하실 때와 마찬가지로 초강대국들의 힘겨루기가 지속되고 있는 것처럼 보입니다.

안중근 의사께서는 112년 전 뤼순에서 순국하시기 전까지 오직 한국의 독립과 동양평화만을 염원하셨습니다. 그렇기에 대한국인 안중근 의사는 이제 모든 국민이 존경해 마지않는 민족의 영웅으로 자리하고 계십니다.

본인의 유언 역시 국권이 회복되거든 고국으로 옮겨 묻어달라는 것이었습니다. 따라서 안중근 의사의 유해를 찾아서 고국으로 모시는 일은 단순히 본인의 유언을 받드는 일을 넘어 이 땅의 후손들이 해야 할 마땅한 의무라고 할 수 있을 것입니다. 얼마 전에는 남북관계가 진전됨에 따라 안중근 의사의 유해를 찾는 일에 각계각층에서 다시금 관심이 고조되었습니다. 그럼에도 불구하고 실질적인 성과는 미미하였고 우리에게 안중근이라는 이름은 여전히 멀게만 느껴지는 것도 사실입니다.

동서를 막론하고 비록 적이라 할지라도 상대국인의 주검을 인도하는 것은 불문율입니다. 일본이라는 국가에 대한 증오나 적개심이 아닌, 오직 한국의 독립과 동양평화를 위해 의거를 일으킨 안중근 의사의 유해를 가족과 고국에 돌려주지 않은 일본은 국제정의의 관점에서도 비판받아 마땅합니다. 지금이라도 일본은 안중근 의사의 유해를 인도하지 않은 것에 유감을 표명하고 유해 발굴에 적극 동참하여야 할 것입니다.

이런 시기에 안중근 의사 유해발굴에 관한 책이 새로이 발간되었습니다. 이 책은 연구자로서, 교육자로서, 현지 활동가로서 적극적으로 노력을 기울여온 김월배 교수의 의지로 탄생하게 되었습니다.

『유해사료, 안중근을 찾아서』 1부는 안중근 의사의 순국과 매장에 관한 일본 사료를 모았습니다. 여러 연구자들이 일본 사료를 인용하였지만 순국과 매장에 관한 사료만 모은 것은 처음이 아닐까 합니다. 2부에서는 안중근 의사 유해 매장지에 대한 중국측 사료를 소개하였습니다. 이 역시 최초의 작업으로 알고 있습니다. 이어 3, 4부에서는 소략하지만 한국과 러시아의 사료 등이 담겨 있습니다.

여기에는 김월배 교수가 기울인 그간의 땀과 노력이 모두 담겨 있습니다. 이 책을 통하여 일찍이 한·중·일 삼국의 동양평화를 염원하시던 안중근 의사께서 세상에 남기신 가르침과 그분의 유해를 찾아야만 하는 우리들의 사명을 느껴보시길 바랍니다.

2022년 10월

안중근의사기념관 관장 유영렬

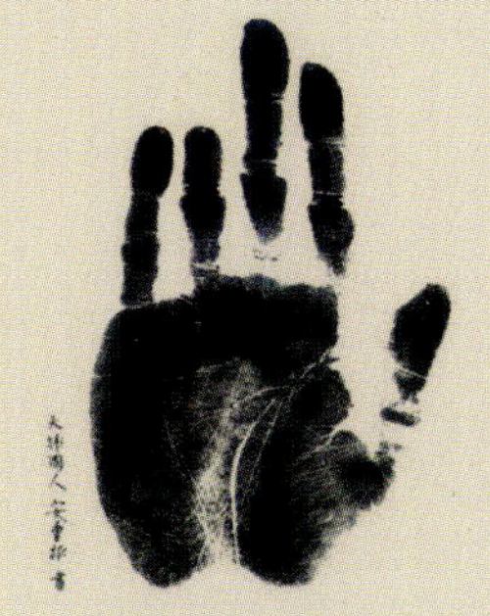

유해 사료, 안중근을 찾아서

기획 · 편찬의 변

기획 · 편찬의 변

김월배(하얼빈이공대학교 외국인 교수)

안중근 의사, 대한민국의 혼이다.

안중근 의사는 대한민국이 배출한 평화주의자이자 사상가로서, 국격을 높이신 분이다.

독립과 평화, 살신성인으로 실천한 지성인으로서 행동하는 양심이다. 대한민국 국민들은 '안중근' 이름을 떠올리면, 가슴이 뿌듯해 짐을 누구나 공감한다.

그러나, 안중근 의사가 유언을 하셨다.

"내가 죽은 뒤에 나의 뼈를 하얼빈 공원 곁에 묻어두었다가 우리 국권이 회복되거든 고국으로 반장해 다오. 나는 천국에 가서도 또한 마땅히 우리나라의 회복을 위해 힘쓸 것이다. 너희들은 돌아가서 동포들에게 각각 모두 나라의 책임을 지고 국민 된 의무를 다하며 마음을 같이 하고 힘을 합하여 공로를 세우고 업을 이르도록 일러다오. 대한독립의 소리가 천국에 들려오면 나는 마땅히 춤추며 만세를 부를 것이다."

안중근 의사 유언하신 지, 112년이 흘렀다. 안중근 의사의 유언은 죽어서도 조국 대한제국의 국권 회복에 대한 바람과 국민에 대한 의무를 당부하는 국민으로서의 보편적 가치 실현이 응축된 처절한 절규였던 것이었다. 자신의 목숨을 초개와 같이 버리고 국가를 위하여 헌신하는 모습이 지금도 눈에 선하다.

여전히 안중근 의사 유언의 실현은 고사하고, 안중근 의사 유해 위치가 어디에 계신지 특정하지 못하고 있다. 세계 경제 10위 국가, 문화강국을 표방하는 대한민국, 오늘의 현실이다. 혹자는 안중근 의사를 가슴에 묻자고 하신다. 안중근(1879-1910) 의사 순국하신 지 불과 112년이다. 광복된 조국에 묻어달라시며 유언도 남기셨다. 평화주의자 안중근 의사, 후손의 도리를 해야 한다. 안중근 의사 유해는 반드시 우리가 찾아야 한다.

편자가 안중근 의사를 찾아간 것은 2005년 하얼빈이었다. 2006년 1월 16일 하얼빈에 안중근 의사 동상을 설립하는 실무자로서 역할을 하였다. 그 후 나는 명함을 만들었다. "안중근 의사 유해는 반드시 찾아야 한다."라며 18년간 '임중도원(任重道遠)'의 심정으로 보냈다. 만나는 사람들에게 꼭 명함을 준다. 그리고 반드시 문구를 알려 준다. 중국인에게는 더욱 적극적으로 준다. "一定尋找安重根義士遺骸." 중국인이 물어본다. 동양평화를 위해 순국하신 안중근 의사 유해가 중국 뤼순에 묻혔다고 알려주었다. 안중근 의사가 순국 되신 뤼순은 나에게 현장이 답이라는 심정으로 늘 가슴이 뛰었다. 안중근 의사가 순국 되신 관동도독부 감옥서가, 1970년 박물관으로 개관한, 뤼순일아감옥구지 박물관에서 나는 한국인으로 대외업무를 하였다. 뤼순일아감옥구지 박물관에서 교류한, 직원들과 자료는 나에게 수많은 영감을 주었다.

우선, 현장 답사이다. 안중근 의사 순국을 기록한 조선통감부 촉탁인 소노키 스에시가 기록한 '안의 사형 시말 보고서'에 의하면, 안중근 의사는 1910년 3월 26일 9시 30분에 순국 되셨다. 그 후 교회당으로 안중근 의사를 운구하여 우덕순, 조도선, 유동하로 하여금 유해를 알현하고 최후 인사를 나누었다. 13시 감옥서 묘지에 묻혔다고 기록하고 있다. 안중근 의사 순국되신 사형장은 뤼순일아감옥구지 박물관 동쪽 감방 입구 앞 건물로, 2000년 5월 23일 특정되어졌다. 교회당은 뤼순일아감옥구지 박물관 2층 중앙에 위치하고 있다. 바로 교회당에서 매장된 곳까지 어디일까? 대략 뤼순일아감옥구지 박물관 반경 2시간 내에 위치할 것이다. 그곳 감옥서 묘지가 어디인가? 현재 사료적으로 특정할 수는 없다. 바로 이 현장을 찾아 수많은 답사를 하였다.

둘째, 직원과의 교류이다. 뤼순일아 감옥구지 박물관에서 초대 관장으로 재직한 저우샹링(1970년-1996년) 관장을 지금까지 교류하면서 수많은 자료와 정보를 제공받았다. 저우샹링 관장은 뤼순일아감옥구지 박물관을 건립하면서 자료 수집과 수감되었던 중국인 피의자들을 면담을 하면서 생생히 기록하였다. 또한 1986년 북한 안중근 유해 발굴단, 2006년 남북한 안중근 의사 유해 발굴, 2008년 한중 안중근 의사 유해 발굴을 직접 수행하면서 현장을 가장 잘 알고 있는 사람이다. 또한 저우샹링 관장의 딸인 저우아이민은 현 뤼순일아감옥구지 박물관 부관장은 20대 초반에 박물관 해설사로 시작하여 현재까지 35년간을 재직하고 있다. 1971년부터 근무한 왕전런 전 부관장, 38년간 뤼순감옥 실무를 진행한 판마오중 전 주임 등이 제공한 수많은 정보와 자료는 안중근 의사 유해 위치를 간접적으로 이해할 수 있는 소중한 기록이다.

셋째, 뤼순향토학자들과의 교류이다. 뤼순은 중국 근대사에서 아픔을 가진 청일전쟁과 러일전쟁의 격전지이다. 또한 러시아 조차지, 일본 식민지로서 수많은 질곡을 가지고 있다. 이것을 찾아 기록한 뤼순의 향토역사학자들도 즐비하다. 또한 뤼순 유물을 수장하는 수장가들도 엄청나게 많다. 전직 박물관장, 전직 초등학교 교장 퇴직자, 전직 공무원, 현직 변호사 등은 뤼순지역의 역사를 기록하고 수많은 저술을 하였다. 그 중심에 안중근 의사를 중요하게 모시고 있다. 이들과의 교류는 뤼순의 고지도와 서적, 문화유물들을 접할 수 있는 소중한 통로였다. 또한 매주 토요일과 일요일 열리는 뤼순과 다롄의 헌책방 거리이다. 그리고, 뤼순 당안관, 다롄 도서관, 다롄 당안관, 다롄 골동품 상가, 뤼순 골동품점, 다롄 외국어 대학 도서관, 상하이 도서관, 푸단대학 도서관, 하얼빈시 도서관, 헤이룽장성 도서관, 하얼빈 지방사 연구소, 하얼빈 이공대학 도서관, 치치하얼 대학 도서관, 쟈무스 대학 도서관 등은 사료의 창고였다. 그리고 뤼순일아감옥구지 박물관 인근 거주 주민과 뤼순일아감옥 구지 옛터 묘지 거주 주민, 뤼순 양로원 주민들과의 면담과 교류는 발걸음을 가볍게 하였다.

넷째, 일본 사료 조사이다. 2015년부터 일본의 키타큐슈 시립 대학의 특강을 시작하였다. 이곳을 가면서, 야마구치의 하기시, 히가리시 등은 이토 히로부미의 생가와 박물관을 방문하였다. 가장 중요한 것은 동경의 조사이다. 일본 고서점 거리 칸다 진보초, 일본 국립 국회 도서관, 일본 외교사료관, 헌정 기념관, 방위성 연구소, 동경대학 도서관, 교토 용곡대학 도서관, 사설 도서관, 안중근 유묵 전시 장소 등은 안중근 의사 일본 측 자료를 조사하고 수집할 수 있는 기회였다.

다섯째, 뤼순감옥 근무자와 피의자 찾기이다. 실제 뤼순감옥에서 근무했던 일본인 의사, 중국인 소사, 관동도독부 고등법원에서 근무했던 히라이시 의 손자, 안중근 의사를 순국 당시 교회(教誨)했던 일본 니시혼간지의 교화승 쓰다 가이준의 고향 방문 등은 안중근 의사 유해 자료의 보고였다.

여섯째, 안중근 의사 유해를 찾는 선배들과의 교류이다. 그동안 안중근 의사 유해를 찾기 위해 평생을 살아오셨던 한국인 박삼중 스님, 김영광 선생, 최서면 선생, 이태진 선생 등이 남기신 소중한 자료, 국가보훈처, 국가기록원, 연세대 안중근 사료실, 국립중앙 도서관에서 수집한 소중한 자료들은 이 책의 소중한 역할을 하였다.

일곱째, 실제 안중근 의사 유해 발굴 현장 기록이다. 1986년 북한의 안중근 의사 유해 발굴, 2006년과 2008년 한중 안중근 의사 유해 발굴의 기록과 보고서 등은 안중근 의사 유해 위치 확인할 수 있는 중요한 기록이다.

이외에도 기록되지 않은 수많은 정보와 자료가 많다. 이에 대해 편저자는 2014년《안중근 의사 유해를 찾아라!》[1], 2015년, 광복 70주년에《뤼순의 안중근 의사 유해발굴 간양록》[2], 2021년《안중근 의사 유해 발굴, 동양평화의 길이다》[3]라는 형태로 세상에 소개하였다.

이밖에 이번《유해 사료, 안중근을 찾아서》에 싣지 못한 몇 가지 자료가 있는데 그 자료로는,

1. 최서면(崔書勉) 선생님이 작성한〈안중근의 묘〉[4],
2. 《Agenda》라는 일본 잡지에 히라타 아츠시(平田厚志)라는 류코쿠(龍谷)대학교 명예교수가 기고한〈안중근(安重根) 처형에 입회한 한 명의 조도신슈(淨土眞宗) 혼간지(本願寺)파의 교회사(教誨師)〉[5]

1 안태근, 김월배(2014),《안중근 의사 유해를 찾아라!》, 스토리하우스

2 김월배, 김종서(2015),《뤼순의 안중근 의사 유해발굴 간양록》, 청동거울

3 김월배(2021),《안중근 의사 유해 발굴, 동양평화의 길이다》, 걸음

4 崔書勉(2001),《安重根の墓》, 安重根義士墓城推定委員會

5 平田厚志(2017),〈【寄稿】安重根の処刑に立ち会った ひとりの浄土真宗本願寺派の教海師〉, Agenda アジェンダ 未来への課題, 第58号 特集 平和憲法は変えさせない!》, アジェンダ・プロジェクト

3. 《岡山と朝鮮 : その2000年のきずな》[6]에 실린 〈옥중의 안중근과 쓰다(津田) 교회사(教誨師)〉

4. 박삼중 스님이 쓴 《코레아 우라》[7]의 내용 중에 쓰다 가이준(津田海純)의 일기에 대한 내용이 있다.

먼저, 최서면(崔書勉) 선생님이 작성한 〈안중근의 묘〉는 도쿄국제한국학연구원 원소장 자료인데 뤼순일아감옥구지 박물관을 통해 제공받았다. 〈안중근의 묘〉에서는 안중근 의사의 사형집행과 관련된 일본의 보고서 등과 같은 사료, 안중근의 묘를 찾는 전후의 시도, 안중근의 묘를 찾는 새로운 시도, 안중근 의사 묘역 추정위원회의 작업, 묘역 추정에 대해 정리한 내용이 실려 있는데 그 기록 내용과 번역문을 함께 제시했다. 〈안중근의 묘〉는 2006년 남북한 안중근 의사 유해 발굴 당시 안중근 의사 매장지를 추정하는 역할을 하였다. 이 자료에는 뤼순일아감옥구지 박물관 뒤편인 위안바오산[8]을 매장지로 지정하였다. 이것을 근거로 2008년 한중 안중근 의사 유해 발굴을 진행하였다.

일본 잡지 《Agenda》의 기고문 〈안중근(安重根) 처형에 입회한 한 명의 조도신슈(浄土眞宗) 혼간지(本願寺)파의 교회사(教誨師)〉은 류코쿠대학 동양평화론 연구 센터 소속 히라타 아츠시(平田厚志) 교수가 작성하였다. 기고문에는 뤼순감옥에 감옥 교회사(教誨師)로 파견된 쓰다 가쿠세이(覚性) · 가이준(海純)에 대한 소개, 나가오카 가쿠세이(長岡覚性)가 하얼빈에서 뤼순감옥으로 호송된 안중근 의사와의 인연, 나가오카 가쿠세이의 손녀 나가오카 미치코(長岡倫子)로부터 탐문 조사를 통해 얻은 그 당시 나가오카 가쿠세이와 안중근 의사의 에피소드가 실려 있다.

《岡山と朝鮮 : その2000年のきずな》[9]에 실린 〈옥중의 안중근과 쓰다(津田) 교회사(教誨師)〉에는 뤼순감옥에 수감되었던 안중근 의사와 당시 뤼순감옥 교회사(教誨師) 쓰다 가이준(津田海純)과의 인연에 대해 기록되어 있다. 사형수 신분인 안중근 의사의 교화를 담당한 승려(쓰다 가이준 · 津田海純)은 안중근 의사 유해 발굴을 했던 박삼중 스님의 《코레아 우라》 증언에 의하면, 쓰다 가이준의 일기가 있다는 것이다. 일본 오카야마의 정심사(靜心寺)[10] 주지로 있었다. 안중근 의사의 유묵 3점과 사진 27여 매를 보관하였다. 후에 조카 스님이 류코쿠(龍谷)대학 도서관에 기증하였다.

박삼중 스님이 쓴 《코레아 우라》[11]의 내용 중에 쓰다 가이준(津田海純)의 일기에 대한 내용이 나온다. 쓰다 가이준은 뤼순감옥의 교회사(教誨師)로서 뤼순감옥 사형수 신분이었던 안중근 의사의 교화를 담당한 승려였다. 안중근 의사는 천주교 신자였지만 두 사람은 뤼순감옥에서 국적과 종교를 뛰어넘어 우정을 쌓았다. 《코레아 우라》에는 쓰다 가이준은 매일 일기를 쓴 것으로 전해지는데 1997년 일본의 류코쿠대학 사회과학 연구소에 기증된 그의 일기장 중 그가 뤼순감옥을 출입하던 시절에 쓴

---

6 西川宏(1982), 《岡山と朝鮮 : その2000年のきずな》, 日本文教出版

7 박삼중(2015), 《코레아 우라 : 박삼중 스님이 쓰는 청년 안중근의 꿈》, 소담출판사

8 원보산(元寶山)

9 西川宏(1982), 《岡山と朝鮮 : その2000年のきずな》, 日本文教出版

10 조신지(靜心寺)

11 박삼중(2015), 《코레아 우라 : 박삼중 스님이 쓰는 청년 안중근의 꿈》, 소담출판사

일기가 있다고 기록되어 있다. 안중근 의사가 친필 유묵과 유품을 쓰다 가이준에게 맡길 만큼 깊은 우정을 나눈 쓰다 가이준이었기 때문에 그의 일기장에는 아직 밝혀지지 않은 안중근 의사에 대한 내용이 있을 것이다. 따라서 쓰다 가이준이 뤼순감옥 근무 시절에 쓴 일기장의 내용을 확인한다면 안중근 의사의 유해매장과 관련된 내용도 확인해 볼 수 있을 것이다. 《코레아 우라》 중 쓰다 가이준의 일기 부분에 대한 내용은 제3장의 〈국적과 종교를 초월한 우정〉에 실려 있다.

안중근 의사 유해 발굴의 중요성은 아무리 강조해도 지나치지 않다. 안중근 의사 유해 발굴 당위성은 바로, 후손의 도리, 대한민국 국민의 무한책임이다. 안중근 의사 유해 발굴은 대한민국 국민이라면 마땅히 해야 할 당위성이라고. 왜냐하면 역사는 반복이 되기 때문이다. 대한제국이 일제에 의해서 국권이 유린되고 우리나라가 주권을 상실했던 것처럼 또다시 우리의 역사가 반복될 수도 있다. 국난을 당했을 때 하나밖에 없는 목숨을 바쳐 살신성인 정신으로 희생하신 분들에게 국가가 나서서 그분들의 유해를 찾지 않는다면, 또 그분들의 희생을 기리지 않는다면 앞으로 미래세대에 누가 국가를 위해서 자신의 목숨을 내놓고 희생할까요? 안중근 의사 유해 발굴은 미래에 대한민국이 어려워졌을 때, 또 다른 구국의 의지를 떨치고 일어서야 할 국민 된 도리라고 생각한다. 바로 안중근 의사님의 유해 발굴은, 또한 안중근 의사님의 유해 자료를 찾는 일은, 안중근 의사의 후손인 우리의 도리이자, 주권국가 대한민국 국민의 무한책임이라고 생각한다.

나는 평소 지론을 가지고 있다.

"문제 제기는 누구나 할 수 있다. 그러나 해결책을 내야 한다. 그게 책임이다." 이렇게 나의 안중근 의사 유해를 찾는 인생은 시작되었고, 하얼빈과 뤼순은 제2의 고향이 되었다.

이러한 노력의 일환으로 본 책을 정리하였다. 지금은 안중근 의사 유해 위치를 특정할 수 없지만, 안중근 의사 유해 발굴 백서를 발간한다는 심정으로 지금까지 안중근 의사 유해 관련된 아주 작은 단서라도 모두 기록하였다. 《유해 사료, 안중근을 찾아서》가 훗날 과학이 발전이 되어 안중근 의사 유해 발굴이 좀 더 체계적으로 이루어질 때 단서를 제공하기를 진심으로 바란다. 《유해 사료, 안중근을 찾아서》는 대한민국 국민들의 열망과 격려가 있었기에 가능하다. 이러한 노력에는 기획, 정리, 조사, 번역, 감수, 알림 등에 구체적인 분들의 역할이 있었기에 가능하였다.

이런 노력이 안중근 의사 유언 실현에 역할이 되기를 안중근 의사 영전에 바친다. 이 기록들이 객관적으로 사료적으로 제공되어 후학 연구자들이 지속적으로 안중근 의사 유해 발굴의 마중물 역할을 하길 바란다. 동양평화를 염원하시다가 조국을 대신해 살신성인하신 안중근 의사. 평화주의자 안중근 의사 유언의 실현 어찌할 것인가? 국민들에게 묻고 싶다.

광복은 저절로 주어진 것이 아니다. 국민의 염원으로 되찾은 것이다. 안중근 의사가 풍찬노숙을 하면서, 처절하게 저항하고 살신성인의 결과이다. 대한민국 국민 전부가 안중근 의사 유해를 찾아 나서야 한다. 이러한 국민의 염원이 하나로 모여져야 안중근 의사 유해 발굴이 가능할 것이다.

2022년 10월 26일 김월배

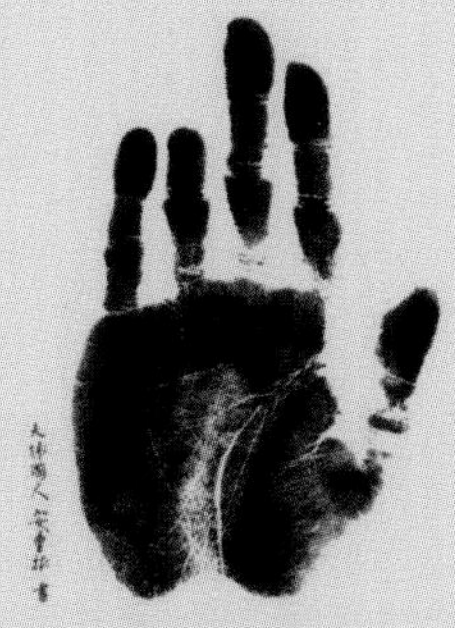

유해 사료, 안중근을 찾아서

해제

해제

김월배, 김이슬

1. 자료 해설

본 책은 한국, 중국, 일본, 러시아에 흩어져 있던 안중근 의사 유해와 관련된 신문 기사, 잡지 기고, 책, 공술서, 보고서, 지도, 편지 등의 기록 및 사진 자료들을 하나로 묶은 것이다.

자료 수집은 한국 국가보훈처, 한국 국립중앙도서관, 국사편찬위원회, 동북아역사자료센터, 한국 국가기록원, 한국 독립기념관 자료실, 일본 국립국회도서관, 일본 외교사료관의 자료 조사와 중국 뤼순일아감옥구지 박물관, 그 외 안중근 의사에 대해 연구하는 분들의 자료 제공 등을 통해 이뤄졌다.

본 책에서는 총 114개의 문건을 일본, 중국, 한국, 러시아 순으로 나라에 따라 자료를 묶었다. 자료에서 번역이 필요한 문건 중 일부는 번역문이 있어 그 번역문을 참고했고 그 외의 자료는 자료 해석을 위해 번역을 진행하여 자료 문건과 함께 번역문을 실었다.

개별 자료에 대한 상세한 해설은 도판 및 번역문과 함께 본문에 수록했다.

1) 일본 자료(53건)

① 일본 신문(33건)
② 이토 공작 만주 시찰 일건(문서와 밀봉)(8건)
③ 고가 하쓰이치가 판마오중에게 보낸 편지(3건)
④ 고가 하쓰이치 참회록(1건)
⑤ 다고 지로의 공술서(1건)
⑥ 다고 지로의 죄행록(2건)
⑦ 뤼순감옥 형무소장 사망장 보고서(1건)
⑧ 일본 감옥사 자료_사형 집행의 제도와 도고(1건)
⑨ 관동국 경찰 회원 목록(1건)
⑩ 관동국 형무소(뤼순감옥) 전화번호부(1건)
⑪ 뤼순감옥 관련 일본인 명단(1건)

2) 중국 자료(35건)

① 중국 신문(6건)
② 중국 잡지(1건)
③ 뤼순감옥 단독 안중근 의사 유해 발굴 조사 보고서(1건)

④ 뤼순감옥 주변 공동묘지 현장 실태 조사(1건)

⑤ 지도 근거 안중근 의사 묘지 추정 분석 보고서(2건)

⑥ 저우샹링 관장 진술자 조사 보고서(1건)

⑦ 뤼순일아감옥구지 공동묘지의 과거와 현재(1건)

⑧ 뤼순 지도(4건)

⑨ 미국 등산포 공동묘지 GPR 발굴을 위한 공문서(4건)

⑩ 안중근 의사와 윤봉길 의사 관련 문서봉투(1건)

⑪ 안중근 의사 유해 발굴 관련 논문(1건)

⑫ 관동도독부 감옥법(1건)

⑬ 일본감옥법(1건)

⑭ 뤼순감옥묘지 변천 연구(1건)

⑮ 북한 뤼순 안중근 유해 발굴(1986년)(3건)

⑯ 안중근 의사 유해 발굴 공문(4건)

⑰ 뤼순감옥 근무 중국인 명단(1건)

⑱ 마번위안과 마홍푸(1건)

3) 한국 자료(24건)

① 한국 신문(16건)

② 한국 잡지(1건)

③ 매천야록(2건)

④ 김영광 선생 안중근 의사 유해 조사안(2건)

⑤ 안중근 의사 유해 발굴 보고서(2건)

⑥ 중국 외교부 · 한국 국가보훈처 자료(1건)

4) 러시아 자료(2건)

① 국가기록원 발표 러시아 신문(1건)

② 러시아 국방성 중앙문서보관소 소장 자료(1건)

2. 목록의 구성

안중근 의사 유해 관련 자료 목록의 구성은 표1과 같다.

표1 목록의 구성

일련 번호	자료명	문건명	관련 세부 내용
1	일본 신문_교토일출신문	안중근의 사형	· 발행일: 1910.03.28
2	일본 신문_국민신문	이토공 저격 범인 안중근=사형	· 발행일: 1910.03 (일자 미상)
3	일본 신문_나고야신문	안중근의 최후	· 발행일: 1910.03.28
4	일본 신문_도쿄아사히신문	안중근의 묘지	· 발행일: 1910.03.11
5	일본 신문_도쿄아사히신문	안중근 유해 처분(同上)	· 발행일: 1910.03.14
6	일본 신문_도쿄아사히신문	안중근 처형	· 발행일: 1910.03.27
7	일본 신문_도쿄아사히신문	안중근 사형집행	· 발행일: 1910.03.28
8	일본 신문_도쿄일일신문	안중근의 사형	· 발행일: 1910.03.28
9	일본 신문_모지신보	안중근 공판 소감	· 발행일: 1910.02.26
10	일본 신문_모지신보	안중근 시체	· 발행일: 1910.02.26
11	일본 신문_모지신보	안 변호사의 말	· 발행일: 1910.02.27
12	일본 신문_모지신보	사형은 26일	· 발행일: 1910.03.24
13	일본 신문_모지신보	안중근의 처형	· 발행일: 1910.03.28
14	일본 신문_모지신보	두 동생의 한	· 발행일: 1910.03.28
15	일본 신문_모지신보	안중근의 사형집행	· 발행일: 1910.03.28
16	일본 신문_시사신보	안중근 사형집행	· 발행일: 1910.03.27
17	일본 신문_신애지신문	안중근의 사형집행	· 발행일: 1910.03.28
18	일본 신문_오사카마이니치신문	안중근의 유언	· 발행일: 1910.02.04
19	일본 신문_오사카마이니치신문	안중근의 교만한 말투	· 발행일: 1910.02.25
20	일본 신문_오사카마이니치신문	안중근의 유해	· 발행일: 1910.03.10
21	일본 신문_오사카마이니치신문	흉한의 사형	· 발행일: 1910.03.23
22	일본 신문_요미우리신문	안중근의 사형 (미상)	· 발행일: 1910.03.28
23	일본 신문_이세신문	안중근의 사형	· 발행일: 1910.03.29
24	일본 신문_조선신문	안중근과 두 동생	· 발행일: 1910.02.27
25	일본 신문_조선신문	안 처형과 교회	· 발행일: 1910.03.27
26	일본 신문_조선신문	안중근의 유해 매장	· 발행일: 1910.03.29
27	일본 신문_조선신문	안중근의 최후	· 발행일: 1910.03.31
28	일본 신문_조선신문	안의 유해	· 발행일: 1910.04.01
29	일본 신문_조선신문	안의 친동생 감상	· 발행일: 1910.04.05
30	일본 신문_규슈일일일보	안중근의 사형집행	· 발행일: 1910.03.28
31	일본 신문_타이완일일신보	안중근 매장지	· 발행일: 1910.03.30
32	일본 신문_토양신문	안중근의 사형 광경	· 발행일: 1910.03.28
33	일본 신문_후쿠오카일일신문	안중근의 사형기	· 발행일: 1910.03.26

일련 번호	자료명	문건명	관련 세부 내용
34	이토 공작 만주 시찰 일건	사형수 安重根에 관한 건	· 機密第14號, 秘受第750號 · 발신일: 明治 43(1910).02.22 · 발신: 在哈爾賓總領事代理 領事官補 大野守衛 · 수신: 外務大臣 伯爵 小村壽太郎
35	이토 공작 만주 시찰 일건	사형수 安重根에 관한 건	· 諸機密第34號 · 발신일: 明治 43(1910).02.23 · 발신: 在哈爾賓總領事代理 領事官補 大野守衛 · 수신: 關東都督府民政長官代理 佐藤友態
36	이토 공작 만주 시찰 일건	[安重根 本日 사형 집행]	· 857平
37	이토 공작 만주 시찰 일건	[安重根 本日 사형 집행, 유해는 旅順에 매장함]	· 859平
38	이토 공작 만주 시찰 일건	[安重根의 동생 2명은 사체를 인도하지 않아 불복함]	· 869
39	이토 공작 만주 시찰 일건	[살인 피고인 安重根에 대한 사형은 26일 오전 10시 감옥서 내 사형장에서 집행되었음. 그 요령]	· 秘受第1182號
40	이토 공작 만주 시찰 일건	[살인 피고인 安重根에 대한 사형은 26일 오전 10시 감옥서 내 사형장에서 집행되었음. 그 요령]	· 기록 보존, 복사
41	이토 공작 만주 시찰 일건	이토 공작 만주 시찰 일건 밀봉	· 밀봉 봉투 사진 2장
42	고가 하쓰이치	고가 하쓰이치가 판마오중에게 보낸 편지1	· 발신: 古賀初一 · 수신: 潘茂忠
43	고가 하쓰이치	고가 하쓰이치가 판마오중에게 보낸 편지2	· 발신: 古賀初一 · 수신: 潘茂忠
44	고가 하쓰이치	고가 하쓰이치가 판마오중에게 보낸 엽서	· 발신: 古賀初一 · 수신: 潘茂忠
45	고가 하쓰이치	〈旅顺刑務所回顧〉	· 고가 하쓰이치 참회록 · 작성자: 古賀初一
46	뤼순감옥 마지막 형무소장 다고 지로	〈다고 지로의 공술서 자료 원문〉	· 다고 지로의 공술서 · 작성자: 田子仁郎
47	뤼순감옥 마지막 형무소장 다고 지로	〈暴露田子仁郎的罪行〉	· 다고 지로의 죄행록 · 第1頁~第5頁 · 중문(中文)
48	뤼순감옥 마지막 형무소장 다고 지로	〈元関東洲旅順刑務所長田子仁郎, 罪行暴露〉	· 다고 지로의 죄행록 · 第6頁~第16頁 · 6쪽~12쪽은 일문(日文), 13쪽~15쪽은 중문(中文), 16쪽은 일문(日文)
49	뤼순감옥 형무소장 사망장 보고서	〈死亡件通知〉	· 작성 시기: 昭和
50	일본 감옥사 자료_사형 집행의 제도와 도고	〈府県監獄 充實時代の 行刑〉	· 第五章
51	뤼순감옥 관련 인물 목록과 전화번호부	관동국 경찰 회원 목록	· 발행 연도: 1970년 ·《元関東局警友会名簿》

일련번호	자료명	문건명	관련 세부 내용
52	뤼순감옥 관련 인물 목록과 전화번호부	관동청 형무소(뤼순감옥) 전화번호부	·《旅顺之部》
53	뤼순감옥 관련 인물 목록과 전화번호부	뤼순감옥 관련 일본인 명단	·안중근 의사 순국 위로 하사금 명단 ·안중근 사건 관계자 위로만찬회 참여자 명단 ·중요 관계자 명단 ·뤼순감옥 당시 근무했던 간수들의 명단, 직위, 고향
54	중국 신문_만주일일신문	안 변호사 이야기	·발행일: 1910.02.25
55	중국 신문_만주일일신문	홍 신부의 담화_안의 사체	·발행일: 1910.03.12
56	중국 신문_만주일일신문	최후의 면회_중근의 유해	·발행일: 1910.03.26
57	중국 신문_만주일일신문	안중근의 최후_침관에 안치하다, 시체의 매장	·발행일: 1910.03.27
58	중국 신문_성경시보	안중근의 책임은 끝났다	·발행일: 1910.02.19
59	중국 신문_성경시보	안중근 비명 후의 이야기	·발행일: 1910.03.30
60	중국 잡지_《旅大小史》	〈朝鲜爱国志士安重根遇害于旅顺监狱〉	·第四十七节 ·작성자: 周之风
61	뤼순감옥 단독 안중근 의사 유해 발굴 조사 보고서	〈安重根埋葬地寻访调查〉	·작성일: 2008.05.28 ·旅顺日俄监狱旧址博物馆, 大连市近代史研究所
62	뤼순감옥 주변 공동묘지 현장 실태 조사	뤼순감옥 주변 공동묘지 현장 실태 조사 지도	·지도 사진
63	지도 근거 안중근 의사 묘지 추정 분석 보고서	〈根据地图对安重根义士墓地的推定分析〉	·지도 근거 안중근 의사 묘지 추정 분석 보고서(중문본)
64	지도 근거 안중근 의사 묘지 추정 분석 보고서	〈地圖에 依한 安重根義士 墓域 推定地 分析〉	·지도 근거 안중근 의사 묘지 추정 분석 보고서(한글본)
65	저우샹링 관장 진술자 조사 보고서		·작성일: 1976.03.04 ·작성자: 周祥令
66	뤼순일아감옥구지 공동묘지의 과거와 현재_다롄일보	〈旅顺监狱旧地墓地的前世今生〉	·발행일: 2012.03.03 ·작성자: 李华家
67	뤼순 지도	1911년 뤼순감옥 상수도 도면	·1911년 뤼순감옥 상수도 도면 지도
68	뤼순 지도	1918년 뤼순 근교 지도	·1918년 뤼순 근교 지도
69	뤼순 지도	1956년 측정 지도	·1956년 측정 지도
70	뤼순 지도	연도별 뤼순감옥 주변 지도	·1904年 測圖 推定 迅速地形圖 ·1905年 測圖 地形圖 ·1918年 測圖 迅速地形圖 ·1930年 測圖 地形圖 ·위성사진과 1905년도 지형도와의 합성
71	미국 등산포 공동묘지 GPR 발굴을 위한 공문서	〈关于美国考古学家来旅顺考察的报告〉	·작성일: 2010.04.01 ·뤼순일아감옥구지 박물관 작성
72	미국 등산포 공동묘지 GPR 발굴을 위한 공문서	뤼순감옥에 묻힌 미군	·뤼순감옥에서 처형된 미군(신원 미상) 사진
73	미국 등산포 공동묘지 GPR 발굴을 위한 공문서	뤼순감옥에서 묻힌 미군에 대한 안내문	·뤼순감옥에서 처형된 미군에 대한 안내문 사진
74	미국 등산포 공동묘지 GPR 발굴을 위한 공문서	션양대학교(沈阳大学校) 양징(杨竟) 교수	·선양대학교(沈阳大学校) 양징(杨竟) 교수 명함

일련 번호	자료명	문건명	관련 세부 내용
75	안중근 의사와 윤봉길 의사 관련 문서봉투		· 안중근 의사와 윤봉길 의사 관련 문서봉투
76	안중근 의사 유해 발굴 관련 논문	〈关于安重根其人其事及遗骨寻找的相关问题〉	· 발행 시기: 2015년 · 작성자: 王珍仁 · 大连市近代史研究所
77	관동도독부 감옥법	《日本監獄法》	· 第七十五條, 第七十六條
78	관동도독부 감옥법	일본감옥법 감옥 실행 세칙	· 제3장 감옥 실행 세칙
79	뤼순감옥묘지 변천 연구	〈旅顺监狱墓地遗址探究〉	· 작성 시기: 2006년 · 작성자: 周祥令 · 발행처: 大连近代史研究所
80	북한 뤼순 안중근 유해 발굴(1986년)	〈朝鲜安重根遗骸调查团访华纪实〉	· 북한 뤼순 안중근 유해 발굴 관련 논문(중문본)
81	북한 뤼순 안중근 유해 발굴(1986년)	〈북한의 안중근 유해 발굴 조사 내역〉	· 북한 뤼순 안중근 유해 발굴 보고서(한글본)
82	북한 뤼순 안중근 유해 발굴(1986년)	1986년 북한 안중근 의사 유해 발굴단의 뤼순감옥 내 시찰 모습	1986년 북한 안중근 의사 유해 발굴단의 뤼순감옥 내 시찰 모습 사진
83	안중근 의사 유해 발굴 공문	〈旅顺日俄监狱旧址博物馆关于接待朝韩寻访安重根遗骨代表团的计划方案〉	· 작성일: 2006.05.31 · 작성: 旅顺日俄监狱旧址博物馆 ·《旅顺日俄监狱旧址博物馆年鉴(2006-2011)》
84	안중근 의사 유해 발굴 공문	〈关于接待朝韩寻访安重根遗骨代表团的工作报告〉	· 작성일: 2006.06.20 · 작성: 旅顺日俄监狱旧址博物馆 ·《旅顺日俄监狱旧址博物馆年鉴(2006-2011)》
85	안중근 의사 유해 발굴 공문	〈旅顺日俄监狱旧址博物馆关于对安重根埋葬地点调查工作的报告〉	· 작성일: 2008.05.30 · 작성: 旅顺日俄监狱旧址博物馆 · 大连市近代史研究所 ·《旅顺日俄监狱旧址博物馆年鉴(2006-2011)》
86	안중근 의사 유해 발굴 공문	〈关于对旅顺日俄监狱旧址疑似墓地进行抢救性发掘的请示〉	· 작성일: 2008.07.07 · 작성: 旅顺日俄监狱旧址博物馆 ·《旅顺日俄监狱旧址博物馆年鉴(2006-2011)》
87	뤼순감옥 근무 중국인	뤼순감옥 근무 중국인 명단	· 뤼순감옥(현 뤼순일아감옥구지 박물관)에 근무했던 중국인 48명의 알림표
88	뤼순감옥 근무 중국인	마번위안과 마홍푸	· 마번위안(马本源)의 진술기록:《旅顺日俄监狱实录》 · 마홍푸(马宏福) 관련 기록: 편자(김월배)의 탐방 조사(인터뷰) 기록
89	한국 신문_대한매일신보	안씨집행설	· 발행일: 1910.02.27
90	한국 신문_대한매일신보	안씨집행기	· 발행일: 1910.03.23
91	한국 신문_대한매일신보	안씨취형	· 발행일: 1910.03.29
92	한국 신문_대한매일신보	안(安) 사후 민정	· 발행일: 1910.03.30
93	한국 신문_대한매일신보	안씨장지	· 발행일: 1910.04.02
94	한국 신문_경남일보	안중근 사형 집행	· 발행일: 1910.02.28
95	한국 신문_경남일보	안중근 속보	· 발행일: 1910.03.10
96	한국 신문_경남일보	안중근 장지	· 발행일: 1910.03.16
97	한국 신문_경남일보	안중근의 최후 속문	· 발행일: 1910.04.04

일련 번호	자료명	문건명	관련 세부 내용
98	한국 신문_신한국보	의사탁제	· 발행일: 1910.03.08
99	한국 신문_신한국보	안씨장지	· 발행일: 1910.04.19
100	한국 신문_황성신문	안중근 매장지 결정	· 발행일: 1910.03.23
101	한국 신문_황성신문	안중근 사형 집행	· 발행일: 1910.03.29
102	한국 신문_황성신문	안중근의 집형 후보	· 발행일: 1910.03.30
103	한국 신문_신한민보	안의사 취형	· 발행일: 1910.03.30
104	한국 신문_연합뉴스	中, 안중근의사 유해 발굴 협조	· 발행일: 1998.05.09
105	한국 잡지_《실화》	안현생 회고록	· 1956년 4월호 · 안현생의 수기(手記) · 작성자: 안현생 · 발행처: 신태양사 · 〈시사 IN〉 2010년 3월 26일자 기사(주진우 기자)에서 일부 인용(안중근 의사 기념사업회(이사장 함세웅)에서 발굴)
106	매천야록	安重根死	· 기록 시기: 隆熙 4년 庚戌(1910년)
107	매천야록	安重根墓地	· 기록 시기: 隆熙 4년 庚戌(1910년)
108	김영광 선생 안중근 의사 유해 조사안	〈1910年代安重根義士的墓域〉	· 김영광 선생 안중근 의사 유해 조사안(중문본)
109	김영광 선생 안중근 의사 유해 조사안	〈1910年代安重根義士的墓域〉	· 김영광 선생 안중근 의사 유해 조사안(한글본)
110	안중근 의사 유해 발굴 보고서	〈安重根義士遺骸發掘報告書〉	· 작성 시기: 2008년 10월 · 안중근의사 한·중 유해 발굴단 · 국가보훈처·충북대학교·한국지질자원연구원
111	안중근 의사 유해 발굴 보고서	2006년 유해 발굴지 선정	· 2006년 유해 발굴지 선정 당시 사진
112	중국 외교부·한국 국가 보훈처 자료	〈안중근 의사 유해 발굴 기초자료 확보를 위한 지표투과레이더 관련〉	· 작성 시기: 2015.12.05 · 작성자: 김월배 · 중국 외교부·한국 국가보훈처
113	국가기록원 발표 러시아 신문	〈우수리스까야 아끄리이니〉_해외 소식: 일본	· 발행일: 1910.04.08(04.21)
114	러시아 국방성 중앙문서 보관소 소장 자료	폰드 500 (일본군 노획문서 콜렉션)	· 폰드 500(일본군 노획문서 콜렉션)에 대한 기록

3. 원본의 분량

이 책은 안중근 의사 유해와 관련된 일본, 중국, 한국, 러시아 자료를 다루었다. 자료 수집은 앞에서 언급한 바와 같이, 한국 국가보훈처, 한국 국립중앙도서관, 국사편찬위원회, 동북아역사자료센터, 한국 국가기록원, 한국 독립기념관 자료실, 일본 국립국회도서관, 일본 외교사료관의 자료 조사와 중국 뤼순일아감옥구지 박물관, 그 외 안중근 의사에 대해 연구하는 분들의 자료 제공 등을 통해 이뤄졌다.[12]

이 책에서 다룬 자료는 33종으로 디지털 파일 316개, 319쪽(표지 제외), 114개의 문건이 포함된다. 자료에 따른 원본 분량은 표2와 같다.

표2 원본의 분량

일련번호	국가	자료명	원본 분량		
			디지털 파일	쪽 수 (표지 제외)	문건 수
1	일본	일본 신문	33	33	33
2		이토 공작 만주 시찰 일건	15	21	8
3		고가 하쓰이치가 판마오중에게 보낸 편지	9	9	3
4		고가 하쓰이치 참회록	4	4	1
5		뤼순감옥 마지막 형무소장 다고 지로의 공술서	11	10	1
6		다고 지로의 죄행록	16	16	2
7		뤼순감옥 형무소장 사망장 보고서	1	1	1
8		일본 감옥사 자료_사형 집행의 제도와 도고	4	4	1
9		뤼순감옥 관련 인물 목록과 전화번호부	9	9	3
10	중국	중국 신문	10	9	6
11		중국 잡지(『旅大小史』)	6	5	1
12		뤼순감옥 단독 안중근 의사 유해 발굴 조사 보고서	25	25	1
13		뤼순감옥 주변 공동묘지 현장 실태 조사	1	1	1
14		지도 근거 안중근 의사 묘지 추정 분석 보고서	18	17	2
15		저우샹링 관장 진술자 조사 보고서	2	2	1
16		뤼순일아감옥구지 공동묘지의 과거와 현재(다롄일보)	5	5	1
17		뤼순 지도	8	8	4
18		미국 둥산포 공동묘지 GPR 발굴을 위한 공문서	4	4	4
19		안중근 의사와 윤봉길 의사 관련 문서봉투	2	2	1
20		안중근 의사 유해 발굴 관련 논문	1	7	1
21		관동도독부 감옥법	4	7	2
22		뤼순감옥묘지 변천 연구	2	2	1
23		북한 뤼순 안중근 유해 발굴(1986년)	9	8	3
24		안중근 의사 유해 발굴 공문	14	11	4
25		뤼순감옥 근무 중국인	10	13	2

12 자료별 출처에 대한 세부내용은 이 책의 '자료 출처' 부분에서 확인할 수 있다.

일련 번호	국가	자료명	원본 분량		
			디지털 파일	쪽 수 (표지 제외)	문건 수
26	한국	한국 신문	16	16	16
27		한국 잡지(『실화』)	1	1	1
28		매천야록	3	2	2
29		김영광 선생 안중근 의사 유해 조사안	26	24	2
30		안중근 의사 유해 발굴 보고서	35	33	2
31		중국 외교부 · 한국 국가보훈처 자료	8	7	1
32	러시아	국가기록원 발표 러시아 신문	3	2	1
33		러시아 국방성 중앙문서보관소 소장 자료	1	1	1
합계			316	319	114

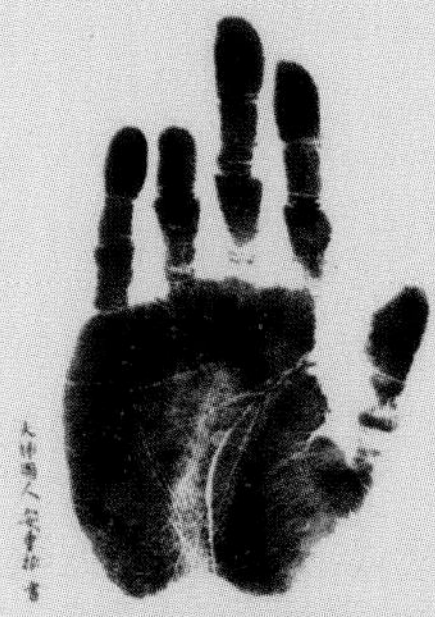

유해 사료, 안중근을 찾아서

I

일본 자료

1. 언론 보도

안중근 의사의 유해와 관련된 기사문을 찾기 위해 안중근 의사의 사형이 선고된 1910년 2월 14일의 전후부터 형이 집행된 3월 26일 이후의 기사문을 조사했다. 일본 신문에서 안중근 의사 유해와 관련된 내용은 1910년 2월 4일부터 1910년 4월 5일까지의 기사문에서 찾을 수 있었다.

안중근 의사 유해와 관련된 일본 신문의 기사문은 총 33건으로, 〈교토일출신문〉, 〈국민신문〉, 〈나고야신문〉, 〈도쿄아사히신문〉, 〈도쿄일일신문〉, 〈모지신보〉, 〈시사신보〉, 〈신애지신문〉, 〈오사카마이니치신문〉, 〈요미우리신문〉, 〈이세신문〉, 〈조선신문〉, 〈규슈일일일보〉, 〈타이완일일신보〉, 〈토양신문〉, 〈후쿠오카신문〉에서 찾을 수 있었다.

〈교토일출신문〉, 〈국민신문〉, 〈나고야신문〉, 〈도쿄일일신문〉, 〈시사신보〉, 〈신애지신문〉, 〈요미우리신문〉, 〈이세신문〉, 〈규슈일일일보〉, 〈타이완일일신보〉, 〈토양신문〉, 〈후쿠오카신문〉의 기사문은 모두 일본 국립국회도서관에서 조사했고 〈도쿄아사히신문〉의 기사문은 일본 국립국회도서관과 한국 국립중앙도서관에 소장된 자료[13]를 통해 조사했다. 〈오사카마이니치신문〉[14]과 〈모지신보〉[15]는 일본 국회도서관 신문도서실과 한국 독립기념관 자료실의 자료를 통해 조사했다. 〈조선신문〉[16]은 한국 국립중앙도서관에 소장된 자료를 통해 조사했다. 일본 신문은 대체로 국가보훈처에서 안중근 의사 순국 100년 시기인 2010년경에 공개되었다.

위 신문들에 실린 기사문에는 안중근 의사의 유언, 사형집행, 유해매장, 유해에 대한 유족들의 의견 등이 기재되어 있다. 기사문은 신문사 별로 자료를 묶었으며 한 신문사 안에 여러 기사가 실린 경우 날짜순으로 기사문을 정리했다. 기사문은 기사명, 발행 날짜, 기사문, 기사문의 번역문으로 제시했다. 일부 기사문 중 안중근 의사의 사형집행과 관련된 인물들의 이름을 잘못 기재한 것들이 있는데 당시 기자들의 잘못된 조사로 생긴 것으로, 본 책에서는 각주를 통해 그에 대한 설명을 추가했다.

---

13 안중근 자료집 편찬위원회(2017), 《일본 신문 중 안중근 기사 Ⅳ: 도쿄 아사히 신문》, 채륜

14 독립기념관 한국독립운동사연구소(2011), 《일본신문 안중근 의거 기사집 Ⅱ》, 독립기념관 한국독립운동사연구소

15 독립기념관 한국독립운동사연구소(2011), 《일본신문 안중근 의거 기사집 Ⅰ》, 독립기념관 한국독립운동사연구소

16 안중근 자료집 편찬위원회(2017), 《재한 일본 신문 중 안중근 기사 Ⅲ-조선신문》, 채륜

1) 교토일출신문(京都日出新聞)

· 안중근의 사형(1910.03.28)

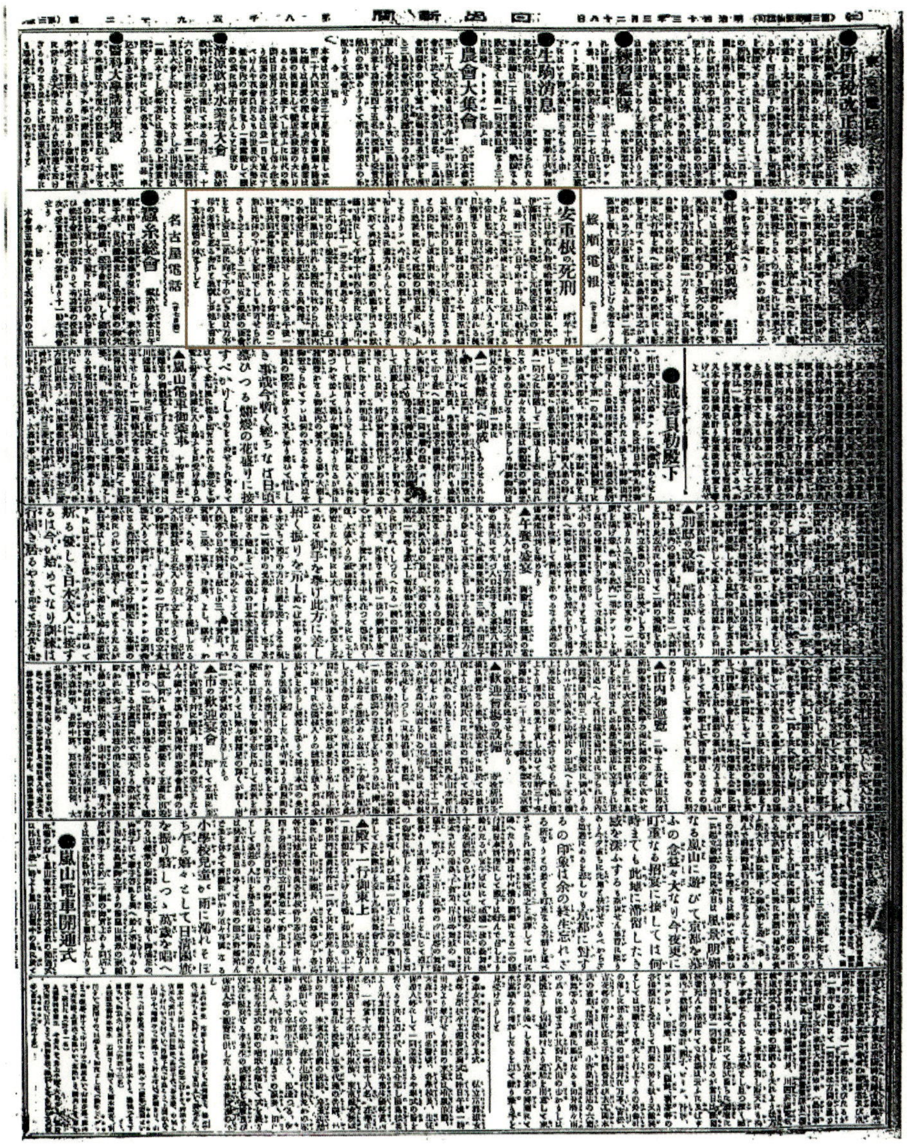

안중근의 사형

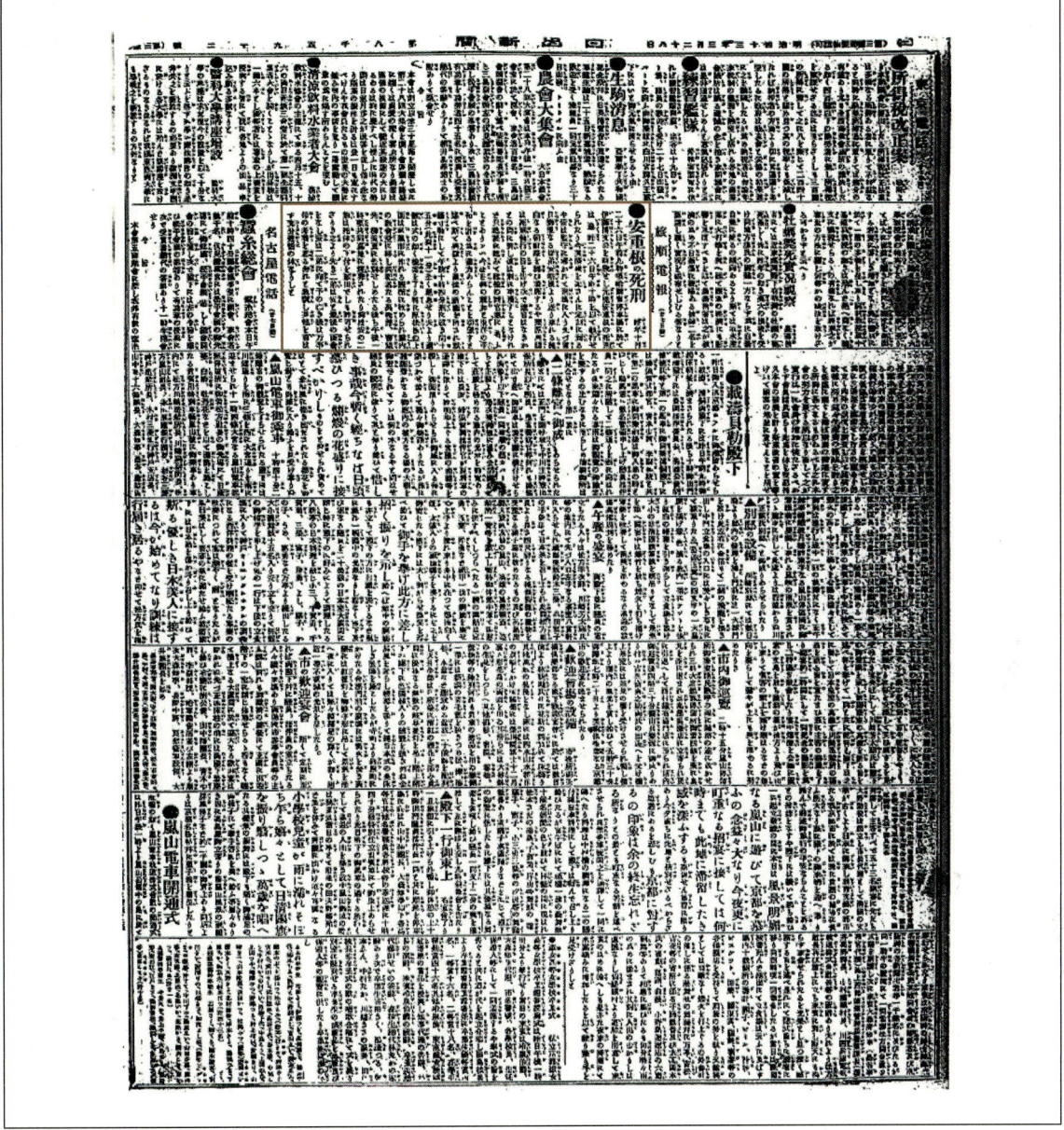

작년 10월 26일 오전 9시경 하얼빈 정거장에서 이토 히로부미 공(公)을 암살한 원흉 안중근의 사형은 10월 26일 오전 10시에 집행됐다. 이때 안은 간수에게 이끌려 형장에 들어가 먼저 사촌 동생 안명근(安明根)으로부터 보내진 순백 조선복을 입고 있었다. 구리하라(栗原) 형무소장은 사형 집행 취지를 고해 이어서 유언이 없느냐는 질문에 대해 그는 딱히 말씀드릴 것은 없지만 다만 (미상) 여러 관원들에게 앞으로 일한 친화(親和)와 동양평화를 위해 (미상 있기를 간절히 바란다고 말했다. (미상) 형무소장으로부터 마지막 기도가 허락돼 이날 오전 10시 4분에 형을 받았고 15분에 (이 사이 11분) 완전히 사망했다. 그 후 유해는 (미상) 검안을 마쳐 특별히 두꺼운 송판, 상면은 파풍(破風) 형으로 만든 침관에 넣어져 (미상)에 옮겨졌다. 공범자인 우덕순(禹德淳), 조도선(曺道先), 유동하(劉東夏)에게 조례하게 한 후 오후 1시 (미상) 공동묘지에 매장됐다. (미상) 안의 두 형제는 시체 하부를 요구했으나 허락되지 않았다. 이보다 전에 두 형제는 안과 마지막 면회를 했는데 안은 두 형제에게 내가 죽은 후에는 만사 어머니 (미상).

2) 국민신문(国民新聞)

· 이토 공(公) 저격범인 안중근=사형(1910.03. 날짜미상)

明治四十三年 三月 （皇紀二五七〇——西暦一九一〇） 二三〇

は、實は野球に就て未だ何にも智識を有せぬ窪田空穗君、がヅット以前未だ彌次の卵子たるを免れなかつた吉岡將軍の下馬評を聞いて筆をとつたのが抑もだ。◎正宗白鳥君は曾て西片町から關口駒井町の水谷竹紫君の去つた後の宅に入つたが、又其處から引越した高田豐川町の家も竹紫君の去つた後の家だ。〔下略〕

通行税施行規則

〔三・二八、官報〕勅令 ○朕、通行税法施行規則ヲ裁可シ、茲ニ之ヲ公布セシム。

御名御璽

明治四十三年三月二十五日
内閣總理大臣兼 大藏大臣侯爵 桂 太郎

勅令第二十九號

通行税法施行規則

汽車、電車又ハ汽船營業者ハ、拂込書及計算書ヲ添附シ、毎月十日迄ニ前月分ノ通行税ヲ各營業場所在地ノ金庫ニ拂込ムベシ。但シ營業者ガ本店所在地所轄税務署ノ許可ヲ得タルトキハ、之ヲ本店所在地ノ金庫ニ拂込ムコトヲ得。

帝國鐵道ニ於テ通行税ヲ金庫ニ拂込ムトキハ、計算書ノ添附ヲ省略スルコトヲ得。

附則

本令ハ明治四十三年四月一日ヨリ之ヲ施行ス。

載濤貝勒殿下參內

〔三・二七、中外商業〕淸國皇族載濤貝勒殿下には、二十八日午前十一時廿八分新橋着、汽車にて御入京芝離宮へ入らせられ、帝室の貴賓として御待遇を受けさせられ、明廿九日午前十一時五十分、宮中より差廻はされたる貴賓用馬車にて長岡接伴委員同乘、隨員を從へ宮城正門より御參內、天皇陛下に御對顏あらせられ、引續き天皇陛下には同殿下の爲めに、豐明殿に於て午餐會を催ふさせられ、皇族御二方を召され、殿下の隨員並に宮內官、接伴員等に御陪食仰付けらると承る。

小松原文部大臣 農相臨時兼任

〔三・二八、官報〕敍任 ○明治四十三年三月二十八日。

文部大臣從三位勳二等 小松原英太郎

臨時兼任農商務大臣

遞信管理局官制

〔三・二八、官報〕勅令 ○朕、遞信管理局官制ヲ裁可シ、茲ニ之ヲ公布セシム。

御名御璽

明治四十三年三月二十六日
內閣總理大臣侯爵 桂 太郎
遞信大臣男爵 後藤新平

勅令第九十號

遞信管理局官制

第一條 遞信管理局ハ遞信大臣ノ管理ニ屬シ、郵便、小包郵便、郵便爲替、郵便貯金、電信及電話ノ管理ニ關スル事務竝電氣事業及船舶海員ノ監督ニ關スル事務ヲ掌ル。〔下略〕

通信官署官制公布

〔三・二八、官報〕勅令 ○朕、通信官署官制ヲ裁可シ、茲ニ之ヲ公布セシム。

御名御璽

明治四十三年三月二十六日
內閣總理大臣侯爵 桂 太郎
遞信大臣男爵 後藤新平

勅令第九十一號

通信官署官制

第一條 通信官署ハ遞信大臣ノ管理ニ屬シ、郵便、小包郵便、郵便爲替、郵便貯金、電信及電話ノ現業事務ヲ掌ル。

第二條 通信官署ハ郵便局、電信局及電話局トス。〔下略〕

伊藤公狙擊犯人 安重根‼死刑

〔三・二八、國民〕客年十月二十六日午前九時、伊藤公等を狙擊したる安重根は、死刑宣告後延期を重ね事件當日より百五十日後、日も時も同じき二十六日の午前九時頃全く執行せられたり、當日は朝來暗雲天を鎖ざし、微雨蕭々として降りしきる、定刻に至るや、安は看守に導かれて刑場に現はれしが、身には郷里の從弟安命根より特に死裝束として送り屆けし新調の純白朝鮮紬の韓服を纏ひ、顔色は稍稍蒼白を呈し居しも、覺悟の體は十分に見受けられたり、刑場には溝淵檢察官、栗原典獄、園木通譯以下順次席に列なり、安が心靜かに最後の祈禱を捧げたるを俟つて典獄は被告に死刑執行文を讀み聞かせたる後ち、遺言の有無を聞き質せしに、彼れは極めて自若とし、別に申殘すことはなけれど、唯最後一言臨檢諸公に願ふは、飽く迄東洋平和に御盡力ありたしと、他は何事も語らず、更らに最後の默禱を許されたる後、午前九時四分刑壇に上り、同十五分にして全く絕命したり、遺骸は立合ひ醫師の檢案を經たる上、典獄が特別の厚意を以て製作したる厚松板の寢棺に納め、一時監獄內なる敎會堂に移し、爰にて共犯者禹、宋、柳の三名をして告別の祈禱を捧げしめ安の二弟が遺骸下げ渡しの願出を歎願せしも許されず、午後一時旅順共同墓地に埋葬したり、是れより前、安の尙刑場に行かざる前、親族に對して最終の面會を許し、典獄より是れが最後なれば、心留きなく物語れと告げて握手せしめたるに、兄弟三人遂ひに相擁せんとして顔を見合せ、等しく跪きて約二十分間神に祈禱を捧げ、歔欷流涕暫らくは言なかりし、其れより安は漸次顔を擧げ、此の期に及んで未練がましく云ふべき事なし、只だ親戚と相談し、我が亡き後の家事と、自分の遺子の世話を懇ろに賴みたる外何事も語らず、水野、鎌田二辯護士も右の會見に立合ひ水野氏は是れ迄の關係上懇ろに慰藉せしに、安は愁ひの眉を開らき斯くも厚情を賜ふ上は、願はくば貴下も天守教を信ずるの人となれ將來は天國に於て共に語る處あらんなど物語りたりと、因に安が執筆中なりし東洋平和論は、叙文のみ脫稿、死刑前二三日以來一切筆を採らず、專ら祈禱に耽り、死する迄食事、睡眠に平常と少しの變異なかりしと。

白山下の電車
強情地主の立退て やつと敷設出來る

〔三・二八、萬朝〕小石川橋より白山御殿前町に通ずる電車線路は、疾くに開通すべき筈の處、同區小林新次郎が土地使用權を楯にとり頑として動かざる爲に、指ヶ谷町以北に延長する事能はず、今日まで及びたるが、元來此方面は諸官省

이토 공(公) 저격범인 안중근=사형

[3.28 국민] 작년 10월 26일 오전 9시 이토 공 등을 저격한 안중근은 사형 선고 후 연기를 거듭하다가 사건 당일로부터 150일 뒤에 날도 같은 26일 오전 9시 무렵 완전히 집행됐다. 당일은 아침부터 어둡고 흐린 날씨에 갇혀 약간의 비가 쓸쓸하게 계속 내렸었다. 정각에 이르자 안은 간수에게 이끌려 형장에 나타나며 몸에는 고향의 사촌 동생 안명근(安命根)이 특별히 수의로 보낸 새로 만든 순백 조선 명주의 한복을 입어 안색은 다소 창백함을 보이고 있었지만 각오하는 모습은 충분히 보였다. 형장에는 미조부치(溝淵) 검찰관, 구리하라(栗原) 형무소장, 소노키(園木) 통역 등이 순차적으로 자리에 앉아 안이 차분한 마음으로 마지막 기도를 드리는 것을 기다려 형무소장은 피고에게 사형집행문을 읽어 듣게 한 후 유언의 유무를 물어봤지만 그는 지극히 침착한 상태로 딱히 남길 말은 없지만 다만 마지막에 한 마디 임검하신 여러분에게 바라기를, 끝까지 동양평화에 진력해 주셨으면 한다고 했다. 그 외는 아무 말도 하지 않으며 그리고 마지막에 묵도가 허락된 후 오전 9시 4분 형단(刑段)에 올라가 동 15분에 완전히 절명했다. 유해는 입회한 의사의 검안을 거치고 나서 형무소장이 특별히 후의로 제작한 두꺼운 송판의 침관(寢棺)에 넣고 일시적으로 감옥 안에 있는 교회당에 옮겨, 이곳에서 공범자 우(禹), 조(宋), 유(柳) 세 명으로 고별 기도를 드리게 했다. 안의 두 형제가 유해 하부 청원을 탄원했지만 허락되지 않았고, 오후 1시 뤼순 공동묘지에 매장했다. 이보다 전에 안이 아직 형장에 가기 전에 친족에 대해 최종 면회를 허락해 형무소장이 이것이 마지막이라 후회가 남지 않도록 이야기를 나누라고 고해 악수하게 하니 형제 세 명 드디어 서로 안으려고 얼굴을 서로 마주보며 똑같이 무릎을 꿇어 약 20분간 신에게 기도를 드려 흐느껴 울며 잠시동안 말이 없었다. 그 후 안은 점차 얼굴을 들어 여기까지 와서 미련스럽게 말할 것이 없다며 다만 친척과 상담해 내가 죽은 후 집안일과 자신이 남겨진 자식을 잘 돌봐 주기를 부탁하는 것 외에는 아무것도 말하지 않았다. 미즈노(水野), 가마타(鎌田) 두 변호사도 이 회견에 입회해 미즈노 씨는 지금까지의 관계상 진심으로 위로했지만 안은 수미(愁眉)를 펴고 이렇게 후의를 받은 이상 바라건대 귀하도 천주교를 믿는 자가 되어 미래에는 천국에서 함께 이야기하기를 바란다고 말했다. 이미 안이 집필 중에 있던 《동양평화론》은 서문만 탈고, 사형 전 2, 3일 이래 일체 붓을 들지 않아 오직 기도만 하며 죽을 때까지 식사, 수면에 평상시와 조금도 변함 없었다고 한다.

3) 나고야신문(名古屋新聞)

· 안중근의 최후(1910.03.28)

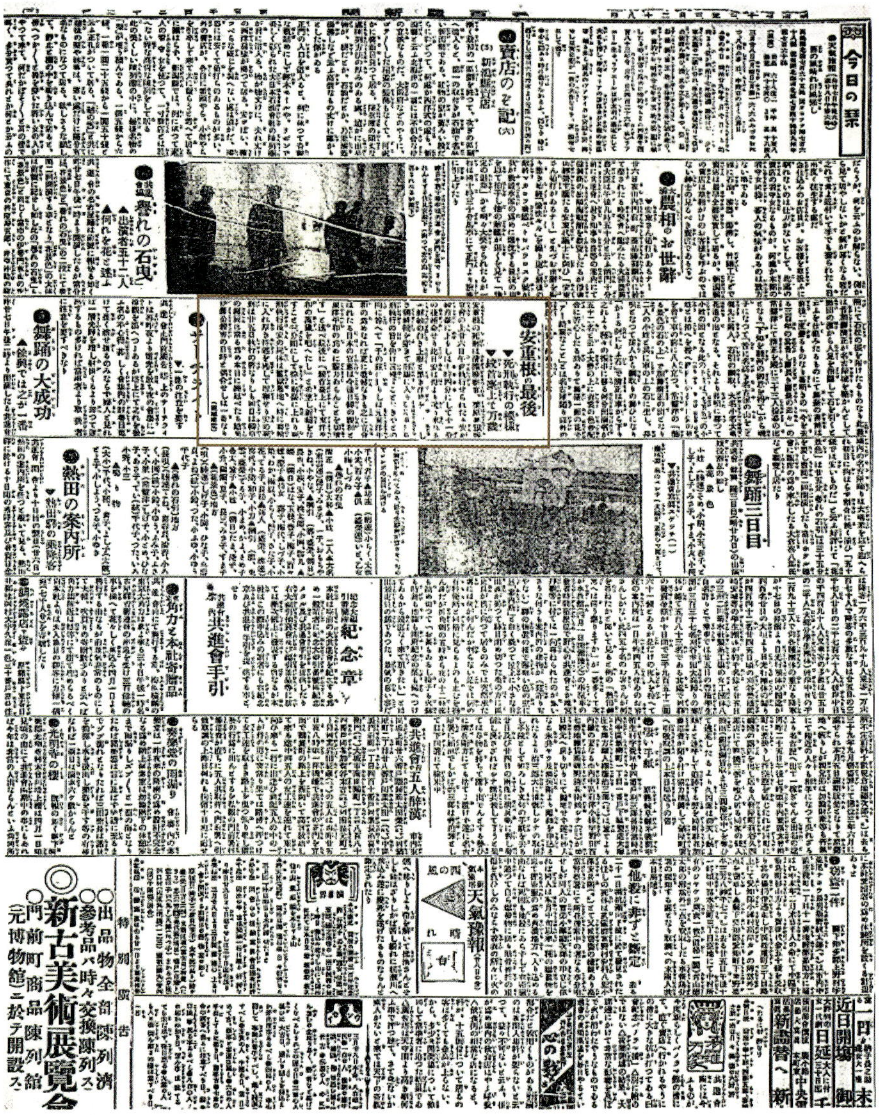

安重根の最後

안중근의 최후

사형집행의 상황

교수대 위에서 만세

안중근의 사형은 미조부치(溝淵) 검찰관, 구리하라(栗原) 형무소장 입회하에 26일 오전에 집행됐다. 안이 교수대에 올라간 것은 오전 10시 4분이며 11분 뒤에 절명했다. 이날 안은 어머니로부터 보내진 조선 명주의 하얀 겉옷과 검은 바지와 새로운 조선 신발을 신고 형장에 들어왔다. (미상) 형 집행의 취지를 고해 남길 말은 없냐는 질문에 답해 "(미상) 원래 동양평화를 위함이라 또 유감이 없지만 이에 입회하신 일본 관원은 앞으로 일한 친화와 동양평화를 위해 진력해 주시기를 간절히 바란다."라고 말하며 마지막에 "교수대 위에서 동양평화 삼창을 말하고 싶다."라고 희망하여 3분간 기도하고 천천히 교수대에 올라갔다. 사형집행 후 안의 시체는 감옥 묘지에 특히 침관(寢棺)에 넣어 후한 대우로 (미상) 매장됐다. 안의 사형은 25일에 집행할 예정이었으나 이날은 한국 황제의 생일에 해당되기 때문에 오늘로 연기된 결과 이토공(伊藤公) 살해 일시와 우연히 일치한 것은 기이하다.

4) 도쿄아사히신문(東京朝日新聞)

· **안중근의 묘지**(1910.03.11)

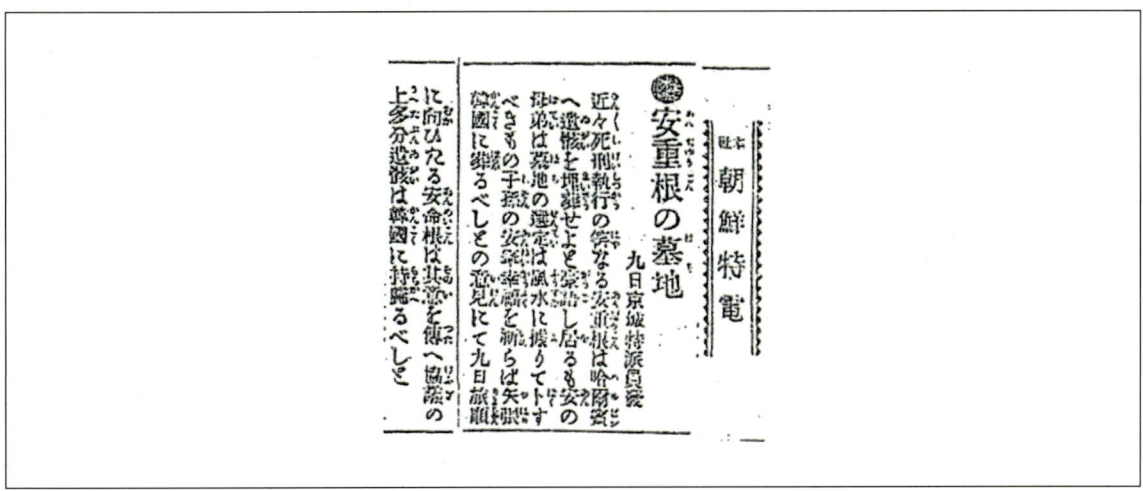

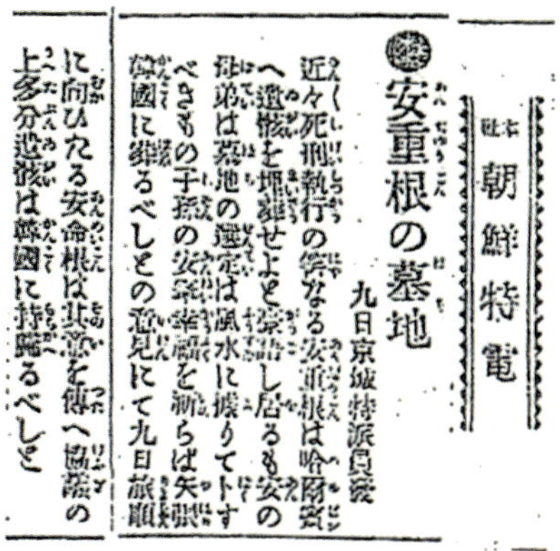

本社朝鮮特電

◎安重根の墓地　九日京城特派員發

近々死刑執行の筈なる安重根は哈爾賓へ遺骸を埋葬せよと遺言し居るも安の母弟は墓地の選定は風水に據りてトすべきもの子孫の安寧幸福を祈らば矢張韓國に葬るべしとの意見にて九日旅順に向ひたる安命根は其意を傳へ協議の上多分遺骸は韓國に持歸るべしと

안중근의 묘지[17]

9일 경성 특파원 발

머지않아 사형집행 될 안중근은 하얼빈에 유해를 매장하라고 호언하였다. 하지만, 안의 어머니와 동생은 묘지 선정은 풍수에 따라 정해야 하며, 자손의 안녕과 행복을 기원한다면 역시 한국에 묻어야 한다는 의견을 갖고 있다. 9일 뤼순[18]으로 향한 안명근은 그 뜻을 전하고 협의한 후, 아마 유해는 한국으로 가지고 돌아갈 것이라고 한다.

17 번역 출처: 안중근 자료집 편찬위원회(2017), 《일본 신문 중 안중근 기사 Ⅳ: 도쿄 아사히 신문》, 채륜

18 안중근 자료집 편찬위원회(2017)에서 '여순'으로 표기했으나 본 책에서 '뤼순'으로 수정.

· **안중근 유해 처분(同上)(1910.03.14)**

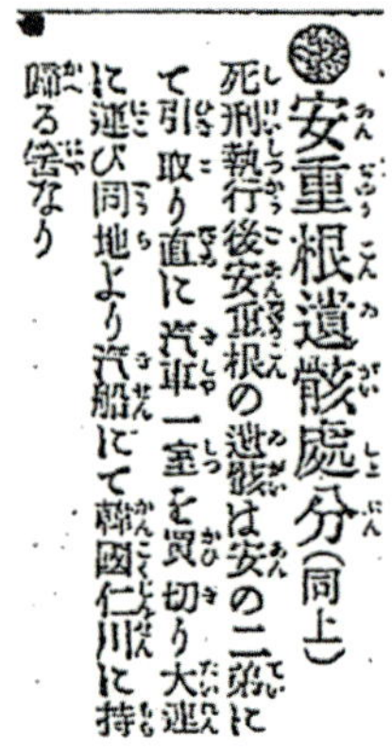

安重根遺骸處分(同上)

死刑執行後安重根の遺骸は安の二弟にて引取り直に汽車一室を買切り大連に運び同地より汽船にて韓國仁川に持歸る筈なり

안중근 유해 처분(同上)[19]

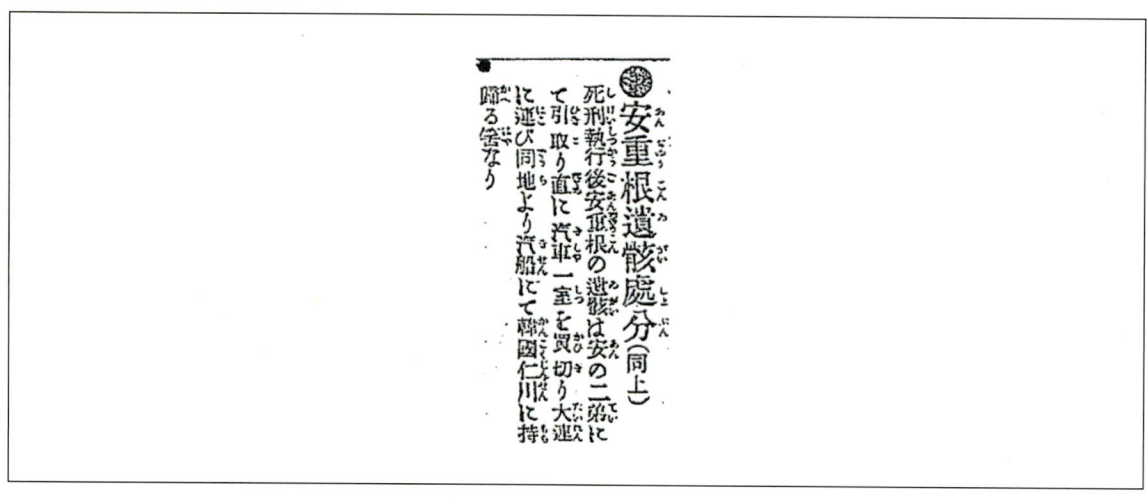

사형 집행 후 안중근의 유해는 안의 두 동생이 인수해 바로 기차 1실을 빌려 다롄[20]으로 옮기고, 그곳에서 기선으로 인천까지 가지고 돌아갈 것이다.

19 번역 출처: 안중근 자료집 편찬위원회(2017), 《일본 신문 중 안중근 기사 Ⅳ: 도쿄 아사히 신문》, 채륜

20 안중근 자료집 편찬위원회(2017)에서 '대련'으로 표기했으나 본 책에서 '다롄'으로 수정.

· 안중근(安重根) 처형, 안중근(安重根) 사형집행(1910.03.27)

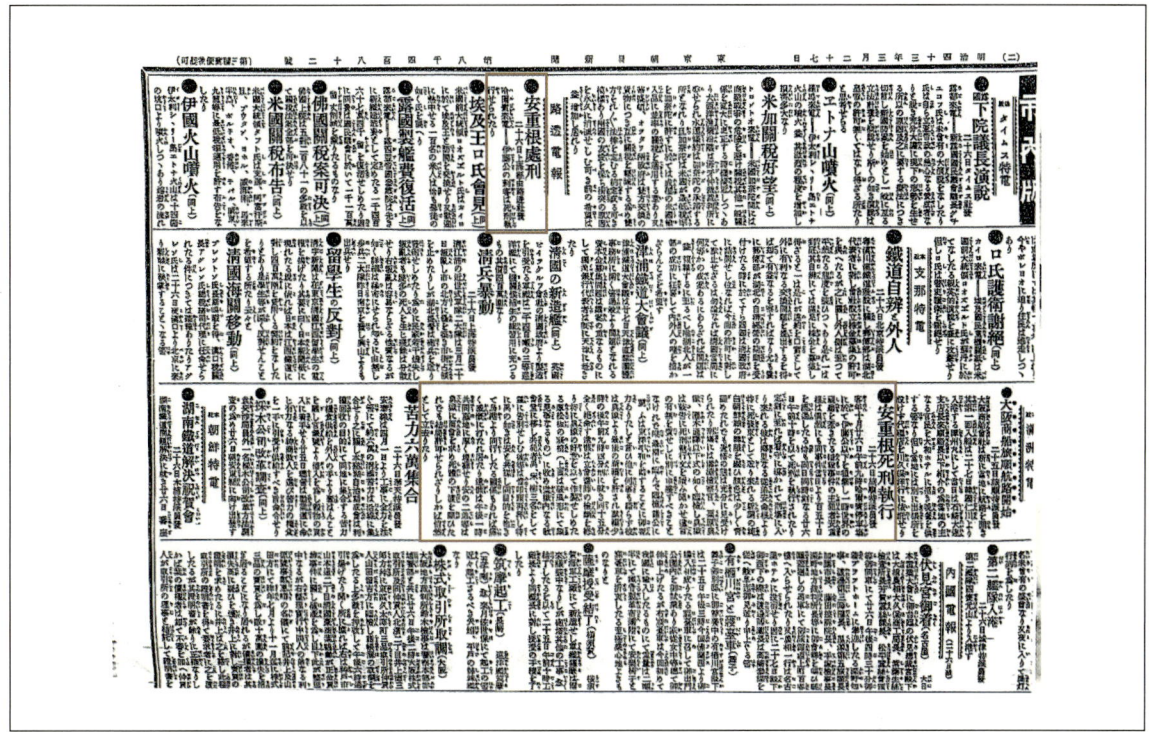

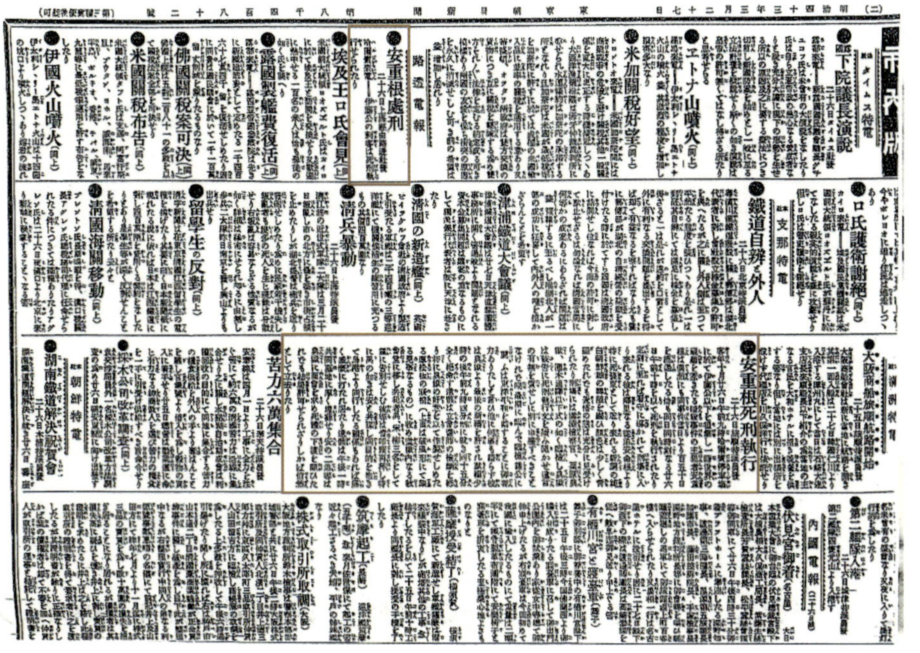

안중근 처형

26일 상하이 경유 로이터사 발

하얼빈 래전(來電) 이토공(伊藤公)의 자객은 사형 집행됐다

안중근 사형집행

26일 뤼순 특파원 발

작년 10월 26일 오전 9시 하얼빈 정거장에서 이토공(伊藤公) 이하를 저격해 한 때 세계의 주목을 이끈 암살 사건의 주범자 안중근은 우연하게도 동 사건 당일로부터 150일 경과한 마침 동일(同日) 같은 시각인 26일 오전 10시에 사형이 집행됐다. 정각에 이르자 간수에게 이끌려 형장에 들어온 그는 고향의 사촌 동생 안명근(安命根)으로부터 특별히 수의로 보내진 새로 만든 순백 조선 명주의 한복을 입었고, 안색은 약간 창백하나 각오하는 태도는 충분히 보였다. 형장에는 미조부치(溝淵) 검찰관, 구리하라(栗原) 형무소장, 소노키(園木)통역 이하 관리가 함께 임검(臨檢)했다. 형무소장은 피고에게 사형 집행문을 읽고 듣게 해 유언의 유무를 물어보자 '딱히 남길 유언은 없으나 다만 마지막에 이르러 임검하신 여러분에게 간절히 바라건대 동양평화를 되찾기에 진력해 주셨으면' 이라고 말해 따로 아무 말 없었다. 그는 형무소장으로부터 마지막 기도를 허락받아 잠시 묵도한 뒤 오전 9시[10시] 4분에 형을 받고 15분에 완전히 절명했다. 유해는 입회 의사(醫師)의 검단(檢斷)을 끝내고 형무소장의 호의로 제작한 두꺼운 송판(松板)의 침관(寢棺)(상면은 파풍(破風: [일본 가옥의 지붕 모양]) 형으로 만든 훌륭한 것)에 넣어 감옥 안 교회당(教晦堂)에 옮겼다. 공범자 우(禹), 조(宋), 유(柳) 세 명에 영혼과 고별하게 했다. 그들은 모두 바닥에 머리를 조아려 재배(再拜)했고, 특히 우와 같은 경우에는 안과 도모해 같은 목적을 품어 오항(烏港, 블라디보스토크)부터 동행한 관계도 있어 매우 슬픔에 젖어 있었다. 유해는 오후 1시 공동 묘지에 후히 매장했다. 안의 두 형제는 형무소장에게 면회를 요구하며 시체 하부(下付)를 요청했으나 결국 허락을 받지 못해 망연히 그 자리를 떠났다.

· **안중근 사형집행**(1910.03.28)

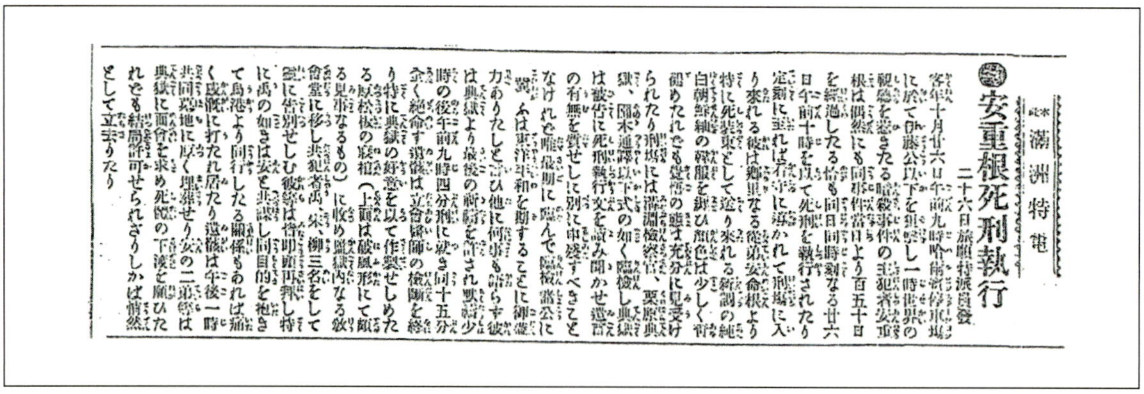

満洲特電

安重根死刑執行

二十六日旅順特派員発

客年十月廿六日午前九時哈爾賓停車場に於て伊藤公以下を狙撃し一時世界の視聴を惹きたる暗殺事件の主犯者安重根は偶然にも同事件当日より百五十日を経過したる恰も同日同時刻なる廿六日午前十時を以て死刑を執行されたり定刻に至れば看守に導かれて刑場に入り来れる彼は郷里なる従弟安命根より特に死装束として送り来れる新調の純白朝鮮紬の韓服を纏ひ顔色は少しく青ざめたれども覚悟の臍は充分に見受けられたり刑場には溝淵検察官、栗原典獄、園木通訳以下式の如く臨検し典獄は被告に死刑執行文を読み聞かせ遺言の有無を質せしに別に申残すべきことなけれど唯最期に臨んで臨検諸公に御願ひは東洋平和を期することに御尽力ありたしと言ひ他に何事も語らず彼は典獄より最後の祈祷を許され黙祷少時の後午前九時四分刑に就き同十五分全く絶命す遺骸は立会医師の検断を経て特に典獄の好意を以て作製せしめたる厚松板の寝棺(上面は破風形にて頗る見事なるもの)に収め監獄内なる教会堂に移し共犯者禹、宋、柳三名をして霊に告別せしむ彼等は皆即座再拝し特に禹の如きは安と共謀し同目的を抱きて烏港より同行したる関係もあれば痛く感慨に打たれ居たり遺骸は午後一時共同墓地に厚く埋葬せり安の二弟等は典獄に面会を求め死体の下渡を願ひたれども結局許可せられざりしかば悄然として立去りたり

안중근 사형집행[21]

26일 뤼순[22] 특파원 발

작년 10월 26일 오전 9시 하얼빈 정차장에서 이토 공 등을 저격하고 일시 세계의 이목을 끌었던 암살 사건의 주범 안중근은 우연하게도 그 사건 당일로부터 150일을 경과한 흡사 동시각인 26일 오전 10시에 사형이 집행되었다. 정각이 되자, 간수에게 이끌려 나와 형장으로 들어온 그는 고향에 있는 사촌동생 안명근이 특별히 보낸 수의 즉, 새로 맞춘 순백의 조선 명주로 만든 한복을 입었다. 얼굴은 조금 창백하였지만, 보아하니 각오한 모습은 충분히 알 수 있었다. 형장에는 미조부치[23](溝淵) 검찰관 · 구리하라(栗原) 형무소장 · 소노키(園木) 통역 이하 식대로 임검(臨檢)하였다. 형무소장은 피고에게 사형 집행문을 읽도록 하여 들려주었다. 유언의 유무를 물었더니 특별히 남길 말이 없지만, 그저 마지막으로 임검한 여러분들이 동양평화를 이루는데 진력해주길 바란다고 말하고, 달리 아무것도 말하지 않았다. 그는 형무소장으로부터 최후의 기도를 허락받아 잠시 묵도 후 오전 9시 40분 형(形)에 나가 동 15분 완전히 절명하였다. 유해는 입회 의사의 검단을 거쳐, 특별히 형무소장의 호의로 제작하게 한 두꺼운 소나무 판자의 관(윗면은 파풍(破風) 형태로 매우 훌륭한 것)에 넣고, 감옥 내에 있는 교회당으로 옮겨 공범자 우(禹) · 송(宋)[24] · 유(柳)[25] 3명에게 영혼에 이별을 고하게 하였다. 그들은 모두 머리를 숙여 재배하였다. 특히 우는 안과 공모하여 같은 목적을 품고 오항(烏港)[26]부터 동행한 관계이므로 대단히 감개에 빠져 있었다. 유해는 오후 1시 공동묘지에 깊이 매장하였다. 안의 두 동생들은 형무소장과 면회를 요청해 유해를 가져가기를[27] 청하였지만 결국 허가받지 못하여 초연하게 물러갔다.

---

21 번역 출처: 안중근 자료집 편찬위원회(2017), 《일본 신문 중 안중근 기사 Ⅳ: 도쿄 아사히 신문》, 채륜

22 안중근 자료집 편찬위원회(2017)에서 '여순'으로 표기했으나 본 책에서 '뤼순'으로 수정.

23 안중근 자료집 편찬위원회(2017) p.72에는 '미조부이'로 번역되어 있으나, 본 책에서 '미조부치'로 수정.

24 기사 원문에 '宋'으로 되어있으나 안중근 자료집 편찬위원회(2017) p.72의 각주에 '조(曺)'로 실림.

25 기사 원문에 '柳'으로 되어있으나 안중근 자료집 편찬위원회(2017) p.72의 각주에 '유(劉)'로 실림.

26 안중근 자료집 편찬위원회(2017) p.72 각주에 '블라디보스토크'로 실림.

27 안중근 자료집 편찬위원회(2017) p.72에는 '불하(下渡)를'로 번역되어 있으나, 본 책에서 '가져가기를'로 수정.

5) 도쿄일일신문(東京日日新聞)

· 안중근의 사형(1910.03.28)

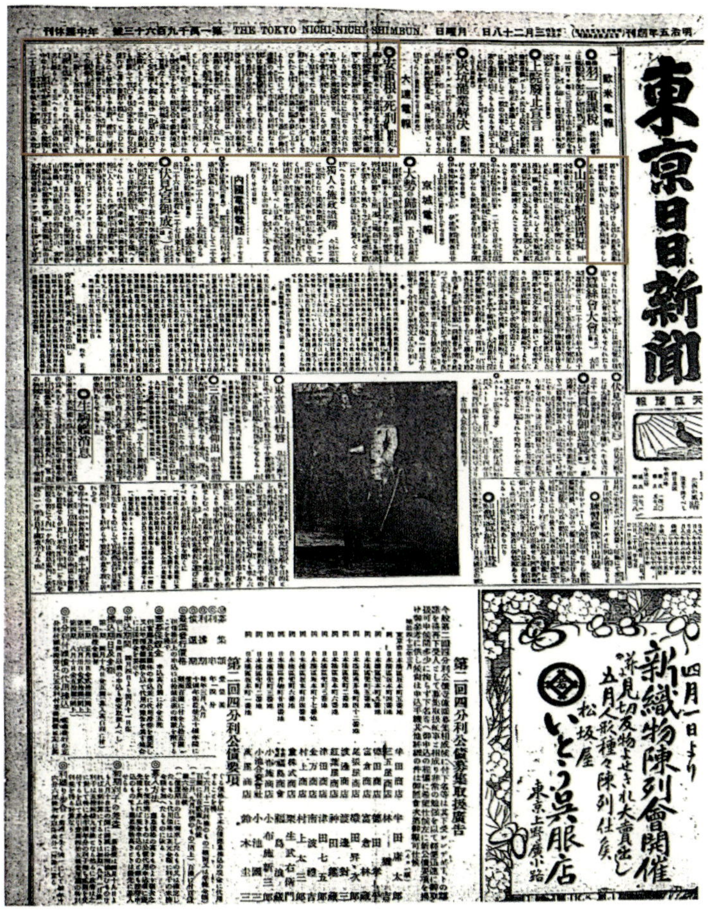
東京日日新聞

THE TOKYO NICHI-NICHI SHIMBUN

四月一日より
新織物陳列會開催
松坂屋
いとう呉服店

안중근의 사형

(미상) 안중근은 (미상) 신에게 회개하며 (미상)한 그의 죽음을 애도하는 (미상). 26일 오전 10시 4분 미조부치(溝淵) 검찰관, 구리하라(栗原) 형무소장 등이 입회하여 사형을 집행했는데 그는 본국에서 새하얀 명주 수의를 입고 차분하게 신에게 마지막 기도를 (미상). 조금도 죄책감을 느끼지 않는 듯 형장에 임하며 교수대에 올라간 지 11분만에 절명했다. (미상) 이토공(伊藤公) (미상) 동 시각이었다. 유해는 (미상) 매장되는 것으로 됐다. 안의 마지막을 지켜보려고 머문 두 형제는 (미상) 특별 면회실에서 마지막 면회가 허락됐다. 미조부치(溝淵) 검찰관은 "오늘은 마지막 면회이니 후회가 남지 않도록 이야기를 나누라"라고 고하며 악수를 허락하자 형제 세 명은 (미상)하려고 했으나 그만하고, (미상) 무릎을 꿇고 약 20분간 신에게 기도를 드린 후 손을 잡아 얼굴을 마주 보며 (미상) "여기까지 와서 미련스럽게 말할 것이 없다. 다만 친척과 상담하며 내가 죽은 뒤 집의 일을 부탁한다."라는 말뿐 이야기하지 않았다. 미즈노(水野), 가마타(鎌田) 두 변호사도 이 면회에 입회해 (미상). 미즈노 씨는 (미상) 안은 "(미상) 믿는 사람이 (미상)"라고 말했다고 한다. 그가 집필 중이던《동양평화론》은 서문만 탈고했고 23일 (미상)에만 (미상). 사기(死期)가 가까워지는 그의 (미상) 평상시와 다름없었다고 한다.

6) 모지신보(門司新報)

· **안중근 공판 소감(1910.02.26)**

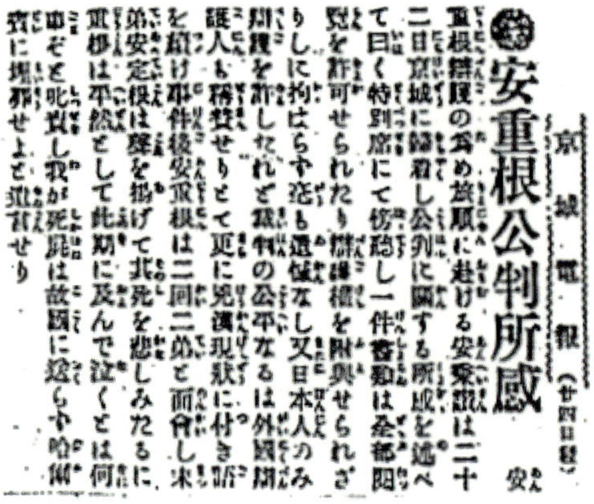

安重根公判所感

京城電報(廿四日發)

安重根辯護の爲め旅順に赴ける安秉讃は二十二日京城に歸着し公判に關する所感を述べて曰く特別席にて傍聽し一件書類は全部閲覧を許可せられたり辯護權を附與せられざりしに拘らず些も遺憾なし又日本人のみ辯護を許したれど裁判の公平なるは外國辯護人も稱賛せりと更に兇漢現狀に付き語を續け事件後安重根は二回二弟と面會し末弟安定根は聲を揚げて其死を悲しみたるに重根は平然として此期に及んで泣くとは何事ぞと叱責し我が死屍は故國に送らず哈爾賓に埋葬せよと遺言せり

안중근 공판 소감[28]

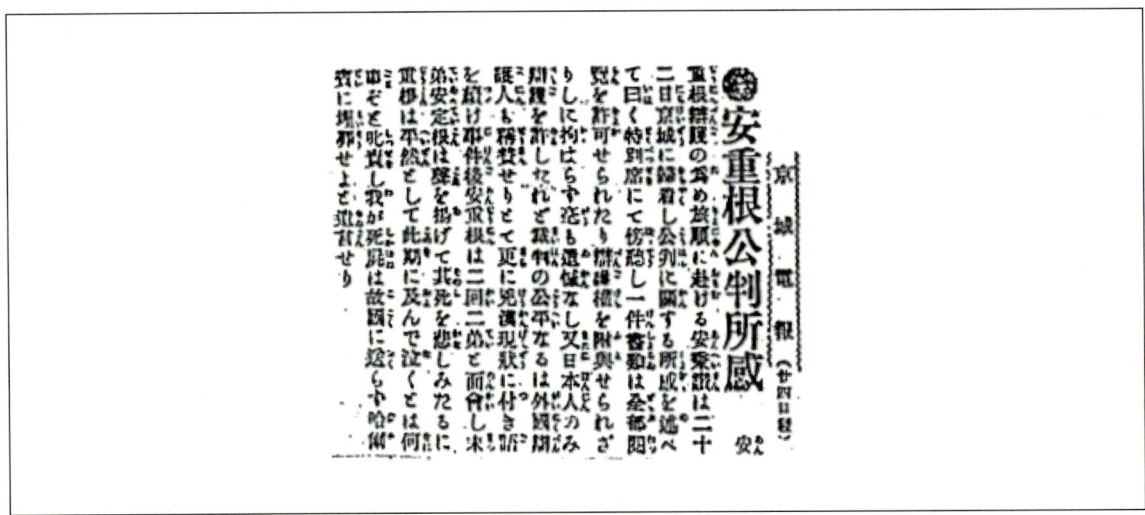

안중근 변호를 위해 뤼순[29]에 간 안병찬(安秉讚)은 22일 경성에 돌아와 공판에 관한 소감을 말하길, 특별석에서 방청하고 사건 관련 서류는 전부 열람을 허가받았다. 변호권을 부여받지 않았음에도 불구하고 조금도 유감은 없다. 또한 일본인에게만 변호를 허락했지만 재판이 공평한 것은 외국변호인도 칭찬한다고 하였다. 더욱 흉행 현상에 대해 말하여 사건 후 안중근은 두 번 두 동생을 면회하고 막냇동생인 안정근은 소리 높여 그 죽음을 슬퍼했는데 안중근은 태연하게 이렇게 되어서 울면 뭐하겠느냐고 질책하였다. 내 시신은 고국에 보내지 말고 하얼빈에 묻어달라고 유언했다고 한다.

---

28 번역 출처: 독립기념관 한국독립운동사연구소(2011), 《일본신문 안중근 의거 기사집 I》, 독립기념관 한국독립운동사연구소

29 독립기념관 한국독립운동사연구소(2011)에서 '여순'으로 표기했으나 본 책에서 '뤼순'으로 수정.

· **안중근 시체**(1910.02.26)

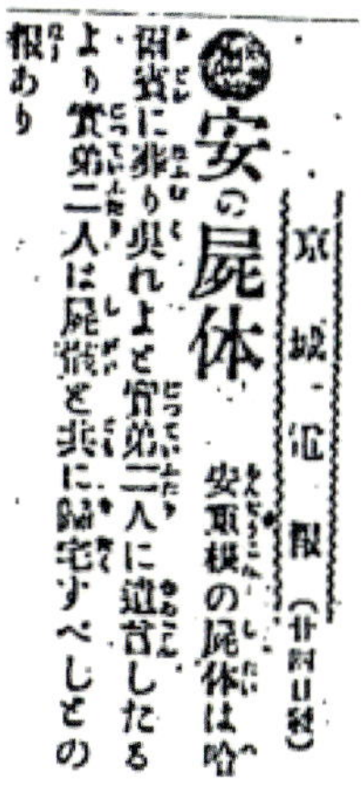
京城電報（廿四日発）

安の屍体

安重根の屍体は哈爾賓に葬り呉れよと実弟二人に遺言したるより実弟二人は屍骸と共に帰宅すべしとの報あり

안중근 시체[30]

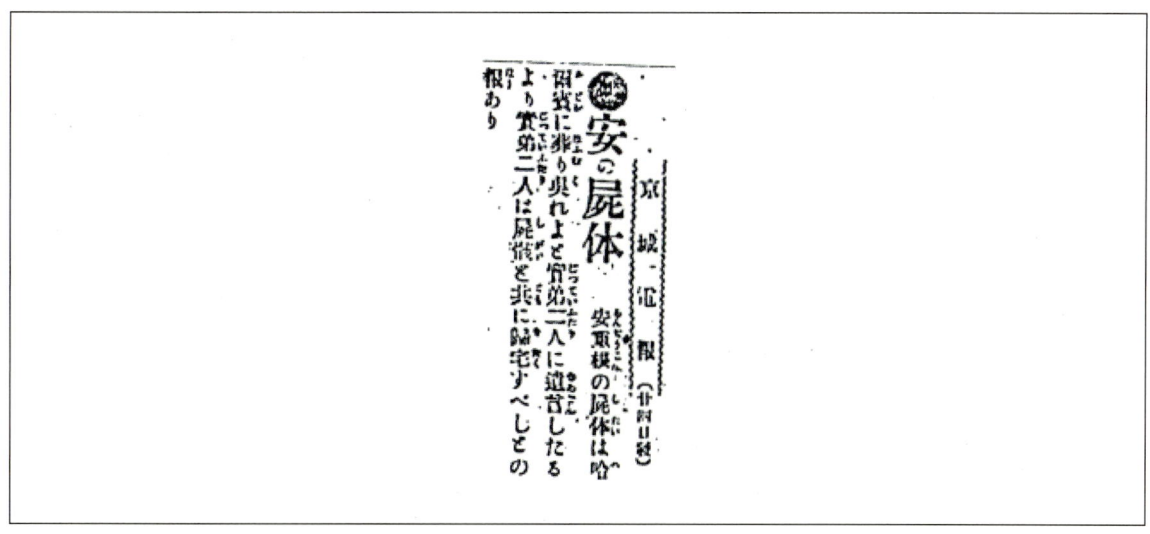

안중근이 두 동생에게 자신의 시체는 하얼빈에 묻어달라고 유언해서 두 동생은 시신과 함께 귀가할 것이라는 소식이 있다.

30 번역 출처: 독립기념관 한국독립운동사연구소(2011), 《일본신문 안중근 의거 기사집 I》, 독립기념관 한국독립운동사연구소

· 안 변호사의 말_흉한 안중근의 유언(1910.02.27)

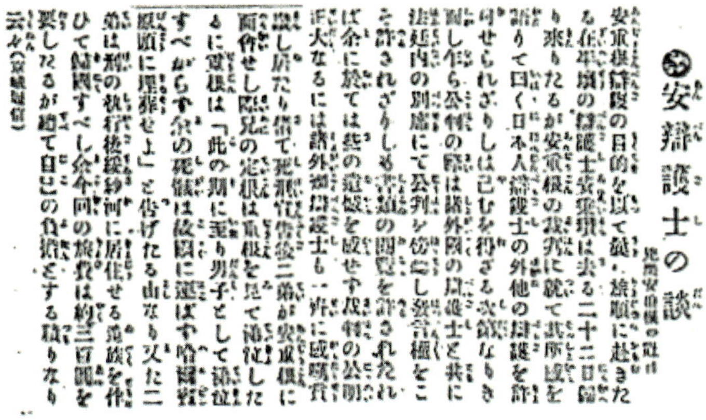

◎安辯護士の談 兇漢安重根の遺言

安重根辯護の目的を以て甞て旅順に赴きたる在平壌の辯護士安秉瓚は去る二十二日歸り來りたるが安重根の裁判に就て其所感を語りて曰く日本人辯護士の外他の辯護を許可せられざりしは已むを得ざる次第なりき而し乍ら公判の際は諸外國の辯護士と共に法廷内の別席にて公判を傍聴し發言權をこそ許されざりしも書類の閲覽を許されたれば余に於ては些の遺憾を感せず我國の公明正大なるには諸外國辯護士も一齊に感歎賞讃し居たり而して死刑宣告後二弟が安重根に面會せし際兄の定根は重根を見て涕泣したるに重根は「此の期に至り男子として涕泣すべからず余の死體は故國に運ばず哈爾賓原頭に埋葬せよ」と告げたる由なり又た二弟は刑の執行後綏紗河に居住せる遺族を伴ひて歸國すべし余今回の旅費は約三百圓を要したるが總て自己の負擔とする積りなりと云々(京城通信)

안 변호사의 말[31]

흉한 안중근의 유언

안중근 변호 목적으로 일찍이 뤼순[32]에간 재 평양 변호사 안병찬은 지난 22일 돌아왔는데 안중근 재판에 관해 소감을 말하길 일본인 변호사 외에 변호를 허락하지 않은 것은 어쩔 수 없는 과정이었다. 그렇지만 공판 때는 여러 외국의 변호사와 함께 법정 내의 別席에서 공판을 방청하였다. 발언권은 허락받지 못했으나 서류 열람을 허락받아서 나로서는 조금의 유감도 없다. 재판이 공명정대한 것은 여러 외국 변호사도 일제히 감탄하고 칭찬하였다. 그리고 사형선고 후 두 동생이 안중근을 면회했을 때 형인[33] 정근은 중근을 보고 눈물을 흘렸는데 중근은 “이러한 상황이 되었는데 남자는 울어서는 안 된다. 나의 시신은 고국에 보내지 말고 하얼빈 들판 근처에 매장하라”고 말했다고 한다. 또한 두 동생은 사형집행 후 綏紗河에 거주하는 유족을 동반하여 귀국할 것이다. 이번에 나의 여비는 약 300원이 들었는데 모두 개인 부담으로 할 생각이라고 운운했다.(경성통신)

31 번역 출처: 독립기념관 한국독립운동사연구소(2011), 《일본신문 안중근 의거 기사집 I》, 독립기념관 한국독립운동사연구소

32 독립기념관 한국독립운동사연구소(2011)에서 ‘여순’으로 표기했으나 본 책에서 ‘뤼순’으로 수정.

33 독립기념관 한국독립운동사연구소(2011) p.350 각주에 “원문 그대로임.”이란 각주가 달려 있다.

· 사형은 26일(1910.03.24)

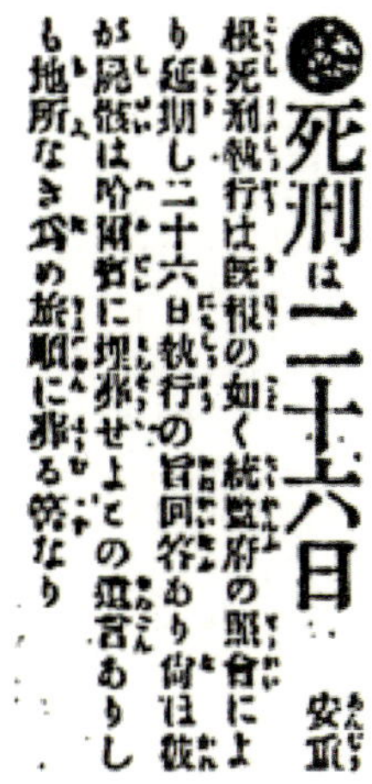

死刑は二十六日

安重根死刑執行は既報の如く統監府の照會により延期し二十六日執行の旨回答あり尚ほ彼が屍骸は哈爾賓に埋葬せよとの遺言ありしも地所なき爲め旅順に葬る筈なり

사형은 26일[34]

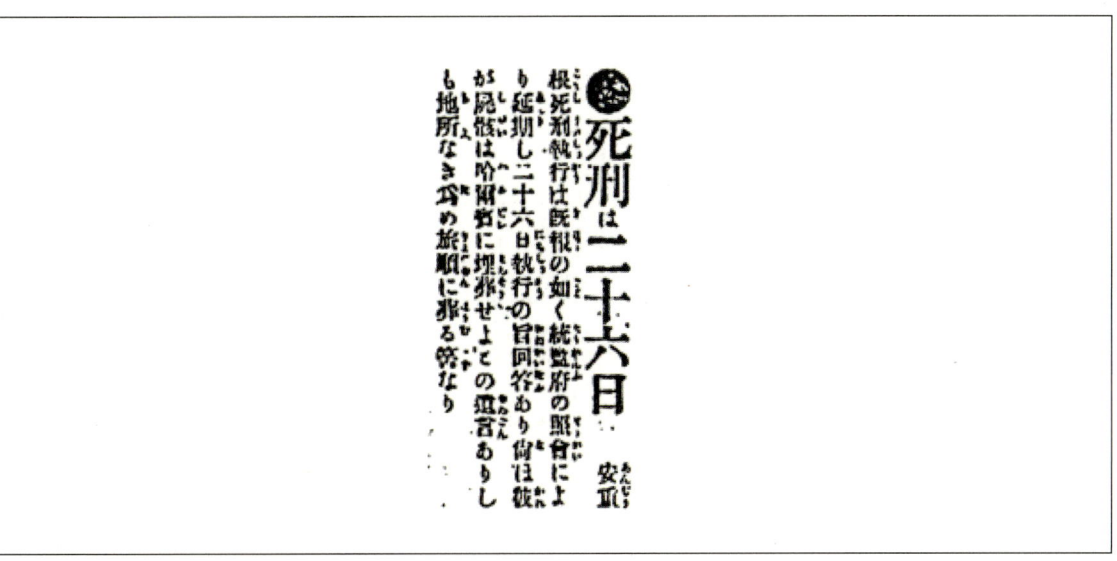

안중근 사형집행은 이미 보도한 바와 같이 통감부의 조회로 연기되어 26일에 집행한다는 뜻을 회답했다. 또한 그 시신은 하얼빈에 매장하라는 유언이 있었지만 장소가 없기 때문에 뤼순[35]에 매장할 예정이다.

---

34 번역 출처: 독립기념관 한국독립운동사연구소(2011), 《일본신문 안중근 의거 기사집 I》, 독립기념관 한국독립운동사연구소

35 독립기념관 한국독립운동사연구소(2011)에서 '여순'으로 표기했으나 본 책에서 '뤼순'으로 수정.

· 안중근의 처형(1910.03.28)

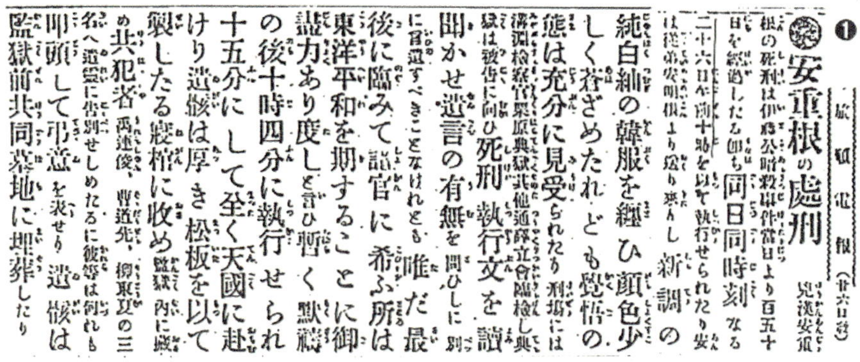
❶ ◎安重根の處刑 旅順電報（廿六日發）

兇漢安重根の死刑は伊藤公暗殺事件當日より百五十日を經過したる即ち同日同時刻なる二十六日午前十時を以て執行せられたり安は從弟安明根より送り來れる新調の純白紬の韓服を纏ひ顔色少しく蒼ざめたれども覺悟の態は充分に見受られたり刑場には溝淵檢察官栗原典獄其他通譯立會臨檢し典獄は被告に向ひ死刑執行文を讀聞かせ遺言の有無を問ひしに別に申述すべきことなけれども唯だ最後に臨みて諸官に希ふ所は東洋平和を期することに御盡力あり度しと言ひ暫く默禱の後十時四分に執行せられ十五分にして全く天國に赴けり遺骸は厚き松板を以て製したる寢棺に收め監獄内に藏め共犯者禹連俊、曹道先、柳東夏の三名へ遺骸に告別せしめたるに彼等は何れも叩頭して弔意を表せり遺骸は監獄前共同墓地に埋葬したり

안중근의 처형[36]

흉한 안중근의 사형은 이토 공 암살 사건 당일부터 150일이 경과한, 즉 같은 날 같은 시각인 26일 오전 10시에 집행되었다. 안중근은 사촌 동생 안명근이 보내온 새로 지은 순백 명주 한복을 입었다. 얼굴빛은 다소 창백했지만 각오한 모습은 충분히 느껴졌다. 형장에는 미조부치(溝淵) 검찰관, 구리하라(栗原) 전옥, 그 외 통역이 입회 임검하였다. 전옥은 피고를 향해 사형집행문을 들려주고 유언이 있는지를 물었다. 안중근은 특별히 남길 말은 없지만 단지 최후를 맞이하여 諸官에게 희망하는 바는 동양평화를 이루도록 진력해달라고 말하고 잠시 묵도하였다. 그 후 10시 4분에 집행되어 15분에 완전히 천국으로 떠났다. 유해는 두꺼운 송판으로 제작한 관에 넣어 감옥 안에 두고 공범자 우덕순[37], 조도선, 유동하 세 명에게 작별하도록 하였더니 그들은 모두 머리를 조아리고 조의를 표했다. 유해는 감옥 앞 공동묘지에 매장했다.

36 번역 출처: 독립기념관 한국독립운동사연구소(2011), 《일본신문 안중근 의거 기사집 I》, 독립기념관 한국독립운동사연구소

37 독립기념관 한국독립운동사연구소(2011)에서는 '우연준'으로 표기했으나 본책에서는 '우덕순'으로 수정.

· 두 동생의 한(1910.03.28)

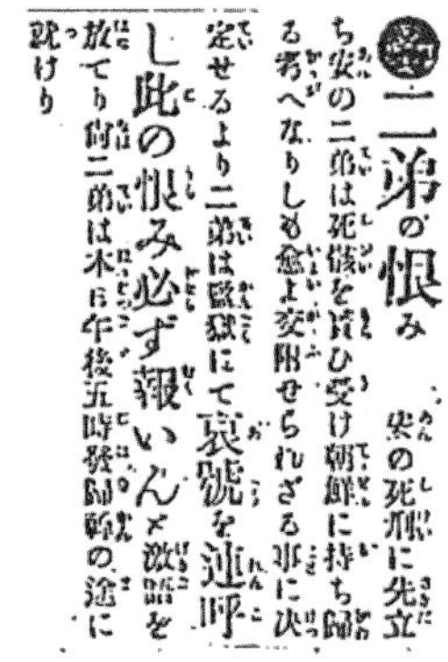
二弟の恨み　安の死刑に先立ち安の二弟は死骸を貰ひ受け朝鮮に持ち歸る考へなりしも愈よ交附せられざる事に決定せるより二弟は監獄にて哀號を連呼し此の恨み必ず報いんと激語を放てり尙二弟は本日午後五時發歸韓の途に就けり

두 동생의 한[38]

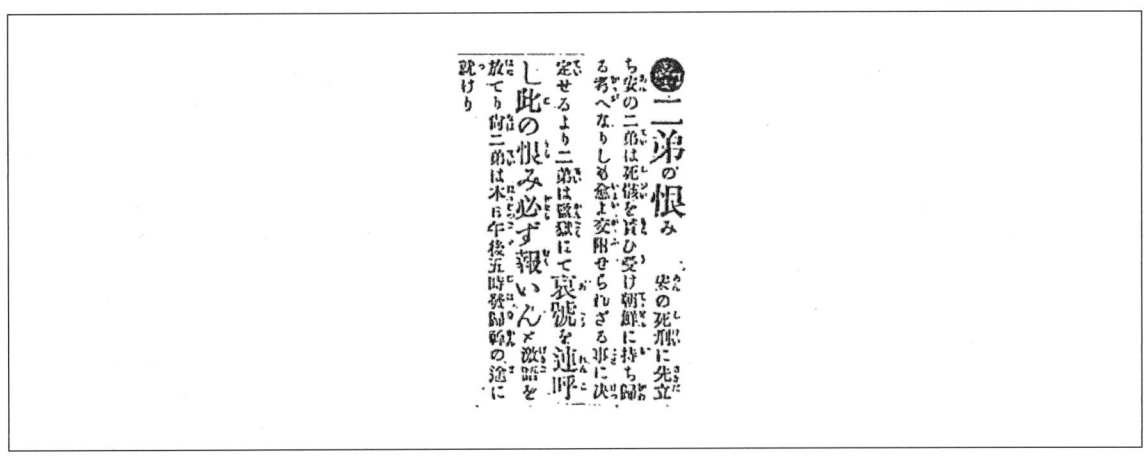

안중근의 사형에 앞서 안중근의 두 동생은 유해를 받아 조선으로 가지고 돌아갈 생각이었지만 드디어 교부하지 않기로 결정되어 두 동생은 감옥에서 아이고를 연호하고 "이 원한은 반드시 갚겠다"고 격렬한 말을 하였다. 또한 두 동생은 오늘 오후 5시에 출발하여 귀한 길에 올랐다.

38 번역 출처: 독립기념관 한국독립운동사연구소(2011), 《일본신문 안중근 의거 기사집 I》, 독립기념관 한국독립운동사연구소

· 안중근의 사형집행(1910.03.28)

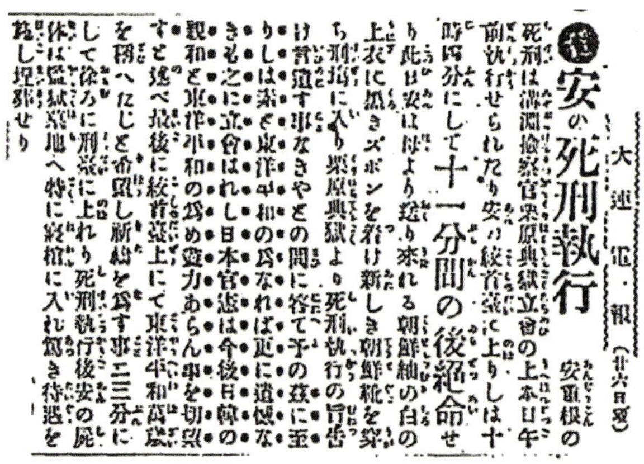

安の死刑執行

大連電報(廿六日発)

安重根の死刑は溝淵検察官栗原典獄立会の上本日午前執行せられたり安が絞首台に上りしは十時四分にして十一分間の後絶命せり此日安は母より送り来れる朝鮮紬の白の上衣に黒きズボンを着け新しき朝鮮靴を穿ち刑場に入り栗原典獄より死刑執行の旨告け言遺す事なきやとの問に答て予の茲に至りしは素と東洋平和の為なれば更に遺憾なきも之に立会はれし日本官憲は今後日韓の親和を東洋平和の為め努力あらん事を切望すと述べ最後に絞首台上にて東洋平和万歳を唱へたしと希望し祈祷を為す事二三分にして徐ろに刑台に上れり死刑執行後安の屍体は監獄墓地へ特に寝棺に入れ厚き待遇を施し埋葬せり

안중근의 사형집행[39]

안중근의 사형은 미조부치 검찰관, 구리하라 전옥이 입회한 다음 오늘 오전 집행되었다. 안중근이 교수대에 올라간 것은 10시 4분이고 11분이 지난 후 절명했다. 이날 안중근은 어머니가 보내준 조선 명주 흰 상의에 검은 바지를 입고 새 조선 신발을 신고 형장에 들어갔다. 구리하라 전옥으로부터 사형집행의 뜻을 전해 듣고 남길 말이 없는지라는 질문에 답하여 내가 이에 이른 것은 원래 동양평화 때문이므로 남은 유감은 없지만 여기에 입회한 일본 관헌은 앞으로 한일 친화와 동양평화를 위해 힘을 다해 주기를 절실히 희망한다고 말하였다. 마지막으로 교수대 위에서 동양평화만세를 외칠 것을 희망하고 기도를 한 다음 2~3분 후 천천히 형대로 올라갔다. 사형집행 후 안중근의 시신은 감옥 묘지로, 특히 관에 넣어 두터운 대우를 베풀어서 매장했다.

39 번역 출처: 독립기념관 한국독립운동사연구소(2011), 《일본신문 안중근 의거 기사집 I》, 독립기념관 한국독립운동사연구소

7) 시사신보(時事新報)

· 안중근 사형집행(1910.03.27)

안중근 사형집행

(10월 26일 오전(미상))

오늘 (미상) 안중근의 사형을 집행한다. (미상) 하늘을 닫고 (미상) 완강한 (미상) 안중근은 (미상) 선교사와 (미상) 자기가 흉행 (미상) 신에게 회개하며 스스로 마음 (미상) 오늘은 (미상) 하늘이 그의 죽음을 애도하는 것 같았다. 그리고 오전 10시 4분 (미상) 검찰관, 구리하라(栗原) 형무소장 입회하에 사형을 집행했다. 그는 한국에서 수의로 보내온 하얀 (미상)를 입어 차분하게 마지막 기도를 드렸다. 또한 죄책감을 느끼는 (미상) 없이 (미상) 올라가며 형을 받아 11분민에 절명했다. 마침 오늘은 이도공(伊藤公)의 기일이자 시간도 (미상). 유해는 (미상)에 매장되는 것으로 (미상). 안의 마지막을 지켜보려고 (미상)하는 두 형제들은 어제 마지막 면회를 (미상)에서 허락됐다. (미상) 검찰관은 말하되 오늘은 마지막 면회라 후회가 남지 않도록 서로 이야기를 나누라고 (미상) 허락하자 형제 세 명 (미상)하려고 했지만 (미상) 그만하고, 세 명 똑같이 무릎을 꿇어 약 20분간 신에게 기도를 드린 후 서로 손을 잡으며 얼굴을 마주 보며 (미상) 말이 없었다. 보는 사람 (미상) 안은 (미상) 얼굴을 들어 "여기까지 와서 미련스럽게 말할 것이 없다. 다만 친척과 상담한 후 내가 죽은 뒤 집의 일을 잘해라. 또 내 유아(遺兒) 양육을 부탁한다."라는 말뿐 다른 것은 이야기하지 않았으며 미즈노(水野), 가마타(鎌田) 두 변호사 (미상) 안은 (미상) 또 말하되 바라건대 귀하도 천주교를 믿는 사람이 되어달라. (미상)에서 이야기하기를 (미상) 그가 옥중 집필 중이었던 《동양평화론》은 서론만 탈고했으나 23일 이래 (미상) 했다. 사기에 가까워지는 그의 (미상) 평상시와 다를 바가 없으며 (미상)한 것이었다고 한다.

8) 신애지신문(新愛知新聞)

· 안중근의 사형집행(1910.03.28)

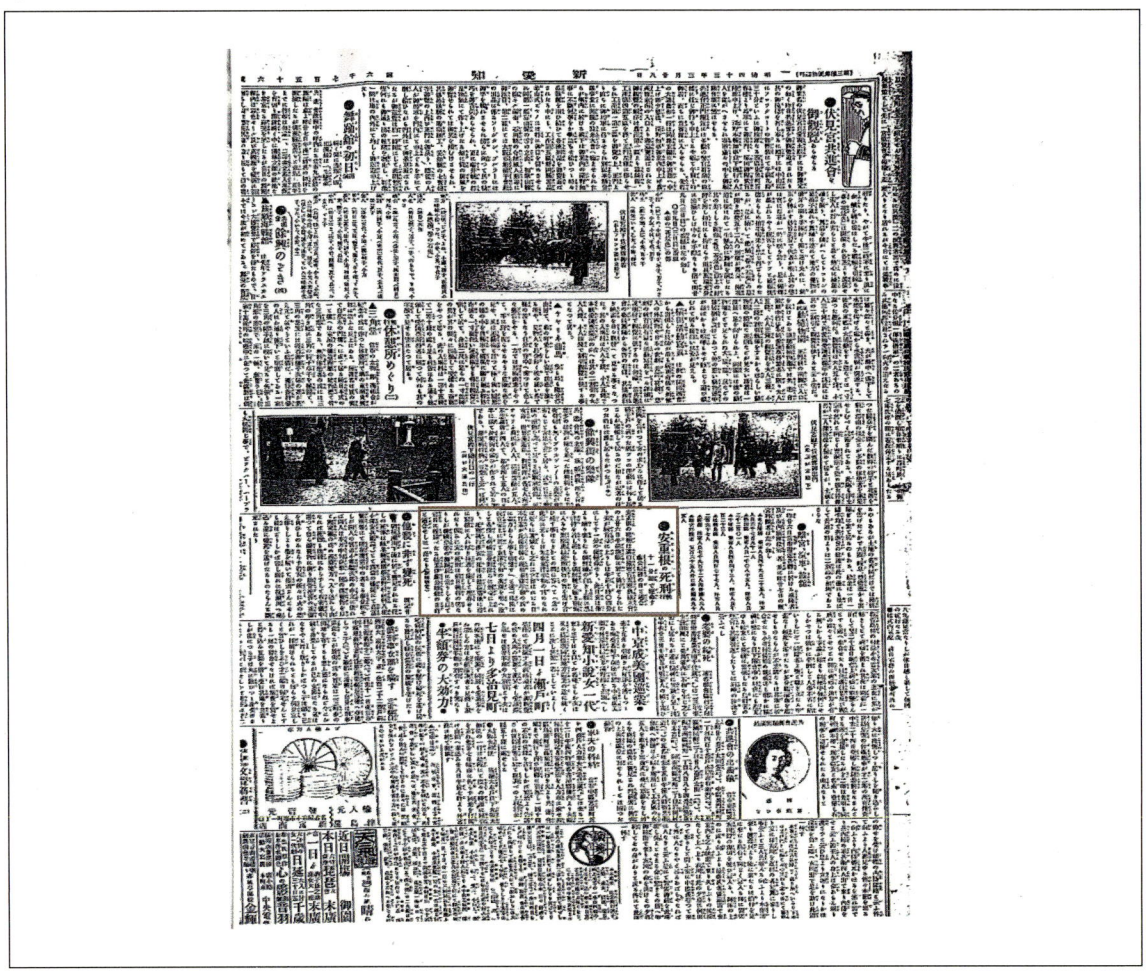

안중근의 사형집행

11분간에 절명하다.

이토 공 암살의 날과 (미상)

안중근의 사형은 미조부치(溝淵) 검찰관, 구리하라(栗原) 형무소장 입회 하에 26일 오전 10시에 집행됐다. 안이 교수대에 올라간 것은 오전 10시 4분이며 11분 후에 절명했다. 이 날 안은 어머니가 보내준 조선 명주의 하얀 상의에 (미상)를 입으며 새로운 조선 (미상)를 신어 형장에 들어오자 구리하라(栗原) 형무소장이 사형 집행 취지를 고하며 남길 말은 없느냐는 질문에 답해 "내가 여기에 이른 것은 원래 동양평화를 위함이라 (미상) 유감이 없다. 이에 (미상) 본 관(미상)이 (미상) 일한 친화, 동양평화를 위해 진력하기를 간절히 바란다."라고 말해 마지막에 교수대 위에서 동양평화의 삼창을 외치고 (미상)고 기도 3분간 서서히 형대에 올랐다. 사형집행 후 안의 시체는 (미상)묘지에 (미상)에 넣어 후한 대우를 (미상) 매장됐다. 참고로 안의 사형은 전날에 집행될 예정이었지만 한국 (미상) 해당되는 것을 (미상) 연기한 결과 이토공(伊藤公) 암살의 날 (미상)는 기이하다.

9) 오사카마이니치신문(大阪每日新聞)

· 안중근의 유언(1910.02.04)

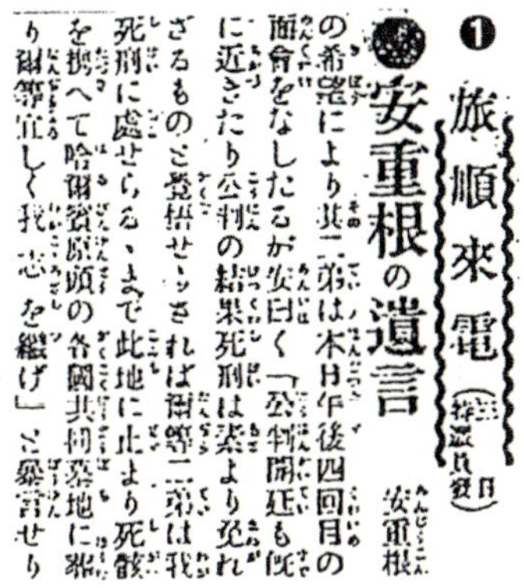

旅順來電（三日特派員發）

安重根の遺言

安重根の希望により其二弟は本日午後四回目の面會をなしたるが安曰く「公判開廷も既に近きたり公判の結果死刑は素より免れざるものと覺悟せしされば爾等二弟は我死刑に處せらるゝまで此地に止まり死骸を携へて哈爾賓原頭の各國共同墓地に葬り爾等宜しく我志を繼げ」と發言せり

안중근의 유언[40]

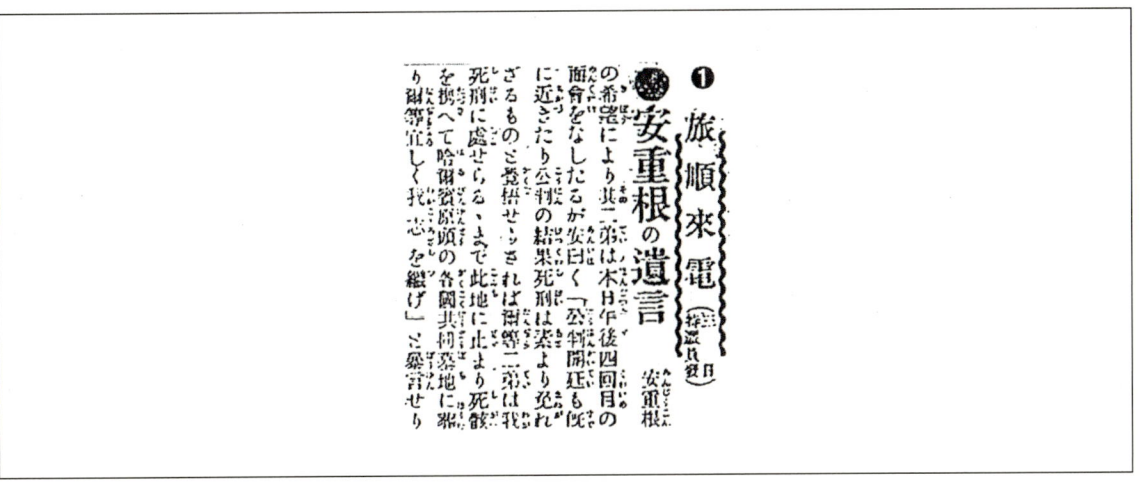

안중근의 희망에 의해 두 남동생은 오늘 오후 4회째의 면회를 하였는데 안중근은 "공판개정도 이미 가까워졌다. 공판 결과 사형은 처음부터 면할 수 없는 것으로 각오하고 있다. 너희 두 동생은 내가 사형에 처해질 때까지 이곳에 머무르고, 죽으면 유해는 가지고 가서 하얼빈 原頭의 각국 공동묘지에 묻어라 너희들은 내 뜻을 잘 이어라"며 멋대로 말하였다.

40 번역 출처: 독립기념관 한국독립운동사연구소(2011), 《일본신문 안중근 의거 기사집 II》, 독립기념관 한국독립운동사연구소

· 안중근의 교만한 말투(1910.02.25)

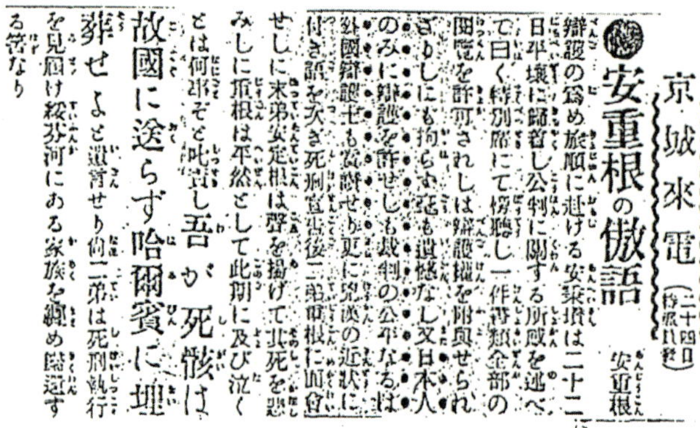

京城來電（二十四日特派員發）

安重根の傲語

安重根

辯護の爲め旅順に赴ける安秉瓚は二十二日平壤に歸着し公判に關する所感を述べて曰く特別席にて傍聽し一件書類全部の閲覧を許可されしは辯護權を附與せられざりしにも拘らず聊も遺憾なし又日本人のみに辯護を許せしも裁判の公平なるは外國辯護士も賞讃せり更に兇漢の近状に付き語を次ぎ死刑宣告後二弟重根に面會せしに末弟安定根は聲を揚げて其死を悲みしに重根は平然として此期に及び泣くとは何事ぞと叱責し吾が死骸は故國に送らず哈爾賓に埋葬せよと遺言せり尙二弟は死刑執行を見屆け綏芬河にある家族を纏め歸還する筈なり

안중근의 교만한 말투[41]

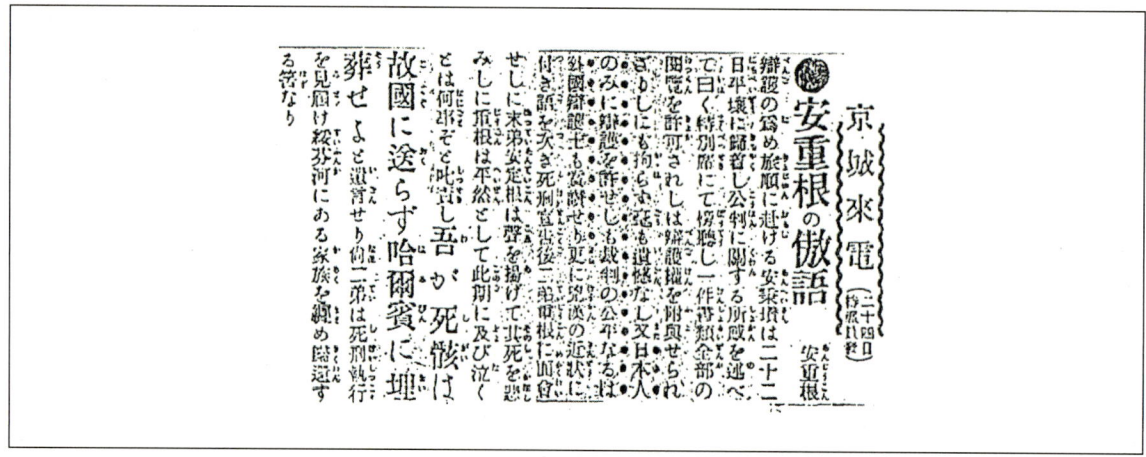

안중근의 변호를 위해 뤼순[42]으로 갔던 안병찬은 22일 평양에 들어와 공판에 관한 소감을 이르길 "특별석에서 방청하여 1건 서류 전부를 열람하는 것을 허가받았으므로 변호권을 부여치 않았음에도 불구하고 조금도 유감이 없고, 일본인만의 변호를 허락하였지만 공평하게 이루어졌다"고 칭찬하였다. 또 안의 근황에 대한 말을 이어 사형 선고 후에 두 남동생이 중근과 면회하였는데 막내 남동생인 안정근이 소리를 높여 그 죽음을 비통해하자 중근은 태연하게 "이때에 이르러 우는 것은 무슨 일이냐"며 질책하면서 "나의 시해는 고국에 보내지 말고 하얼빈에 매장하라"고 유언하였다. 두 남동생은 사형집행을 지켜보고 綏芬河에 있는 가족을 정리하여 귀환할 예정이다.

41 번역 출처: 독립기념관 한국독립운동사연구소(2011), 《일본신문 안중근 의거 기사집 II》, 독립기념관 한국독립운동사연구소

42 독립기념관 한국독립운동사연구소(2011)에서 '여순'으로 표기했으나 본 책에서 '뤼순'으로 수정.

· 안중근의 유해(1910.03.10)

京城來電（九日午後八時發）

安重根の遺骸

安重根は獄中にて韓國獨立までは死骸を哈爾賓に埋葬せよと傲語せしが墓地の撰定は風水に依りて卜する舊慣あり且子孫繁昌の爲め母弟等は其遺言を守るを好まざれば九日當地出發せる從弟安命根旅順着の上相談を遂げ多分韓國へ持歸るならんと

안중근의 유해[43]

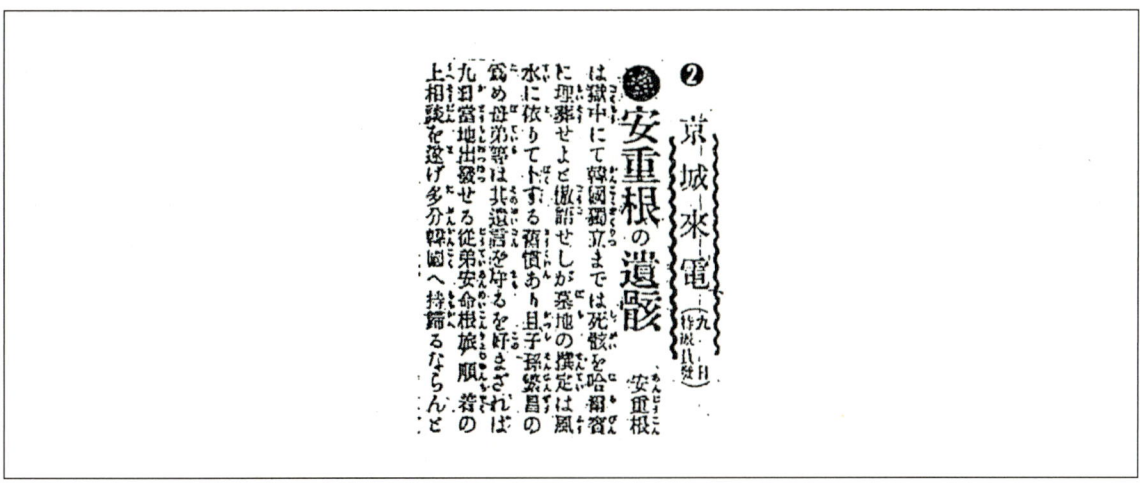

안중근은 옥중에서 한국독립까지는 유해를 하얼빈에 매장하라고 건방지게 말하였는데, 조선의 묘지 선정은 풍수에 따라 점치는 구 관습이 있고, 또 어머니와 남동생 등이 자손 번창을 위해 그 유언을 지키는 것을 좋아하지 않아 9일 경성을 출발하는 종제 안명근이 뤼순[44]에 도착한 후에 상담하여 아마도 한국에 가지고 돌아갈 것이라고 한다.

43 번역 출처: 독립기념관 한국독립운동사연구소(2011), 《일본신문 안중근 의거 기사집Ⅱ》, 독립기념관 한국독립운동사연구소

44 독립기념관 한국독립운동사연구소(2011)에서 '여순'으로 표기했으나 본 책에서 '뤼순'으로 수정.

· **흉한의 사형**(1910.03.23)

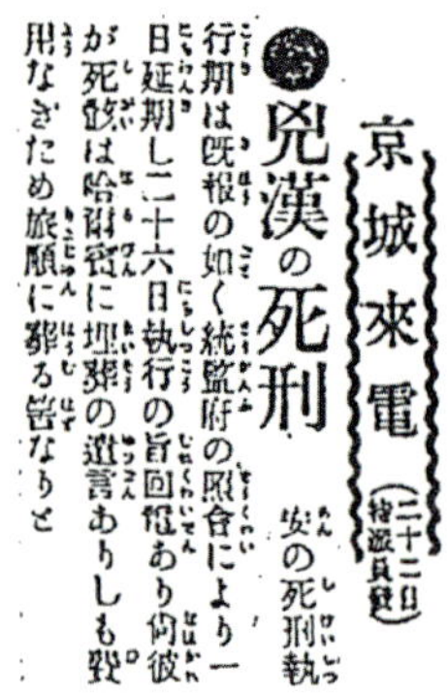

京城來電（二十二日特派員發）

兇漢の死刑

安の死刑執行期は既報の如く統監府の照會により一日延期し二十六日執行の旨回電あり尚彼が死骸は哈爾賓に埋葬の遺言ありしも費用なきため旅順に葬る筈なりと

흉한의 사형[45]

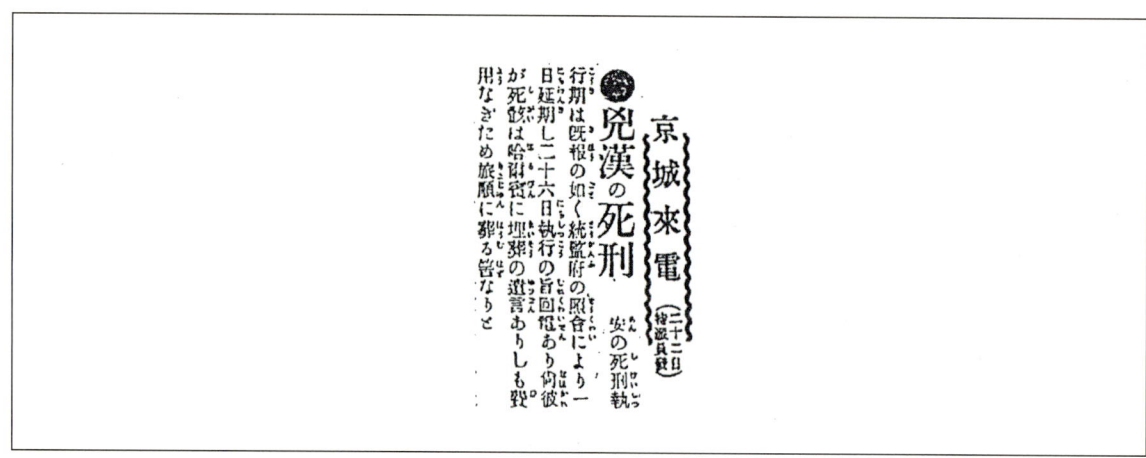

안의 사형집행은 기보한 바와 같이 통감부의 조회에 의해 1일 연기되어 26일 집행한다는 내용의 회전이 있었다. 또 유해는 하얼빈에 매장해달라는 그의 유언이 있었지만 비용이 없어 뤼순[46]에 매장할 예정이라고 한다.

---

45 번역 출처: 독립기념관 한국독립운동사연구소(2011), 《일본신문 안중근 의거 기사집 II》, 독립기념관 한국독립운동사연구소

46 독립기념관 한국독립운동사연구소(2011)에서 '여순'으로 표기했으나 본 책에서 '뤼순'으로 수정.

10) 요미우리신문(読売新聞)

· **안중근의 사형**(미상)(1910.03.28)

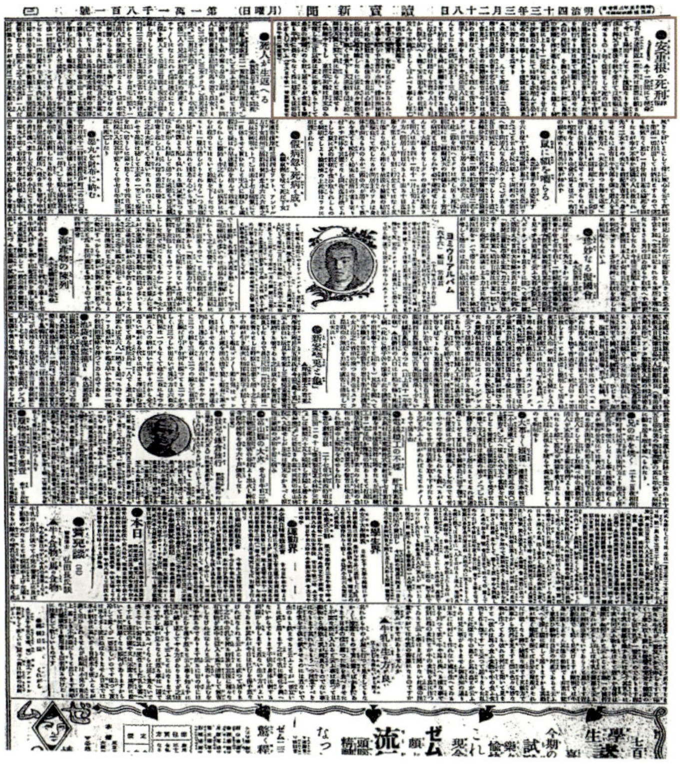

안중근의 사형(미상)

11분 만에 절명

26일 다롄 부근의 날씨는 (미상) 지금이라도 내릴 듯한 (미상). 안중근은 (미상)가 마지막 (미상) 받으며 (미상). 26일 오전 10시 4분 미조부치 검찰관, 구리하라 형무소장 (미상) 사형을 집행했다. 안은 (미상) 한국에서 부쳐온 하얀 수의를 입고 차분하게 마지막 기도를 드린 다음 (미상) 죄책감을 느끼지 않는 (미상) 교수대로 올라가 11분만에 절명했다. 26일은 이토공(伊藤公) 기일이며 시각도 이토 공이 절명 (미상). 유해는 뤼순감옥묘지에 (미상).

마지막을 지켜보려고 머문 두 형제들은 전날에 최종 면회를 요청해 특별 면회실에서 만났다. 입회한 (미상) 검찰관은 오늘은 최종 면회라 후회가 남지 않도록 (미상)라고 고하고 또 악수하는 것을 허락하자 형제 세 명은 상(미상)하려고 (미상) 그만하며 세 명 똑같이 무릎을 꿇으며 약 20분 동안 신에게 기도를 드렸다. (미상) 서로 울면서 (미상) 말은 없으며 입회한 사람도 (미상) 눈물을 (미상)했다. (미상) 안은 얼굴을 들어 여기까지 와서 미련스럽게 말할 것이 없다며 (미상) 죽은 후 (미상)와 유아(遺兒)의 (미상) 부탁한다고 말할 뿐 다른 말은 하지 않았다. 미즈노(水野), 가마타(鎌田) 두 변호사는 이 (미상)한 마지막 회견으로 마음이 움직여져 진심으로 (미상) 안은 (미상) 바라건대 귀하도 천주교를 믿으라 (미상) 함께 이야기를 나누기를 (미상). 집필 중이었던 《동양평화론》은 서문만 (미상)하며 23일 이후에는 (미상) 듣지 않아 마지막 (미상)에만 집중하고 있었지만 식사도 (미상) 태도도 (미상).

11) 이세신문(伊勢新聞)

· 안중근의 사형(1910.03.29)

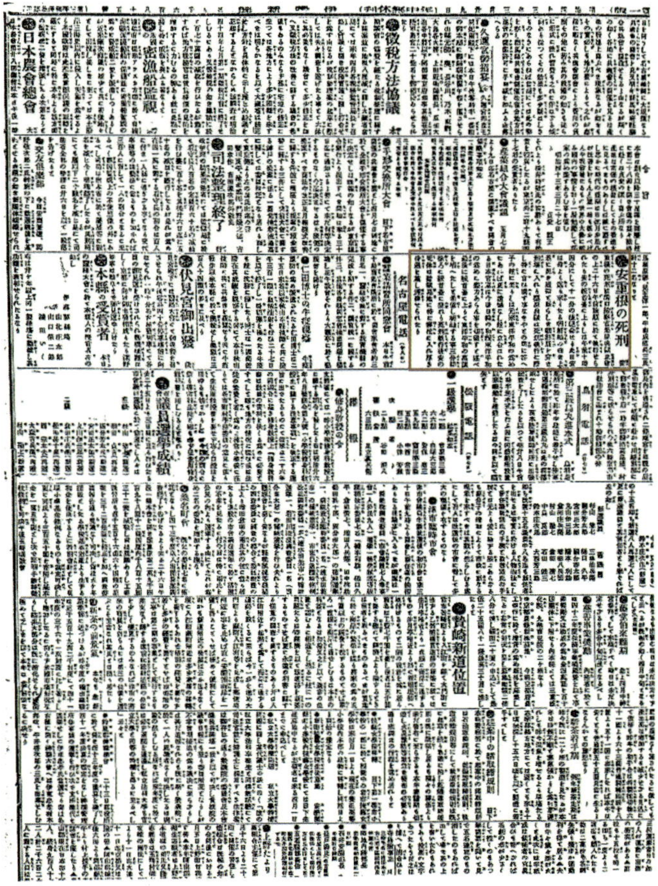

안중근의 사형

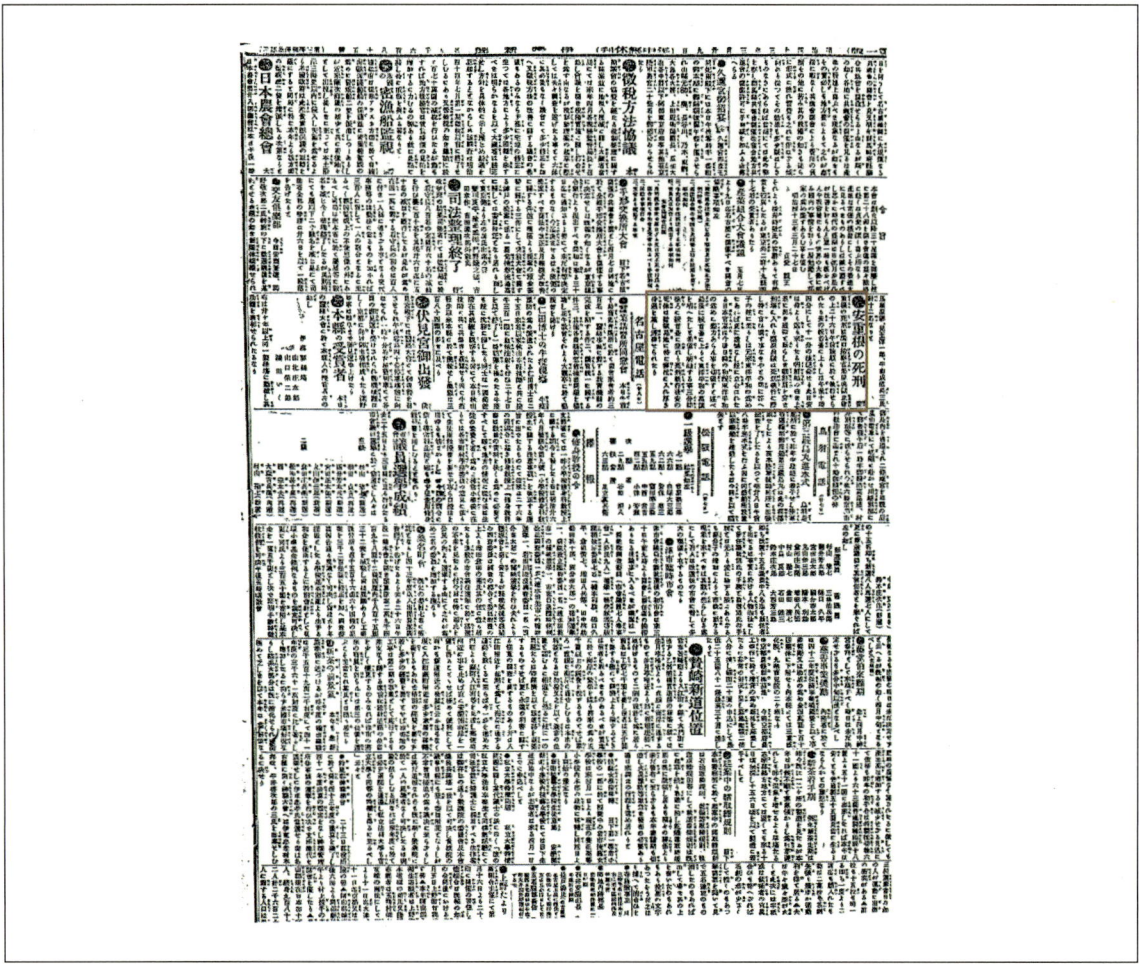

안중근의 사형은 미조부치(溝淵) 검찰관, 구리하라(栗原) 형무소장 입회 하에 26일 오전에 뤼순에서 집행됐다. 안이 교수대에 올라간 것은 오전 10시 4분이며 11분 뒤에 절명했다. 이 날 안은 어머니로부터 보내진 조선 명주의 하얀 겉옷과 검은 (미상)와 새로운 조선(미상)를 신으며 형장에 들어왔다. 구리하라(栗原) 형무소장은 사형집행에 임해 특별히 남길 말은 없는가 라는 질문에 답해 제가 (미상)에 이른 것은 원래 동양평화를 위함 (미상) 유감이 없다. (미상)에 입회하신 일본 관원은 오늘날 일한의 화(미상) 동양평화를 위해 진력해 주시기를 간절히 바란다고 말하며 마지막에 교수대에 올라가 동양평화의 (미상)를 희망해 (미상)하자 3분 후 서서히 교수대에 올라갔다. 사형집행 후 안의 시체는 감옥묘지에 특히 침관에 넣어 후한 대우로 (미상) 매장됐다.

12) 조선신문(朝鮮新聞)

· 안중근과 두 동생(1910.02.27)

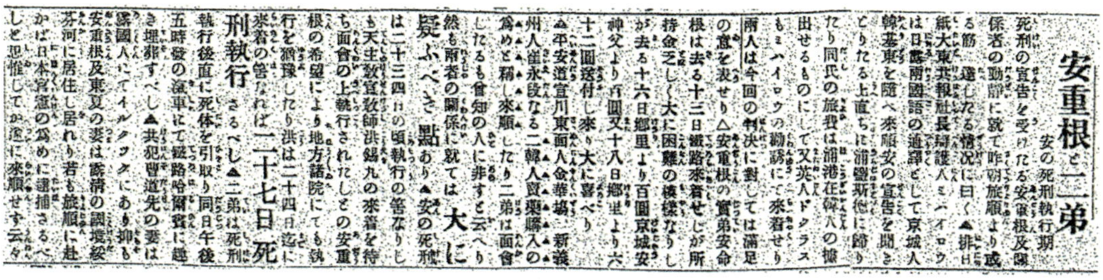

安重根と二弟

安の死刑執行期
死刑の宣告を受けたる安重根及關係者の動靜に就て昨朝旅順より或る筋へ達したる情況に曰く▲排日紙大東共報社長辯護人ミハイロフは日露兩國語の通譯として京城人韓基東を随へ來順安の宣告を聞きとりたる上直ちに浦鹽斯德に歸りたり同氏の旅費は浦港在留人の醵出せるものにして又英人ドクラスもミハイロフの勸誘にて來着せり兩人は今回の判決に對しては滿足の意を表せり△安重根の實弟安命根は去る十三日鐵路來着せしが所持金乏しく大に困難の模樣なりしが去る十六日郷里より百圓京城安神父より百圓又十八日郷里より六十二圓送付し來り大に喜べり▲平安道宣川東面人金華場▲新義州人崔永段なる二韓人賣藥購入の爲めと稱し來順したり二弟は面會したるも會知の人に非すと云へり然も兩者の關係に就ては大に疑ふべき點あり▲安の死刑は二十三四日の頃執行の筈なりしも天主教宣教師洪錫九の來着を待ち面會の上執行されたしとの安重根の希望により地方諸院にても執行を猶豫したり洪は二十四日迄に來着の筈なれば二十七日死刑執行さるべし▲二弟は死刑執行後直に死体を引取り同日午後五時發の汽車にて哈爾賓に趣き埋葬すべし▲共犯曹道先の妻は露國人にてイルクツクにあり抑も安重根及東夏の妻は露清の國境綏芬河に居住し居れり若も旅順に赴かば日本官憲の爲めに逮捕さるべしと恐惟して遂に來順せす云々

안중근과 두 동생[47]

안의 사형 집행 시기

사형선고를 받은 안중근 및 관계자의 동정에 관해 어제 아침 뤼순[48]에서 어느 관계자에 온 정황은 아래와 같다. ▲배일지 대동공보사의 사장이자 변호인 미하일로프는 러·일 양국어의 통역으로 경성 한기동(韓基東)을 따라 뤼순[49]으로 와서 안의 선고를 들은 뒤에 바로 블라디보스토크로 돌아갔다. 동 씨의 여비는 블라디보스토크 재한인이 갹출한 것이며 또한 영국인 더글라스도 미하일로프의 권유로 내착하였다. 두 사람은 이번의 판결에 대해 만족한다는 뜻을 표하였다. ▲안중근의 친동생 안명근은 지난 13일 철도로 도착하였다. 갖고 있던 돈이 부족해 크게 곤란한 모습이었다. 지난 16일 고향에서 100원, 경성 안 신부로부터 100원, 또한 18일 고향에서 62원을 송부하여 크게 기뻐하였다. ▲평안도 선천(宣川) 동면(東面)사람 김화장(金華場), 신의주 사람 최영단(崔永段) 두 한인이 매약 구입을 위해서라며 뤼순[50]으로 왔다. 두 동생은 면회하였지만 아는 사람이 아니라고 말하였다. 게다가 두 사람의 관계에 관해서는 크게 의심할 만한 점이 있다. ▲안의 사형은 23~24일경 집행할 터인데, 천주교 선교사 홍석구(洪錫九)의 도착을 기다려 면회 후 집행해달라는 안중근의 희망에 의해 지방 제원(諸院)[51]에서도 집행을 유예하였다. 홍은 24일까지 도착할 것이므로 27일 사형 집행될 것이다. ▲두 동생은 사형 집행 후 바로 사체를 인도하여 동일 오후 5시발 기차로 하얼빈으로 떠나 매장할 것이다. ▲공범 조도선의 부인은 러시아 사람으로 이르크츠크에 있다. 애초 안중근 및 유동하의 부인은 러·청 국경 쑤이펀허[52](綏芬河)에 거주하고 있다. 만약 뤼순[53]에 온다면 일본 관헌에 의해 체포될 것이라고 생각하였지만 끝내 뤼순[54]에 오지 않았다고 한다.

47 번역 출처: 안중근 자료집 편찬위원회(2017), 《재한 일본 신문 중 안중근 기사 Ⅲ-조선신문》, 채륜

48 안중근 자료집 편찬위원회(2017)에서 '여순'으로 표기했으나 본 책에서 '뤼순'으로 수정.

49 안중근 자료집 편찬위원회(2017)에서 '여순'으로 표기했으나 본 책에서 '뤼순'으로 수정.

50 안중근 자료집 편찬위원회(2017)에서 '여순'으로 표기했으나 본 책에서 '뤼순'으로 수정.

51 안중근 자료집 편찬위원회(2017) p.151의 각주에 '법원'이라고 각주가 달림.

52 안중근 자료집 편찬위원회(2017)에서 '수분하'로 표기했으나 본 책에서 '쑤이펀허'로 수정.

53 안중근 자료집 편찬위원회(2017)에서 '여순'으로 표기했으나 본 책에서 '뤼순'으로 수정.

54 안중근 자료집 편찬위원회(2017)에서 '여순'으로 표기했으나 본 책에서 '뤼순'으로 수정.

· 안 처형과 교회(1910.03.27)

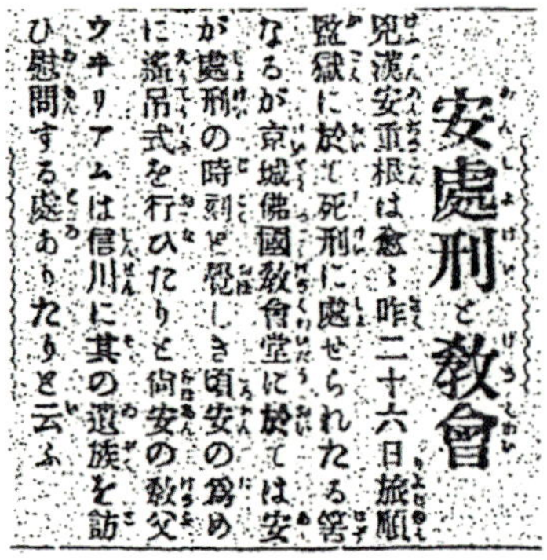

安處刑と教會

兇漢安重根は愈々昨二十六日旅順監獄に於て死刑に處せられたる筈なるが京城佛國教會堂に於ては安が處刑の時刻と覺しき頃安の爲めに遙弔式を行ひたりと尚安の敎父ウヰリアムは信川に其の遺族を訪ひ慰問する處ありたりと云ふ

안 처형과 교회[55]

흉한 안중근은 드디어 어제 26일 여순감옥에서 사형에 처해졌을 터인데 경성 프랑스 교회당에서는 안이 처형시간이라고 여겨진 때 안을 위해 요조식(遙弔式)을 거행하였다고 한다. 안의 교부(敎父) 빌렘은 신천에서 그 유족을 찾아 위문할 참이라고 한다.

· 안중근의 유해 매장(1910.03.27)

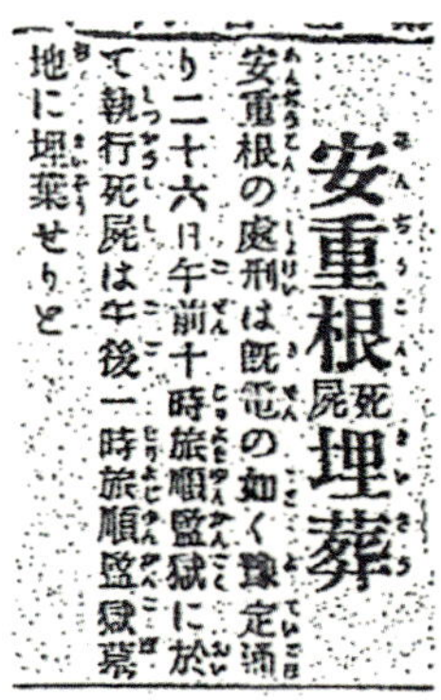

安重根死屍埋葬

安重根の處刑は既電の如く豫定通り二十六日午前十時旅順監獄に於て執行死屍は午後一時旅順監獄墓地に埋葬せりと

안중근의 유해 매장[56]

안중근의 처형은 기전(旣電)과 같이 예정대로 26일 오전 10시 뤼순[57]감옥에서 집행되어 유해는 오후 일시 뤼순[58]감옥묘지에 매장되었다고 한다.

---

55 번역 출처: 안중근 자료집 편찬위원회(2017), 《재한 일본 신문 중 안중근 기사 Ⅲ-조선신문》, 채륜

56 번역 출처: 안중근 자료집 편찬위원회(2017), 《재한 일본 신문 중 안중근 기사 Ⅲ-조선신문》, 채륜

57 안중근 자료집 편찬위원회(2017)에서 '여순'으로 표기했으나 본 책에서 '뤼순'으로 수정.

58 안중근 자료집 편찬위원회(2017)에서 '여순'으로 표기했으나 본 책에서 '뤼순'으로 수정.

· 안중근의 최후(1910.03.31)

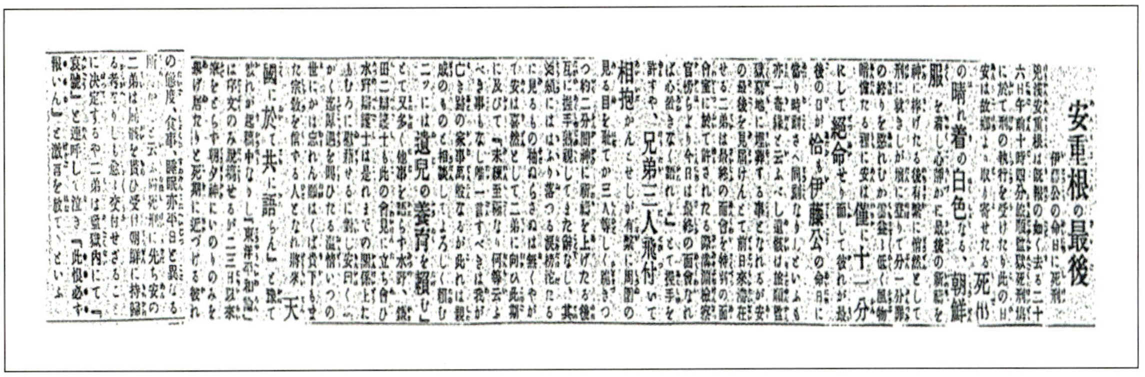
安重根の最後
伊藤公の命日に死刑
死出の晴れ着の白色なる朝鮮服
僅に十一分にして絶命せり恰も伊藤公の命日に
兄弟三人飛付いて相抱かんとせし
遺児の養育を頼む
國に於て共に語らん

안중근의 최후[59]

이토 공의 명일(命日)에 사형

흉한 안중근의 사형은 기보와 같이 지난 26일 오전 10시 4분 뤼순[60]감옥 사형장에서 집행되었다. 이날 안은 고향에서 보내온 저승길에 입고 갈 조선 수의를 입고 침착하게 최후의의 기도를 신에게 올린 후 초연히 형장으로 갔다. 계단을 올라 약간 죄의 최후를 걱정하였는지 구름이 더욱 낮고 풍물이 암담한 가운데 안은 불과 11분 만에 절명하였다. 그리고 그가 최후의 날이 흡사 이토 공의 명일에 해당하는 시각과 같은 시간이라고 하니 또한 하나의 인연이라고 할 것이다. 유해는 뤼순[61]감옥묘지에 매장하기로 되었다. 안의 최후를 보려고 전일에 와서 머무른 두 동생은 최후의 면회를 특별 면회실에서 허가받았을 때 미조부치(溝淵) 검찰관이 "오늘은 최후의 면회이니 마음에 남겨두지 말고 말해라."라고 하며 악수를 허락하자, 형제 삼인은 달려들어 서로 포옹하였다. 과연 주의의 보는 눈을 부끄럽게 여겼던지 3인 모두 무릎을 맞대고 약 2분간 신에게 기도를 올린 후 서로 악수 숙시(熟視)하고 또다시 말이 없었다. 그 후 두 뺨에 흐르는 눈물을 보는 자는 소매를 적시지 않는 자가 없었다. 안은 기쁜 듯이 두 동생을 향하여 이때에 이르러 "미련이 지극하나 할 말도 없고 다만 한마디 할 것은 내가 죽은 후 가사만반을 친척과 상의하여 잘 처리해 주기 바란다."고 하고 또한 많은 말을 하지 않았다. 미즈노(水野)·가마다(鎌田) 두 변호사도 이 회견에 참석하여 미즈노 변호사는 이제까지의 관계상 위자(慰藉)한 것에 대해 안은 "이렇게까지 후하게 베풀어준 온정 언제까지나 잊을 수 없을 것이다. 바라건대, 귀하도 또한 종교를 믿는 사람이 되어 장래 천국에서 함께 이야기하자"라고 하였다. 전부터 그가 기고 중인《동양평화론》은 서문만 탈고되었는데, 2·3일 이래 필을 잡지 않고 조석으로 신에게 기도만을 올리고 있다고 한다. 죽을 시기가 다가오는데 그의 태도·식사·수면 또한 평일과 다른 바가 없었다고 한다. 그리고 사형에 앞서 안의 두 동생은 유해를 받아 조선으로 돌아가려고 생각하였으나 결국 교부하지 않기로 결정하자, 두 동생은 감옥 내에서 "애호(哀號)"를 연발하면서 울며 "이 한은 반드시 갚을 것이다"라고 격하게 말하였다고 한다.

---

59 번역 출처: 안중근 자료집 편찬위원회(2017),《재한 일본 신문 중 안중근 기사 Ⅲ-조선신문》, 채륜

60 안중근 자료집 편찬위원회(2017)에서 '여순'으로 표기했으나 본 책에서 '뤼순'으로 수정.

61 안중근 자료집 편찬위원회(2017)에서 '여순'으로 표기했으나 본 책에서 '뤼순'으로 수정.

· 안의 유해(1910.04.01)

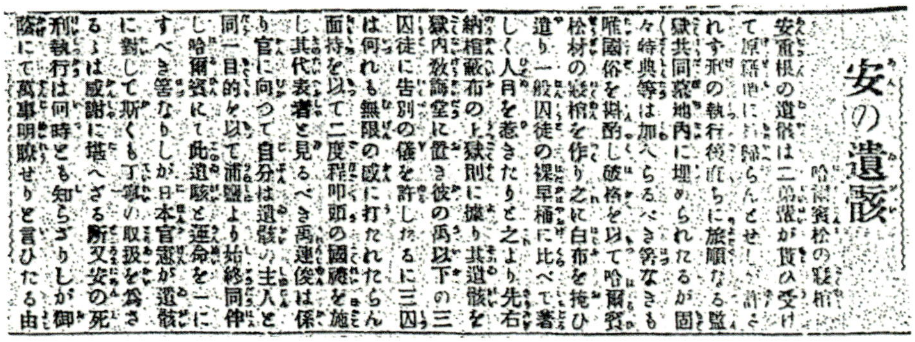
安の遺骸

哈爾賓松の寢棺

安重根の遺骸は二弟が貰ひ受けて原籍地に歸らんとせしが許されず刑の執行後直ちに旅順なる監獄共同墓地内に埋められたるが固く特典等は加へらるべき筈なきも唯國俗を斟酌し破格を以て哈爾賓松材の寢棺を作り之に白布を掩ひ遣り一般囚徒の裸早桶に比べて著しく人目を惹きたりと之より先右納棺蔽布の上獄則に據り其遺骸を獄内教誨室に置き彼の禹以下の三囚徒に告別の儀を許したるに三囚は何れも無限の感に打たれたらん面持を以て二度程叩頭の禮を施し其代表者と見るべき禹連俊は係り官に向つて自分は遺骸の主人と同一目的を以て浦鹽より始終同伴し哈爾賓にて此遺骸と運命を一にすべき筈なりしが日本官憲が遺骸に對して斯くも丁寧の取扱を爲さるゝは感謝に堪へざる所又安の死刑執行は何時とも知らざりしが御蔭にて萬事明瞭せりと言ひたる由

안의 유해[62]

하얼빈 소나무 침관(寢棺)

안중근의 유해는 두 동생들이 인수하여 원적지로 가지고 돌아가려고 하였지만 허락되지 않았다. 형 집행 후 바로 뤼순[63]감옥의 공동묘지 안에 묻혔는데, 원래 특전 등은 제공될 만한 것도 아니지만, 단 국풍(國俗)을 참작하여 파격으로 하얼빈 소나무로 만든 침관을 만들어 여기에 하얀 천을 덮어, 일반 수인들은 알몸에 변변찮은 관인데 비해 현저하게 사람들의 눈을 끌었다고 한다. 이보다 앞서 위의 납관(納棺)·폐포(蔽布)를 한 후 감옥의 규칙에 따라 그 유해를 감옥 내 교회(教誨)당에 두고, 우(禹) 이하 3명에게 고별 의식을 허락하니 3명의 수인은 모두 무한한 감정에 휩싸인 얼굴로 두 번 정도 머리를 조아려 절을 하는 예법을 하고, 그 대표자라 할 우연준은 담당관에게 "자신은 유해의 주인과 동일한 목적으로 블라디보스토크부터 시종 함께 와 하얼빈에서 이 유해와 운명을 같이 해야 하였지만, 일본 관헌이 유해에 대해 이렇게도 정중한 취급을 해 주신 것에 감사할 따름이다. 또한 안의 사형집행은 언제인지 몰랐지만, 덕분에 만사가 명료하게 되었다 하였다."고 한다.

62 번역 출처: 안중근 자료집 편찬위원회(2017), 《재한 일본 신문 중 안중근 기사 Ⅲ-조선신문》, 채륜

63 안중근 자료집 편찬위원회(2017)에서 '여순'으로 표기했으나 본 책에서 '뤼순'으로 수정.

· 안의 친동생 감상(1910.04.05)

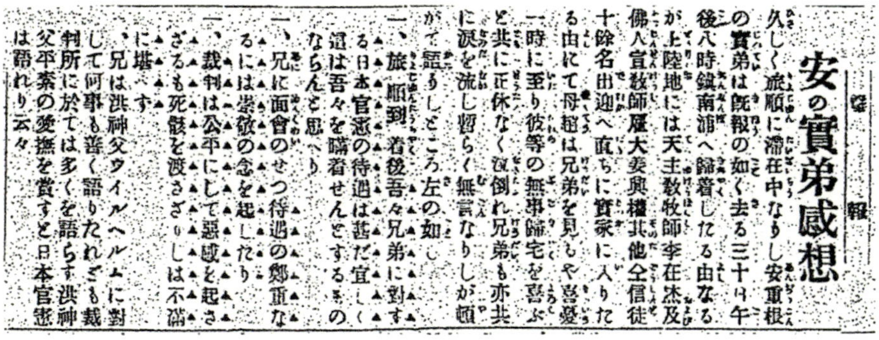

雜報

安の實弟感想

久しく旅順に滯在中なりし安重根の實弟は既報の如く去る三十日午後八時鎭南浦へ歸着したる由なるが上陸地には天主敎牧師李在杰及佛人宣敎師扈大姜興權其他全信徒十餘名出迎へ直ちに實家に入りたる由にて母趙は兄弟を見るや喜憂一時に至り彼等の無事歸宅を喜ぶと共に正体なく泣倒れ兄弟も亦共に涙を流し暫らく無言なりしが頓がて語りしところ左の如し

一、旅順到着後吾々兄弟に對する日本官憲の待遇は甚だ宜しく這は吾々を瞞着せんとするものならんと思へり

一、兄に面會のせつ待遇の鄭重なるには崇敬の念を起したり

一、裁判は公平にして惡感を起さざるも死骸を渡さゞりしは不滿に堪へず

一、兄は洪神父ウイルヘルムに對して何事も語りたれども裁判所に於ては多くを語らず洪神父平素の愛撫を賞すと日本官憲は語れり云々

안의 친동생 감상[64]

오랫동안 뤼순[65]에 머물고 있던 안중근의 친동생은 기보와 같이, 지난 30일 오후 8시 진남포에 귀착하였다고 한다. 상륙지에는 천주교 목사 이재걸(李在杰) 및 프랑스인 선교사 고대(扈大) 강흥권(姜興權) 기타 동 신도 10여 명이 마중 나와 곧바로 실가(實家)로 들어갔다고 한다. 모(母) 조 씨는 형제를 보자, 기쁨과 슬픔이 함께 몰려와 그들의 무사 귀택을 기뻐함과 동시에 울다 쓰러지고 형제도 또한 함께 울다가 아무 말 없었는데 드디어 다음과 같이 말하였다.

1. 뤼순[66] 도착 후 우리 형제에 대한 일본 관헌의 대우는 심히 좋았다. 이는 우리를 만착(瞞着) 시키려는 것이라고 생각한다.
1. 형을 면회하였을 때 대우의 정중함에 숭모의 염(念)을 일으켰다.
1. 재판은 공평하여 악감을 일으키지 않으나 사체를 넘겨주지 않은 것은 심히 불만이다.
1. 형은 홍 신부 발렘이 대해 모두 다 말하였으나 재판소에서는 많은 말을 하지 않았다.
   홍 신부가 평소 애무한 바를 상찬하였다고 일본 관헌은 말하였다고 한다.

64 번역 출처: 안중근 자료집 편찬위원회(2017), 《재한 일본 신문 중 안중근 기사 Ⅲ-조선신문》, 채륜

65 안중근 자료집 편찬위원회(2017)에서 '여순'으로 표기했으나 본 책에서 '뤼순'으로 수정.

66 안중근 자료집 편찬위원회(2017)에서 '여순'으로 표기했으나 본 책에서 '뤼순'으로 수정.

13) 규슈일일일보(九州日日日報)

· 안중근의 사형집행(1910.03.28)

안중근의 사형 집행

11분만에 절명

(미상) 절명했다. 이날 안은 (미상) 하얀색 (미상) 구리하라(栗原) 형무소장으로부터 오늘 (미상) 사형집행 (미상)을 고해 (미상) 남길 말이 있다면 (미상)없이 (미상)하라고 말했더니 안은 (미상) 이른 것은 동양평화를 위함이라 또 (미상). (미상) 사형에 입회한 일본의 (미상)는 앞으로 일한 친화, 동양평화 (미상) 충분히 (미상). 내 마지막 (미상)는 (미상)대 위에서 동양평화를 외치고 싶다고 말해 이렇게 2, 3분간의 기도를 (미상) 후 (미상)에 올라 형 집행을 받았다. 안의 유해는 (미상)의 묘지에 (미상)하기로 하며 특히 (미상)에 넣어 안의 사형집행 후 (미상) 조선에 가져가 매장할 생각이었지만 (미상)에게 교부되지 않는 것으로 결정이 난 소식을 알자 두 형제는 (미상)소에서 안의 사해(시체)가 교부되지 않기를 (미상)하며 계속 '아이고'를 연호해 반드시 이 원한을 (미상)했다. 두 형제는 (미상) 오늘 오후 5시 (미상)로 조선에 돌아갔다. (미상).

14) 타이완일일신보(台□日日新報)

· 안중근 매장지(1910.03.30)

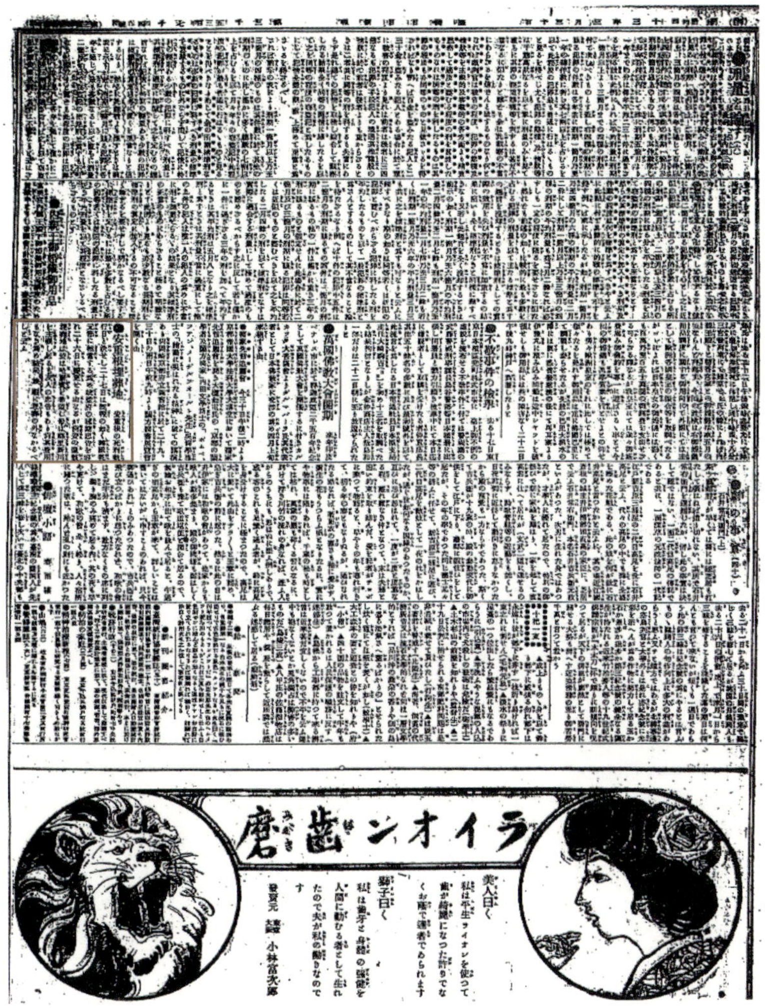

안중근 매장지

안중근의 사형집행일로 결정된 27일은 (미상) 한국의 건원절에 해당되기 때문에 통감부의 (미상) 신청해 26일로 변경된 (미상)지만 (미상)의 유해 매장지는 안은 하얼빈으로 (미상) 어머니는 고향 신천(新川)을 주장하고 있지만 친구의 충고도 있어 (미상) 결국 뤼순에 매장할 수밖에 없다고 한다.

15) 토양신문(土陽新聞)

· 안중근의 사형 광경(1910.03.28)

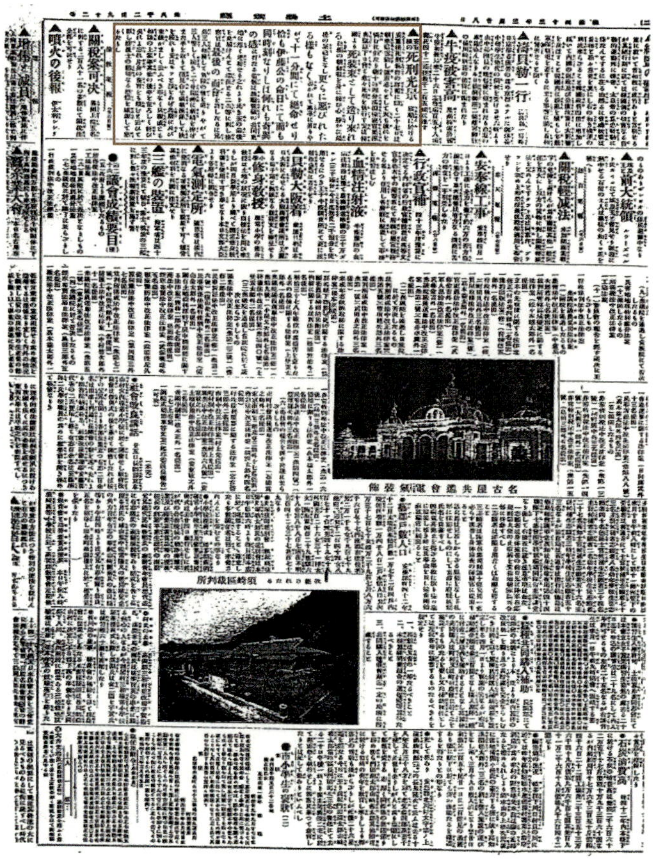

안중근의 사형 광경

뤼순에서의 안중근 사형 집행 세보에 의하면 27일은 아침부터 검은 구름 (미상) 약간의 비가 (미상) 하늘도 그를 가여워 (미상). 아침 10시 4분 미조부치(溝淵) 검찰관, 구리하라(栗原) 형무소장 이하가 (미상)하게 사형을 집행한다. 안은 한국으로부터 수의로 보내진 하얀 천의 조선복을 입어 차분하게 마지막 기도를 하며 그리고 죄책감을 느끼지 않는 듯 (미상)에 올라 그러고 나서 11분만에 절명했다. 마침 이토공(伊藤公)의 기일이자 동 시각이라는 두 사실에 기이함을 느꼈다. 유해는 뤼순감옥의 공동묘지에 후히 매장했다. 이보다 전에 안의 마지막을 지켜보려고 머무는 두 형제에 대해 검찰관은 마지막 면회를 허락했는데 형제 세 명 (미상) 그러다가 세 명 똑같이 무릎을 꿇어 20분간 신에게 기도를 드리며 셋이 서로 손을 잡아 얼굴을 마주 보며(미상). 안은 딱 얼굴을 들어 여기까지 와서 미련스럽게 말할 것이 없으며 다만 친척과 상담한 후에 집의 일 기타(미상) 잘 처리(미상). 남겨 갈(미상)의 (미상)도 부탁한다고 말해 (미상) 변호사의 친절한 (미상)을 감사하며 유유했다.

16) 후쿠오카일일신문(福岡日日新聞)

· 안중근의 사형기(1910.03.26)

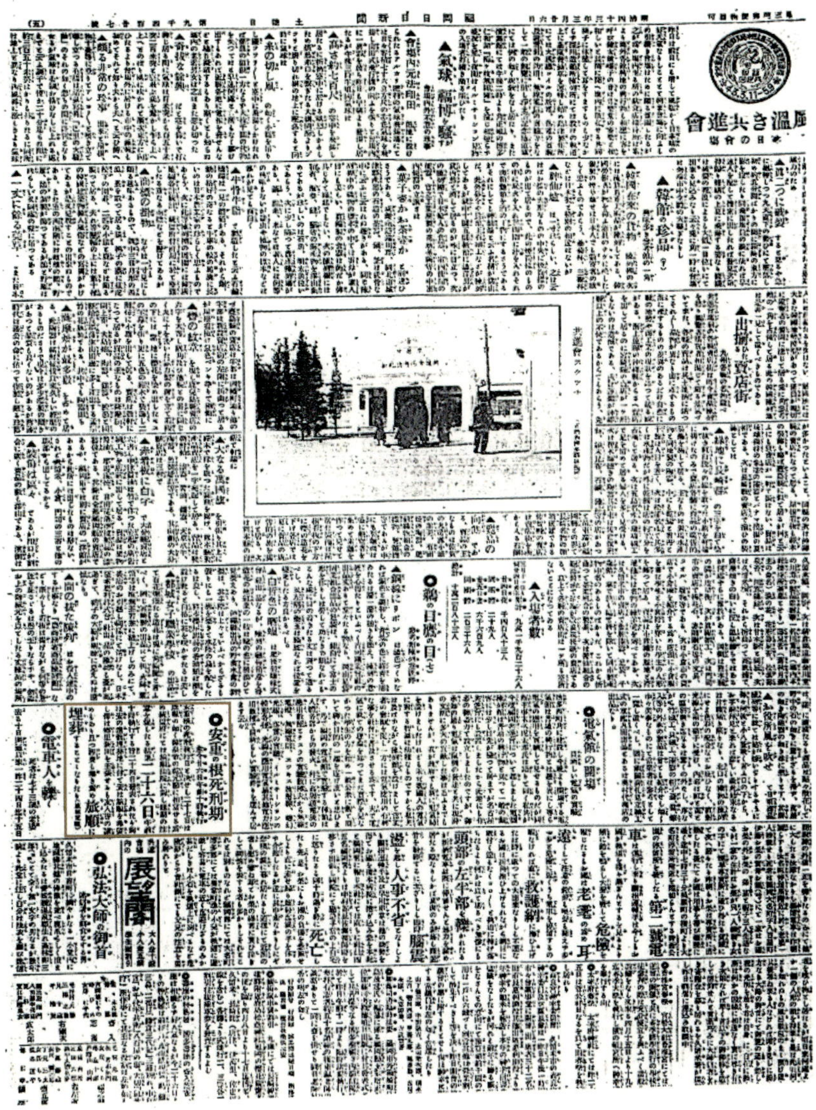

안중근의 사형기

(미상) 26일 오전 10시 집행

안중근의 사형집행일로 정해진 27일은 (미상)와 같이 한국 황제의 건원절에 해당되기 때문에 도독부는 뤼순 법원에 대해 연기의 주의를 재촉한 결과 26일 오전 10시에 집행할 취지가 24일에 발표됐지만 아울러 안의 유해 매장지에 대해서는 안은 뤼순을 희망해 어머니는 고향 신천(新川)을 주장하지만 친구들의 (미상)도 있으면서 (미상)도 없기 때문에 뤼순에 매장하게 되었다.

2. 공문서

1) 이토 공작 만주 시찰 일건

〈이토 공작 만주 시찰 일건〉은 일본 외교사료관 원소장 자료로 《(그들이 기록한) 안중근 하얼빈 의거: 일본 외무성 소장 〈이토 공작 만주 시찰 일건〉 11책 총람》[67]에서 묶은 자료 중 안중근 의사 유해 발굴과 관련된 자료를 조사했다. 〈이토 공작 만주 시찰 일건〉에서 안중근 의사 유해와 관련된 7건의 문건을 찾았는데 본 책에서 건명, 발신 일자, 자료 내용, 번역문 순으로 제시했다. 이외에 이토 공작 만주 시찰 일건의 밀봉 사진 자료도 추가로 제시했다.

〈이토 공작 만주 시찰 일건〉은 도쿄 롯폰기 일본 외교사료관에서 공개되고 있다. 일본 외무성 구라치 정무국장이 뤼순 출장 중 수발한 서류를 중심으로 안중근 의사 전모를 확인할 수 있다. 총 11개의 철로 구성되어 있다. 그중 〈(별책) 이토 공작 조난 때 구라치 정무국장 뤼순출장 및 범인 신문의 건 제 3권〉에 집중으로 유해 관련 내용이 기록·정리 되어 있다. 외교 사료관은 본관과 별관이 동일 지역에 있다. 본관 도서관에 폐가식으로 자료를 확보할 수 있다. 아쉬운 부분이다. 폐가식은 자료 목록을 보고 신청하면 가져다 주는 방식으로 목록에 없으면 볼수가 없다. 그리고 또 다른 방식은 마이크로필름을 대출받아 컴퓨터에서 무작위로 찾아 보는 방식이다. 특이한 점은 〈(별책) 이토 공작 조난 때 구라치 정무국장 뤼순 출장 및 범인 신문의 건 제3권〉 하단 부분에 보면 자료가 밀봉되어 붙어 있는 부분이 있는데, 직접 열어 볼 수 없게 되어있다. 특히 통역 촉탁 통감부 통역생 소노키 스에키가 쓴 살인범 안중근의 최후(기밀 제 1182호)에 보면, 안중근 의사 순국 과정이 소상히 소개되어 있다. 오후 1시에 감옥서 묘지에 매장되어 있다고 소개하고 있다.

67 한국역사연구원, 이태진, 오정섭, 김선영(2021), 《(그들이 기록한) 안중근 하얼빈 의거: 일본 외무성 소장 〈이토 공작 만주 시찰 일건〉 11책 총람》, 태학사

· 사형수 안중근(安重根)에 관한 건

· 기밀(機密) 제14호, 비수(秘受) 제750호

· 발신일: 明治 43(1910).02.22

· 발신: 재 하얼빈 총영사 대리(在哈爾賓總領事代理) 영사관보(領事官補) 오노 모리에(大野守衛)

· 수신: 외무대신백작(外務大臣伯爵) 고무라 주타로(小村壽太郎)

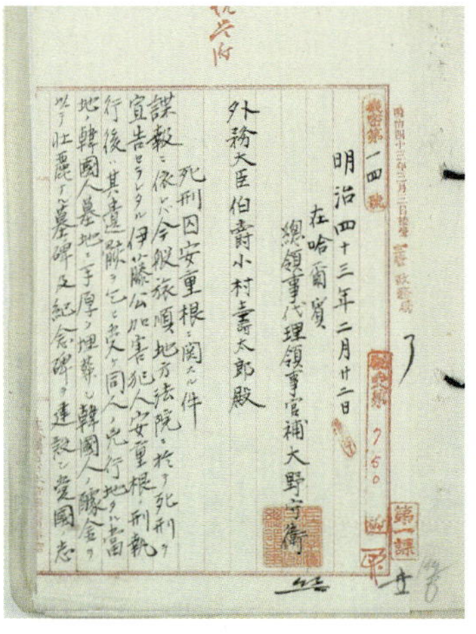
機密第一四號
明治四十三年二月廿二日
在哈爾賓
總領事代理領事官補大野守衛
外務大臣伯爵小村壽太郎殿
死刑囚安重根ニ関スル件
謀殺ニ依リ今般旅順地方法院ニ於テ死刑ヲ
宣告セラレタル伊藤公加害犯人安重根ノ刑執
行後ハ其遺骸ヲ乞ヒ受ケ同人ノ兇行地タル当
地ノ韓国人墓地ニ手厚ク埋葬シ韓国人ノ醵金ヲ
以テ壮麗ナル墓碑及紀念碑ヲ建設シ愛国志

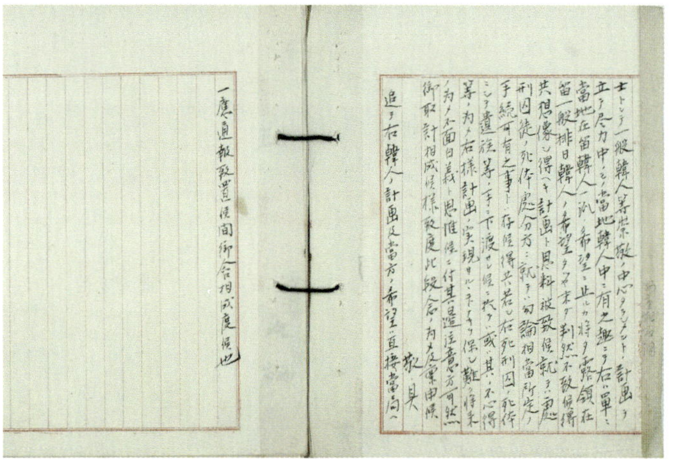
士トシテ一般韓人等崇敬ノ中心タラシメント計画ヲ
立テ尽力中ニモノ当地韓人中ニ有之趣ニテ右ハ単ニ
当地在留韓人一派ノ希望ニ止ルカ将タ露領在
留一般排日韓人ノ希望タルヤ未タ判然不致候得
共想像シ得ヘキ計画ト思料被致候就テハ元来死
刑囚徒ノ死体処分方ニ就テハ勿論相当所定ノ
手続可有之事トハ存候得共若シ右死刑囚ノ死体
ニシテ遺族等ノ手ニ下渡サレ候ニ於テハ或ハ其ノ不心得
等ノ為メ右様計画ノ実現サルヽ事ナキヲ保シ難ク将来
ノ為メ不面白義ト思惟候ニ付其辺注意方可然
御取計相成候様致度此段念ノ為メ及禀申候
敬具
追テ右韓人ノ計画及当方ノ希望ハ直接当局ヘ
一応通報致置候間御含相成度候也

도독부 메이지(明治) 43년 3월 3일 접수 주관(主管) 정무국(政務局) 제1과
메이지 43년(1910년) 2월 22일 재 하얼빈 총영사 대리 영사관보(領事官補) 오노 모리에(大野守衛)
외무대신백작(外務大臣伯爵) 고무라 주타로(小村壽太郎) 귀하

사형수 安重根에 관한 건

첩보에 따르면 이번에 뤼순 지방 법원에서 사형을 선고받은 이토공(伊藤公) 가해범 안중근의 형 집행 뒤에 그 유해(遺骸)를 인수하며 동인(同人)의 흉행지인 이곳 한국인 묘지에 후히 매장하고 한국인의 모금으로 장려한 묘비와 기념비를 건설하여 애국지사로서 일반 한국인들 숭상의 중심으로 하자는 계획을 세워 진력하는 움직임이 이곳 한인들 사이에 있다고 합니다. 이것이 단지 이곳 재류 한인 일파의 희망으로 그칠지, 바야흐로 러시아 영토에 재류하는 일반 배일 한인의 희망이 될지는 아직 알 수 없지만 상상할 수 있는 계획이라 생각됩니다. 따라서 처형 죄수의 시체 처분 방식은 물론 상당하는 소정의 절차가 있을 수 있다고 생각하지만 혹시 이 사형수의 시체에 대해 유족들의 손에 건네준다면 어쩌면 그 못된 자들의 계획이 실현되지 않으리라 보장하기 어려우니 장래를 위해 바람직하지 않다고 생각됩니다. 그런 부분을 주의하시고 마땅히 조치해주시기를, 이번에 만일을 대비해 말씀드립니다.
경구
추신 이 한인의 계획과 저희 쪽의 희망은 직접 당국에 일단 통보를 해 둘 테니 살펴 주시기 바랍니다.

· 사형수 안중근(安重根)에 관한 건사형수 안중근(安重根)에 관한 건

· 여러 기밀(諸機密) 제34호

· 발신일: 明治 43(1910).02.23

· 발신: 재 하얼빈 총영사(在哈爾賓總領事) 대리영사관보(代理領事官補) 오노 모리에(大野守衛)

· 수신: 관동 도독부(關東都督府) 민정장관 대리(民政長官代理) 사토 도모쿠마(佐藤友熊)

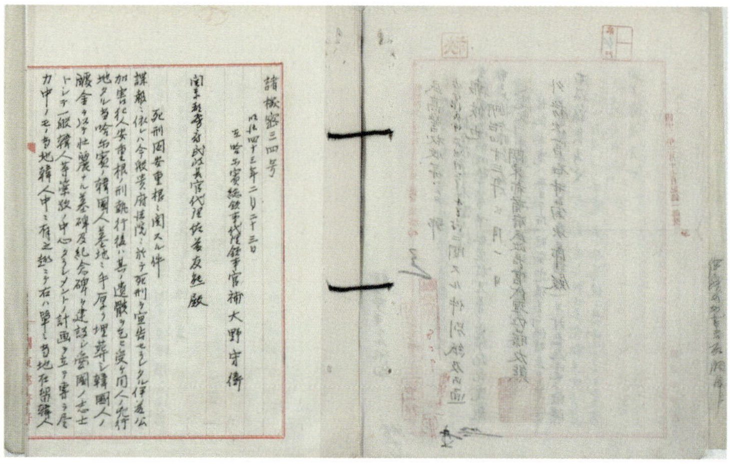

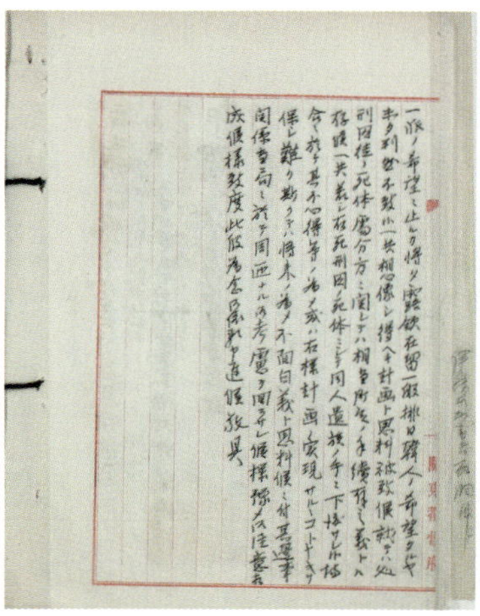

메이지(明治) 43년(1910년) 2월 23일
하얼빈 총영사 대리영사관보 오노 모리에(大野守衛)
관동 도독부 민정장관 대리 사토 도모쿠마(佐藤友熊) 귀하

사형수 安重根에 관한 건

첩보에 의하면 이번에 뤼순 귀부 법원에서 사형을 선고받은 이토공(伊藤公) 가해범 안중근의 형 집행 후는 그 유골을 인수해 동인이 흉행을 저지른 이곳 하얼빈의 한국인 묘지에 후히 매장해 한국인의 모금을 가지고 장려한 묘비와 기념비를 건설하여 애국지사로서 일반 한국인들 숭상의 중심으로 하려는 계획을 세워 한결같이 진력하는 움직임이 이곳 한인들 사이에 있다고 합니다. 이것이 단지 이곳 재류 한인 일파의 희망으로 그칠지 혹은 러시아 영토에 재류하는 일반 배일 한인의 희망일지 아직 알 수가 없지만 상상할 수 있는 계획이라 생각됩니다. 따라서 처형 죄수의 시체 처분 방식에 관해서는 상당하는 소정의 절차가 있을 것이라 생각합니다만 만약에 이 사형수의 시체가 유족들 손에 건네주실 경우에는 그 못된 자들 때문에 어쩌면 이 계획이 실현되지 않으리라 보장하기 어려우니 장래를 위해 바람직하지 않다고 생각합니다. 그 부분에 대해 관계 당국에서 고려와 주의해 주시기를 바라오며 이번에 만일을 대비해 말씀드립니다.
경구

· 安重根 本日 사형집행

· 857平

· 발신일: 明治 43(1910).03.26

· 발신: 사토(佐藤) 민정장관 대리(民政長官代理)

· 수신: 가와카미(川上) 총영사(總領事)

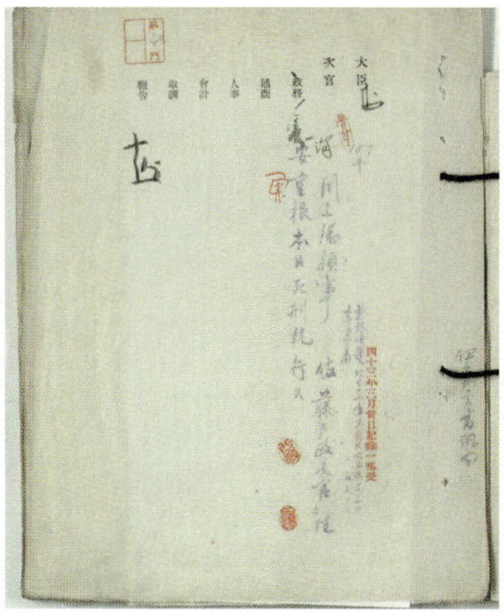

장관 차관 정무 통상 인사 회계 취조 보고

43년 3월 30일 기록 일부 받음

신뤼순(新旅順) 발 43년 3월 26일 오전 11:30

도쿄(東京) 착 43년 3월 26일 오후 3:00

가와카미(川上) 총영사

사토(佐藤) 민정장관 대리

안중근 금일 사형집행함.

· 安重根 本日 사형 집행, 유해는 旅順에 매장함

· 859平

· 발신일: 明治 43(1910).03.26

· 발신: 사토(佐藤) 민정장관 대리(民政長官代理)

· 수신: 이시이(石井) 외무차관(外務次官)

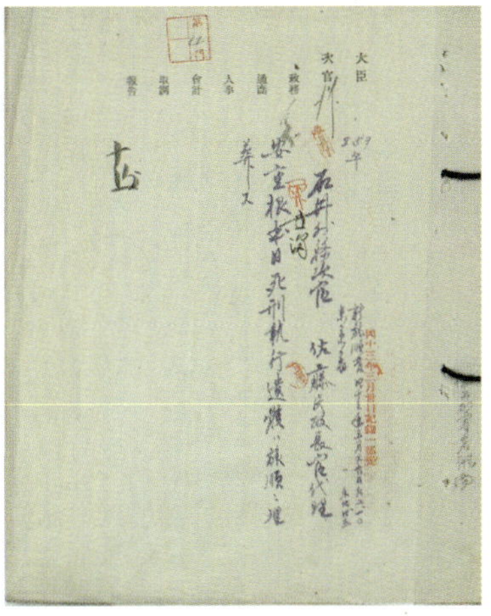

장관 차관 정무 통상 인사 회계 취조 보고

43년 3월 30일 기록 일부 받음

신뤼순(旅順) 발 43년 3월 26일 오후 2:10

도쿄(東京) 착 43년 3월 26일 오후 4:45

이시이(石井) 외무 차관

사토(佐藤) 민정장관 대리

안중근 금일 사형집행. 유해는 뤼순(旅順)에 매장함.

· 安重根의 동생 2명은 사체를 인도하지 않아 불복함

· 869

· 발신일: 明治 43(1910).03.27

· 발신: 사토(佐藤) 민정장관 대리(民政長官代理)

· 수신: 이시이(石井) 외무차관(外務次官)

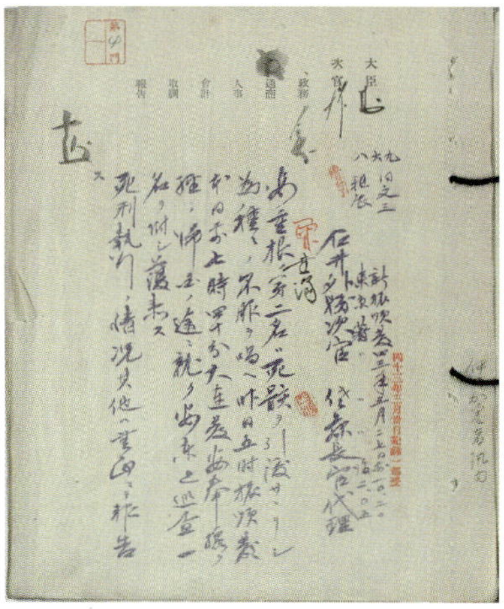

장관 차관 정무 통상 인사 회계 취조 보고

신뤼순(新旅順) 발 43년(1910년) 3월 27일 오전 10시 20분

도쿄(東京) 착 43년(1910년) 3월 27일 오후 2시 5분

이시이(石井) 외무차관

사토(佐藤) 장관대리(長官代理)

안중근의 동생 두 명은 시체를 인도하지 않았기에 각종으로 불복을 외치다가 어제 5시 뤼순발 금일 오전 7시 40분 다렌 착 안봉선(安奉線)을 타고 귀국 길에 오름. 안동(安東)의 순사 한 명을 붙여 호송.

사형집행 시 상황 기타는 서면에서 보고함.

· 살인 피고인 安重根에 대한 사형은 26일 오전 10시 감옥서 내 사형장에서 집행되었음. 그 요령

· 비수(秘受) 제1182호

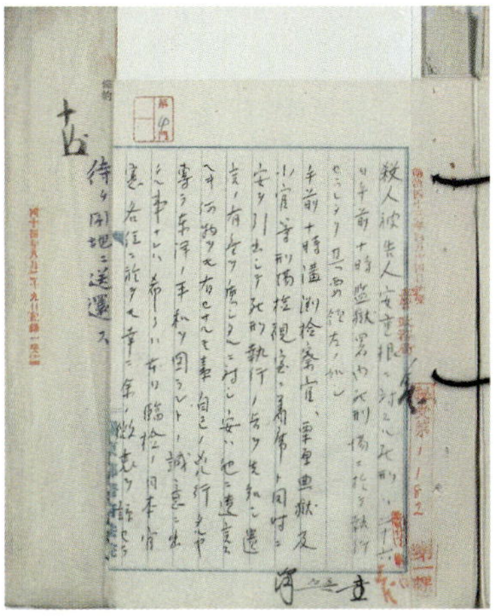

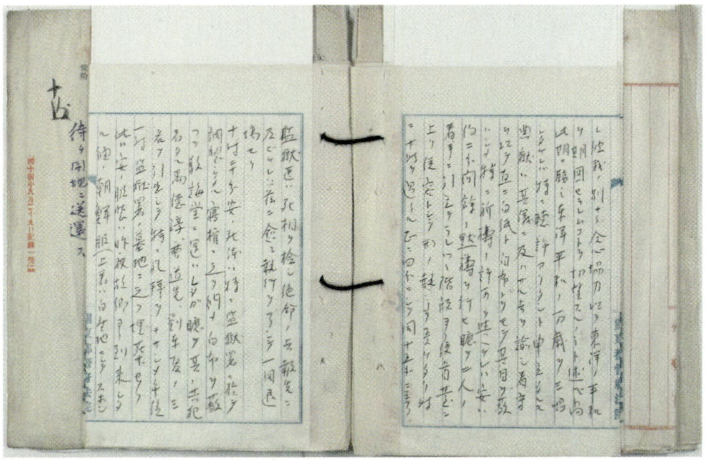

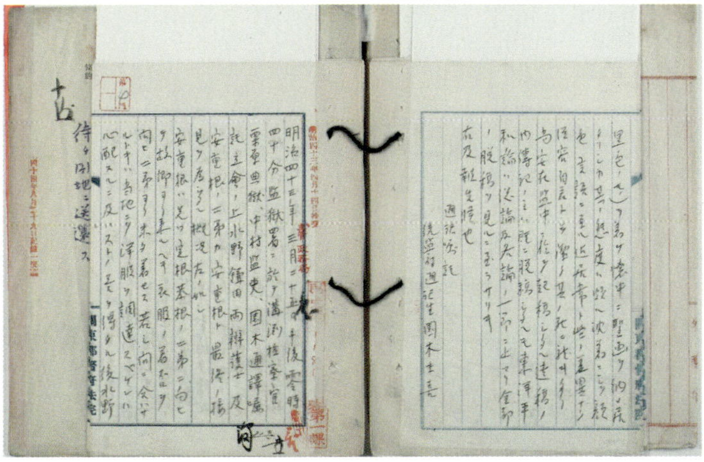

메이지(明治) 43년(1910년) 4월 14일 접수 주관 정무국 비수 제1182호 제1과

살인 피고인 안중근에 대한 사형은 26일 오전 10시 감옥서 내 사형장에서 집행됐다. 그 요령은 다음과 같다.

오전 10시 미조부치(溝淵) 검찰관, 구리하라(栗原) 형무소장, 소관 등이 형장 검시실에 착석함과 동시에 안(安)을 끌어내며 사형집행 취지를 고지해 유언의 유무를 물어보자 이에 대해 따로 유언할 것은 아무것도 가지고 있지 않지만 원래 자신의 흉행이란 오직 동양의 평화를 도모하고자 하는 성의에서 나온 것이라 부디 금일 임검(臨檢)한 일본 행정 각부 각위도 다행히 제 마음을 알아 주시고

제4문(마지막 두 줄 위)

기다리며 (미상)지에 송환함

44년 (미상)월 29일 기록 일부 받음

피아 나뉘지 말고 합심협력으로 동양의 평화를 도모하실 것을 간절히 바랄 뿐이라고 말했다. 또 이때 동양평화의 만세삼창을 하고 싶은데 특별히 허락해 달라고 요청했으나 형무소장은 그럴 수 없다는 내용을 잘 알게끔 이야기하며 간수를 시켜 바로 흰 종이와 흰 천으로 눈을 가리기 시작해 특별히 기도의 허락을 주자 안은 약 2분 정도 묵도를 하며 곧 간수 두 명의 손에 끌려가 계단에서 교수대로 올라가서 조용히 형 집행을 받았다. 시간은 10시를 넘은 바로 4분이고 같은 시간 15분에 감옥의는 죽은 얼굴을 살펴 절명한 것을 보고하게 되자 여기서 드디어 집행을 끝내며 모두 퇴장했다.

10시 20분 안(安)의 시체는 특별히 감옥서에서 조제(調製)한 침관(寢棺)에 이를 넣어 흰 천으로 덮어 교회당(教誨堂)에 옮겨졌다. 이어서 그의 공범자인 우덕순(禹德淳), 조도선(曺道先), 유동하(劉東夏) 세 명을 끌어내 특별히 예배를 하게 하며 오후 1시 감옥서 묘지에 이를 매장했다.

이날 안(安)의 복장은 어젯밤 고향에서 온 명주 조선복(상의는 무늬없는 흰색, 바지는 검은색)을 입어 주머니에는 성화 그림을 넣고 있었는데 그 태도는 굉장히 침착하며 안색에서 언어까지 평소와 조금의 차이도 없이 종용자약(從容自若, [태연하고 차분함]) 깔끔하게 그 죽음에 임했다.

또한 안이 재감 중에 기고한 유고 중 전기만은 이미 탈고했지만 동양평화론은 총론 및 각론 1절에 그치며 모두의 탈고를 보기에 이르지 못했습니다.

위를 참고 삼아 보고합니다.

통역촉탁 통감부 통역생 소노키 스에요시(園木末喜)

메이지(明治) 43년(1910년) 4월 14일 접수 주관 정무국 비수제 1181호 제1과

메이지(明治) 43년(1910년) 3월 25일 오후 0시 40분에 감옥서에서 미조부치(溝淵) 검찰관, 구리하라(栗原) 형무소장, 나카무라(中村) 경수계장, 소노키(園木) 통역촉탁이 입회 하에 미즈노(水野), 가마타(鎌田) 두 변호사 및 안중근(安重根)의 동생 두 명이 안중근(安重根)과 마지막 접견을 한 대략 상황은 다음과 같다.

안중근은 먼저 정근(定根)과 공근(恭根) 동생 두 명에게 고향에서 올 의복의 도착 여부를 물어보고 동생 두 명이 아직 도착하지 않았고 만약에 뒤늦게 도착할 때는 당지에서 옷을 마련할 테니 걱정할 필요는 없다고 답을 얻은 후 미즈노(水野)

관동(關東)도독부 법원

· 살인 피고인 安重根에 대한 사형은 26일 오전 10시 감옥서 내 사형장에서 집행되었음. 그 요령

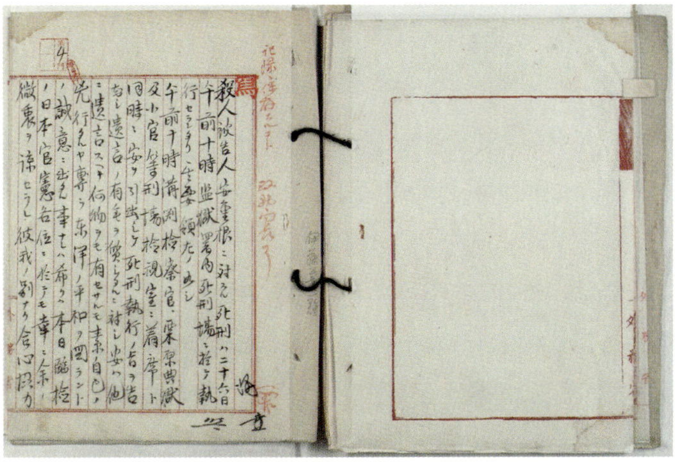

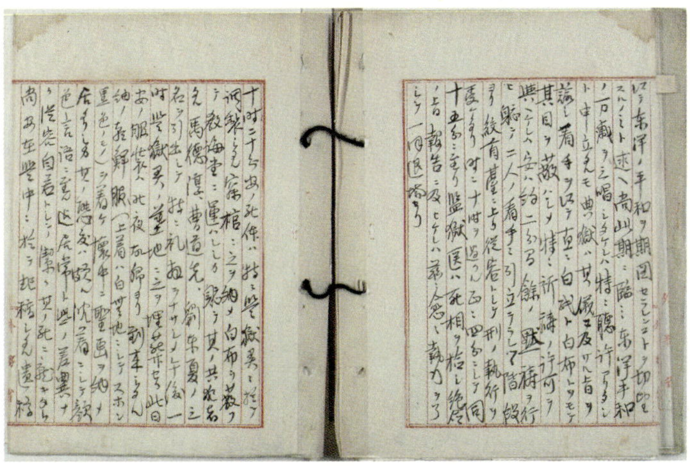

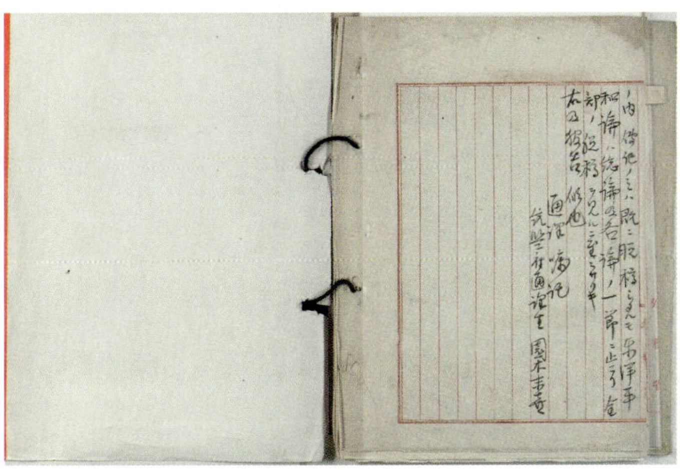

기록을 보존할 것 (미상)(미상)완료

복사

살인 피고인 안중근(安重根)에 대한 사형은 26일 오전 10시 감옥서 내 사형장에서 집행됐다. 그 요령은 다음과 같다.

오전 10시 미조부치(溝淵) 검찰관, 구리하라(栗原) 형무소장 및 소관들이 형장 검시실에 착석한 것과 동시에 안(安)을 끌어내며 사형집행의 취지를 고지해 유언의 유무를 물어보자 이에 대해 따로 유언할 것은 아무것도 가지고 있지 않지만 원래 자신의 흉행이란 오직 동양의 평화를 도모하고자 하는 성의에서 나온 것이라 부디 금일 임검(臨檢)한 일본 행정 각부 각위도 다행히 제 마음을 알아 주시고 피아 상관없이 합심협력으로 동양의 평화를 도모하실 것을 간절히 바랄 뿐이라고 말해 또 이때 동양평화의 만세삼창을 하고 싶은데 특별히 허락해 달라고 요청했으나 형무소장은 그럴 수 없다는 내용을 잘 알게끔 이야기하며 간수를 시켜 바로 흰 종이와 흰 천으로 그 눈을 가리기 시작해 특별히 기도의 허락을 주자 안은 약 2분 정도 묵도를 한 뒤 간수 두 명의 손에 끌려가 계단에서 교수대로 올라가서 조용하게 형 집행을 받았다. 시간은 10시 4분, 그 15분에 감옥의는 죽은 얼굴을 살펴 절명한 것을 보고하게 되자 여기서 드디어 집행을 끝내고 모두 퇴장했다.

10시 20분 안의 시체는 특별히 감옥서에서 맞춰 제작한 침관(寢棺)에 이를 넣으며 희색 천으로 덮어 교회당(教誨堂)으로 옮겨졌다. 이어서 그의 공범자인 우덕순(禹德淳), 조도선(曺道先), 유동하(劉東夏) 세 명을 끌어내 특별히 예배를 하게 하며 오후 1시 감옥서 묘지에 이를 매장했다.

이날 안의 복장은 어젯밤 고향에서 온 명주 조선복(상의는 무늬없는 흰색, 바지는 검은색)을 입어 주머니에는 성화 그림을 넣고 있었는데 그 태도는 매우 침착하며 안색에서 언어까지 평소와 조금의 차이도 없이 종용자약(從容自若, [태연하고 차분함]), 깔끔하게 그 죽음에 임했다.

또한 안(安)이 재감 중에 기고한 유고 중 전기만은 이미 탈고했지만 동양평화론은 총론 및 각론 1절에 그치며 모두의 탈고를 보기에 이르지 못했다.

위를 참고 삼아 보고합니다.

통역촉탁 통감부 통역생 소노키 스에요시(園木末喜)

· 이토 공작 만주 시찰 일건 밀봉

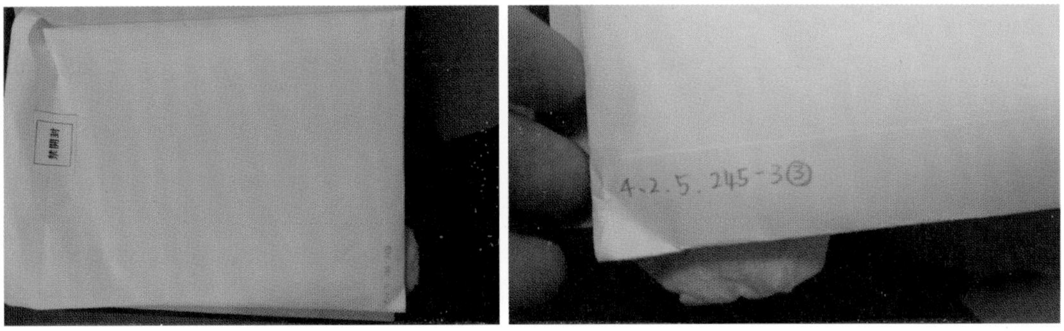

3. 주요 인물 자료

1) 고가 하쓰이치 자료

고가 하쓰이치(古賀初一)가 판마오중(潘茂忠)에게 보낸 편지에서는 고가 하쓰이치가 판마오중에게 보낸 편지 2건, 엽서 1건의 내용을 실었다. 편지 원문과 번역문을 함께 제시했다. 고가 하쓰이치(古賀初一)는 뤼순의학전문학교를 졸업하고, 1944년에 뤼순형무소(안중근 의사 순국 당시 명칭 관동도독부 감옥서)에 근무한 의사이다. 1990년대 실제 뤼순일아감옥구지 박물관(1971년 7월 5일 박물관 개관)에 방문하여, 그 당시 뤼순일아감옥구지 박물관 진열부 주임이 었던 판마오중(潘茂忠)과 교류한 내용이다. 이 편지에서 중요한 것은 고가 하쓰이치(古賀初一)의 주소가 있다. 일본 마쓰야마시 이다. 고가 하쓰이치(古賀初一)는 현재 고인이 되었지만 딸이 생존해 있다. 고가 하쓰이치(古賀初一) 후손들을 통하여 유품이나, 또 다른 기록을 전혀 확보하거나 확인하는 절차를 하지 못했다.

· 고가 하쓰이치가 판마오중에게 보낸 편지 1

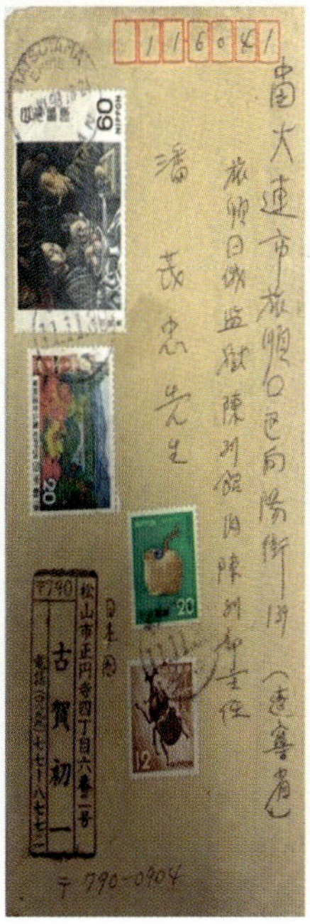

고가 하쓰이치가 판마오중에게 보낸 편지 봉투

· 발신: 고가 하쓰이치(古賀初一)

· 수신: 판마오중(潘茂忠)

11-6041 중국 다롄(大漣)시 뤼순커우(旅順口)구 샹양(向陽)가 139 (랴오닝(遼寧)성)

뤼순(旅順) 일아(日俄)감옥 진열관 내 진열부 주임

판마오중(潘茂忠) 선생

〒 790 일본국 마쓰야마(松山) 시 쇼엔지(正円寺) 4초메(町目) 6번 2호

고가 하쓰이치(古賀初一)

전화 (0899)77-8772

〒 790-0904

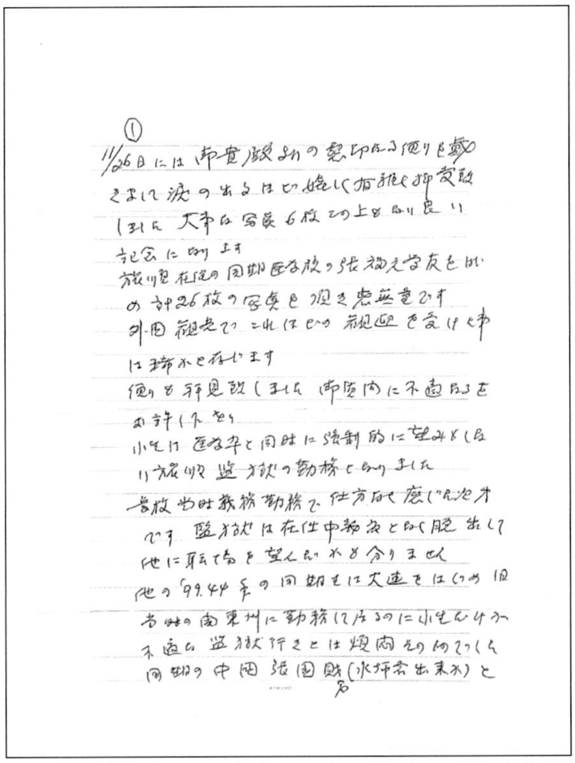
①
11/26日には御丁寧なる御便りを戴きまして涙の出る程嬉しく有難く拝受致しました 大事な写真6枚その上お手紙も良い記念になります
旅順在住の同期医学校の張福元学友を始め計26枚の写真を頂き感無量です
外国観光でこれ程の歓迎を受けた事は稀かと存じます
便りを拝見致しました 御質問に不適な点をお許し下さい
小生は医学卒と同時に強制的に望みもしない旅順監獄の勤務となりました
学校当時義務勤務で仕方なく感じた次第です 監獄は在任中当然と感じ脱出して他に転任を望んだかも分りません
他の'99.44年の同期生は大連をはじめ旧当時の南満州に勤務しているのに小生だけが不適な監獄行きとは皮肉その物でした
同期の中国張国財(水野秀出来ず)と名

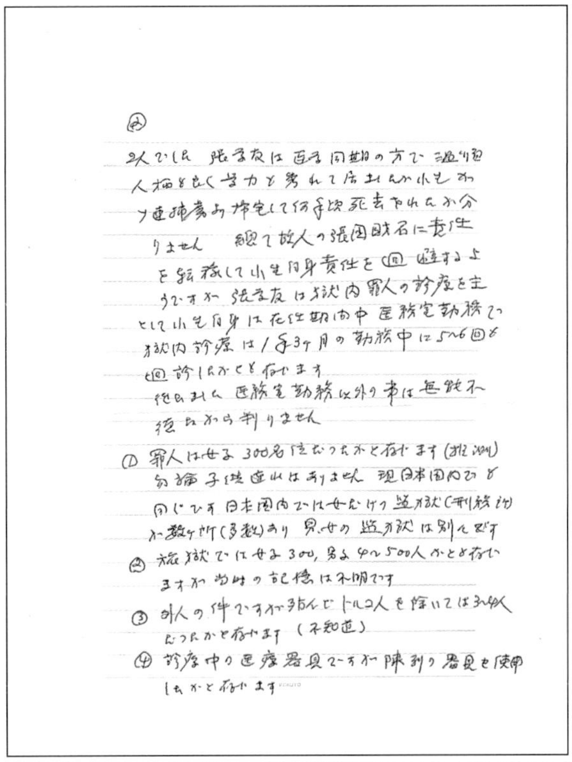
②
2人でした 張学友は医学同期の方で温厚な人柄で良く学力も秀れて居ましたが小生が連捕されて何年頃死去されたか分りません 総て故人の張国財君に責任を転嫁して小生自身責任を回避するようですが 張学友は獄内罪人の診療を主として小生自身は在任期間中医務室勤務で獄内診療は1年3ヶ月の勤務中に5〜6回も回診したかと存じます
他の事は医務室勤務以外の事は無関係だから判りません
① 罪人は女子300名位だったかと存じます(推測) 勿論子供連れはありません 現日本国内でも同じです 日本国内では女だけの監獄(刑務所)が数ヶ所(多数)あり 男女の監獄は別々です
② 旅獄では女子300、男子400〜500人かとも存じますが当時の記憶は不明です
③ 外人の件ですが殆んどトルコ人を除いては皆無だったかと存じます(不知道)
④ 診療中の医療器具ですが陳列の器具を使用したかと存じます

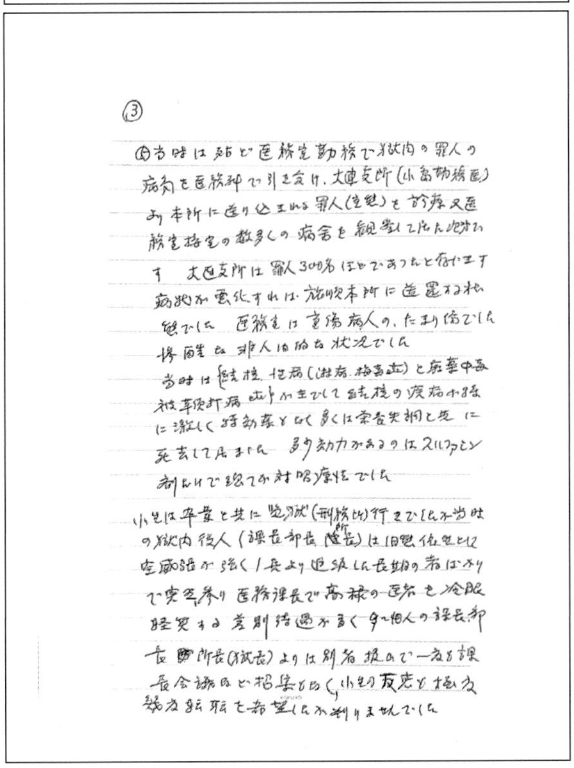
③
④当時は殆ど医務室勤務で獄内の罪人の病気を医務部で引き受け、大連支所(小島勤務医)より本所に送り込まれる罪人(重患)を診療又医務室接室の数多くの病舍を観察していた次第です 大連支所は罪人300名程であったと存じます
病状が悪化すれば旅順本所に送還される状態でした 医務室は重傷病人のたまり場でした 悲惨な非人道的な状況でした
当時は結核、性病(淋病、梅毒症)と麻薬中毒 被革慢性病等が主でして結核の疾病が特に激しく特効薬もなく多くは栄養失調と共に死去して居ました 多少効力があるのはスルファミン剤だけで総てが対症療法でした
小生は卒業と共に監獄(刑務所)行きでしたが当時の獄内役人(課長部長所長)は旧態依然として官威張が強く1兵より進級した長期の者ばかりで実に参り 医務課長で高級の医者を冷眼軽蔑する差別待遇が多く 多〜他人の課長部長所長(獄長)よりは別扱いで一度も課長会議など招集もなく 小生の友達も極度に転職を希望したが判りませんでした

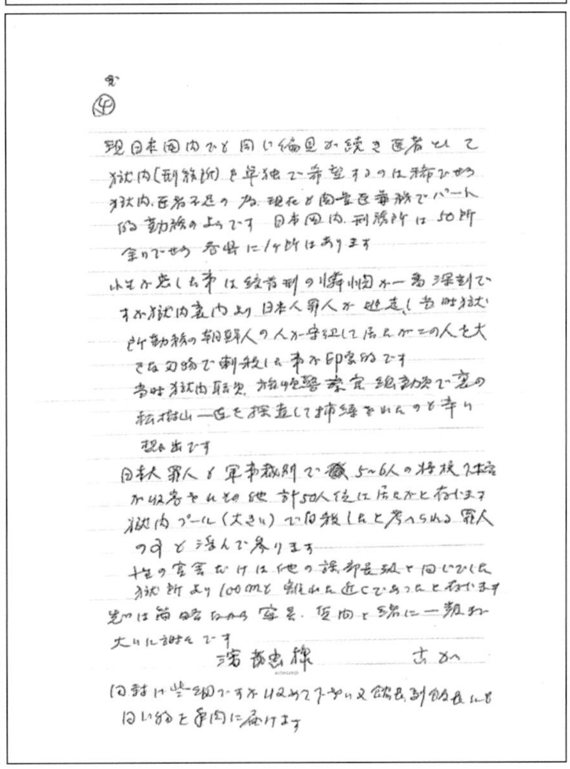
④
現日本国内でも同じ傾向が続き医者として獄内(刑務所)を単独で希望するのは稀です 獄内医者不足の為現在も開業医兼務でパート的勤務のようです 日本国内刑務所は50所余りでせう 各県に1ヶ所はあります
小生が感じた事は終戦前の時期が一番深刻ですが獄内売内より日本人罪人が逃走し当時獄所勤務の朝鮮人の人が看守して居たがこの人を大きな刃物で刺殺した事が印象的です
当時獄内騒然 旅順警察官総動員で裏の白玉山一面を捜査して捕縛されたのを今も想い出です
日本人罪人も軍事裁判で5〜6人の将校下士官が収容されその他計50人位は居たかと存じます 獄内プール(大きい)で自殺したと考へられる罪人の事と読んで参ります
小生の官舎だけは他の課部長級と同じでした 獄所より100m程離れた近くであったと存じます
先づは簡略ながら写真、便りと共に一報お礼のみ 大いに謝々です
瑞[illegible]様　古[illegible]
同封は些細ですが収めて下さい 又館長副館長にも同じ物を手内に届けます

11월 26일에는 귀하로부터 간절한 편지를 받고 눈물이 날 정도로 기쁘고 고맙게 받았습니다. 소중한 사진 6장은 더할 나위 없이 좋은 기념이 됩니다. 뤼순에 재원(在院)하는 동기(同期), 의학교의 장푸위안(張福元) 학우를 비롯해 총 26장의 사진을 받고 감개무량합니다. 외국 관광에서 이 정도 환영을 받은 일은 드물 거라 생각합니다.

편지 잘 읽었습니다. 질문에 (답변으로는) 부적절함을 용서해 주십시오. 저는 의학교 졸업과 동시에 강제적으로 원하지 않는 뤼순감옥에서 근무하게 되었습니다. 학교 (재학) 당시 의무 근무라 어쩔 수 없이 응하게 된 것입니다. 감옥 재임 중 몇 번이나 탈출하고파 다른 직장을 원했는지 모르겠습니다. 다른 99(불명), 44(명) 졸업 동기생은 다롄을 비롯해 옛 당시의 (만주) 관동(關東) 주에 근무하고 있었는데 (어째서) 저만 맞지 않은 감옥행(근무)이라니 번민(煩悶) 그 자체였습니다. 동기인 중국 장궈차이(張國財) 군(수사(水師) 학당 출신이었던가?)과 둘뿐이었습니다. 장 학우는 의학 동기이자 온순하고 인품도 좋고 학력도 우수했지만 제가 소련 포로에서 (석방되어) 귀가하고 언제쯤 돌아가셨는지 모르겠습니다. 모두 고인인 장궈차이 군에게 책임을 전가하고 저 자신의 책임을 회피하는 것 같지만 장 학우는 감옥 내 죄인(죄수)의 진료를 주로 하고 저는 재임 기간 중 의무실 근무라서 감옥 내 진료는 1년 3개월 동안의 근무 중에 5~6번 회진했던 것 같다고 생각합니다. 따라서 의무실 근무 이외의 일은 (제가) 무능부덕(無能不德)해서 모르겠습니다.

① 죄인은 여자 300명 정도였다고 기억하고 있습니다(추측). 물론 아이 딸린 여자는 없었습니다. 현재의 일본 국내도 같습니다. 일본 국내에서는 여자만의 감옥(형무소)이 몇 군데(다수) 있고 남녀 감옥은 따로따로 있습니다.
② 뤼순감옥에는 여자 300명, 남자 4~500명이었다고 생각하지만 지금 기억은 분명치 않습니다.
③ 외국인은 거의 터키인이었고 그들 외에 3~4명 있었던 것으로 기억하고 있습니다.
④ 진료 중 의료 기구입니다만 진열되어 있던 기구를 사용했다고 생각합니다.
⑤ 당시는 거의 의무실 근무라서 감옥 내 죄인의 병을 의무부에서 인수받고 다롄 지소(支所)(고지마(小島) 근무의(勤務醫))가 본소(本所)에 보낸 죄인(상태)을 진료하거나 의무실에 인접한 수많은 병사(病舍)를 관찰하고 있었던 것입니다. 다롄 지소에는 죄인 300명 정도였다고 생각합니다. 병상(病狀)이 악화되면 뤼순 본소로 송환하는 상태였습니다. 의무실은 중상(重傷) 병인(病人)으로 가득 차 있었습니다. 참혹하고 비인간적인 상황이었습니다.

당시는 {결핵, 성병(임병, 매독 등)과 마약중독, 매로 맞은 상처 등}이 주된 것이었고, 결핵 질병이 특히 심하고 특효약도 없어서 많은 이들은 영양실조로 죽었습니다. 다소 효력이 있는 것은 술파신제(劑)나 대증 요법이었습니다.

저는 졸업과 함께 감옥(형무소) 행이었지만 당시 감옥 내 관리들(과장, 부장, 소장)은 구태의연하게 허세 부리기(空威)가 심했지요. 일개 병사에서 진급한 장기 (근속) 병사가 많았는데 갑자기 와서 의무과장이나 높은 급여를 받는 의사를 냉안시하면서 비웃는 차별 대우가 많았고, 9~10명의 과장, 부장, 소장(옥장[獄長])에게는 외지인 취급을 받고 있어서 한 번도 과장 회의와 같은 소집도 없었습니다. 저의 반감도 극도(에 달했기에) 몇 번이나 전직을 희망했는지 모르겠습니다.

현재 일본 국내에서도 그 같은 편견이 계속돼서 의사로서 감옥 내(형무소) 근무를 스스로 희망하는 일은 드물지요. 감옥 내 의사 부족 때문에 현재도 개업의(開業醫) 겸무로 파트 근무를 하는 것 같습니다. 일본 국내 형무소는 50여 군데인 듯합니다. 각 현(県)에 한 군데는 있습니다.

제가 느낀 것은 교수형에 대한 연민(憐憫)이 가장 심각하지만 감옥 내 뒷문으로 (어떤) 일본인 죄인이 도주해서 당시 감옥소 근무 조선인이 지키고 있었는데 이 사람을 큰 칼로 찔러 죽였던 일이 인상적입니다. 당시 감옥 내

직원, 뤼순 경찰관이 총동원되어 뒤편 송수산(松樹山) 일대를 탐색해 체포했던 일도 쓰디쓴 추억입니다.

일본인 죄인도 군사재판에서 5~6명의 장교(미상)가 수용되었고 그 밖에 합계 50명 정도는 있었다고 생각합니다.

감옥 내 수영장(크다)에서 자살한 것으로 보이는 죄인의 일도 떠오릅니다.

저의 관사만은 (그 관장의 직급이) 다른 과(課)의 부장급과 같았습니다. 감옥소에서 100미터 정도 떨어진 가까운 곳이었다고 생각합니다.

우선은 간략하지만 사진, 질문과 함께 일보(一報)합니다.

대단히 감사합니다.

판마오중(潘茂忠) 씨

고가(古賀)

동봉한 것은 사소하지만 받아 주세요. 또 관장, 부관장에게도 같은 것을 연내에 보내겠습니다.

· 고가 하쓰이치가 판마오중에게 보낸 편지 2

· 발신: 고가 하쓰이치(古賀初一)

· 수신: 판마오중(潘茂忠)

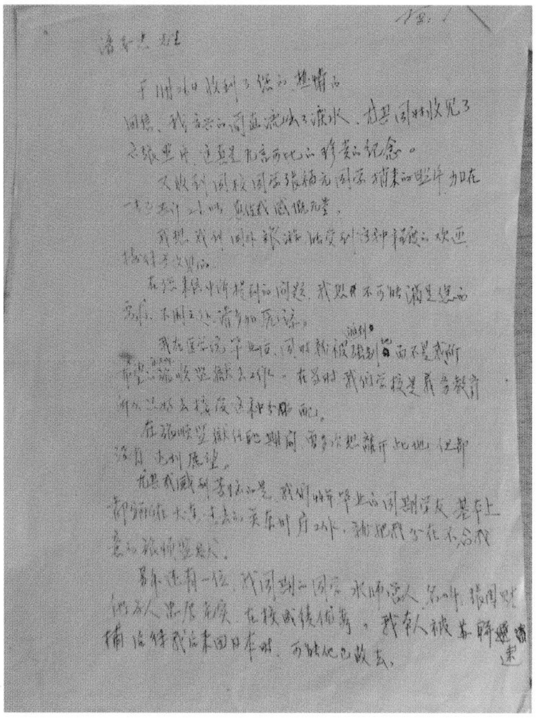

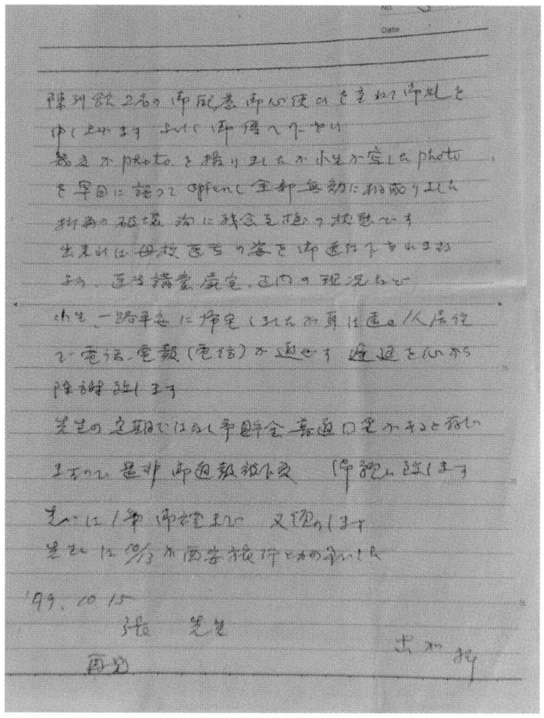

판마오중(潘茂忠) 선생님

11월26일에 열정적인 회신을 받아서 너무 감동해서 눈물이 날 정도입니다. 특히 사진 6장을 받았습니다. 이는 말할 것 없이 소중한 기념품입니다.

또한 학교 친구 장푸위안(张福元)이 보내주신 사진을 합쳐서 모두 26(미상)입니다. 정말 감개무량합니다.

제가 외국에 여행 가서 이 정도로 환대를 받을 수 있는 것은 상상도 못했습니다.

하지만, 지난 편지에서 얘기한 문제에 대해서, 저는 만족시켜줄 수 없을 것입니다. 미흡한 점이 많아 양해해주시길 바랍니다.

저는 의학과를 졸업한 동시에 제가 원한 곳이 아니고, 강제로 뤼순감옥으로 파견해서 일했습니다. 그 당시에 우리 학교는 의무교육이라서 이 파견을 받을 수밖에 없었습니다.

저는 뤼순감옥에서 일할 때 여러 번 떠나려고 했는데 결국 못했습니다.

특히 제가 고민한 것은, 44년에 졸업한 우리 동기들은 거의 다 다롄(大连) 전 관동주청으로 파견했는데, 저만 마음에 안 드는 뤼순감옥에 파견되었습니다.

또 저의 동기 친구 한 명은 수이스잉(水师营) 출신인 장궈차이(张国财)라고 합니다. 그는 성실한 사람이고, 학교에 있을 때 성적도 우수하였습니다. 제가 체포되고(짐작한 번역) 나중에 일본으로 돌아갈 때, 그가 돌아가셨을 것입니다.

진열관(陳列館)의 두 분이 배려하시고 마음 써 주셔서 거듭 감사를 드립니다. 잘 전해 주십시오.

몇 번 포토를 찍었는데 제가 찍은 포토를 일찍 잘못 오픈해서 모두 못쓰게 됐습니다.

애쓰신 일이 파괴되었으니 참으로 아쉽기 짝이 없는(殘念至極) 상태입니다.

가능하시면 모교 의전(醫專, 의학전문학교)의 모습을 보내주시기를. 의전 강당, 시체실, 정문(正門)의 현황 등.

저는 편안하게(一路平安) 귀가했지만 귀는 멀어지고, 혼자 사는지라 전화, 전보(전신)은 통하지 않아서 늦어버린 점 진심으로 사과드립니다.

선생님은 정기(定期)가 아니라 예금 보통 계좌가 있는 것으로 알고 있사오니 꼭 알려 주십시오. 부탁드립니다.

우선은 한 가지 감사의 말씀만. 또 편지 드리겠습니다.

선생님은 10월 13일에 시안(西安)으로 여행하신다고 들었습니다.

'99.10.15

장(張) 선생께

고가(古賀) 드림(拜)

짜이지엔(再見)[68]

68 헤어질 때 하는 중국어 인사말.

· 고가 하쓰이치가 판마오중에게 보낸 엽서

· 발신: 고가 하쓰이치(古賀初一)

· 수신: 판마오중(潘茂忠)

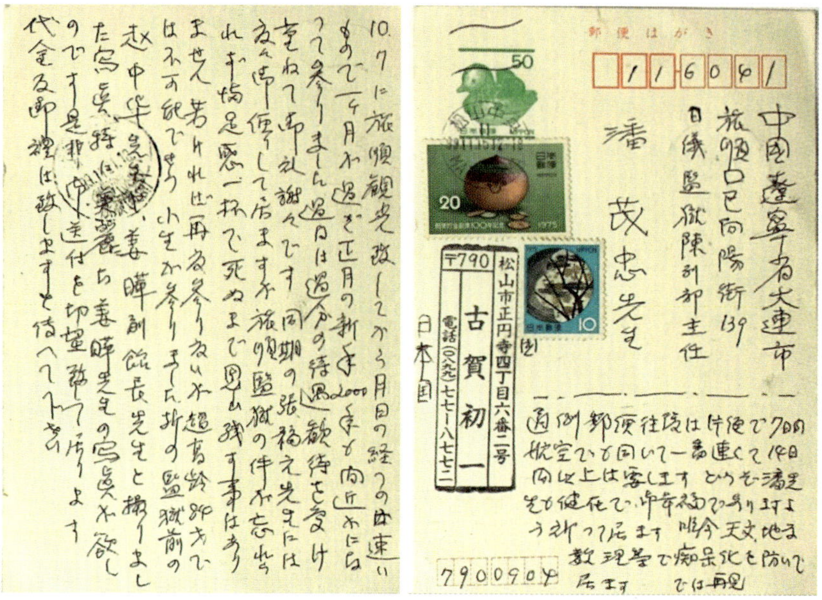

10월 7일에 뤼순(旅順)을 관광한 지 시간이 빨리 지나서 한 달이 지나 정월 새해, 2000년도 아주 가까워지기 시작했습니다. 지난번에는 과분한 대우, 환대를 받아 거듭 감사를 드립니다. 동기(同期) 장푸위안(張福元) 선생께는 자주 편지를 보내고 있지만 뤼순감옥에서의 일이 잊을 수 없어 만족감이 가득해 죽을 때까지 남은 미련은 없습니다. 젊다면 다시 가고 싶지만 초고령 84살로는 불가능하겠지요. 제가 갔을 때의 감옥 앞 자오중화(趙中華) 선생, 장화(姜曄) 부관장(副館長) 선생과 찍은 사진, 특히 미려(美麗)한 장화 선생의 사진을 갖고 싶습니다. 부디 송부해 주시기를 간절히 바라고 있겠습니다.

요금과 사례는 드린다고 전해 주십시오.

11-6041

중국 랴오닝(遼寧) 성 다롄(大漣)시 뤼순커우(旅順口)구 샹양(向陽)가 139 (랴오닝성)

뤼순일아감옥 진열부 주임 판마오중(潘茂忠) 선생

〒 790 마쓰야마(松山)시 쇼엔지(正円寺) 4초메 6번 2호

고가 하쓰이치(古賀初一)

전화 (0899)77-8772 일본국

790-0904

통례적으로 우편 왕복은 편도(片道) 편으로 7일간, 항공도 마찬가지로 가장 빨라도 14일간 이상이 필요합니다. 부디 판(潘) 선생도 건재(健在)하시고 행복하시기를 기원하고 있겠습니다. 지금 천문지학(天文地學), 수리학(數理學)으로 치매화(痴呆化)를 예방하고 있습니다. 그럼 짜이지엔(再見).

· 〈旅顺刑務所回顧〉 (고가 하쓰이치 참회록)

〈고가 하쓰이치 참회록〉은 고가 하쓰이치(古賀初一)가 당시의 뤼순형무소에서 근무하며 있었던 일들을 회고하며 기록한 글이다. 〈고가 하쓰이치 참회록〉은 뤼순일아감옥구지 박물관과 판마오중(潘茂忠) 선생님을 통해 제공받았다. 〈고가 하쓰이치 참회록〉에는 당시의 뤼순형무소에서 수인들에게 내린 형벌, 노역, 사형 등에 대한 기록이 실려 있다. 본 책에서 그 기록 내용과 번역문을 함께 제시했다. 〈고가 하쓰이치 참회록〉 말미에 보면, 안중근 의사 매장지 관련 내용이 소개되어 있다.

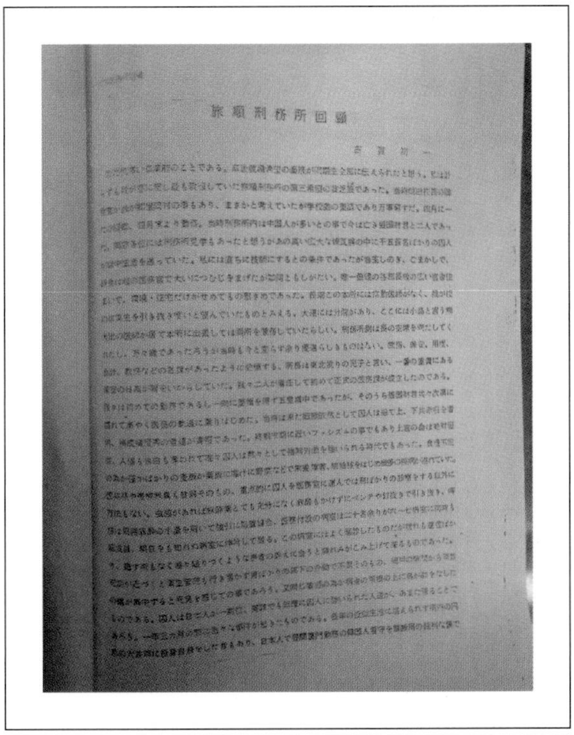
旅順刑務所回顧

古賀初一

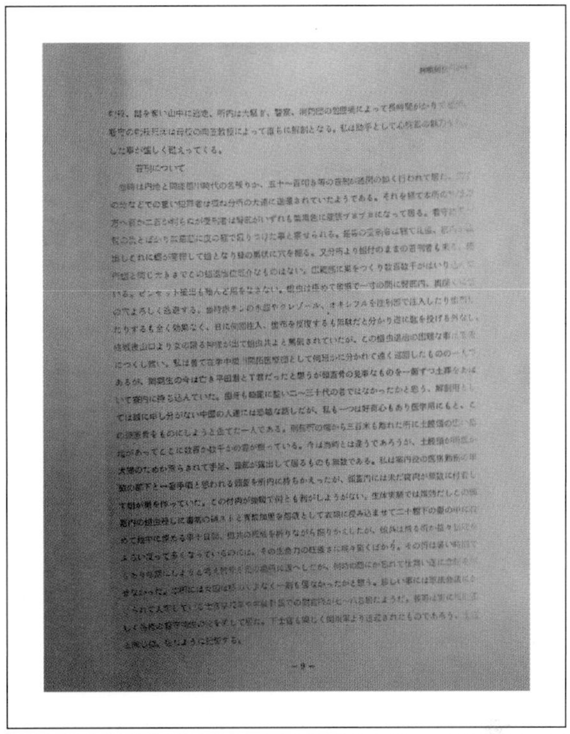

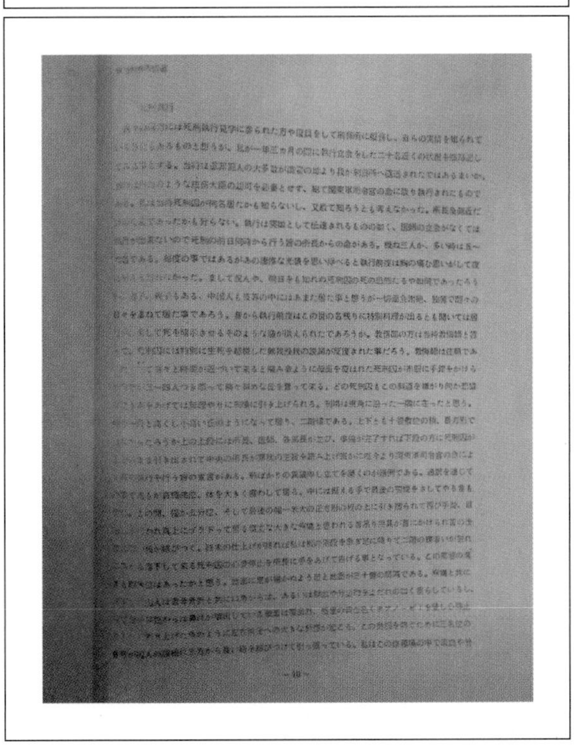

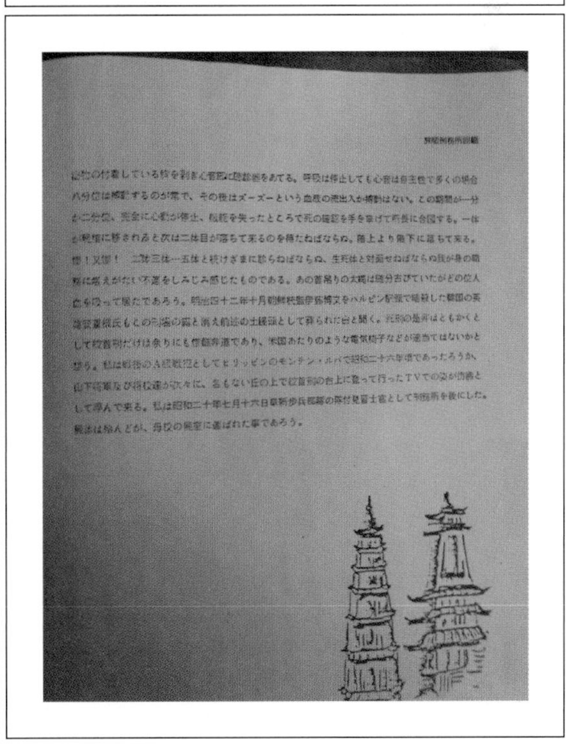

뤼순형무소 회고

고가 하쓰이치(古賀初一)

아직 쌀쌀했던 졸업 전 일이다. 졸업 후 취업 희망 면접이 동기생 모두에게 전해졌다고 생각한다.

나는 의도치 않게 내 의지에 반해 가장 꺼렸던 뤼순형무소 제3 지망의 불운(貧乏籤)을 당했다. 당시 토이다(問田) 교장의 돌아가신 사모님께서는 나와 같은 고향 마을 출신이기도 해서 설마 했는데 학교 측 요청이라 만사가 끝, 별수 없었다. 4월에 한 번 귀향, 4월 말부터 근무. 당시 형무소 내는 중국인이 많다고 했으니 (실제로는) 지금 없는 장궈차이(張國財)군과 둘 뿐이었다. 동창들 각 사람은 형무소 견학도 했겠지만 그 높고 광대한 벽돌 담 안에 1500명 정도의 수인이 옥중 생활을 보내고 있었다. 나에게는 바로 기사(技師)로 삼겠다는 조건이었지만 임시변통, 눈속임. 사령(辭令)은 그냥 의무관이라 크게 어긋났지만 어쩔 수 없었다. 다만 독채의 각 부장급과 같은 넓은 관사의 집이라서 환경·주택만 유일한 위로였다. 장기간 본소에는 상근 의사가 없었기에 우리 학교 졸업생을 끌어들일 의사가 있었던 것 같다. 다롄에는 분원(分院)이 있었고, 여기에는 고지마(小島)라는 구마모토 대학 출신의 의사가 있어서 본소(本所)에 출장하면서 두 곳을 겸무했던 듯하다. 형무소 측은 소장의 빈 자리를 채워 주었으니 만만세(萬萬歲) 했겠지만 당시도 지금과 변함없이 별로 우대 같은 것은 없었다. 서무, 보안(保安), 용도(用度), 회계, 교무 등 각 과가 있었던 것으로 기억한다. 소장은 동북 사투리가 있는 아이(兒子)라고 하면서 가장 중책을 맡았던 보안(과)의 히다카(日高)가 으스대고 있었다. 우리 둘이 착임하고 처음으로 정식 의무과(醫務課)가 생긴 것이다. 우리는 첫 근무이기도 해서 전혀 요령을 알지 못해 오리무중이었지만 그 가운데 장궈차이 군도 나도 점차 적응하면서 의무 역시 궤도에 오르기 시작했다. 당시는 아직 구태의연하게 수인은 거의 다 위아래 빨간 옷을 착용, 약간의 성적우수자들은 파란 옷이었다. 종전 말기에 가까운 파시즘 일(시절)이기도 해서 상관 명령은 절대복종, 인권도 자유도 빼앗겨 시키는 대로 수인은 묵묵히 강제 노동을 억지로 해야 하는 시대이기도 했다. 식량 부족 탓에 아주 조금의 보리밥이나 좁쌀밥에 소금국, 야채 등으로 영양 장애, 폐결핵을 비롯해 꽤 많은 질병이 넘치고 있었다. 의약품이나 의료 기구도 말 그대로 빈약했고, 수인을 의무실에 옮기는 일이나 형식적인 진료 이외의 방법이 없었다. 충치가 있으면 마취약도 부족해서 마취도 하지 않은 채 펜치나 망치로 뽑고 결핵은 (미상) 소량 마취로 억지로 처치 봉합했다. 의무 부설의 병실은 20여 명이 6~7개 병실에 항상 초만원, 내일조차 알 수 없는 병실에 신음하고 있었다. 이 병실에는 자주 회진(回診)하기도 했는데 다 중증이었고 어떻게 할 수도 없어서 그냥 매달리듯 하는 환자의 호소를 당하면 연민(憐憫)이 부풀어 오르기도 했다.

죽을 때가 가까워지면 위생관리도 제대로 못 해 남자 부하들만의 간호 보조로 불결하기 짝없고, 난로 틈에 수많은 파리가 모이면 시체 냄새(死臭)를 느껴서였을 것이다. 역시 민감했던 까닭인지 병사(病舍) 지붕 위에 새가 무리를 짓기도 했다. 수인은 일본인이 1할 정도, 원죄(冤罪)인데 억지로 수인으로 만들어진 사람들도 수없이 있었을 것이다. 1년 3개월 사이에 여러 사건이 일어나기도 했다. 오랜 투옥 생활을 견디지 못해서 감옥소 내 큰 원형 우물에 투신자살을 한 자도 있었다. 일본인인데 점심때 뒷문에서 근무 중인 한국인 간수(看守)를 재단용 예리한 가위로 찔러 죽인 뒤 열쇠를 탈취하고 산속으로 도주[한 자도 있었다]. 감옥소 안은 큰 소란이 벌어졌고, 경찰, 소방단(消防團)이 포위망을 펴서 오랜 시간이 걸려 체포했다. 찔려 죽은 간수의 시체는 모교(母校)의 무코가사(向笠) 교수에 의해 바로 해부되었다. 나는 조수로서 심장부 집도를 보조한 일이 그립게 되살아난다.

태형(笞刑, (곤장 형벌))에 대해

당시는 내지(內地, (일본))와 같이 도쿠가와(德川) 시대의 영향이었던지 50~100대 치기 등의 태형이 통례처럼 집행되고 있었다. 만몽(滿蒙) 지역 등에서 온 죄가 무거운 범죄자는 대개 분소(分所)가 있던 다롄에 송환되고 있었던 모양이다. 그곳을 거쳐 본소(本所) 뤼순 쪽으로 100인지 200인지 잘 모르지만 수형자는 피부가 모두 자흑색

(紫黑色)으로 부풀고 말랑말랑한 상태였다. 여러 간수들이 부모 원수라도 되듯이 무자비하게 가죽 채찍으로 때린 것으로 추측된다. 이런 수형자들은 모두 화농(化膿), 근육이 노출되고 여기에 파리가 산란하고 구더기가 돼서 벌집 형태로 구멍을 판다. 또한 분소에서 구더기가 묻은 채 오는 고향자도 있었다. 화장실 구더기와 같은 크기고 이 구더기 퇴치만큼 번거로운 일은 없었다. 광범위하게 집을 만들고 수백 수천이 들어가 있다. 핀셋 적출도 거의 소용없다. 구더기는 지극히 민감해서 한순간에 피부 속 깊이 게 구멍처럼 도피한다. 당시 머큐로크롬의 수은이나 크레졸, 옥시풀을 주사기로 주입하거나 바르거나 해도 전혀 효과가 없었다. 하루에 몇 번이나 주입, 붕대 감기(塗布)를 반복해도 쓸데없게 되어 마침내 포기할 수밖에 없었다.

종전 후 야마구치(山口)에서 신들린 여자가 춤추면서 "구더기들아"라는 욕을 들었는데 이 구더기 퇴치가 어려운 것은 필설로는 다할 수 없다. 나는 예전에 재학 중 만주(滿洲) 개척 의료단으로서 몇 반으로 나뉘어 멀리 순회하기도 했는데 동기 중 지금은 없는 히라타(平田) 군과 T 군이었던지 훌륭한 두개골을 한 개씩 토장(土葬)에서 파내어 기숙사 안에 가지고 왔다. 치아도 다 있는 20~30대 사람이 아닐까 싶었다. 부검용으로서는 정말 두말할 나위 없었고, 중국 사람들에게는 미안한 이야기지만 나도 호기심도 있어서 의학용으로 이 두개골을 내 것으로 만들고자 했던 한 사람이다. 형무소 끝에서 300미터나 떨어진 곳에 무덤(土饅頭)이 많은 묘지가 있었고 여기에 수백, 수천의 영혼이 잠자고 있었다. 지금은 당시와는 다르겠지만 무덤들이 비바람이나 강아지, 고양이 때문인지 파헤쳐져 손발, 머리가 노출돼있는 것도 수없이 있었다. 나는 안내역인 의료 근무의 나이든 부하와 함께 가장 적당할 것 같은 두개골을 형무소 안으로 가져왔지만 두개골 속에는 아직 썩은 살이 붙은 채 구더기 집을 짓고 있었다. 이렇게 붙은 살이 어찌 강한지 뗄 수가 없다. 생체 실험에 효과 없기에 두개골 속 구더기를 죽이려고 독약 스트리키닌과 청산가리를 용액으로 의류에 스며들게 해서 20센티미터(짐작한 번역) 쯤의 항아리 안에 넣고 땅속에 묻기를 10일간, 구더기의 사멸을 기도하면서 다시 파냈지만 구더기 놈들은 줄기는커녕 더욱 맹위를 떨쳐 오히려 많아지고 있으니 그 생명력의 왕성함에 그저 놀랍기만 했다. 그때는 더운 시기라 겨울에 하자고 생각해 유골을 원래 장소에 돌려 놓았지만 어느새 잊어버려 마침내 염원을 이룰 수 없었다. 본소에는 여죄수는 극히 적어서 1할도 없었던 것 같다. 특이하게도 군법회의에서 심판을 받고 입감한 사관 학교 졸업생이나 학도 동원 중 위관급이 7~8명 있었던 듯하다. 그들은 실로 규칙적으로 각 동의 간수 보좌 역할을 다하고 있었다. 하사관도 같이 관동(關東)군에서 송환됐을 것이다. 사관과 같은 정도 있었다고 기억하고 있다.

뤼순형무소 회고

사형집행

우리 동창 중에는 사형집행 견학을 오신 분이나 복원(復員)해서 형무소에 근무해 자신의 실정을 알고 있는 분들도 있을 것이라 생각한다. 하지만 내가 1년 3개월 동안 사형에 입회한 20명 가까이 되는 사람의 상황을 대략 써 보도록 하겠다. 당시는 중죄 범인의 대다수가 만몽(滿蒙) 땅에서 우리 형무소에 직송됐다. 당시는 내지(內地, (일본))처럼 법무장관의 인가가 필요 없고, 모두 관동(關東)군 사령관의 명령으로 집행되었다. 나는 당시에 사형수가 몇 명 있었는지도 몰랐고 또 굳이 알려고도 생각하지 않았다. 소장과 측근만의 비밀이었는지도 모른다. 집행은 갑자기 전달되어도 의사의 입회 없이는 집행할 수 없기 때문에 사형 전날 몇 시부터 집행한다는 내용이 소장으로부터 명령이 내려온다. 대략 세 명, 많을 때는 대여섯 명이다. 매번 있는 일이지만 그 처참한 광경을 떠올리면 집행 전야는 가슴이 아파 밤에 거의 잠을 자지 못했다. 하물며 내일조차 모르는 사형수의 죽음에 대한 공포란 어땠을까. 처자식, 부모 있는 중국인도 그들 중에는 수없이 있었을 것이라 생각하지만 면회 일체 사절, 독방에서 답답한 나날을 계속 보내고 있었을 것이다. 옛날부터 집행 전날 밤에는 이 세상 마지막의 특별 요리가 나온다고도 듣기는 했는데 과연 죽음을 암시하는 그런 밥상이 차려진 것일까. 교무부 분들은 당시 교회사(教誨師)라고 불렀으며, 사형수에게는 특별히 생사를 초탈한 무아몰아(無我沒我)의 설유(說諭)가 반복됐을 것이다. 교회사는 주지

(住持, 승려)였는데 시시각각 시간이 다가오자 삿갓 같은 것으로 얼굴이 덮인 사형수가 빨간 옷에 수갑이 채워진 채 간수 서너 명이 따라와 약간 경사진 언덕을 올라온다. 어떤 사형수도 이 경사길을 싫어하며 무언가 비창한 울음소리를 내면서 억지로 형장으로 끌려 올려진다. 형장은 동쪽 방향 한구석에 있었다고 생각한다. 담을 한 단 높여 약간 높은 언덕처럼 되어있어 2층 구조이다. 상하 모두 다다미 10장 정도, 장방형이 아니었을까. 위쪽 상단에는 소장, 의사, 각 부장이 나란히 있어 준비가 완료되면 하단 쪽에 사형수가 묶인 채 끌려 나와 가운데에 있는 소장이 죄상(罪狀)의 주지(主旨)를 읽으며 엄숙하게 "지금부터 관동(關東)군 사령관 명령에 따라 사형집행을 실시한다."라는 취지의 선언이 있었다. 형식적인 이의 신청을 듣는 것이 통례이다. 통역을 통해 진행하는데 다 애원하면서 눈물을 흘리며 몸을 크게 떨고 있었다. 그중에는 떨리는 손으로 마지막 흡연을 하게 하는 자도 있었다. 그간 고작 5분 정도, 그리고 마지막 넓이 1미터의 정방형 판 위로 끌려가면서 다시 수갑과 눈가리개가 채워져 위에 매달려 있는 튼튼하고 커다란 삼(杉)노끈으로 추측되는 목매다는 용구가 목에 걸쳐지고 목 뒤로는 줄이 묶여진다. 마지막 마무리가 끝나면 나는 판(板) 계단을 급히 내려가고 2층의 열쇠가 열리면 2층에서 떨어지는 사형수의 심장음 정지를 소장에게 손을 들어 알리는 것으로 되어있다. 이 방의 높이는 4미터 정도였던 것으로 기억한다. 땅에 발이 닿지 않도록 발과 땅이 30센티 간격이다. 삼노끈과 함께 떨어진 수인은 설골(舌骨) 골절과 함께 입가에서는 선혈이나 분비물을 침처럼 흘리고 콧구멍에서는 콧물이 분출하고 있다. 얼굴은 덮인 부분 외는 극도의 남자색(藍紫色, 치아노제(짐작한 번역))을 보이다가 심장 정지로 끝난다. 갓 낚은 물고기처럼 전후좌우로 크게 동요한다. 이 동요를 막기 위해 세 명 정도의 간수가 수인 보호 띠에 세 방면에서 긴 줄을 매어 당기고 있다. 나는 이 아수라장 속에서 유혈이나 분비물이 부착되어있는 가슴을 펼쳐서 심장부에 청진기를 댄다. 호흡이 정지해도 심장 박동 소리는 자주성(自主性)이 있는지라 많은 경우 8분 정도는 박동하는 것이 일반적이다. 그 후에는 꿀렁거리는 혈액 유출입이나 박동은 없다. 이 사이에 1분이나 2분 정도 지나 완전히 심동이 정지하여 기능을 잃은 시점에서 사망 확인을 손들어 소장에게 신호를 보낸다. 한 구(體, (시체))를 관에 옮기면 다음은 두 구째가 떨어지는 것을 기다려야 한다. 계단 위에서 계단 밑으로 떨어져 내려온다. 처참하며 또 처참하다! 두 구, 세 구… 다섯 구 연속적으로 진단해야 한다. 진짜 시체와 대면해야 하는 나 자신의 직무에 견딜 수 없는 불운을 마음 깊이 느끼곤 했다. 저 목을 매다는 굵은 밧줄은 꽤 낡았지만 얼마나 사람 피를 빨고 있었던 것일까. 메이지(明治) 42년(1909년) 10월 조선 통감 이토 히로부미(伊藤博文)를 하얼빈(哈爾濱)역에서 암살한 한국의 영웅 안중근(安重根) 씨도 이 형장의 이슬로 사라져 앞서 말한 무덤(土饅頭)에 매장됐다고 들었다. 사형의 옳고 그름은 어찌 됐든 간에 교수형은 너무 참혹하고 무도해 미국과 같이 전기의자 등이 적당하지 않을까 싶다. 나는 전후 A급 전범으로 필리핀의 문틴루파에서 쇼와(昭和) 26년(1951년)쯤이었던가, 야마시타(山下) 장군과 장교들이 잇따라 이름 없는 언덕 위에서 교수형 교수대 위로 올라갔던 텔레비전 속 모습이 생생하게 떠오른다. 나는 쇼와(昭和) 20년(1945년) 7월 16일, 푸신(阜新, 랴오닝성) 보병 부대의 견습 사관이 되어 형무소를 떠났다. 시체는 대부분을 모교(母校) 시체실에 옮겼을 것이다.

2) 뤼순감옥 마지막 형무소장 다고 지로 자료

· 다고 지로의 공술서

뤼순감옥 마지막 형무소장 다고 지로의 공술서는 뤼순일아감옥구지 박물관에서 제공받은 자료로, 〈다고 지로의 공술서 자료 원문〉에 뤼순감옥 마지막 형무소장이었던 다고 지로(田子仁郎)의 약력과 다고 지로가 진술한 죄행에 대한 기록이 실려 있다. 본 책에서 그 내용을 번역문과 함께 제시했다. 특히 "예컨대 1945년 봄에 저는 부하에게 명령해 중국 항일인원 유상근(柳相根, 조선인, 한인 애국단원)을 독방에 넣고 식량을 줄여서 병들게 했으며, 게다가 일부러 치료하지 않은 탓에 유상근을 일찍 죽게 했습니다."라는 기록이 나온다. 1931년 안중근 의사 동생 안공근의 집(상하이 프랑스 조계 신천상리 20호)이 한인 애국단 본부 역할과 재정을 담당했던, 한인애국단원 독립운동가 유상근(미상~1945년 8월 14일, 1932년 5월 4일 다롄 도착, 5국제 연맹 조사관 관련 일본 관동군 사령관 혼조 시게루 등 처단 사건인, 다롄의거 실패, 관동청 형무소:뤼순감옥 투옥) 1932년부터 1945년까지 뤼순감옥에서 13년간 수감되셨다. 그러나, 해방을 앞두고, 다고 지로에 의해서, 순국 되셨다.

編號：f 211-5

田子仁郎的筆供材料原文

第　頁

編號：5　　筆供自述

罪行總結書

姓名　田子仁郎

年齢　一九〇四年十一月八日生　五十一歳

本籍　福島縣石城郡川部村小川七五番地

出生地　本籍地

學歴　高等小學校卒業

家族　母、妻、四男、二女、兄一人

家庭出身　中農、財産　私ニハ有リマセン。兄ハ水田八段歩（約〇・八公頃）自作　二段歩（約〇・二公頃）小作、畑五段歩（約〇・五公頃）山林二段歩（約〇・二公頃）不動産不詳

黨派關係　如何ナル黨派ニモ關係シタコトアリマセン

簡歴

一、中國侵略前

一九〇四年十一月八日本籍地ニ於テ出生

一九二〇年三月高等小學校卒業後家庭ニ於テ農業ニ從事

一九二五年一月日本歩兵第二十九聯隊ニ入隊シ二等看護卒今年

第1頁

編號：5　　筆供自述

十二月一等看護卒上等看護卒

一九二六年七月除隊シ家庭ニ於テ農業ニ從事

一九二八年七月日本歩兵第二十九聯隊ニ入隊シ三等看護長（伍長）ニ三週間ニシテ除隊　以後家庭ニ於テ農業ニ從事

二、中國侵略後

一九三〇年九月中國侵略偽關東廳警察官練習所生徒　巡査

一九三〇年十二月偽大連警察署西崗場派出所外勤巡査

一九三二年二月偽大連警察署日本橋派出所外勤巡査

一九三二年六月偽大連警察署美濃町派出所外勤巡査

一九三三年九月偽大連警察署高等係出版物検閲内勤巡査

一九三四年二月偽關東廳警察官練習所高等科生　巡査

一九三四年七月偽鞍山警察署外勤監督補助　巡査部長

一九三四年八月右外勤監督　警部補

一九三五年三月偽熱河省承徳日本領事館警察分署長　警部補

一九三七年三月偽大連沙河口警察署司法係内勤（但十五日位當初於テ同様主任ヲナス）　警部補

第2頁

編號：6　　筆供自述

一九三七年八月同署警務係内勤　警部補

一九三七年十二月偽關東州廳警察部刑事課庶務係長兼鑑識係長

警部補（一九三八年一月警部）

一九三八年十月偽大連沙河口警察署　司法主任　警部

一九三九年九月偽大連大廣場警察署司法主任　警部

一九四〇年三月同署　警務主任兼警防主任　警部

一九四〇年五月偽貔子窩警察署警務主任兼警防主任兼兵事主任

警部

一九四一年八月偽大連水上警察署警務主任兼警防主任兼兵事主任

（兵事主任ハ當初暫行）　警部

一九四三年二月偽大連刑務支所長　典獄補

一九四四年五月偽旅順刑務所長　典獄

罪行

一、一九三〇年十二月ヨリ一九三二年二月迄偽大連警察署西崗場派出所外勤巡査

ノ私ハ右期間中西崗場派出所管内地区ニ於テ治安警察法違反ノ罪名ヲ以テ路

上ノ中國平和居民三十名以上ヲ拳又ハ棒ヲ以テ殴打シマシタ

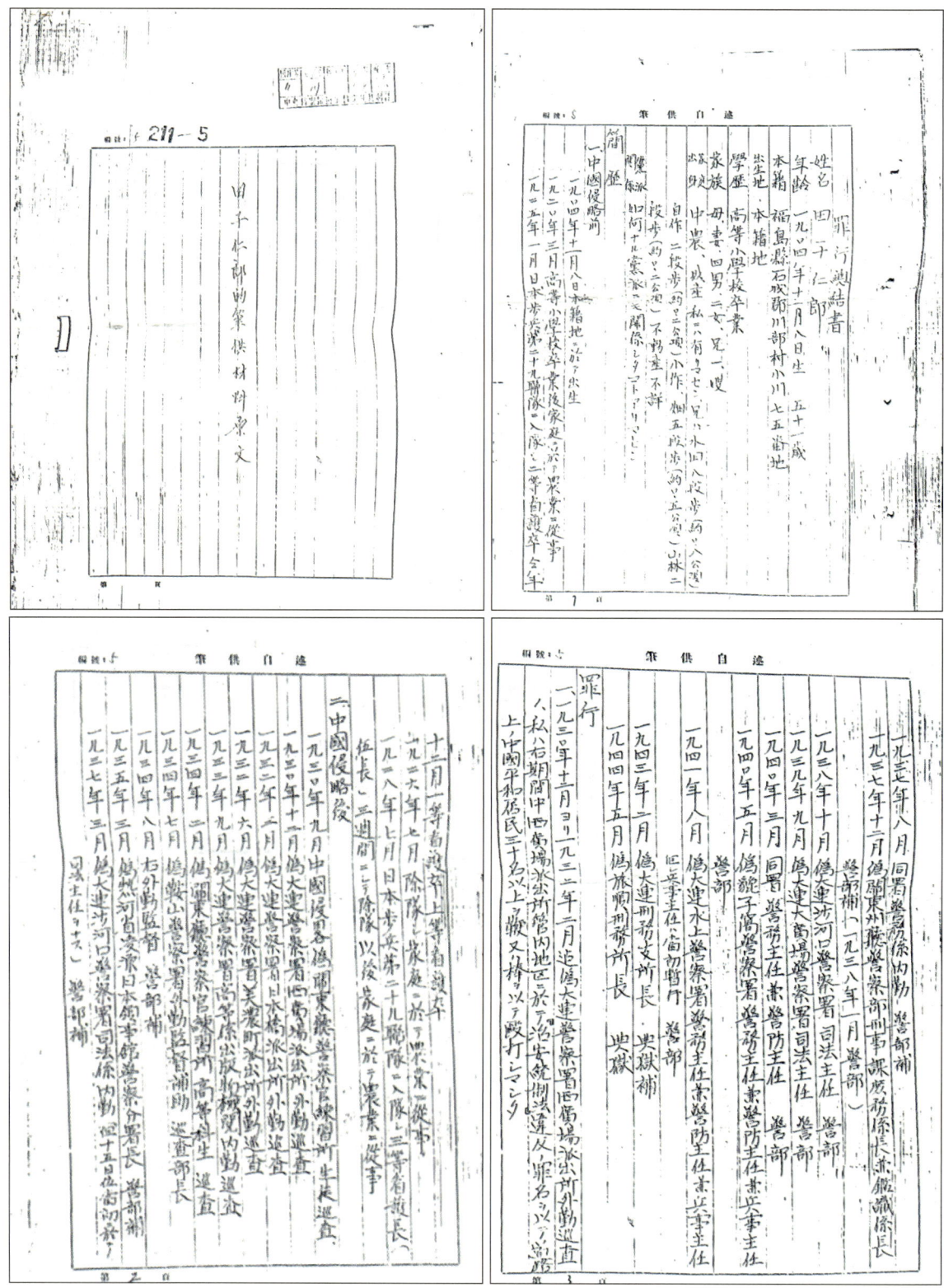

第3頁

編號: 5 筆供自述

ヲ逮捕シ偽水上警察署ニ送リサセマシタ。處理状況ハ不明デアリマス。
十三、一九四一年八月ヨリ一九四三年二月迄偽大連水上警察署警務主任兼警察主任兼兵事主
任(當初警佐)警部
私ハ部下ニ命ジテ大連埠頭構内ニ於テ治安維持法違反ノ罪名ヲ以テ四十名以上ノ中
國平和居民ヲ逮捕シ偽大連水上警察署司法係ニ送リ處理シマシタ
十四、一九四三年二月ヨリ一九四四年五月迄偽大連刑務支所長 典獄補
1. 私ガ當時三百名余ノ中國平和居民抗日分子ヲ收容シテ居マシタ。ソレデ私ハ偽大
連地方法院検察局検察官ノ指揮ヲ受ケテ居マシタ。是等ノ收容者ハ引續キ收容シ或
釋放等ヲ為シ其ノ延人員ハ三千餘名デアリマス
2. 私ハ部下ニ命ジテ收容サレテ居ル中國抗日人員、中國平和居民ニ對シ強制シ又ハ欺騙シタ
高粱ヲ混ゼタ粗ナ飯ヲ與ヘ(又ソレハ小量デアリマシタ。)又苛酷ニ刑務所内ノ工場ニ於テ勞
働ヲサセ毎日十時間以上ノ重勞働ヲサセマシタ。私ノ在任中ニ工場内ニ於テ得タ利潤
ハ八千円餘(日本金ニ當時米値段ニスルト二五、〇〇〇瓩餘ニ相當)デアリマス。夫等
ノ金ヲ日本銀行ノ手ヲ經テ日本大藏省ニ送リマシタ。
收容者ニ對シテ監房規則違反ノ名目ヲ以テ私ハ看守人員ニ命ジテ減食、水責、
又鞭棒等デ殴打シ其他足デ蹴リ鉛筆ヲ指ニ挾ンデ又人ヲ吊シ上ゲテ殴打シタ。

第 12 頁

編號: 5 筆供自述

結ヒ上ゲヤ、手錠足錠ヲ掛ケ等ノ體罰ヲ行ヒ為ニ一ケ月五名以上ノ者ガ死亡シ
私ノ在任中死亡シタ者七十名余デアリマス、私ハ部下ニ命ジ其ノ死体ヲ偽大連
刑務所西北ノ一粁余ノ山ニ埋メサセマシタ
3. 私ノ在任中偽大連地方法院検察局ヨリ治安維持法違反ノ罪名ヲ以テ「笞刑」ノ判決ヲ受ケ
タ中國ノ平和居民ヲ刑務支所内ニ於テ執行スル様指揮ヲ受ケマシタノデ私ハ部下ニ命ジテ
「笞刑」ヲ受ケル者ノ臀部腰部等ニ三十、六十、九十等定メラレタ數ヲ打チマシタ。
ソレデ毎月「笞刑」ヲ受ケタ中國平和居民ノ數ハ三十名餘リデス、私ノ在任中四百
餘名ガ「笞刑」ヲ受ケマシタ、夫等ノ人ノ中ニハ腰又ハ臓ニ出血シタモノモアリ又行動不能
トナツタ者ヤ後ニナツテ死亡シタモノモアリマス
十五、一九四四年五月ヨリ一九四五年八月十五日日本帝國主義降伏迄偽旅順刑務所長典獄
1. 私ハ當時刑務所ニ收容シテ居タ中國抗日人員及中國平和居民ハ一千餘名アリマシタ又
日本平和居民ハ三百名餘朝鮮平和居民ハ八十名餘デス、私ハ常ニ偽旅順高等法
院検察局検察官偽大連地方法院検察局検察官ノ指揮ヲ受ケテ居マシタ。
右ノ内釋放シ又引續キ收容シタ為私ノ在任中ノ收容延人員ハ四千餘名デアリマス。
2. 私ハ部下ニ命ジテ收容中ノ中國愛國者並ニ平和居民ニ對シ腐敗粱、石混入ノ高粱
等與ヘテ居マシタ。而シテ彼等ニ強制労働ヲ課シ刑務所内ノ煉瓦、紡績、木工場、鐵工

第 13 頁

編號: 5 筆供自述

場等十五箇工場ニ於テ毎日十時間以上ノ重労働ヲサセマシタ。私ガ在任中ニ於テ
當十五箇ノ工場ニ於ケル純利潤ハ五十三万円以上(日本金ニ此ハ一五九万瓩ノ米ニ相
當シマス)デアリマシテ日本銀行ノ手ヲ經テ日本大藏省ニ送リマシタ。
3. 私ノ在任中常ニ監房規則違反其他ノ罪名ヲ以テ部下ノ看守ニ命ジ收容中ノ中國
平和居民ニ對シ以下ノ刑罰ヲ使用シマシタ
主食ニ對スル減食(七等ニ分ケ六、七等ハ一食一合)水責拷問、革鞭衣(脱シテ着シ八
呼吸困難トナル)闇室監禁、棒デ殴打、鉛筆ヲ指ニ挾ム、吊シ上ゲテ鞭デ殴打、
手錠足錠ヲ掛ケル等之ニ依リ負傷シ重傷ノ者モアリマシタ又其上侮辱虐待ノ
例等ノ為毎月八名以上ノ者ガ死亡シマシタ。私ノ在任中合計百名餘ガ死亡シマシタ
私ハ部下ニ命ジテ其ノ死体ヲ偽旅順刑務所ノ墓地ニ埋メマシタ。例ヘバ一九四四年十月刑
務所煉瓦工場ニ於テ部下ノ看守佐々木正雄ガ收容中ノ一名ノ中國平和居民ニ對シ
棍棒デ強ク殴シタコトガアリマシタ。私ノ在任中部下ノ看守ニ依ツテ打殺サレタ者ハ
只一名ナルガデアリ此以外ニモ打殺サレタ者ガアリマス、其ノ人々ノ姓名ニツイテハ記憶
シテ居マセン
一九四五年八月二十三日蘇聯軍隊ガ旅順ヲ解放シ二十四日旅順刑務所ノ收容者ヲ釋
放シタ翌日八月二十四日或中國婦人ガ刑務所ニ來リ夫ノ安否ヲ尋ネマシタ、私

第 14 頁

編號: 5 筆供自述

ハ小椋忠看守長ニ指示シテ其ノ婦人ニ對シ昨日蘇聯軍ニヨリ釋放サレタト偽瞞
シマシタガ實際ノ状況ハ彼女ノ夫ハ私ノ部下ニヨリ虐待サレ八月二十四日ニ死亡シタ
モノデアリマス。
4. 當時私ハ旅順刑務所長トシテ法西斯主義ノ毒素ガ濃厚デアル為收容中ノ中國抗日
人員ニ對シ毒辣ナ手段ヲ用ヒマシタ平和居民ニ對シテモ各種類ノ刑罰又ハ虐待ノ
手段ヲ實行シマシタ其ノ為ニ此様ナ数ノ人ガ死亡シタノデアリマス、例ヘバ一九四四
年春私ハ部下ニ命ジテ中國抗日人員柳相根ヲ獨房ニ入レ食糧ヲ減シ病
氣トナレ其ノ上故意ニ治療セズ其ノ為ニ柳相根ヲ早期ニ死ニ致ラシメマシタ。
私ハ其百餘名ノ人々ニ對シ此ノ様ナ毒辣ナ方法又ハ各種類ノ刑罰ヲ以テ虐待シ
遂ニ死亡シタノデアリマシテ私ハ之ニ對シ全責任ヲ負フモノデアリマス。
5. 一九四四年八月私ハ偽旅順高等法院検察官ノ指揮ヲ受ケ看守長ノ小椋忠ニ命
ジテ收容中ノ死刑ノ判決ノアツタ中國抗日地下工作人員六名(内ニ中央亜細亜方面工作
ト附近ノ人ガ一名アリマシタ)ヲ刑務所ノ死刑場デ死刑ヲ執行シマシタ
6. 一九四四年秋カラ一九四五年ノ春ニカケ私ハ又旅順高等法院検察局検察官ノ
指揮ヲ受ケ看守長小椋忠ニ命ジテ收容中ノ死刑判決ヲ受ケタ中國平和居民
六名ヲ刑務所ノ死刑場デ死刑ノ執行ヲシマシタ

第 15 頁

編號：4　筆供自述

壹字訂正

7. 一九四五年八月十五日日本帝國主義ガ無條件降伏ヲ宣言シタ後八月十六日偽旅順高等法院検察局検察官三田勝等ガ偽関東州警察部留置場ヨリ自動車デ四名ノ中國抗日地下工作人員ヲ刑務所ニ連行シ来リ私ニ此ノ法院デ裁判シナイ中國抗日地下工作人員四名並ニ刑務所内ニ収容中ノ死刑判決シタ中國平和居民一名ヲ死刑執行スル様指示シマシタ。私ハ部下看守人員ニ命ジ此ノ五名ノ者ヲ刑務所死刑執行臺ニ於テ死刑ヲ執行シマシタ。其死体ハ刑務所墓地ニ埋メマシタ。

又、私ハ偽旅順刑務所ニ於ケル犯罪ヲ陰蔽スル為一九四五年八月十六日上級ノ指示ナクシテ部下ニ命ジ一切ノ重要書類ヲ焼却シマシタ

9. 私ガ偽旅順刑務所長在任中偽大連刑務支所ハ私ノ領導スルモノデアリマス。人事方面、収容者ノ管理方法ニ對シテモ、作業方面ニ於テモ私ハ直接指示ヲシテ井マス。収容シテ井タ中國平和居民ハ卅四百名餘デ大等者ハ一部ハ偽大連刑務支所内ノ工場デ毎日十時間以上ノ重労働ヲサセマシタ。ソシテ其労働ニ依テ得タ利潤ハ九千円以上(日本金、二七、〇〇〇駄以上ノ米ニ相當シマス)シテアリマシタ。ソレヲ日本銀行ノ手ヲ經テ日本大藏省ニ送リマシタ

10. 私ハ直接偽大連刑務支所長川上義雄ニ對シ監房規則違反ト名儀ヲ以テ収容者中ノ違反者ニ對シ各種ノ刑罰虐待ヲ強メル様口頭命令ヲシマシタ。一九四四年五月ヨリ

第 16 頁

編號：5　筆供自述

壹字刪　五字抹消壹字改入

一九四五年八月十五日日本帝國主義無條件降伏迄全部デ六十餘名死亡シマシタ

又、其他私ガ偽大連刑務支所ヲ領導期間中ニ笞刑ヲ受ケタ中國平和居民ハ合計四百五十名餘有リマシタ。

中國侵略後私ノ受ケタ奨賞

一、一九三五年十月私ガ熱河省ニ於テ偽日本領事館警察分署長ノ時日本内閣ノ賞勲局ヨリ勲八等瑞寶章ヲ貰ヒマシタ

二、一九三七年五月私ガ偽大連沙河口警察署司法係内勤ノ時偽関東局ヨリ金五圓(日本金)ノ賞與ヲ受ケマシタ

三、一九三七年秋私ガ偽大連沙河口警察署司法内勤ノ時内閣賞勲局ヨリ勲八等旭日章ヲ貰ヒマシタ

四、一九四四年春私ガ大連偽大廣場警察署司法主任ノ時日本内閣賞勲局ヨリ貰ッタ勲八等瑞寶章ガ七等トナリ一九四三年五月私ハ偽大連刑務支所長ノ時日本内閣賞勲局ヨリ貰ッタ勲七等瑞寶章ガ六等ニナリマシタ

以上ノ五回ノ奨賞ハ私ガ中國ニ侵略シテ来テ中國平和居民ニ對シテ残酷無辣ナ手段ヲシタ功勞トシテ得タモノデアリマス。

一九五四年八月十四日

第 17 頁

編號：5　筆供自述

元偽旅順刑務所長　田子仁郎　三二四番

於撫順

第 18 頁

다고 지로의 공술서 자료 원문

죄행 총괄서

이름: 다고 지로(田子仁郎)

연령: 1904년 11월 8일생 51세

본적: 후쿠시마(福島)현 이와키(石城)군 가와베(川部)촌 오가와(小川) 75번지

출생지: 본적지

학력: 고등 초등학교 졸업

가족: 어머니, 아내, 사남, 차녀, 형 하나, 형수

출신 가정: 중농(中農), 재산: 저에게는 없습니다. 형은 수전(水田) 8단보(段步) (약 0.8헥타르(公頃))
자작 2단보(약 0.2헥타르(ha)) 소작 밭 5단보(약 0.5헥타르(ha)) 산림 2단보(0.2헥타르(ha))
부동산 미상

관계 당파(黨派): 아무런 당파에도 관계해 본 적이 없습니다.

약력

1. 중국 침략 전

1904년 11월 8일 본적지에서 출생

1920년 3월 고등초등학교 졸업 후 가정에서 농업에 종사

1925년 1월 일본 보병 제29연대에 입대하며 2등 간호(看護) 졸업

12월 1등 간호 졸, 상등 간호 졸

1926년 7월 제대한 뒤 가정에서 농업에 종사

1928년 7월 일본 보병 제29 연대에 입대하며 3등 간호장(伍長) 3주만에 전역.

이후 가정에서 농업에 종사

2. 중국 침략 후

1930년 9월 중국 침략 위(僞) 관동청(關東廳) 경찰관 연습소 생도(生徒) 순사(巡査)

1930년 12월 위 다롄 경찰서 시광창(西廣場) 파출소 외근(外勤) 순사

1932년 3월 위 다롄 경찰서 니혼바시(日本橋) 파출소 외근 순사

1932년 6월 위 다롄 경찰서 미노초(美濃町) 파출소 외근 순사

1933년 9월 위 다롄 경찰서 고등과 출판물 검열 내근(內勤) 순사

1934년 2월 위 관동청 경찰관 연습소 고등과생(高等科生) 순사

1934년 7월 위 안산(鞍山) 경찰서 외근 감독 보조 순사부장

1934년 8월 우(右, 같은 곳) 외근 감독 경부보(警部補)

1935년 3월 위 열하성(熱河省) 링위안(凌源) 일본 영사관 경찰분서장 경부보(警部補)

1937년 3월 위 다롄 사허커우(沙河口) 경찰서 사법계 내근(다만 15일 정도 당초에 사법 주임이 됨)
경부보(警部補)

1937년 8월 동서(同署) 경무계(警務系) 내근 경부보(警部補)

1937년 12월 위 관동청 경찰부 형사과 서무계장 겸 감식계장 경부보(警部補) (1938년 1월 경부)

1938년 10월 위 다렌 사허코우 경찰서 사법주임 경부

1939년 9월 위 다렌 다광창(大廣場) 경찰서 사법주임 경부

1940년 3월 동서 경무주임 겸 경방(警防)주임 경부

1940년 5월 위 히시카(貔子窩, 랴오닝성)경찰서 경무주임 겸 경방주임 겸 병사(兵事)주임 경부

1941년 8월 위 미즈카미(水上) 경찰서 경무주임 겸 경방주임 겸 병사주임 경부 단, 병사주임은 당초 임시. 경부

1943년 2월 위 다렌 형무소 지소장 전옥보(典獄補)

1944년 5월 위 뤼순형무소장 전옥(典獄)

죄행

1. 1930년 12월부터 1932년 2월까지 위 다렌 시광창(西廣場) 파출소 외근 순사였던 저는 이 기간 중 시광창 파출소 관할 지구에서 '치안통제법' 위반의 죄명을 씌워서 도로에 있던 중국 평화거민(平和居民) 30명 이상을 채찍 또는 몽둥이로 구타했습니다.

(미상)(미상)를 체포해 위 미즈카미(水上) 경찰서로 연행시켰습니다.

처리 상황은 잘 모르겠습니다.

13. 1941년 8월부터 1942년 2월까지 위 다렌 미즈카미 경찰서 경무주임 겸 경방주임 겸 병사주임 (당초 임시) 경부

저는 부하에게 명해 다렌 부두 내에서 '치안통제법' 위반의 죄명을 씌워서 40명 이상의 중국 평화거민을 체포하며 위 다렌 미즈카미 경찰서 사법계에 보내 처리했습니다

14. 1943년 2월에서 1944년 5월까지 위 다렌 형무소 지소장 전옥보(典獄補)

一. 당시 400여 명정도 중국 평화거민, 항일 분자를 수용하고 있었습니다. 그래서 저는 늘 다렌 지방 법원 검찰국 경찰관의 지휘를 받고 있었습니다. 이 수용자들은 계속 수용자 또는 석방자가 있어서 그 연인원은 3천여 명이었습니다.

二. 저는 부하에게 명령해 수용된 중국 항일 인원(人員), 중국 평화거민에 대해 겨 또는 썩은 수수를 섞은 주먹밥을 주었고 또 그것은 적은 양이었습니다. 또 강제적으로 형무소 내 공장에서 노동을 시키며 매일 10시간 이상 중노동을 하게 했습니다. 제 재임 중에 공장 내에서 얻은 이윤은 8천여 엔(일본 돈)(당시 쌀 가격으로 25,000여 킬로그램에 상당)입니다. 그 돈을 일본 은행의 손을 걸쳐 일본 재무부에 보냈습니다.

수용자에 대해 감방규칙 위반의 명목으로 저는 간수 인원에게 명해 감식, 물고문, 또는 채찍 몽둥이 등으로 구타하며 기타 발로 치거나 연필을 손가락에 끼우거나,

또 사람을 매달아 채찍질하며 묶어 올려서 수갑, 족쇄를 차는 등 형벌을 행해 이로 인해 한 달에 5명 이상 사망했습니다.

제 재임 중 사망한 자는 70여 명입니다. 저는 부하에게 명령해 그 시체를 위 다렌 형무소 서북 일대의 산에 묻게 했습니다.

三. 제 재임 중 위 다롄 지방법원 검찰국에서 "치안통제법" 위반 죄명으로 "태형" 판결을 받은 중국의 평화거민을 형무지소 내에서 집행하도록 지휘를 받았기 때문에 저는 부하에게 명해 "태형"을 받을 자의 둔부, 요부 등에 30, 60, 90 등 정해진 횟수를 치도록 했습니다.

그래서 매월 "태형"을 받은 중국 평화거민 수는 30여 명입니다. 제 재임 중 400여 명이 "태형"을 받았습니다. 그 사람들 중에는 허리 또는 엉덩이에 출혈한 자도 있었으며 또 행동불능이 된 자나 나중에 사망한 자도 있었습니다.

15. 1944년 5월에서 1945년 8월 15일 일본 제국주의 항복까지 뤼순형무소장 전옥(典獄)

一. 제가 당시 형무소에 수용하고 있던 중국 항일인원 및 중국 평화거민은 천여 명 있었습니다. 일본 평화거민 300여 명 조선 평화거민은 80여 명입니다. 저는 늘 위 뤼순 고등법원 검찰국 검찰관, 위 다롄 지방법원 검찰국 검찰관의 지휘를 받고 있었습니다. 이 가운데 석방 또는 이어서 수용했는데 저의 재임 중 수용한 연인원은 4천여 명입니다.

二. 저는 부하에게 명해 수용 중인 중국 애국자 및 평화거민에 대해 부패한 겨, 돌이 섞인 수수 등을 주었습니다. 게다가 그들에게 강제 노동을 과하여 형무소 벽돌, 방적, 목공장, 철공장 등 15군데 공장에서 매일 10시간 이상 중노동을 하게 했습니다.

제 재임 중에 해당 15군데 공장의 총 이윤은 53만엔 이상(일본 돈)(이것은 159만 톤의 쌀에 해당함)이며 이를 일본 은행의 손을 거쳐 일본 재무부에 보냈습니다.

三. 제 재임 중 항상 감방규칙 위반 등 기타 죄명으로 부하인 간수에게 명령해서 수용 중인 중국 평화거민에게 다음 형벌을 사용했습니다. 주식(主食)의 감식(減食)(7등으로 나눠 6, 7등은 한 끼 일합(合), 물고문, 가죽옷(이것을 입으면 호흡이 어려워짐) 암실 감금, 몽둥이로 구타, 연필을 손가락에 끼우거나 매달아 채찍으로 구타, 수갑 족쇄를 채우는 등. 이에 따라 부상을 입은 중상자도 있었습니다. 게다가 모욕, 학대 욕질 등 탓에 매달 80명 이상 사망했습니다. 제 재임 중 합계 100여 명이 사망했습니다. 저는 부하에게 명령해 그 시체를 위 뤼순형무소 묘지에 묻었습니다. 예컨대 1944년 가을 형무소 벽돌 공장에서 부하인 간수 사사키 마사오(佐々木正雄)가 수용 중이던 중국 평화거민 한 명인 류(劉)를 곤봉으로 때려 죽인 일이 있었습니다. 제 재임 중 부하 간수가 때려 죽은 자는 그 한 명만이 아니라 이외에도 때려죽인 자가 있습니다. 그 사람들의 이름은 기억나지 않습니다.

1945년 8월 23일 소련 군대가 뤼순을 해방하고 24일에 뤼순형무소 수용자를 석방한 다음날 8월 25일 어떤 중국 부인이 형무소에 와서 남편의 안부를 물었습니다. 저는 오구라 게이(小椋惠) 간수장에게 지시해 그 부인에 대해 "어제 소련군에게 석방했다."라고 기만했습니다. 실제로 그녀의 남편은 제 부하에게 학대당해 8월 24일 밤 사망했던 것입니다.

四. 당시 저는 위 뤼순형무소장으로 파시즘의 독소가 농후했던 탓에 수용 중인 중국 항일인원에 대해 악랄한 수단을 썼습니다. 평화거민에 대해서도 각종 형벌 또는 학대 수단을 실행했습니다. 그래서 이렇게 많은 사람들이 사망했던 것입니다. 예컨대 1945년 봄에 저는 부하에게 명령해 중국 항일인원 유상근(柳相根, 조선인, 한인 애국단원)을 독방에 넣고 식량을 줄여서 병들게 했으며, 게다가 일부러 치료하지 않은 탓에 유상근을 일찍 죽게 했습니다. 저는 그 100여 명의 사람들에 대해 이처럼 악랄한 방법 또는 각종 형벌로 학대해 그들은 마침내 사망했던 것이며 이에 대한 책임은 오로지 저에게 있습니다.

五. 1944년 8월, 저는 위 뤼순고등법원 검찰관의 지휘를 받아 간수장인 오구라 게이에게 명령해서 수용 중인 사형 판결을 받은 중국 항일 지하공작원 6명(그중에 중앙아시아 방면 이집트 부근 사람도 한 명 있었음)을 형무소 사형대(死刑臺)에서 사형을 집행했습니다.

六. 1944년 가을부터 1945년 봄에 걸쳐 저는 위 뤼순고등법원 검찰국 검찰관의 지휘를 받아 간수장 오구라 게이에게 명령해 수용 중인 사형 판결을 받은 중국 평화거민 6명을 형무소 사형장에서 사형을 집행했습니다.

七. 1945년 8월 15일 일본제국주의가 무조건 항복을 선언한 후 8월 16일 위 뤼순 고등법원 검찰국 검찰관 미타 마사루(三田勝) 등이 위 관동주청(關東州廳) 경찰부 유치장에서 자동차로 4명의 중국 항일 지하공작원을 형무소로 끌고 와서 저에게 이 법원에서 재판을 하지 않은 중국 항일 지하공작원 4명과 형무소 내에 수용 중인 사형 판결을 한 중국 평화거민 1명과 함께 사형을 집행하도록 지시했습니다. 저는 부하 간수장에게 명령해서 이 다섯 명을 형무소 사형집행대(執行臺)에서 사형을 집행했습니다. 그 시체는 형무소 묘지에 묻었습니다.

八. 저는 위 뤼순형무소에서의 범죄를 은폐하기 위해 1945년 8월 16일 상급 지시없이 부하에게 명령해서 일체 중요 서류를 소각했습니다.

九. 제가 위 뤼순형무소장 재임 중 위 다롄 형무지소는 제가 지도하고 통솔했습니다. 인사(人事) 방면, 수용자 관리 방법, 예산 방면에도 저는 직접 지시하고 있었습니다. 수용하고 있던 중국 평화거민은 400여 명이며 그 일부는 위 다롄 형무지소 내 공장에서 매일 10시간 이상 중노동하게 했습니다. 그래서 그 노동으로 인해 얻은 이윤은 9천엔 이상(일본 돈, 27,000킬로그램의 쌀에 해당함)이었습니다. 그것을 일본 은행의 손을 거쳐 일본 재무부에 보냈습니다.

十. 저는 직접 위 다롄 형무지소장 가와카미 요시오(川上義雄)에게 감방규칙 위반의 죄명으로 수용자 중 위반자에 대해 각종 형벌, 학대를 강화하도록 구두로 명령했습니다. 1944년 5월부터 1945년 8월 15일 일본 제국주의가 무조건 항복할 때까지 모두 60여 명 사망했습니다. 기타 제가 위 다롄 형무지소를 지도했던 기간 중에 '태형'을 받은 중국 평화거민은 총 450여 명이 있었습니다.

중국 침략 후 제가 받은 포상

1. 1935년 10월 제가 열하성(熱河省)에서 위 일본 영사관 경찰분서장 때 일본 내각의 상훈국(賞勳局)으로부터 훈 8등 즈이호장(瑞寶章)을 받았습니다.
2. 1937년 5월 제가 위 다롄 사허커우 경찰서 사법계로 내근했을 때 위 관동국(關東局)으로부터 금 5엔(일본 돈) 상여(賞與)를 받았습니다.
3. 1937년 가을 제가 위 다롄 사허커우 경찰서 사법으로 내근했을 때 내각 상훈국으로부터 훈 8등 교쿠지쓰장(旭日章)을 받았습니다.
4. 1940년 봄 제가 위 다롄 다광창(大廣場) 경찰서 사법 주임이었을 때 일본 내각의 상훈국으로부

터 받은 훈 8등 즈이호장이 7등이 되며 1943년 5월 저는 위 다렌 형무지소장이었을 때 일본 내각의 상훈국으로부터 받은 7등 즈이호장이 6등이 되었습니다.

이상 5번의 포상은 제가 중국에 침략해 와서 중국 평화거민에게 잔혹하고 악랄한 수단을 쓴 공로로 얻은 것입니다.

1954년 8월 14일

전 위 뤼순형무소장 전옥(典獄) 다고 지로(田子仁郎) 334번

뤼순시

· 다고 지로의 죄행록

다고 지로의 죄행록은 다고 지로가 뤼순감옥에서 수인들에게 행한 고문, 폭행, 강제 노역 등의 죄행에 대한 기록이다. 총 16쪽의 문서로 1쪽부터 5쪽까지는 〈暴露田子仁郎的罪行〉이라는 제목의 문건, 6쪽부터 16쪽까지는 〈元関東洲旅順刑務所長田子仁郎, 罪行暴露〉라는 제목의 문건이 포함되어 있다. 1쪽부터 5쪽의 〈暴露田子仁郎的罪行〉은 모두 중문(中文)이고 6쪽부터 16쪽의 〈元関東洲旅順刑務所長田子仁郎, 罪行暴露〉는 6쪽~12쪽은 일문(日文), 13쪽~15쪽은 중문(中文), 16쪽은 일문(日文)으로 되어있다. 이 자료는 뤼순일아감옥구지 박물관에서 제공받았다. 본 책에서 이 자료의 내용과 그 내용에 대한 번역문을 함께 제시했다.

〈暴露田子仁郎的罪行〉(다고 지로의 죄행 폭로)

· 문건 범위: 第1頁~第5頁(1쪽~5쪽)

· 중문(中文)

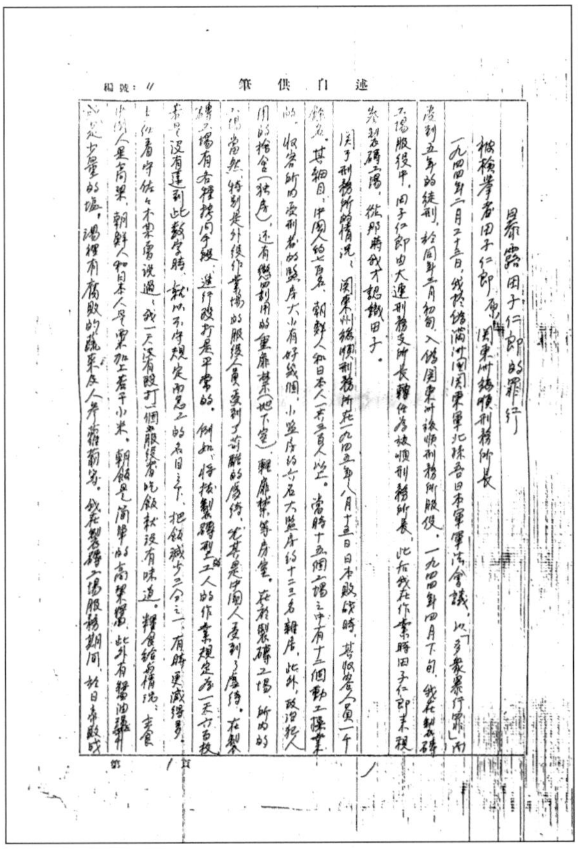
檔號：//　筆供自述

暴露田子仁郎的罪行

第 1 頁

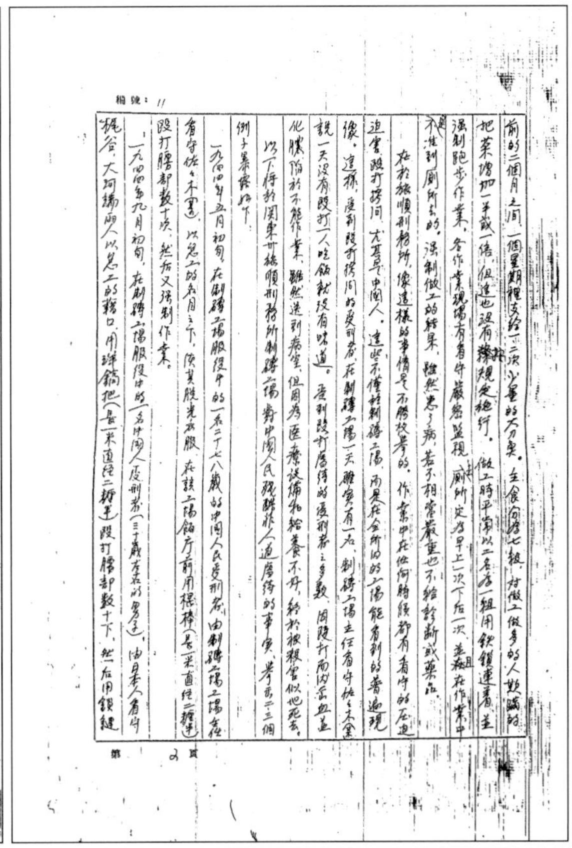
檔號：//

第 2 頁

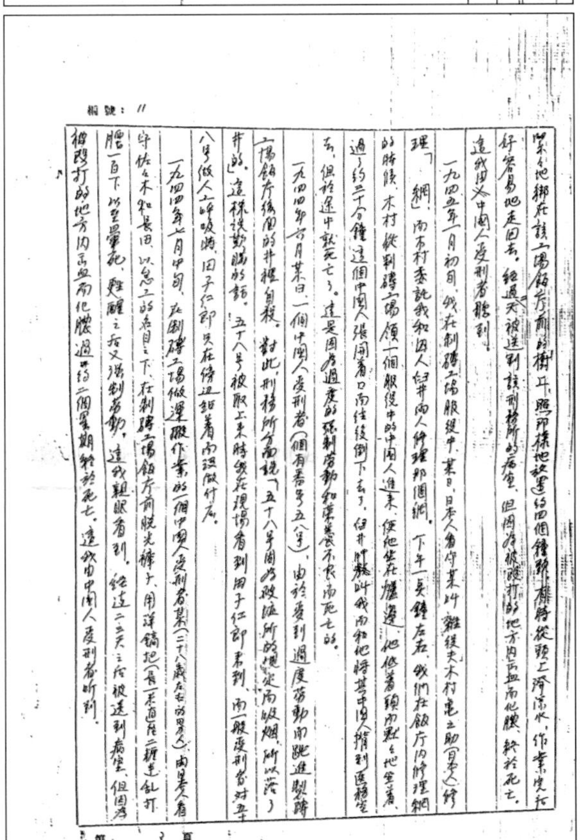
檔號：//

第 3 頁

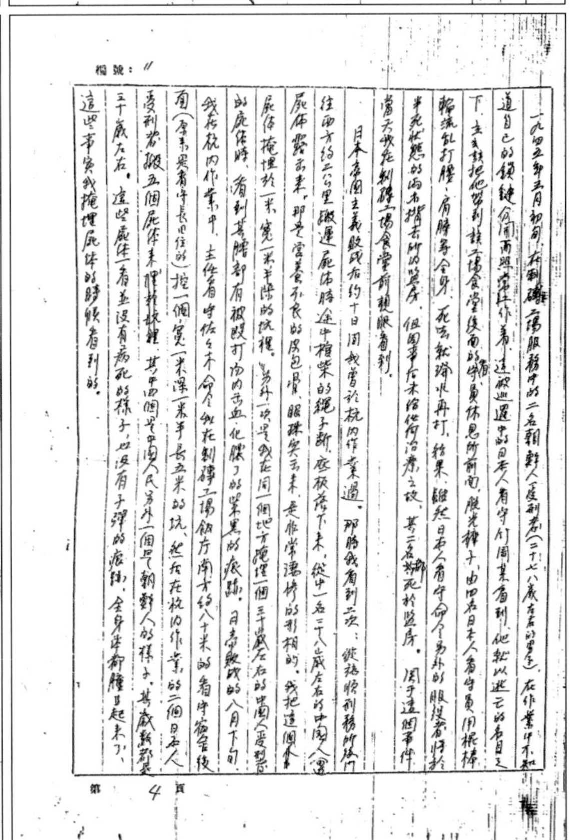
檔號：//

第 4 頁

編號：11

如上所述，在撫順刑務所的製鞋工場的受刑者特別是中國人和朝鮮人受刑者受到極度的民族差別而被奴役，關于這狀況，田子仁郎為撫順刑務所典獄的職務，有應指揮監督所的一般的獄裁權，但他置之不理，使許多中國人民和朝鮮人民死亡、這完全當然典獄田子仁郎需負其全部責任的

一九五四年六月十四日 檢舉者 石井伊三郎

譯者 李峰龍 一九五四年六月廿日 於撫順

第 5 頁

다고 지로(田子仁郎)의 죄행 폭로, 피검(미상)자는 구 관동주 뤼순형무소장

1944년 2월 23일, 나는 (미상)위만주국 관동군 북 (미상)오 일본군 군법회의에서 [다중(짐작한 번역, 글자 잘 안 보임) 폭행죄]로 징역 5년 형을 받고, 그해 3월 초순, 위관동주 변호사 혼 형무소에 입소하여 복역했다. 1944년 4월 하순, 나는 벽돌 공장에서 복무 중이었다. 다고 지로(田子仁郎)는 다롄(大连)형무지소장에서 뤼순형무소장으로 자리를 옮겼다. 그 후 내가 작업할 때 다고 지로가 벽돌 공장을 시찰하러 왔다. 그때부터 비로소 나는 다고 지로를 알게 되었다.

형무소의 상황을 보면, 관동주 뤼순형무소는 1945년 8월 15일 일본이 패전할 당시, 수용 인원수는 천여 명이었다. 자세한 내역을 보면, 중국인 약 7백 명, 그리고 조선인과 일본인 모두 3백 명 이상이었다. 당시 15개 공장 중 12개가 착공하고 있었다.

수용소 내의 범인이 거주하는 감방은 크기로 나누어져 많이 있었다. 작은 크기의 방은 6명이 같이 살고, 큰 감방은 12내지 13명이 같이 거주하였다. 이 외에 정치범들이 쓰는 독방, 징계 때 쓰는 重扉禁(중비금: 지하실), 轻扉禁(경비금) 등 방이 있다. 형무소 내에 있는 벽돌 공장은 물론, 외부 작업장에서 복역하는 사람들은 특히 박해를 당했는데, 특히 중국인이 심했다.

벽돌 공장에서는 각종 고문 수법이 있는데 맞는 게 일반적이었다. 예를 들어 벽돌을 제작한 노동자의 임무(실적)를 하루 600개로 정하고, 이에 미치지 못할 경우 규정에 어긋나고 태업을 한다는 명목으로 심지어 밥을 3분의 1로 덜 주는 경우도 있었다. 전임 간수 사사키(佐佐木)는 "나는 하루에 복역자 한 명을 때려야 밥맛이 난다고 했다. 식량 지급 상황을 보면, 중국인은 수수, 조선인과 일본인은 조에 약간의 좁쌀을 얹었다.

아침밥은 간단한 수수장, 간장국 (미상) 또는 약간의 소금이며, 국물에는 부패한 야채와 인삼무 등이 들어간다.

나는 벽돌 공장에 근무하는 동안, 일제 패전 두 달 전에 일주일에 한두 번 정도만 소량의 (미상)(미상)을 받았다. 주식은 7등급으로 나뉘는데, 일을 많이 하는 사람을 속여 반찬을 반 또는 배로 늘렸지만 이 역시 규정대로 시행되지 않았다. 작업을 할 때 보통 2명씩 짝을 지어 쇠사슬로 연결돼 있고, 화장실에도 갈 수도 없었다. 강제 작업의 결과, 병을 앓고도 심하지 않으면 진단이나 약품을 주지 않았다.

뤼순형무소에는 이런 일이 수없이 많았다. 작업 중에는 언제나 간수의 압박과 박해, 그리고 구타와 고문이 있었다. 특히 중국인에 대해서 벽돌 공장은 물론 형무소의 모든 공장에서 볼 수 있는 일반적인 현상들이었다. 이렇게 구타와 고문을 받은 수형자가 벽돌 공장에 하루 한 명씩 있는 것은 사실이고, 벽돌 공장 주임간수 사사키는 하루 한 명씩 때려야 밥맛이 난다고 했다. 구타·학대를 받은 수형자들 중 상당수는 구타로 인한 내출혈로 곪아 작업을 할 수 없게 되는데, 그들을 병실로 옮겼지만 의료 장비와 영양 및 식량 부족으로 살해당하듯 숨졌다.

관동주 뤼순형무소 벽돌 공장에서 중국인은 가혹한 비인도적 학대를 당한 사실을 2~3개의 예로 밝혀보겠다.

1944년 5월 초순, 벽돌 공장에서 복역 중인 한 27내지 28세의 중국인 수형자는 벽돌 공장 주임간수 사사키에 의하여 태업을 핑계로 옷을 다 벗기고, 공장 식당 앞에서 몽둥이(길이 1미터 직경 2센티미터)로 허리를 수십 번 맞은 후 다시 강제로 작업을 하였다.

1944년 9월 초순 벽돌 공장에 복역 중이던 중국인 수형자(30세 전후의 남자)는 일본인 간수 가지타니(梶谷), 大河端에 의해서 태업을 핑계로 곡괭이로 허리를 수십 차례 구타당한 뒤 쇠사슬(미상)(미상)(미상)으로 공장 식당 앞 나무에 묶여서 그렇게 약 4시간 동안 방치되었다가 다시 머리에 찬물을 맞고 작업을 마친 뒤 가까스로 돌아갔다.

그는 이틀 후에 형무소 병실로 옮겨졌으나 폭행당한 부위에 내출혈이 발생하여 곪아 숨졌다. 이런 사실은 중국인 수형자에게서 들었다.

1945년 1월 초순에, 나는 벽돌 공장에서 복역 중이었다. 어느 날 일본인 간수 모□잡역부(짐작한 번역, 글자 잘 안 보임) 木村亀之助(일본인)는 망을 수리하는데, 기무라(木村)는 수형자와 같이 둘이서 그 망을 수리하라고 했는데, 오후 1시쯤 식당 안에서 그 망을 수리하던 중 기무라가 벽돌 공장에서 중국인 한명을 데리고 들어와 난롯가에 앉혔고, 그는 고개를 숙인 채 묵묵히 앉아 있다가 약 30분 만에 입을 벌린 채 뒤로 넘어졌고. 기무라(木村)는 나한테 다른 중국인과 함께 병실로 업고 가라고 했다. 하지만 그는 도중에 사망했다. 과도한 강제노동과 영양실조로 사망한 것이다.

1944년 6월 어느 날, 한 중국인 수형자(번호 58호)는 과노동 때문에 벽돌 공장 식당 뒤편의 우물에 뛰어들어 스스로 목숨을 끊었다. 이에 대해 형무소 측은 58번이 담배를 피워서 (미상) 형무소 규정을 위반하여 우물에 빠졌다고 했다. 이렇게 거짓말을 한다. 58호를 구출할 때 나는 현장에 다고 지로가 오는 것을 보았지만, 일반 수형자가 58호를 위해 인공호흡을 할 때 다고 지로는 옆에 서 있을 뿐 아무것도 하지 않았다.

1944년 7월 중순, 벽돌 공장에서 운송작업을 하던 한 중국인 수형자(28세 전후의 남자)는 일본인 간수인 사사키와 나가타(长田)에 의해 태업을 핑계로 벽돌 공장 식당 앞에서 바지를 벗기고, 곡괭이(길이 1미터 지름 2센티미터)로 허리를 기절할 때까지 백 번 때렸고, 깨어난 후에 다시 강제로 노동을 시키는 것을 직접 보았다. 2, 3일 뒤 병실로 옮겨졌지만 때린 부위에 내출혈이 생겨 곪고, 약 2주 만에 사망했다는 얘기를 중국인 수형자한테서 들었다.

1945년 3월 초순, 벽돌 공장에 복역 중이던 조선인 수형자 2명(27~28세 전후의 남자)은 작업중 자신의 쇠사슬이 떨어져 있는 줄 모르고 평소대로 일하고 있었는데, 순찰 중인 일본인 간수 竹(미상)이 이를 보고 도망하려는 것이라고 해서 그를 공장 식당 뒤편의 간수 휴게소 앞으로 데려갔다. 가서 바지를 벗기고 4명의 일본인 간수가 차례로 몽둥이로 허리, 어깨, 전신을 때렸다. 후에 일본인 간수는 다른 복역자에게 반죽음이 된 두 명을 감방으로 업고 가라고 했다. 하지만 이때 아무런 치료도 해 주지 않았기 때문에 둘 다 감방에서 죽었다. 이 사건에 관하여 당일 벽돌 공장 식당 앞에서 직접 보았다.

일제 패전 후 약 10일 동안 나는 작업을 한 적이 있다. 그때도 두 번이나 보았는데, 뤼순형무소 후문에서 서쪽으로 약 2㎞ 떨어진 곳에 시신을 운반하던 중, 관의 줄이 끊어져 바닥판이 떨어졌다. 관에서 서른여덟 살쯤 된 중국인(남)의 시체가 드러났다. 영양실조의 피골이었고 눈동자가 튀어나온 처참한 모습이었다. 나는 이 시체를 폭 1미터, 깊이 1.5미터의 구덩이에 묻었다.

또 한 번은 30대 중반의 중국인 수형자의 시체를 같은 곳에 묻었을 때 허리에 구타당해 내출혈로 곪은 자흑색의 흔적이 있는 것을 보았다. 일제 패전 때인 8월 하순 나는 (미상)에서 작업 중이었는데, 주임간수 사사키는 벽돌 공장 식당 남쪽 약 80m 떨어진 간수 숙소 뒤(원래는 나가타 간수가 거주했다)에 폭 1m, 깊이 1m, 길이 5m의 구덩이를 파라고 명령했다. 판 후에 작업하던 일본인 수형자 2명은 시체 5구를 옮겨 구덩이에 묻었다. 이 중 4명은 중국인이고 또 한 명은 조선인의 모습이었다. 나이는 모두 서른 살 정도였다. 이 시체들은 병사한 것 같지 않고, 총알 흔적도 없어 온몸이 부어올라 있었다. 이 사실을 제가 시체를 묻을 때 직접 봤다.

위에서 진술한 것처럼, 뤼순형무소 벽돌 공장에서의 수형자들, 특히 중국인과 조선인 수형자들은 극도의 민족차별적 노역을 당하였다. 이 상황과 관련하여, 다고 지로는 뤼순형무소 소장으로 형무소 일반적 사무에 대한 지휘하고 감독하는 독재권을 가지고 있음에도 불구하고, 그는 이를 방치하고 많은 중국인과 조선인을 죽게 했다. 이는 당연히 모두 뤼순형무소 소장인 다고 지로가 전부 책임져야 할 것이다.

1954년 6월 14일 뤼순(旅顺)에서 고발자: 이시이 이사부로(石井伊三郎)

번역자: 천펑룽(陈锋龙) 1954년 6월 20일 뤼순(旅顺)에서

〈元関東洲旅順刑務所長田子仁郎, 罪行暴露〉

(전 관동(關東)주 뤼순(旅順) 형무소장 다고 지로(田子仁郎)의 죄행 폭로)

· 문건 범위: 第6頁~第16頁(6쪽~16쪽)

· 6쪽~12쪽은 일문(日文), 13쪽~15쪽은 중문(中文), 16쪽은 일문(日文)

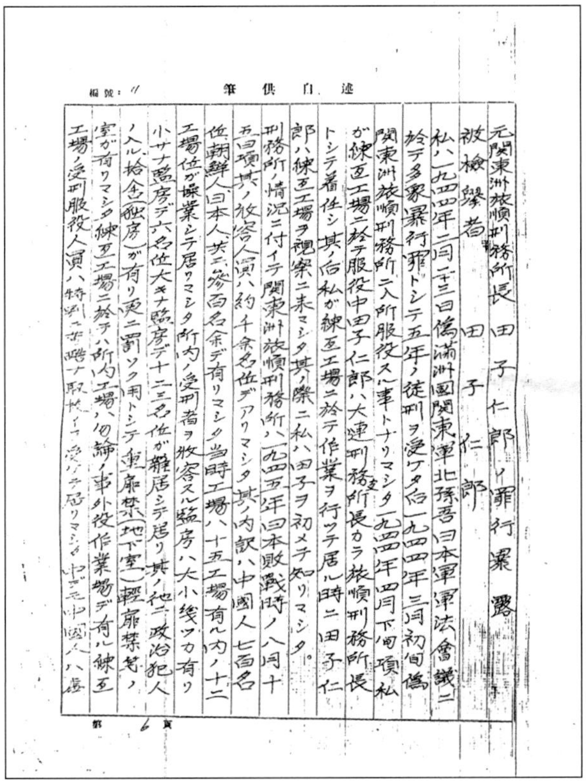
編號: 11 筆 供 自 述

元関東洲旅順刑務所長 田子仁郎ノ罪行暴露

被検擧者 田子仁郎

私ハ一九四四年二月二十三日偽満洲國関東軍北孫呉日本軍軍法會議ニ於テ多衆暴行罪トシテ五年ノ徒刑ヲ受ケタ后一九四四年三月初旬偽関東州旅順刑務所ニ入所服役スル事トナリマシタ一九四四年四月下旬頃私が煉瓦工場ニ於テ服役中田子仁郎ハ大連刑務支所長カラ旅順刑務所長トシテ着任シ其ノ后私が煉瓦工場ニ於テ作業ヲ行ツテ居ル時ニ田子仁郎ハ煉瓦工場ヲ視察ニ来マシタ其ノ際ニ私ハ田子ヲ初メテ知リマシタ。

刑務所ノ情況ニ付イテ関東洲旅順刑務所ハ一九四五年日本敗戰時ノ八月十五日頃其ノ收容人員ハ約千余名位デアリマシタ其ノ内訳ハ中國人七百名位朝鮮人日本人共ニ參百名余デ有リマシタ当時工場ハ十五工場有ル内ノ十二工場位が操業シテ居リマシタ所内ノ受刑者ヲ收容スル監房ハ大小幾ツカ有リ小サナ監房デ六名位大キナ臨房デ十二三名位が雜居シテ居リ其ノ他ニ政治犯人ノ入ル拾舍(独房)が有リ更ニ罰ソク用トシテ重屏禁(地下室)輕屏禁等ノ室が有リマシタ煉瓦工場ニ於テハ所内工場ハ勿論ノ事外役作業場デ有ル煉瓦工場ノ受刑服役人員ハ特ニ苛酷ナ取扱イヲ受ケテ居リマシタ中デモ中國人ハ虐

第 6 頁

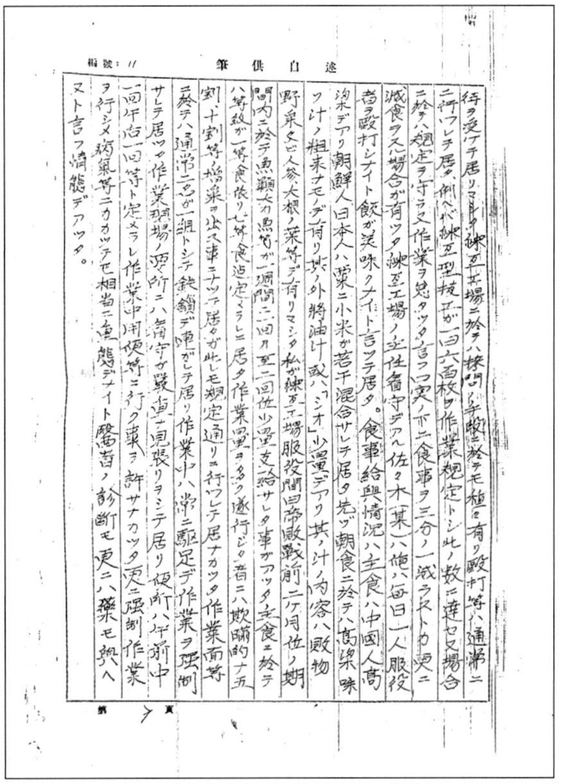
編號: 11 筆 供 自 述

待ヲ受ケテ居リマシタ煉瓦工場ニ於テハ拷問ノ手段ニ於テモ種々有リ殴打等ハ通常ニ行ハレテ居タ、例ヘバ煉瓦型技工が一日六百枚ヲ作業規定トシ此ノ数ニ達セヌ場合ニ於テハ規定ヲ守ラヌ又作業ヲ怠ツタト言フ口実ノ下ニ食事ヲ三分ノ一減ラスト力更ニ減食ラスル場合が有ツタ煉瓦工場ノ主任看守デアル佐々木(某)ハ俺ハ毎日一人服役者ヲ殴打シナイト飯が美味クナイト言ツテ居タ。食事給與情況ハ主食ハ中國人高粱デアリ朝鮮人日本人ハ粟ニ小米が若干混合サレテ居タ先ヅ朝食ニ於テハ高粱味ソ汁ノ粗末ナモノデ有リ其ノ外將油汁或ハ「シオ」少量デアリ其ノ汁ノ内容ハ腐物野菜及ビ人參大根ノ菜等デ有リマシタ私が煉瓦工場服役間日帝敗戰前ニケ月位ノ期間内ニ於テ魚類女カ魚等が一週間ニ一回乃至二回位少量支給サレタ事がアツタ主食ニ於テハ等級が一等食依リ七等食迄定メラレニ居タ作業量ヲ多ク遂行シタ者ニハ欺瞞的ナ五割、十割等ノ増粟ヲ出ス事ニナツテ居タが此レモ規定通リニ行ワレテ居ナカツタ作業面等ニ於テハ通常二名が一組トシテ鉄鎖デ繋がレテ居リ作業中ハ常ニ駆足デ作業ヲ強制サレテ居ツタ作業現場ノ便所ニハ看守が厳重ナ見張リヲシテ居リ便所ハ午前中一回午后一回等ト定メラレ作業中用便等ニ行ク事ヲ許サナカツタ更ニ強制作業ヲ行シメ病氣等ニカカツテモ相当ニ重態デナイト醫者ノ診斷モ更ニハ藥モ與ヘヌト言フ情態デアツタ。

第 7 頁

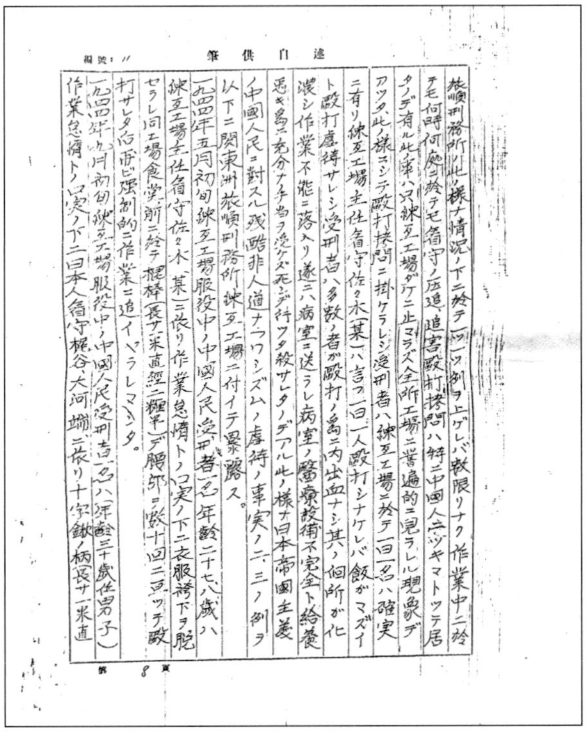
編號: 11 筆 供 自 述

旅順刑務所ハ此ノ様ナ情況ノ下ニ於テ一ツ一ツ例ヲ上ゲレバ数限リナク作業中ニ於テモ何時何處ニ於テモ看守ノ圧迫、追害殴打拷問ハ特ニ中國人ニツキマトツテ居タノデ有ル此ノ事ハ只煉瓦工場ガケニ止マラズ全所工場ニ普遍的ニ見ラレル現象デアツタ、此ノ様ニシテ殴打拷問ニ掛ケラレシ受刑者ハ煉瓦工場ニ於テ一日一名ハ確実ニ有リ煉瓦工場主任看守佐々木(某)ハ言フ一日一人殴打シナケレバ飯がマズイト殴打虐待サレシ受刑者ハ多数ノ者が殴打ノ爲ニ内出血ナシ其ノ個所が化濃シ作業不能ニ落入リ遂ニハ病室ニ送ラレ病室ノ醫療設備不完全ト給養悪キ爲ニ充分ナ手當ヲ受ケズ死ニデ行ツタ殺サレタノデアル此ノ様ナ日本帝國主義ノ中國人民ニ對スル残酷非人道ナフワシズムノ虐待ノ事実ノ二、三ノ例ヲ以下ニ関東洲旅順刑務所煉瓦工場ニ付イテ暴露ス。

一九四四年五月初旬煉瓦工場服役中ノ中國人民受刑者一名年齢二十七、八歳ハ煉瓦工場主任看守佐々木(某)ニ依リ作業怠惰トノ口実ノ下ニ衣服袴下ヲ脱セラレ同工場食堂前ニ於テ棍棒(長サ一米直經二糎半)デ腰部ヲ数十回ニ亘ツテ殴打サレタ后再ビ強制的ニ作業ニ追イヤラレマシタ。

一九四四年九月初旬煉瓦工場服役中ノ中國人民受刑者一名ハ(年齢三十歳位男子)作業怠惰トノ口実ノ下ニ日本人看守梶谷、大河端ニ依リ十字鍬ノ柄(長サ一米直

第 8 頁

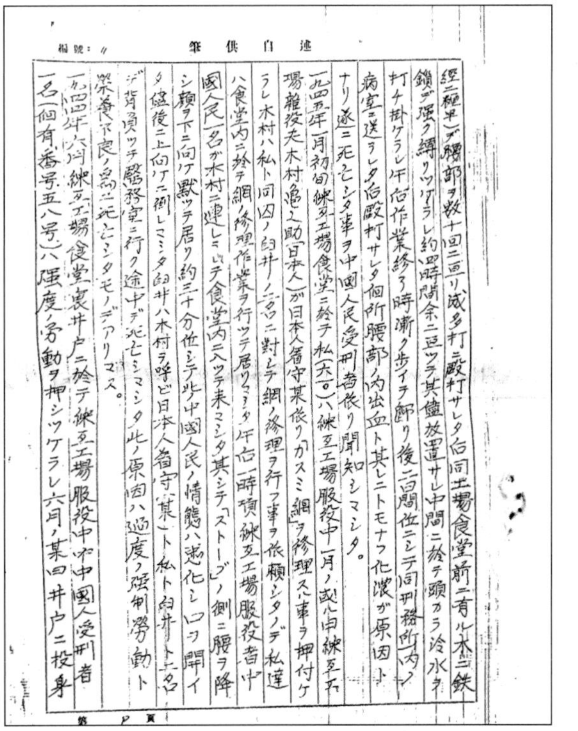
編號: 11 筆 供 自 述

經二糎半)デ腰部ヲ数十回ニ亘リ滅多打ニ殴打サレタ后同工場食堂前ニ有ル木ニ鉄鎖デ強ク縛リツケラレ約四時間余ニ亘ツテ其儘放置サレ中間ニ於テ頭カラ冷水ヲ打チ掛ケラレ午后作業終了時漸ク歩イテ帰リ後二旬間位ニシテ同刑務所内ノ病室ニ送ラレタ后殴打サレタ個所腰部ノ内出血ト其レニトモナフ化濃が原因トナリ遂ニ死亡シタ事ヲ中國人民受刑者依リ聞知シマシタ。

一九四五年一月初旬煉瓦工場食堂ニ於テ私(六〇)ハ煉瓦工場服役中一月ノ或ル日煉瓦工場雑役夫木村亀之助(日本人)が日本人看守某依リ「カスミ網」ヲ修理スル事ヲ押付ケラレ木村ハ私ト同囚ノ白井ノ二名ニ對シテ網ノ修理ヲ行フ事ヲ依頼シタノデ私達ハ食堂内ニ於テ網ノ修理作業ヲ行ツテ居リマシタ午后一時頃煉瓦工場服役者中國人民一名が木村ニ連レラレテ食堂内ニ入ツテ来マシタ其シテ「ストーブ」ノ側ニ腰ヲ降シ頭ヲ下ニ向ケ默ツテ居リ約三十分位シテ此ノ中國人民ノ情態ハ悪化シ口ヲ開イタ儘後ニ上向ケニ倒レマシタ白井ハ木村ヲ呼ビ日本人看守(某)ト私ト白井ト二名デ背負ツテ醫務室ニ行ク途中デ死亡シマシタ此ノ原因ハ過度ノ強制労動ト栄養不良ノ爲ニ死亡シタモノデアリマス。

一九四四年六月煉瓦工場食堂裏井戸ニ於テ煉瓦工場服役中ノ中國人受刑者一名(個有番号五八号)ハ強度ノ労動ヲ押シツケラレ六月ノ某日井戸ニ投身

第 9 頁

編號：11　　筆供自述

自殺ヲ遂ゲタ此ノ事件ニ對シテ刑務所側ハ五八号ハ所ノ規定ヲ破リ煙草ヲ吹ッテ居タ為ニ井戸ノ中ニ落込ンダト欺瞞的ナ口実ヲツケタ、自殺ノ当日五八号ガ井戸ノ中カラ外ニ上ゲラレタ時私ハ現場ニ居ッテ目撃シタ情況ハ田子仁郎ハヲクレテ現場ニ到着シ他ノ一般受刑者ガ五八号ニ對シ人口呼吸ヲホドコシテ居ルニモ拘ズ彼ハ何等處置スル事ナク側デ立ッタ儘見テ居ッタ。

一九四四年七月中旬錬瓦工場ニ於テ運搬作業ニ服役中ノ中國人受刑者（某）一名（年齢二十八歳位男子）ハ作業怠惰トノ口実ノ下ニ日本人看守佐ヶ木、長田、（某）ニ依リ錬瓦工場食堂前ニ於テ六ノ勝下ヲ殴セラレタ上十字鍬ノ柄（長サ一米直径二糎半）デ腰部ヲ滅多打ニ而四近ク殴打サレ一時意識不明トナリタルモ意識ヲ恢復シタ後強制作業ニ追イヤラレ二日二回目ニ於テ病室ニ送ラレシモ殴打個所ノ内出血ト化膿ガ原因トナリ其ノ后約二週間ニシテ死亡シタ事ヲ某中國人受刑者カラ聞知シ殴打現場ノ情況ハ私ガ終始目撃シタモノデ有ル。

一九四五年三月初旬旅順刑務所錬瓦工場看守員休ケイ所前ニ於テ錬瓦工場ニ於テ服役土採掘作業中ノ朝鮮人受刑者二名（年齢二十七八歳位男子）ハ作業中ニ於テ鉄鎖ノ錠前ガ外レテ居ルヲ気付カズ現場ヲ巡回中ノ日本人看守竹岡某ニ依リ発見サレ逃亡ノ計画ヲ行ッタトノ口実ヲツケラレ直チニ錬瓦工場食堂裏約八十米ノ地点ニ有ル看守員

編號：11　　筆供自述

休ケイ所前ニ連行サレ袴下ヲ脱セラレ樫ノ棍棒デ日本人看守四名ニ依リ交替デ滅多打ニ腰、肩等全身ヲ殴打サレ意識不明トナルヤ頭カラ冷水ヲ打カケ更ニ続ケテ殴打シタ結果半死状態ニナッタ二名ヲ日本人看守ハ他ノ服役者ニ命ジ所内監房迄背負ワシテ行キマシタ其ノ后何等治療手当ヲセズ結果遂ニ二名共監房内ニ於テ死亡シマシタ

私ハ此ノ事件ノ当日錬瓦工場食堂ノ横ニ於テ此ノ状況ヲ目撃シテ居リマシタ。

日本帝國主義ガ敗戦シテ依リ十日間位ノ期間ニ私ハ杭内作業ニ従事シタ事ガ有ッタ其ノ時私ハ二回ニ亘リ旅順刑務所裏門依リ西方約二粁ノ附近迄死體ヲ運搬ノ途路棺桶ノ綱ガ外レ底板ガ取レ一名ノ年齢約二十八歳位ノ中國人民（男子）ノ死体ガ出テ来マシタ私ハ其ノ死体ヲ見タ時其レハ栄養不良デ骨ト皮バカリデ眼ノ玉ハ飛ビ出シテ物凄イ形相デアッタ、私ハ此ノ中國人民ノ死体ヲ巾一米深サ一米半位ノ壕内ニ裸デ埋没シマシタ他ニ一回ハ中國人民受刑者ノ死体ヲ同ジ場所ニ埋没シマシタ其ノ時私ハ此ノ死体年齢約三十歳位ノ腰部ガ真黒ニ内出血シ化膿シタ痕ヲ殴打ノアトヲ見マシタ、日帝敗戦時ノ八月下旬私ハ杭内作業場ニ巡回作業中錬瓦工場在任看守佐々木（某）ノ命令ニ依リ錬瓦工場食堂依リ南方約八十米ノ地点ニ有ル看守個人宿舎（元長田看守居住）ノ裏側ニ巾一米深サ一米半長サ五米位ノ壕ヲ掘リマシタ其ノ場所ニ杭内作業ニ従事中ノ他ノ日本人受刑者一名ガ五名ノ

編號：11　　筆供自述

死体ヲ運搬シテ来マシタ其ノ内四名ハ中國人民デ有リ他ノ一名ハ朝鮮人民ノ様デ有リマシタイヅレモ五名共ニ年齢ハ三十歳前ノ様デアッタ此レ等ノ人ハ死体ヲ見病氣デ死亡シタ様ナ状態ハナク銃彈デ射撃サレタアトモ見ヘズ身体ハイヅレモハレ上ッテ居ル情態デアッタ此ノ事ハ直接私ガ五名ノ死體ヲ埋没スル時目撃シタモノデアリマス以上ノ様ニ旅順錬瓦工場ノ受刑者特ニ中國人朝鮮人受刑者ハ民族的ナ差別ヲ強ク受ケ酷使サレテ居リマシタ此ノ様ナ状況下ニ於テ彼田子仁郎ハ旅順刑務所典獄ノ職務ニ有リ所内ノ一般ノ指揮監督及ビ其ノ獨裁权ヲ有シナガラ何等此レ等ノ事ヲ関知スル事ナク此レ等ノ情況ヲ放置シ多数ノ中國人民朝鮮人民ヲ死ニ到ラシメタ事ハ一ツニ彼典獄田子仁郎ガ当然其ノ責任ヲ負フベキデ有ル。

一九五四年六月十四日検擧者　石井伊三郎

編號：11　　口供記錄

證人石井伊三郎的口供　一九五四年六月十日　於撫順

訊問員　劉[illegible]儒

書記員　[illegible]

翻譯員　田龍熙

問：你是石井伊三郎嗎？

答：我是石井伊三郎。

問：你檢舉過田子仁郎在侵入中國期間所犯的罪行嗎？

答：我於一九五四年六月十四日檢舉過田子仁郎任偽旅順刑務所長時屠殺、虐待中國人民的罪行。

問：你怎麼知道田子仁郎的罪行呢？

答：我在日軍獨立第六十大隊當上等兵時因與同僚打架打傷了同僚，而於一九四四年一月二十三日在軍法會議上判了我五年徒刑，於同年三月被押在偽旅順刑務所，一九四五年八月十五日日本侵略者投降一直到以後才被放出來的，田子仁郎於一九四四年四月十一日到偽旅順刑務所當所長，所以我知道他的罪行。

問：你除了以檢舉的材料以外，還有什麼要補充的嗎？

答：沒有。

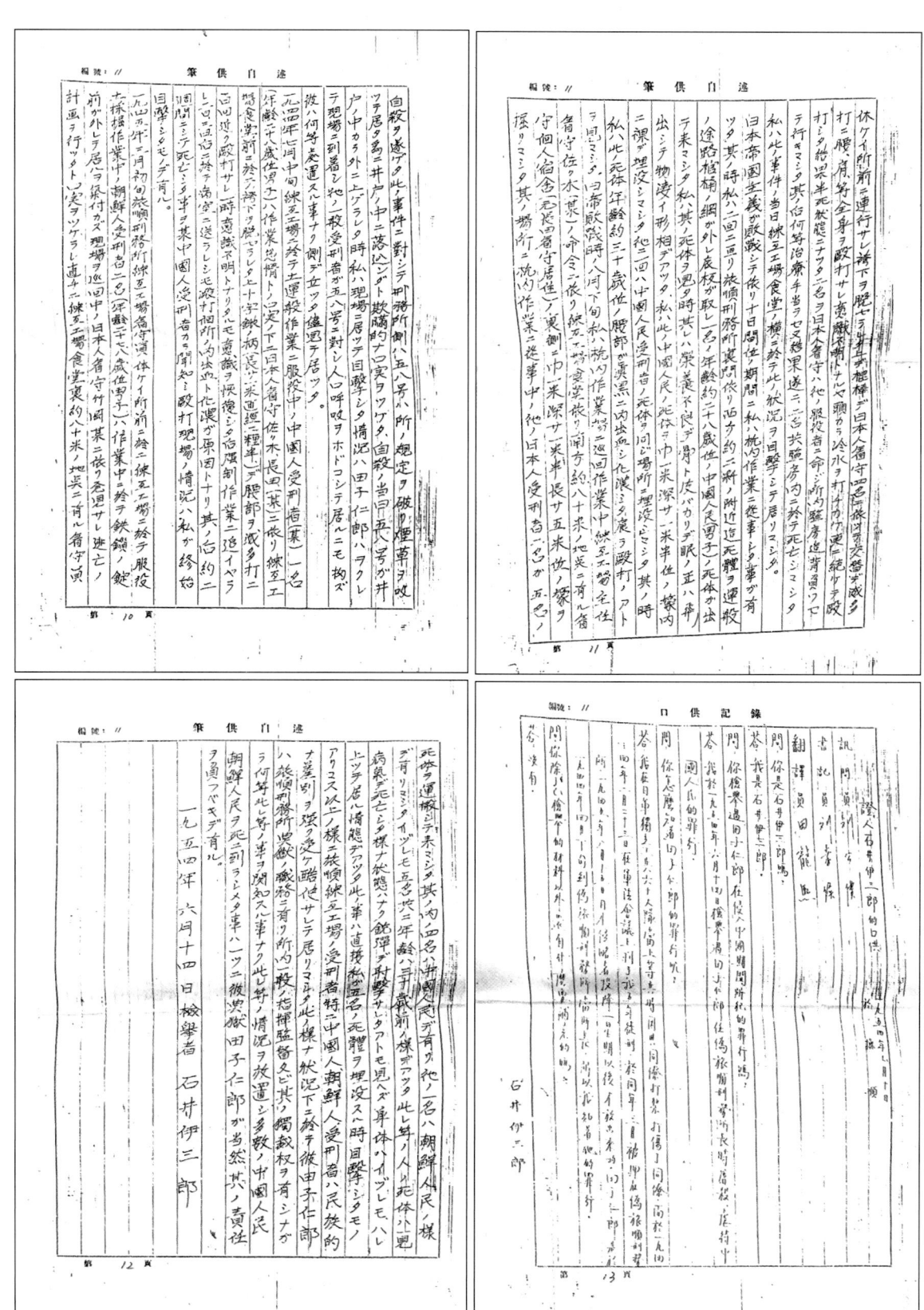

石井伊三郎

編號：11

口供記錄

問：你於一九五四年六月十四日檢舉田子仁郎的罪行材料都是真實嗎？如有虛偽的地方應負刑事責任。

答：都是真實的，如有虛偽之處我願負刑事責任。

以上記錄經翻譯用日語向我唸讀，與我所供無誤。

被訊問人 石井伊三郎

第 16 頁

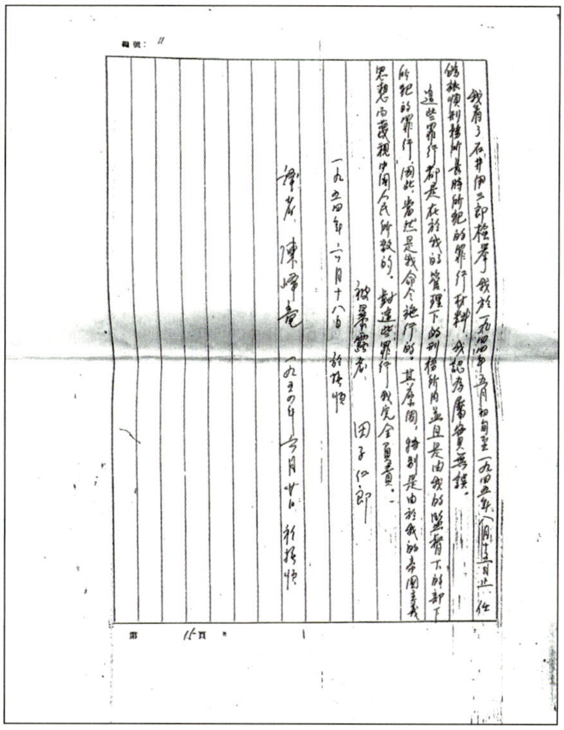

編號：11

我看了石井伊三郎檢舉我於一九四四年五月初旬至一九四五年八月十五日止任錦州陸軍刑務所長時所犯的罪行材料，我認為屬實無誤。

這些罪行都是在於我的管理下的刑務所內並且是由我的監督下的部下所犯的罪行，因此，當然是我命令施行的。其原因，特別是由於我的帝國主義思想而蔑視中國人民所致的。對這些罪行，我完全負責。

被暴露者 田子仁郎

一九五四年六月十八日 於撫順

譯者 陳峰亮 一九五四年六月廿日 於撫順

第 16 頁

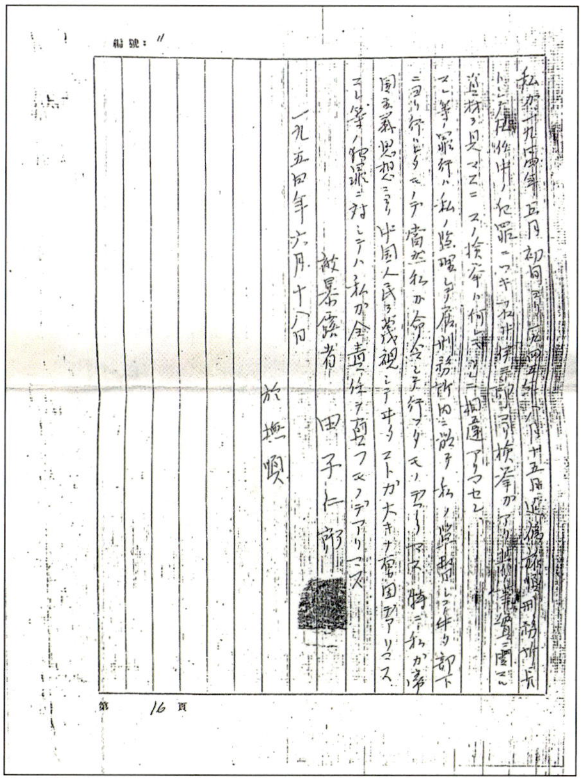

編號：11

私ガ一九四四年五月初旬ヨリ一九四五年八月十五日迄錦州陸軍刑務所長トシテ錦州ノ犯罪ニツキ石井伊三郎ヨリ検挙ガアリ其ノ資料ニ對シ其ノ材料ヲ見マシタニ其ノ検挙ハ何レモ事実ニ相違アリマセン。

コレ等ノ罪行ハ私ノ監理下ノ錦州陸軍刑務所内ニ於テ私ノ監督下ノ部下ニヨリ行ハレタモノデ当然私ガ命令シテ行ハセタモノデアリ、特ニ私ガ帝國主義思想ニヨリ中国人民ヲ蔑視シテ居タコトガ大キナ原因デアリマス。

コレ等ノ罪行ニ對シテハ私ガ全責任ヲ負フベキモノデアリマス。

被暴露者 田子仁郎

一九五四年六月十八日 於撫順

第 16 頁

전 관동(關東)주 뤼순(旅順) 형무소장 다고 지로(田子仁郎)의 죄행 폭로

피 검거자 다고 지로

저는 1944년 2월 23일 위(僞) 만주국 관동군(北孫吾) 일본군 군법회의에서 다중 폭행죄로 5년 징역을 받은 후 1944년 3월 초순 위 관동주 뤼순형무소장에 입소 복역하게 되었습니다. 1944년 4월 하순쯤 제가 벽돌 공장에서 복역 중 다고 지로는 다롄 형무소장에서 뤼순형무소장으로 착임하였고 그 후 제가 벽돌 공장에서 작업을 하고 있을 때 다고 지로는 벽돌 공장을 시찰하러 왔습니다. 그때 저는 다고를 처음으로 알았습니다.

형무소 상황에 관해서 관동주 뤼순형무소장은 1945년 일본 패전 시 8월 15일쯤에 그 수용 인원은 약 천여 명 정도였다. 그 내역은 중국인 700명 정도, 조선인, 일본인 둘 다 300여 명 정도였다. 당시 공장은 15공장이 있는 중 12공장 정도가 조업하고 있었다. 형무소 내 수형자를 수용하는 감방은 대소 여러 개 있어 작은 감방에서 6명 정도 큰 감방에서 12, 3명 정도가 잡거하고 있었으며 그 외의 정치범이 들어가는 습사(拾舍, 독방)가 있어 또 벌칙용으로 중문금(重扉禁)(지하실) 경문금(輕扉禁) 등의 방이 있었다. 벽돌 공장에서는 형무소 내 공장은 물론 외부 작업장인 벽돌 공장의 수형 복역 인원은 특별히 가혹하게 취급을 받고 있었다. 그중에서도 중국인은 학대받고 있었고, 벽돌 공장에서는 고문 수단도 여러 가지가 있어 구타 등은 평상시에 하고 있었다.

예를 들어 벽돌 틀 제작공이 하루에 600장을 작업 규정으로 하며 이 수에 달하지 못할 경우, 규정을 지키지 않고 작업을 소홀히 했다는 구실 하에 식사를 3분의 1 정도 줄인다거나 감식시키던 벽돌 공장의 주임 간수인 사사키(佐々木) 모(某)는 "나는 매일 한 명씩 복역자를 때리지 않으면 밥맛이 없다"라고 말하고 있었다. 식사 제공 상황은 중국인은 수수였으며 조선인, 일본인은 조에 작은 쌀이 약간 혼합되어 있었다. 먼저 조식은 수수 맛 국물이라는 부실한 것이며 기타 간장국 혹은 '소금' 소량이며 그 국물 내용은 상한 야채와 당근, 무잎 등이었다. 내가 벽돌 공장에서 일하는 동안 일제 패전 두 달 전 정도 기간 내에 어류, 갈치 등이 1주일에 한 번 내지 두 번 정도 소량 지급된 적이 있었다. 주식은 8등급이 1등식에서 7등식까지 정해져 있었다. 작업량을 많이 수행한 자에게는 5할, 10할 등 증량한 야채를 내기로 돼 있었지만 규정대로 실시되지 않고 있었다. 작업 면에서는 평소 두 명이 짝으로서 쇠사슬로 묶어져 있어 작업 중은 항상 급하게 작업하도록 강요받고 있었다. 작업 현장의 요지에는 간수가 엄중히 감시하고 있어 화장실은 오전 중에 한 번 오후에 한 번 등으로 정해져 있어서 작업 중 용변을 보러 가는 것을 허락되지 않았다. 또 강제 작업을 하게 하며 병 등에 걸려도 상당히 중하지 않으면 의사 진단도 그리고 약도 주지 않는다는 실정이었다.

뤼순형무소의 이런 상황하에 대해 하나하나씩 예를 들면 끝이 없으며 작업 중에도 언제 어디에 있어도 간수의 압박, 추행, 구타, 고문은 특히 중국인에게 항상 따라다니고 있었다. 이 일은 단지 벽돌 공장에만 그치지 않고 모든 공장에서 보편적으로 볼 수 있는 현상이었다. 이처럼 구타, 고문을 당한 수형자는 벽돌 공장에서 하루에 한 명은 확실히 있으며 벽돌 공장 주임 간수 사사키(佐々木) 모는 이렇게 말했다. "하루에 한 명 때리지 않으면 밥이 맛없다."라고. 구타, 학대받은 수형자는 다수가 구타 때문에 내출혈이 일어나 그 부분에 고름이 생겨서 작업하지 못하는 상태에 빠져서야 병실에 보내졌고, 병실의 의료 설비 불완전과 급식이 좋지 않기 때문에 충분한 처치를 받을 수 없어 죽어간, 살해된 것이다. 이처럼 일본 제국주의의 중국 인민에 대한 잔혹하며 비인도적인 파시즘의 학대 사실 중 두세 개 예를 이하에, 관동주 뤼순형무소의 벽돌 공장에 대해 폭로한다.

1944년 5월 초순, 벽돌 공장에 복역 중인 중국 인민 수형자 한 명 연령 27, 8살은 벽돌 공장 주임 간수 사사키(佐☒木) 모가 작업 태만이라는 구실로 의복 하의가 벗겨져 동 공장 식당 앞에서 곤봉(길이 1미터 직경 2센티반)으로 요부를 수십 번의 걸쳐 구타당한 뒤 다시 강제 작업에 몰아 넣어졌다.

1944년 9월 초순, 벽돌 공장 복역 중인 중국 인민 수형자 한 명은(연령 30살 정도의 남자) 작업 태만이라는 구실로 일본인 간수 가지야(梶谷), 오코바타(大河端)가 십자 괭이자루(길이 1미터 직경 2미터 반)로 요부를 수십 번에 걸쳐 마구 구타당한 후 동 공장 식당 앞에 있는 나무에 쇠사슬로 세게 붙들어 매였다.

약 4시간에 걸쳐 그대로 방치돼 중간에 머리에 찬물을 쏟아부어 오후 작업 종료 시 잠시 걸어서 돌아가 그 후 이틀 정도로 동 형무소 내 병실에 보내진 후 구타당한 부분의 요부 내출혈과 이로 인한 고름이 원인이 되며 드디어 사망한 것을 중국 인민 수형자에게 듣고 알았다.

1945년 1월 초순, 벽돌 공장 식당에서 저(610)는 벽돌 공장 복역 중 1월 어느 날 벽돌 공장 잡역부 기무라 가메노스케(木村亀之助)가 모 일본인 간수에게 '새 그물'을 수리하는 일을 억지로 떠맡겼다. 기무라는 나와 동 형무소 수인 우스이(臼井) 두 명에 대해 그물 수리를 의뢰했기 때문에 우리는 식당 내에서 그물 수리 작업을 하고 있었다. 오후 1시쯤 벽돌 공장 복역자 중국 인민 한 명을 기무라가 데리고 식당 내로 들어왔다. 그리고 '난로' 가까이에 앉아 얼굴을 아래로 향하며 아무 말도 하지 않고 있으며 약 30분 정도 지나 이 중국 인민의 상태는 악화되어 입을 연 채 위를 향해 쓰러졌습니다. 우스이는 기무라를 불러 모 일본인 간수와 우스이 두 명이 업고 의무실로 가는 도중에 사망했다. 이 원인은 과도한 강제 노동과 영양 불량 때문에 죽은 것이다.

1944년 6월, 벽돌 공장 식당 뒤 우물에서 벽돌 공장 복역 중 중국인 수형자 한 명(고유번호 58호)은 강제 노동에 시달리다가 6월 어느 날 우물에 투신자살을 했다.

이 사건에 대해 형무소 측은 58호는 규정을 어기며 담배를 피우고 있었기 때문에 우물가에 떨어뜨렸다고 기만적인 구실을 지었다. 자살 당일 58호가 우물 안에서 밖으로 올려졌을 때 나는 현장에서 목격한 상황은 다음과 같다. 다고 지로는 늦게 현장에 도착해 다른 일반 수형자가 58호에 대해 인공호흡을 하고 있었음에도 불구하고 그는 어떤 처치를 하지 않고 가까이에 선 채 보고 있었다.

1944년 7월 중순, 벽돌 공장에서 토양 운반 작업에 복역 중인 중국인 수형자(모) 한 명(연령 28살 정도의 남자)는 작업 태만이라는 구실로 일본인 간수 사사키, 오사다(長田) 모로 인해 벽돌 공장 식당 앞에서 의복 하의를 벗겨진 데다가 괭이자루(길이 1미터 직경 2센티 반)로 요부를 마구 100번 가까이 구타당해 한때 의식불명이 되었다. 하지만 의식이 회복된 후 강제적으로 작업에 몰아넣고 2, 3일 후에 병실에 보내졌으나 구타 부분의 내출혈과 고름이 원인이 돼 그 후 약 2주 뒤에 사망한 일을 모 중국인 수형자에게 듣고 알았다. 구타 현장 상황은 내가 처음부터 끝까지 본 것이다.

1945년 3월 초순, 뤼순형무소 벽돌 공장 간수원 휴게소 앞에서 벽돌 공장에서 복역 토양 채굴 작업 중인 조선인 수형자 두 명(연령 27, 8살 정도 남자)은 작업 중에 쇠사슬 자물쇠가 열려 있는 것을 몰랐다. 그런데 현장을 순회 중인 일본인 간수 다케오카(竹岡) 모에게 발견되며 도망 계획을 세웠다는 구실로 즉시 벽돌 공장 식당 뒤 약 80미터 지점에 있는 간수원(看守員) 휴게소 앞에 연행되어 하의가 벗겨진 채 곤봉으로 일본인 간수 네 명에게 교대로 허리, 어깨 등 온몸을 구타당해 의식불명이 되자 머리에서 찬물이 쏟아 부어졌다.

이어서 구타당한 결과 반사 상태가 된 두 명을 일본인 간수는 다른 복역자에게 명해 형무소 내 감방까지 업어가게 했다. 그 후 아무 치료나 처치를 하지 않은 결과 드디어 두 명 모두 감방 내에서 사망했다. 저는 이 사건 당일 벽돌 공장 식당 옆에서 이 상황을 목격하고 있었다.

일본 제국주의가 패전한 후 10일 정도 기간에 나는 갱내(坑內) 작업에 종사한 적이 있다. 그때 나는 두 번에 걸쳐 뤼순형무소 뒷문에서 약 2킬로 부근까지 시체를 운반했는데 도중에 관의 밧줄이 빠지며 밑 널판지가 떨어져 연령이 약 28살 정도 되는 중국 인민(남자) 한 명의 시체가 나왔다. 그 시체를 봤을 때 그것은 영양 불량으로 뼈와 피부만 있으며 눈알은 튀어나와 굉장한 형상이었다. 나는 이 중국 인민의 시체를 너비 1미터 깊이 1미터 반 구덩이 내에 알몸으로 묻었다. 그 외 한번은 중국 인민 수형자의 시체를 같은 곳에 묻었다. 그때 이 시체의 연령은 약 30살 정도이며 요부의 까만 내출혈과 고름이 생긴 흉터를, 구타 흉터를 봤다. 일본 패전 시 8월 하순 나는 갱내 작업장에서 순회 작업 중 벽돌 공장 주임 간수 사사키 모의 명령으로 벽돌 공장 식당에서 남방 약 80미터 지점에 있는 간수 개인 숙소(전 오사다(長田) 간수 거주)의 동쪽에 너비 1미터 깊이 1미터 반 길이 5미터 정도의 구덩이를 팠다. 그곳 갱내 작업에 종사 중인 다른 일본인 수형자 한 명이 다섯 명의 시체를 운반해 왔다.

그중 네 명은 중국 인민이며 다른 한 명은 조선 인민이었던 것 같다. 다섯 명 모두 연령은 30살이 되지 않았던 것 같았다. 이 사람들의 시체는 얼핏 병으로 사망한 것 같은 상태가 아니었으며 총탄으로 사격 당한 흔적도 보이지 않아 신체는 모두 부어 있는 상태였다. 이것은 직접 내가 다섯 명의 시체를 묻을 때 목격한 것이다. 이상과 같이 뤼순 벽돌 공장의 수형자 특히 중국인, 조선인 수형자는 민족적 차별을 심하게 받으며 혹사당하고 있었다. 이런 상황에서 다고 지로(田子仁郎)는 뤼순형무소 형무소장으로서 형무소 내 일반 지휘 감독과 독재권을 가지고 있었다. 이런 일에 대해 아무것도 모르는 척 상황을 방치해 다수의 중국 인민, 조선 인민을 죽음에 이르게 했다. 이것은 오로지 다고 지로 형무소장이 당연히 그 책임을 져야 하는 것이다.

1954년 6월 14일 검거자 이시이 이사부로(石井伊三郎)

증인 이시이 이사부로(石井伊三郎)의 자백
1954년 (미상)월 10일 뤼순(旅顺)에서

문의자: 류공(미상)(刘公(미상))
번역자: 티엔롱시(田龙熙)
문: 이시이 이사부로(石井伊三郎)가 맞습니까?
답: 이시이 이사부로(石井伊三郎)입니다.
문: 다고 지로(田子仁郎)가 중국 침략 기간에 저지른 범행을 고발한 적 있습니까?
답: 저는 1954년 6월 14일에 다고 지로(田子仁郎)가 뤼순형무소 소장이었을 때 중국인을 학살하고 학대한 것을 고발한 적이 있습니다.
문: 다고 지로(田子仁郎)의 범행을 어떻게 알았습니까?
답: 저는 일본군 독립공병 60대대에서 상등병으로 근무할 때 동료와 싸우다 동료를 다치게 해서, 1944년 2월 23일 군법회의에서 저에게 5년 형을 선고했습니다. 같은 해 3월 위뤼순형무소(伪旅顺刑务所)에 수감됐습니다. 1945년 8월 15일 침략국 일본이 항복한 지 일주일 후에야 나오게 되었습니다. 다고 지로(田子仁郎)는 1944년 4월 하순에 위뤼순형무소(伪旅顺刑务所)에 와서 소장이 되었기 때문에 저는 그의 죄를 알고 있습니다.
문: 이미 고발한 자료 외에 보충할 것 또 있습니까?
답: 없습니다.
문: 1954년 6월 14일에 다고 지로(田子仁郎)의 범행을 고발하는 자료가 다 진실입니까? 진실이 아닌 부분이 있으면 형사책임을 져야 합니다.
답: 다 진실한 것입니다. 진실이 아닌 부분이 있으면 형사책임을 지겠습니다.
번역자는 이상의 기록은 다 일본어로 전달해주었는데, 제가 고발한 것에 착오가 없습니다.

피질문자: 이시이 이사부로(石井伊三郎)

이시이 이사부로(石井伊三郎)가 고발한 1944년 5월 초순부터 1945년8월15일까지 제가 뤼순형무소 소장으로 근무할 때의 범행자료를 읽었습니다. 착오가 없다고 생각합니다.
이 범행들은 다 제가 관리하는 형무소 내에서 발생한 일이고, 제가 감독하는 부하들이 저지른 범행들입니다. 물론 제가 실시하라고 명령한 것입니다. 이것들은 다 저의 제국주의 사상으로 중국인을 멸시했기 때문입니다. 이 모든 범행에 대해서 제가 책임지겠습니다.

피고발자: 다고 지로(田子仁郎)

1954년 6월 18일 뤼순(旅顺)에서

번역자: 천펑(미상)(陈峰(미상)) 1954년 6월 20일 뤼순(旅顺)에서

제가 1944년 5월 초순부터 1945년 8월 15일까지 위 뤼순형무소장으로 재임 중 범죄에 대해 이시이 이사부로(石井伊三郎)로부터 검거가 있었는데 그 사실에 관한 자재(資材)를 보건대 이 검거가 모두 그것과 다름없습니다. 이 죄행들은 제가 감리하고 있던 형무소 내에서 제가 감독하고 있던 부하로 인해 행해진 것이며 당연히 제가 명령하여 행한 것입니다. 특히 제가 제국주의 사상에 따라서 중국 인민을 멸시하고 있었던 것이 큰 이유입니다. 이 범죄들에 대해서는 제가 전적으로 책임을 지겠습니다.

피폭로자: 다고 지로(田子仁郎)

1954년 6월 18일

뤼순에서

· 뤼순감옥 형무소장 사망장 보고서

뤼순감옥 형무소장 사망장 보고서는 〈死亡件通知〉의 자료를 제시했다. 이 자료는 다고 지로가 사망건에 대해 통지받은 보고서다. 일반적으로 뤼순형무소 사망장의 형식을 알 수 있는 자료이다. 안중근 의사의 이 자료를 찾는 노력이 매우 중요하다. 이 자료는 뤼순일아감옥구지 박물관과 편자(김월배) 제공으로 본 책에서 이 자료의 내용과 번역문을 함께 제시했다.

〈死亡件通知〉(사망건통지)

· 작성 시기: 쇼와(昭和)

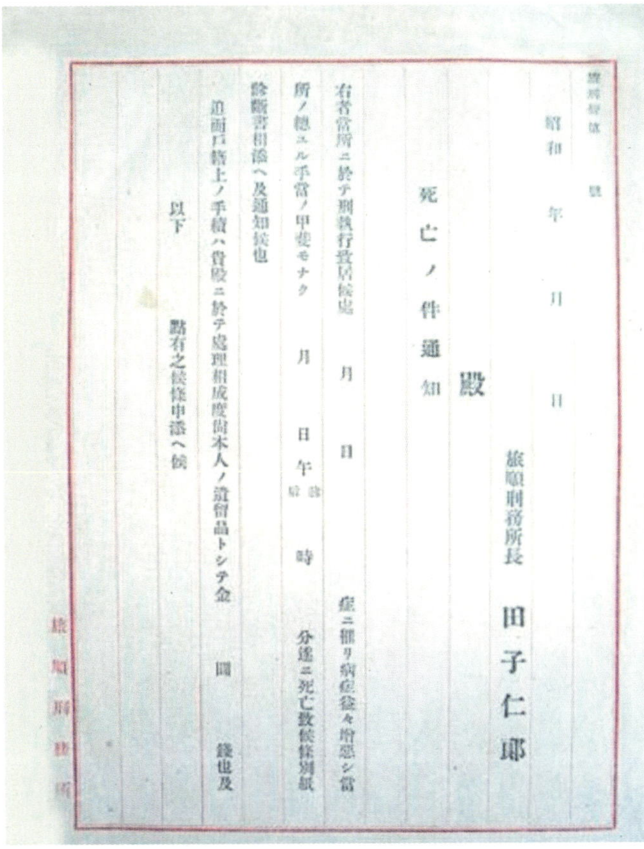
昭和 年 月 日
旅順刑務所長 田子仁郎
殿
死亡ノ件通知
右者當所ニ於テ刑執行致居候處 月 日 症ニ罹リ病症益々増悪シ當
所ノ總ユル手當ノ甲斐モナク 月 日午前後 時 分遂ニ死亡致候條別紙
診斷書相添ヘ及通知候也
追而戸籍上ノ手續ハ貴殿ニ於テ處理相成度尚本人ノ遺留品トシテ金 圓 錢也及
以下 點有之候條申添ヘ候
旅順刑務所

(미상)

쇼와(昭和) 년 월 일 뤼순형무소장 다고 지로(田子仁郎) 귀하

사망 건 통지

위의 자는 당소(當所)에서 형을 집행하고 있었으나 □월 □일 병에 걸려 병증 더욱 심해져 온갖 치료도 소용없어 □월 □일 오전/오후 □시 □분에 마침내 사망한 것을 별지 진단서를 첨부하여 통지 드립니다.

추면(追面) 호적상 절차는 귀하께서 처리하시기를 부탁드리며 또 본인의 유류품으로서 금 □엔의 돈과 이하 [물품] □점(點)이 있음을 덧붙여 말씀드립니다.

뤼순형무소

4. 신상 정보

1) 뤼순감옥 관련 인물 목록과 전화번호부

·《元関東局警友会名簿》(옛 관동국 경찰 회원 목록)

· 발행 시기: 1970년

뤼순일아감옥구지 박물관에서 제공받은 1970년에 출판된《元関東局警友会名簿》을 통해 관동국 경찰 회원 목록을 조사하였다. 그중 뤼순감옥 마지막 형무소장 다고 지로(田子仁郎)도 그 목록에서 확인되었다. 본 책에서 그 내용과 번역문을 함께 제시했다. 이 자료는 뤼순에서 근무한 일본 경찰의 현재 위치를 파악하는 중요한 자료이다. 근무자들의 주소를 찾아가, 후손들이 남긴 자료를 찾는 노력이 필요하다.

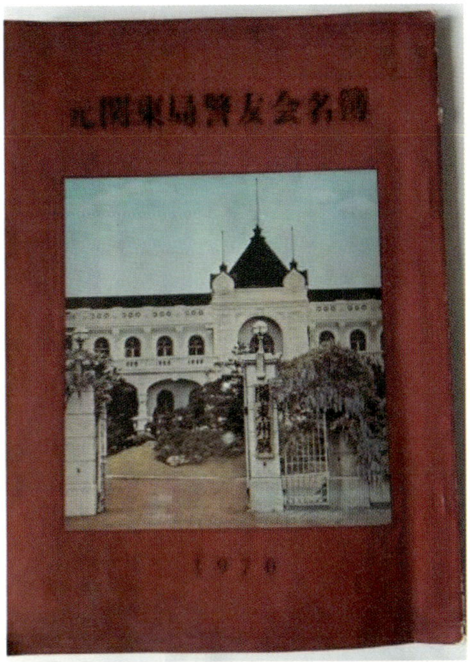

《元関東局警友会名簿》표지

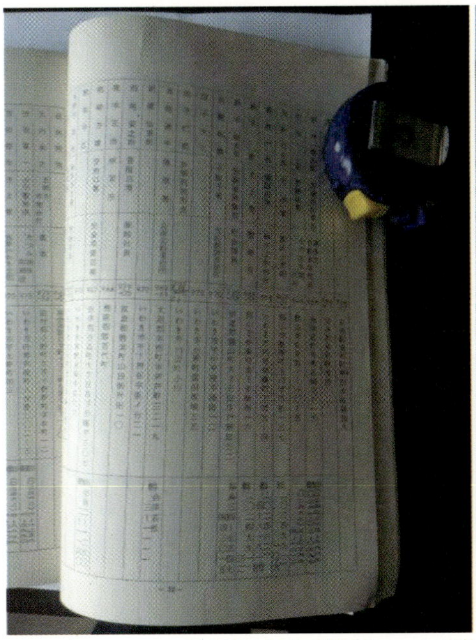

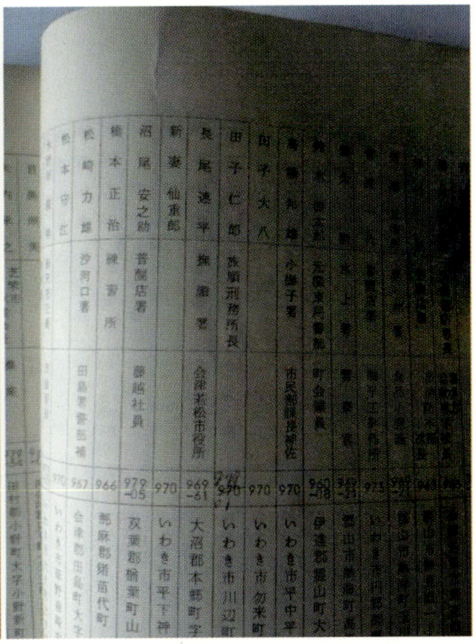

다고 지로(田子仁郎), 뤼순형무소장, 이와키(いわき) 시(市) 가와베(川部) 오가와(小川)

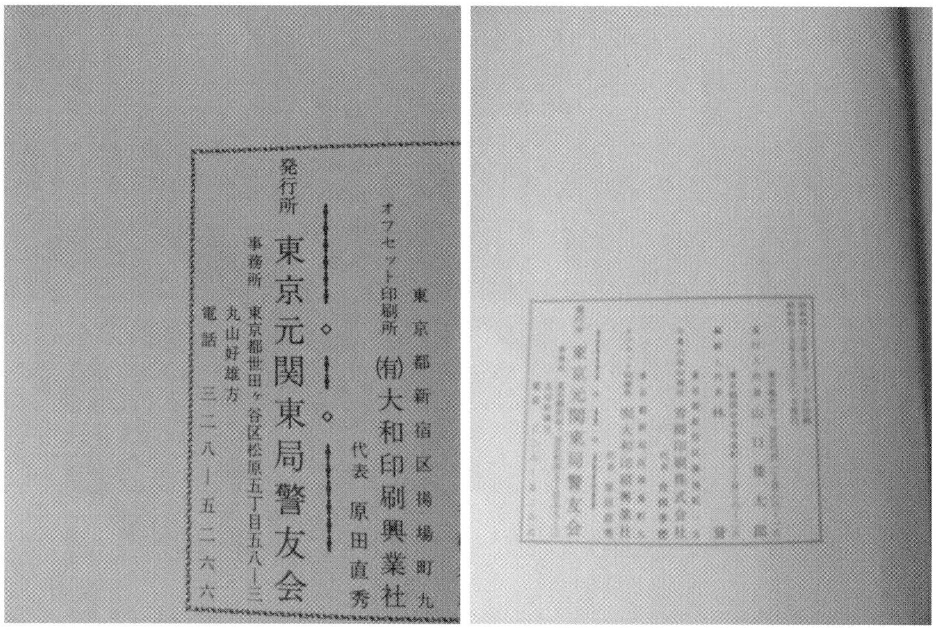

東京都新宿区揚場町九
オフセット印刷所 (有)大和印刷興業社
代表 原田直秀

発行所 東京元関東局警友会
事務所 東京都世田ヶ谷区松原五丁目五八—三
丸山好雄方
電話 三二八—五二六六

도쿄(東京) 도 신주쿠(新宿) 구 아게바초(揚場町) 9

오프셋 인쇄소 (유) 야마토(大和) 인쇄 흥업사

대표 하라다 나오히데(原田直秀)

발행소 도쿄 전 관동국(關東局) 경우회(警友會)

사무소 도쿄 도 세타가야(世田谷) 구 마쓰바라(松原) 5정목(丁目) 58-3

마루야마 요시오(丸山好雄) 귀하

전화 328-5266

· 관동청 형무소(뤼순감옥) 전화번호부

·《旅順之部》(뤼순지부)

《뤼순지부(旅順之部)》 전화번호부에 실린 관동청 형무소(뤼순감옥)외에 관동청, 고등법원의 전화번호부를 제시했다.

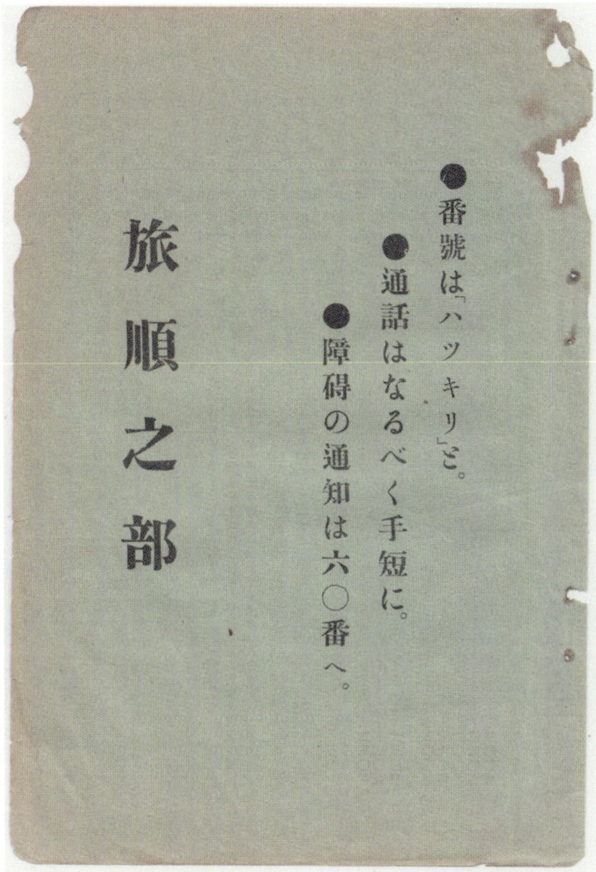

《뤼순지부(旅順之部)》 표지

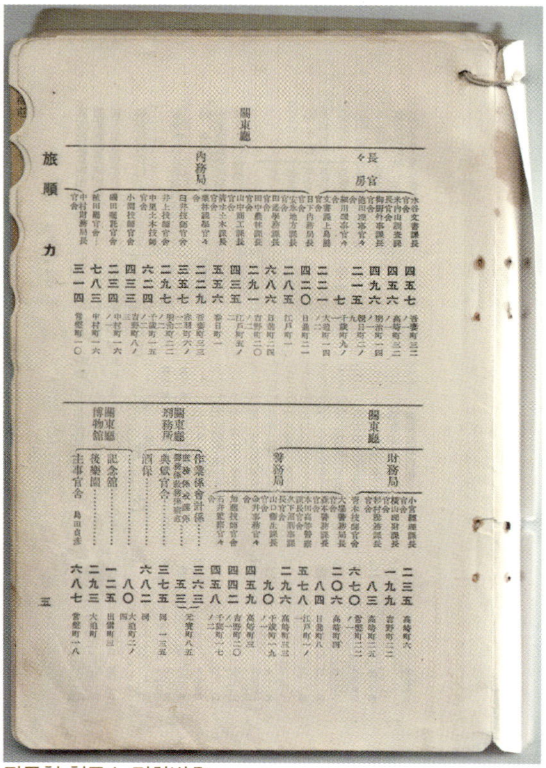
관동청 형무소 전화번호

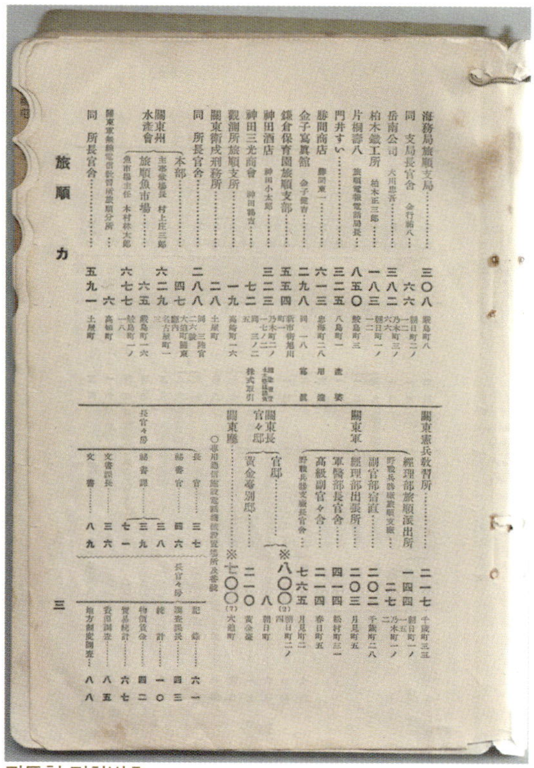
관동청 전화번호

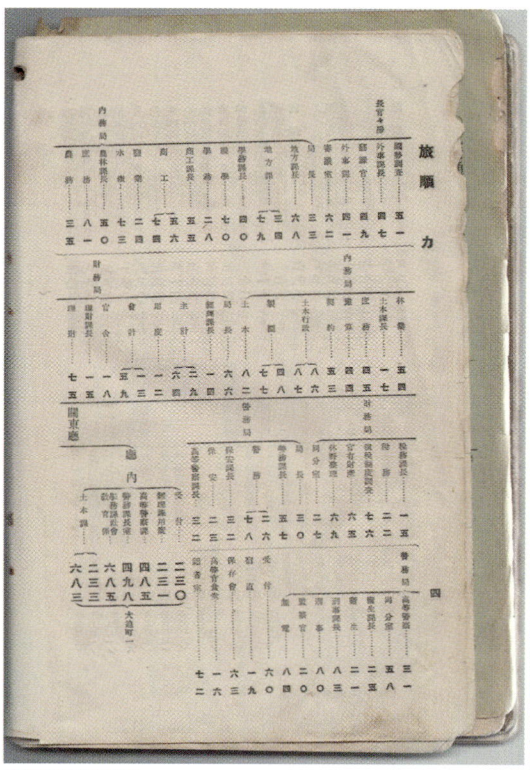
관동청 전화번호

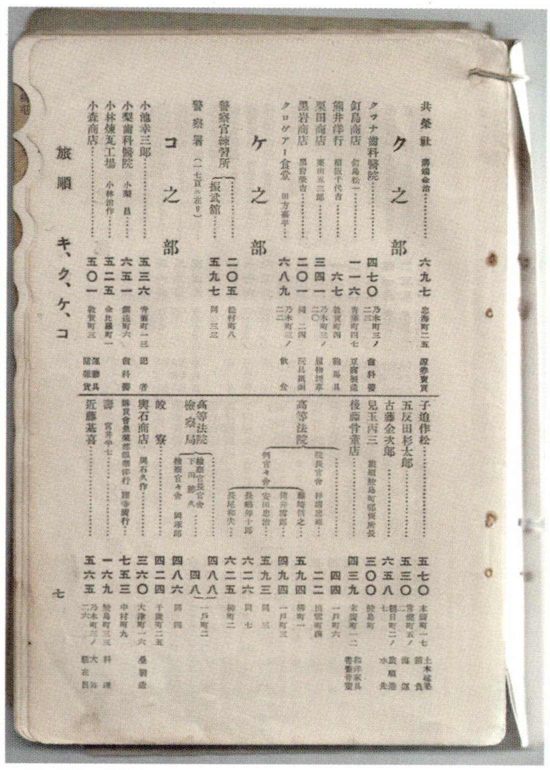
고등법원 전화번호

2) 뤼순감옥 관련 일본인 명단

뤼순감옥 관련 일본인 명단은 네 종류로 나눠 제시했다. 첫째, 1910년 3월 29일 자 〈만주일일신문(滿洲日日新聞)〉 보도에 의한 '안중근 의사 순국 위로 하사금 명단'이다. 둘째, 1910년 3월 29일 〈만주신보(滿洲新報)〉와 〈만주일일신문(滿洲日日新聞)〉 보도에 의한, 뤼순고등법원장(旅顺高等法長) 히라이시 요시토(平石義人)의 관사에서 '안중근 사건 관계자 위로만찬회(慰勞晩餐會) 참여자 명단'이다. 셋째, 중요 관계자 명단으로 뤼순고등법원장(旅顺高等法長) 히라이시 요시토(平石義人) 이력과 후손, 뤼순관동도독부 민정장관 시라니 다케시(白仁武), 관동도독부 도독 오시마 요시마사(大島義昌)과 지속적으로 확보해야 하는 '안중근 의사 순국 시기의 일본인 명단'을 제시했다. 넷째, 일본관동도독부관방비서과에서 제작하였고 후에 《뤼순일아감옥실록(旅顺日俄监狱实录)》[69]에 수록된 '뤼순감옥 당시(1917년~1943년)에 근무했던 간수들의 명단'으로 이들의 직위, 고향을 제시했다.

'안중근 의사 순국 위로 하사금 명단'과 '안중근 사건 관계자 위로만찬회(慰勞晩餐會) 참여자 명단'은 국가보훈처(2010. 10. 25) 보도자료[70]에서 조사했고, '안중근 의사 순국 시기의 일본인 명단'과 '뤼순감옥 당시 근무했던 간수들의 명단'은 뤼순일아감옥구지 박물관에서 제공받았다.

1) 1910년 3월 29일 자 〈만주일일신문(滿洲日日新聞)〉 보도에 의한 안중근 의사 순국 위로 하사금 명단

① 관동도독부 법원에 지방법원장 마나베(眞鍋) 재판장, 미조부치(溝淵) 검찰관, 소노키(園木) 통역, 기시다(岸田) 서기, 와타나베(渡邊) 서기, 武內 서기, 히라바야시(平林) 판사, 토다(戶田) 판사

② 관동도독부 감옥서(뤼순감옥)의 감옥장 구리하라(栗原) 전옥, 나카무라(中村) 간수부장, 아오키(青木) 간수부장, 다나카(田中) 간수, 요시다(吉田) 경시, 사이토(齊藤) 경부, 단노(丹野) 부장, 가마다(烟田) 순사, 시오가와(鹽川) 순사, 야마모토(山本) 경사, 나카무라(中村) 경사, 가미시모(神下) 경사

2) 1910년 3월 29일 〈만주신보(滿洲新報)〉와 〈만주일일신문(滿洲日日新聞)〉 보도에 의한 뤼순고등법원장(旅顺高等法長) 히라이시 요시토(平石義人)의 관사에서 안중근 사건 관계자 위로만찬회(慰勞晩餐會) 참여자 명단

① 관동도독부(關東都督部) 사토(佐藤) 경시총장(警視總長), 요시다(吉田) 경시(警視), 뤼순감옥(旅顺監獄) 구리하라(栗原貞吉) 전옥(典獄), 변호사(辯護士) 미즈노(水野), 가마다(鎌田) 언론사(言論社) 나가노(中野, 자유통신(自由通信) 기자), 안사이(安齋, 동아통신(東亞通信) 기자), 부도(武藤, 아사히통신(朝日通信) 기자), 기도우(鬼頭, 만주일일신문(滿洲日日新聞) 기자), 쓰노다(角田, 랴오둥신문(遼東新聞) 기자), 야노(矢野, 만주신보(滿洲新報) 기자)

---

69 郭富纯(1975), 《旅顺日俄监狱实录》, 吉林人民出版社

70 국가보훈처(2010.10.25.) 보도자료, "안중근의사 유해발굴 추진 상황 보고"

② 주최측(主催側): 고등법원장(高等法院長) 히라이시(平石), 검찰관(檢察官) 미조부치(溝淵), 재판관(判官) 다이와다(大和田), 통역(通譯) 소노키(園木), 서기(書記) 와다나베(渡邊), 다케우치(竹內), 오카다(岡田), 기시다(岸田) 등 이상 주객(主客) 20명

3) 중요 관계자 명단

① 뤼순고등법원장(旅顺高等法長) 히라이시 요시토(平石義人) 이력과 후손

히라이시는 안중근 의사 순국 당시 관동도독부 고등법원장을 역임하여 안중근 의사 재판을 총괄하는 가장 중요한 위치에 있었다. 안중근 의사가 하얼빈 의거 후 뤼순에 오자 정치범으로 인식하고 안중근 의사의 한국인과 외국인 변호인을 허락한다. 그러나 일본 외무성의 소환으로 동경에 갔다가 안중근 의사를 사형에 처하라는 명령을 직접 지시받고 왔다. 1910년 2월 17일 안중근 의사를 만나 동양평화에 대한 해를 담은 청취서를 후에 남긴다. 안중근 의사를 사형에 처한 1910년 3월 26일 오후 5시부터 위로만찬회를 개최한 인물이다. 안중근 의사에 직접적 관련이 있다고 하겠다. 동경제국대학 법학과를 졸업하고, 메이지(明治) 23년(1890년) 10월 고베시 지방 재판소 판사, 메이지(明治) 32년(1899년) 5월 10일 나고야 공소원 부장 판사, 메이지(明治) 37년(1904년) 4월 7일 대심원 판사, 메이지(明治) 42년(1909년) 관동도독부 고등법원장 역임, 다이쇼(大正) 13년(1924년) 12월 15일에 뤼순시장으로 취임하였다. 중화민국 8년에 뤼순고등법원장 장관 히라이시 명의로 중화민국상 2등 훈장을 수여 받았다. 다이쇼(大正) 8년(1919년)에는 명치훈장 2등을 수여 받았다. 2011년 9월 12일에 일본여자대학 교수인 사학과 교수인 히라이시의 손녀와 일본 시티즌 회사에서 근무.

② 뤼순관동도독부 민정장관 시라니 다케시(白仁武)

시라니 다케시는 1909년 6월부터 뤼순공과대학의 학장으로 근무하다가 1908년 5월 15일부터 1917년 8월까지 뤼순 관동도독부 민정장관으로 근무하였다. 시라니 다케시는 1863년 12월 1일(분큐(文久) 3년 10월 21일)에 출생하였고, 昭和(쇼와) 16년(1941년) 4월 20일에 사망하였다. 일본의 내무관료이자, 실업가이다. 야나가와(柳河) 번주의 가정을 따라간 시로히토 세이스케(白仁成助)의 장남으로 출생하였다. 유나가와중학(柳河中学) 공립학교(共立学校), 대학 예비과를 걸쳐서, 1890년 7월에 제국대학(帝国大学) 법과대학(法科大学) 정치학과(政治学科)를 졸업하였고, 1890년 7월에 내무성에 내각시보로 회계국에 배속되었다. 1890년 11월에 현치국(県治局)에 근무하다가 내무성 참사관(内務省参事官) 홋가이도청참사관(北海道庁参事官), 내무부 군치과장(内務部郡治課長), 내무부 지리과장(同部地理課長), 문부서기관(文部書記官), 척식서기관(拓殖務書記官), 내무사무관(内務事務官), 내무서기관(内務書記官), 대신관방 홋카이도 과장(大臣官房北海道課長), 내무성 신사국장(内務省神社局長) 겸 총무국 홋가이도 과장(総務局北海道課長)을 역임하고, 1904년 1월에 토치키현 지사(栃木県: 관동(関東) 지방 북부의 현으로 현청 소재지는 우쓰노미야시(宇都宮市))로 취임하였다. 1906년 8월에 문부성 보통학무국장에 전보하였다. 이후 관동도독부 민정장관(関東都督府民政長官), 내각척식국 장관(内閣拓殖局長官), 제철소 장관(製鉄所長官)을 역임하였고, 1924년 11월에 퇴직하였다. 그 후 일본 우편선 사장(日本郵船社長)에 취임하고, 1929년 5월까지 근무하였다.

③ 관동도독부 도독 오시마 요시마사(大島義昌)

관동도독부의 도독인 오시마 요시마사는 안중근 의사 순국의 정보를 가장 빨리 취할 수 있는 위치에 있었다. 1850년 9월 20일(가에이(嘉永) 3년 8월 15일)에 일본의 야마구치의 죠슈번에서 출생하였다. 1926년(다이쇼(大正) 15년) 4월 10일에 사망하였다. 메이지 시대와 다이쇼 시대에 활동한 일본 제국의 군인이다. 관동도독으로서 1906년 9월 1일부터 1912년 4월 26일까지 안중근 의사가 순국할 당시에 최고의 위치에 있었다. 1894년 6월 청일전쟁 시기에 혼성 제9여단장(제1군 소속)으로서 4천 명을 이끌고 조선 출병에 파견되어, 경복궁을 습격하여 고종을 사로잡고 청군 작전에 진입하였다.

청국 육군과의 서전인 성환 전투에서 승리를 거두었고, 그 후 평양 육전, 압록강 공방전. 랴오둥의 우장(牛莊)전투 등에서 활약하였다. 1895년에 남작에 봉해졌다.

1898에는 제3사단장으로서 러일전쟁에 출정, 1905년 육군대장에 올라 관동도독으로서 1906년 9월 1일부터 1912년 4월 26일까지 관동도독을 역임하였다. 1907년 자작에 올랐고 1912년까지 점령지의 군정 실시로 신설된 관동총독(다음 해 관동도독으로 명칭변경)에 취임하여 만주경영을 담당했다.

1921년에는 군사참의관을 겸하였다. 제3사단장 등을 역임하였다. 관위는 육군대장 정이위 훈일등 공이급 자작이다. 둘째 사위가 육군군의감 혼토(本堂恒次郎)이며, 혼토의 딸 시즈코(靜子)가 전 일본 총리 아베 신조(安倍晋三)의 조모이다. 즉 아베 신조는 증손뻘이 되는데, 아베 신조의 외고조부가 오시마가 된다.

④ 지속적으로 확보해야 하는 안중근 의사 순국 시기의 일본인 명단

다롄민정서 서장 力石雄一郎(재임시기: 1907년 12월 6일~1910년 2월 3일), 마나베(眞鍋, 관동도독부 지방법원장으로 안중근 의사 사형을 언도한 재판장), 미조부치(溝淵, 안중근 의사를 하얼빈에 가서 조사 후 뤼순에 이송하여 사형을 구형한 검찰관 또한 안중근 의사가 유묵을 써 주었음), 소노키(園木, 조선통감부로 통역으로 안중근 의사의 통역 역할을 하고, 안중근 의사 순국 당시 사형시말보고서를 쓴 장본인, 또한 안중근 의사가 유묵을 써주었음) 기시다(岸田, 관동도독부 서기로서 안중근 의사 재판 당시 서기로 참여하고, 1910년 2월 17일 히라이시와 청취서 작성 시 배석한 인물), 와타나베(渡邊, 관동도독부 법원 서기), 다케우치(武內, 관동도독부 법원 서기), 구리하라(栗原, 관동도독부 감옥서(뤼순감옥)의 전옥으로 안중근 의사의 수감생활을 실질적으로 총괄하고 감독한 자로서 안중근 의사 순국 시 사형장에 참여하였고, 그의 딸인 이와이 마사코가 준 추도식 사진으로 안중근 의사 유해 발굴 2008년에 뤼순감옥 뒷산에서 1차), 나카무라(中村, 뤼순감옥 간수부장으로 안중근 의사가 《안응칠 역사》에서 나카무라가 잘해준다고 평을 남김), 아오키(青木, 뤼순감옥 간수부장), 다나카(田中, 뤼순감옥 간수), 이하 경찰은 당시 관동도독부 헌병 뤼순분대 소속으로 추정되는 인물들이다. 요시다(吉田, 경시) 사이토(齊藤, 경부), 단노(丹野, 부장), 히라바야시(平林 판사), 토다(戶田, 판사), 가마다(烟田, 순사), 시오가와(鹽川, 순사), 야마모토(山本, 경사), 나카무라(中村, 경사), 가미시모(神下, 경사, 안중근 의사 위로 만찬에 등장하는 이름으로, 관동도독부(關東都督部) 사토 경시총장(佐藤, 관동도독부 경시총장, 미즈노(水野)와 가마다(鎌田) 모두 안중근 의사의 변화를 맡았던 일본 측 국선 변호인이다. 나가노(中野, 자유통신(自由通信) 기자), 안사이(安齋, 동아통신(東亞通信) 기자), 부도(武藤, 아사히통신(朝日通信) 기자), 기도우(鬼頭, 만주일일신문(滿洲日日新聞))기자로서 만주일일신문은 안중근 의사의 공판 과정 및 매장지 등 다롄에 본사를 두고 안

중근 의사 관련 기사를 대량으로 생산했다), 쓰노다(角田, 랴오둥신문(遼東新聞) 기자), 야노(矢野, 만주신보(滿洲新報) 기자), 다이와다(大和田, 통역) 다케우치(竹內), 오카다(岡田), 기시다(岸田) 등의 인물들의 후손과 가족.

4) 뤼순감옥 당시 근무했던 간수들의 명단, 직위, 고향

1917년~1943년 시기의 뤼순감옥 직원명단. 본 자료는 일본관동도독부관방비서과에서 제작하였고 후에 《뤼순일아감옥실록(旅顺日俄监狱实录)》[71]에 수록된 내용이다.

성명	근무시기	직급	직위	고향
渡边友次郎	1917년	5등 5급	전옥 겸 감옥직원 징법위원장	岛根
三浦义英	1917년	3급	감리, 감옥직원 징벌위원 겸 통계주무	大分
町田德次郎	1917년	4급	감리 및 감옥직원 징벌위원	高知
泽田宗兵卫	1917년	5급	감리 및 물품회계관사	滋賀
大森貞信	1917년	6급	감옥직원 징벌위원	福岛
中岛三雄	1917년	-	초빙인원	熊本
佐藤近良	1917년	-	초빙인원	大分
陶山光海	1917년	-	초빙인원	大分
山根福吉	1917년	-	초빙인원	岛取
桦泽赳熊	1917년	-	고용원	兵库
泽田誓一	1917년	-	고용원	广岛
山吉省三	1917년	-	고용원	爱暖
中村万喜	1917년	-	고용원	熊本
石金声	1917년	-	-	中国
掏田岩追	1917년	-	약제(配药)	福冈

71 郭富纯(1975), 《旅顺日俄监狱实录》, 吉林人民出版社

5. 기타

일본 감옥사 자료 중 사형집행의 제도와 도고에 대한 자료는 〈부현(府県) 감옥 충실 시대의 행형(行刑)〉에 기록된 내용으로, 뤼순일아감옥구지 박물관에서 제공받았다. 이 자료에는 안중근 의사가 수감 후 사형당한 시기의 수인의 시체 및 묘지에 대한 내용도 기록되어 있다. 본 책에서는 그 내용과 번역문을 함께 제시했다. 사형의 형태를 알 수 있다.

1) 일본 감옥사 자료_사형 집행의 제도와 도고

· 〈府県監獄充實時代の行刑〉 (부현(府県) 감옥 충실 시대의 행형(行刑))

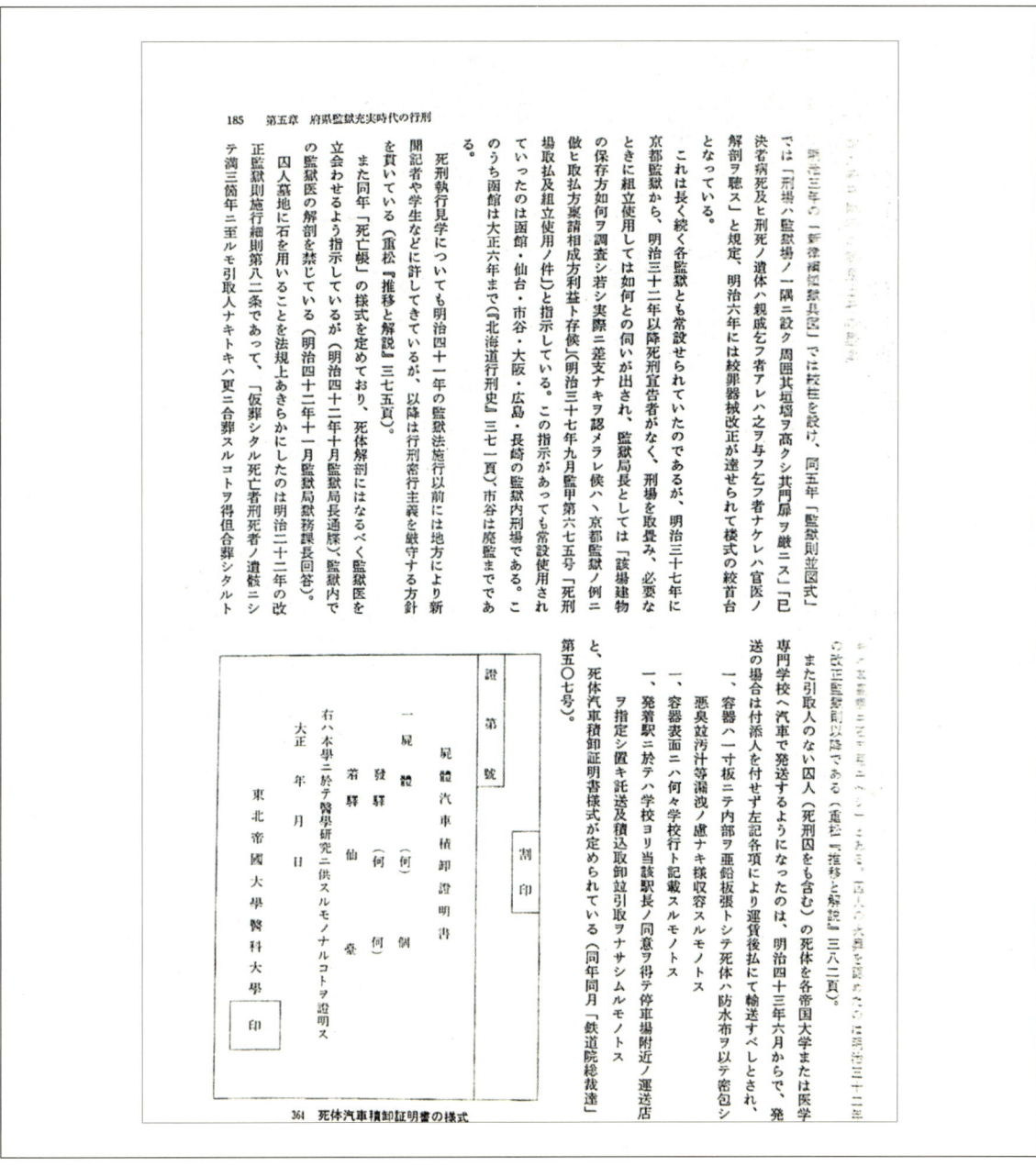

· 第五章

明治三年の「新律綱領獄具図」では絞柱を設け、同五年「監獄則並図式」では「刑場ハ監獄場ノ一隅ニ設ク周囲其垣墻ヲ高クシ其門扉ヲ厳ニス」「已決者病死及ヒ刑死ノ遺体ハ親戚乞フ者アレハ之ヲ与フ乞フ者ナケレハ官医ノ解剖ヲ聴ス」と規定、明治六年には絞罪器械改正が達せられて楼式の絞首台となっている。

これは長く続く各監獄とも常設せられていたのであるが、明治三十七年に京都監獄から、明治三十二年以降死刑宣告者がなく、刑場を取畳み、必要なときに組立使用しては如何との伺いが出され、監獄局長としては「該場建物の保存方如何ヲ調査シ若シ実際ニ差支ナキヲ認メラレ候ハヽ京都監獄ノ例ニ倣ヒ取払方稟請相成方利益ト存候」(明治三十七年九月監甲第六七五号「死刑場取払及組立使用ノ件」)と指示している。この指示があっても常設使用されていったのは函館・仙台・市谷・大阪・広島・長崎の監獄内刑場である。このうち函館は大正六年まで(『北海道行刑史』三七一頁)、市谷は廃監までである。

死刑執行見学についても明治四十一年の監獄法施行以前には地方により新聞記者や学生などに許してきているが、以降は行刑密行主義を厳守する方針を貫いている(重松『推移と解説』三七五頁)。

また同年「死亡帳」の様式を定めており、死体解剖にはなるべく監獄医を立会わせるよう指示しているが(明治四十二年十月監獄局長通牒)、監獄内での監獄医の解剖を禁じている(明治四十二年十一月監獄局獄務課長回答)。

囚人墓地に石を用いることを法規上あきらかにしたのは明治二十二年の改正監獄則施行細則第八二条であって、「仮葬シタル死亡者刑死者ノ遺骸ニシテ満三箇年ニ至ルモ引取人ナキトキハ更ニ合葬スルコトヲ得但合葬シタルト

の改正監獄則以降である(重松『推移と解説』三八二頁)。

また引取人のない囚人(死刑囚をも含む)の死体を各帝国大学または医学専門学校へ汽車で発送するようになったのは、明治四十三年六月からで、発送の場合は付添人を付せず左記各項により運賃後払にて輸送すべしとされ、

一、容器ハ一寸板ニテ内部ヲ亜鉛板張トシテ死体ハ防水布ヲ以テ密包シ悪臭竝汚汁等漏洩ノ虞ナキ様収容スルモノトス
一、容器表面ニハ何々学校行ト記載スルモノトス
一、発着駅ニ於テハ学校ヨリ当該駅長ノ同意ヲ得テ停車場附近ノ運送店ヲ指定シ置キ託送及積込取卸竝引取ヲナサシムルモノトス

と、死体汽車積卸証明書様式が定められている(同年同月「鉄道院総裁達」第五〇七号)。

證第　號

割印

屍體汽車積卸證明書

一屍體　(何)　個
發驛　(何　何)
着驛　仙　臺

右ハ本學ニ於テ醫學研究ニ供スルモノナルコトヲ證明ス

大正　年　月　日

東北帝國大學醫科大學　印

364　死体汽車積卸証明書の様式

185 제5장 부현(府県) 감옥 충실 시대의 행형(行刑)

메이지 3년의 《신율령옥구도(新律領獄具圖)》에는 교주(絞柱, 교수대(絞首臺))를 마련한다는 규정이 있다. 동 5년 《감옥칙병도식(監獄則並圖式)》에는 "형장은 감옥장 한구석에 마련한다. 주위의 그 울타리를 높여 문단속을 철저히 한다. 기결자(既決者)의 병사(病死)와 형사(刑死) 시신은 친척 중에 요구 하는 자가 있으면 이를 건네 준다. 요구하는 자가 없으면 관의(官醫)의 해부를 인정한다"라고 규정되어 있다. 메이지 6년에는 교죄(絞罪) 기계(器械)의 개정이 통보되어 누식(樓式) 교수대로 되었다.

이것은 오래된 각 감옥에도 상설되어 있었는데 메이지 37년에 교토(京都) 감옥으로부터 '메이지 32년 이후 사형 선고자가 없어 형장을 철거하고 필요할 때에 조립해서 사용하면 어떨까'라는 제안이 나왔다. 이에 감옥 국장은 '해당 형장 건물의 보존 방법을 조사하며 만약 실제로 지장이 없다고 인정되면 교토 감옥 사례에 따라 철거를 신청하는 것이 유익하다는 생각이 듭니다'(메이지 37년 9월 감갑(監甲) 제675호 〈사형장 철거 및 조립 사용의 건〉)라고 지시했다. 이 지시가 있었던 이후에도 상설로 사용되었던 곳은 하코다테(函館)·센다이(仙台)·이치가야(市谷)·오사카(大阪)·히로시마(広島)·나가사키(長崎) 감옥 내 형장이다. 이 가운데 하코다테는 다이쇼(大正) 6년까지 (《홋카이도(北海道) 행형사》371쪽), 이치가야(市谷)는 폐감 때까지 사용하고 있었다.

사형집행 견학도 메이지 41년의 감옥법 시행 이전에는 지방에 따라 신문 기자나 학생 등에게도 허락해 왔지만 이후에는 행형밀행주의(行刑密行主義)를 엄수하는 방침을 일관하고 있다(시게마츠(重松) 《추이와 해설》 375쪽).

또한 같은 해의 《사망장(死亡帳)》에는 그 양식을 규정하고 있어 시체 부검에는 가급적 감옥의를 입회시키도록 지시하고 있으나 (메이지 42년 10월 감옥 국장 통첩), 감옥 내에서 감옥의(監獄醫)의 부검은 금지되어 있다(메이지 42년 11월 감옥 국장 옥무[獄務] 과장 답변).

수인 묘지에 돌을 쓰는 것을 법규상 밝힌 것은 메이지 22년에 개정된 〈감옥칙 시행세칙〉 제82조로서 "가장(假葬)한 사망자와 형사자의 시신에 대해 만 3년이 돼도 인취인(引取人)이 없을 때는 합장할 수 있다. 다만 합장했을 때는 그 사정을 기록해야 한다."라고 적혀 있다. 수인의 화장을 인정한 것은 메이지 32년의 개정 〈감옥칙〉 이후이다(시게마츠(重松) 《추이[推移]와 해설》 382쪽).

또한 인취인이 없는 수인(사형수 포함)의 시체를 각 제국대학 혹은 의학 전문학교에 기차로 발송하게 된 것은 메이지 43년 6월부터이다. 발송할 경우는 사람을 붙이지 않고 다음 각 항목을 따라 운임 후불로 수송해야 하는 것으로 되어있다.

一. 용기는 두께 3센티미터의 판자로서 내부는 아연판을 깔고, 시체는 방수포(防水布)로 밀봉해서 악취와 부패 체액 등이 누설되지 않도록 수용하는 것으로 한다.

一. 용기 표면에는 무슨 학교행이라고 기재하는 것으로 한다.

一. 발착 역에서는 학교로부터 해당 역장의 동의를 얻어 정거장 부근의 운송 지점을 지정해 놓고 탁송과 적재, 하역과 인취를 하게 하는 것으로 한다.

이처럼 시체의 기차 적사(積卸) 증명서 양식이 정해져 있었다(같은 해 같은 달 《철도원(鐵道院) 총재(總裁)들》 제507호)

할인

증 제 호

시체 기차 적사 증명서

一. 기체 (몇) 개

출발역 (무슨 무슨)

도착역 센다이(仙台)

이는 본학에서 의학연구에 제공하는 것임을 증명한다.

다이쇼(大正) 년 월 일

도호쿠(東北) 제국대학 의과대학 인

카바산 사건 관계자의 교수형 집행

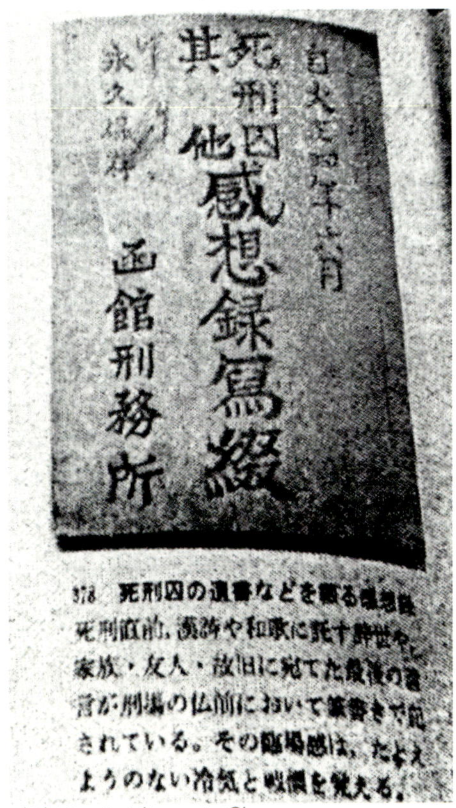

다이쇼(大正) 4년(1915년) 6월
사형수 기타 감상록(感想錄) 사철(寫綴)
영구 보존
하코다테(函館) 형무소

378 사형수의 유서 등을 적은 감상기.
사형 직전 한시(漢詩)나 와카(和歌, 일본 단가)에서 인용한 사세구(辭世句)나 가족·친구·옛 친구에게 보낸 마지막 유언이 형장 불전(佛前)에 붓으로 적혀 있다. 그 현장감은 비유할 수 없는 냉기(冷氣)와 전율(戰慄)을 느낀다.

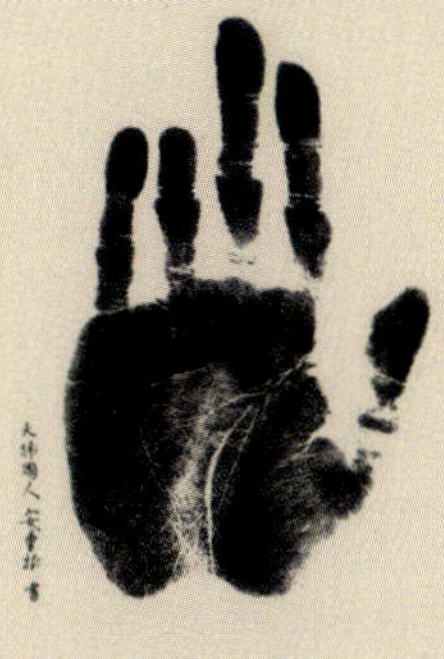

유해 사료, 안중근을 찾아서

II

중국 자료

1. 언론보도
2. 공문서
3. 발굴자료/보고서
4. 연구 논문
5. 기획 기사
6. 지도
7. 신상정보
8. 기타

1. 언론 보도

신문

안중근 의사의 유해와 관련된 중국 신문의 기사문은 다롄에서 발행한 〈만주일일신문〉과 〈성경시보〉에서 찾을 수 있었다.

〈만주일일신문〉은 한국 국립중앙도서관에 소장된 자료[72]와 편자(김월배)의 일본 국립국회도서관 소장 자료를 조사했다. 1910년 2월 25일부터 1910년 3월 27일까지의 기사문에서 안중근 의사 유해와 관련된 내용을 찾을 수 있었다. 위 신문들에 실린 기사문에는 안중근 의사의 유해매장, 침관 안치 등에 대한 내용이 기재되어 있다. 기사문은 기사명, 발행 날짜, 기사문, 기사문의 번역문으로 제시했다.

〈성경시보〉에서 성경(盛京)은 중국 선양(沈阳, 심양)의 옛 명칭을 일컫는다. 〈성경시보〉는 러일전쟁 후, 중국 정세를 관찰하는 언론 기관이다. 1906년 10월 18일~1944년 9월 14일까지 38년간 간행하였다. 일본인 나카지마 씨(中岛氏)가 창간인이다. 〈성경시보〉는 중국 내정, 외교, 경제, 군사, 문화, 교육과 사회풍속 등 정보를 광범위하게 수집했다. 특히 당시 중국에서 발생한 모든 중대 사전에 대해 혹 상세 혹 간략한 보도를 수록했다. 이로 이는 근대사, 국제관계사, 동북항일사, 북양군벌사를 연구하는 데에 소중한 자료이며, 다양한 연구와 취재에 활용할 수 있다. 〈성경시보〉는 랴오닝 도서관에서 1985년 3월을 영인하였다. 영인본 〈성경시보〉는 랴오닝(辽宁)성 도서관에서 소장한 전부를 원본을 찍어서 만든 것이고, 크기는 원본의 2분의 2로 축소되었다. 영인본은 모두 시간 순서에 따라 141권으로 나누어 제본했다.

〈성경시보〉에 실린 기사 중, 우선, 1910년 2월 19일자 〈안중근의 책임이 끝났다〉의 기사에는, 안중근 의사 사형 과정이 상세히 소개되었다. "안중근은 개량 한복(흰색 상의, 검은색 하의)을 입고, 한국 전통 신발을 신고, 족쇄가 손에 채워진 상태로 간수 대여섯 명이 대기실에서 끌어내고 교수대에 올랐다." 한국 전통 신발을 신은 것을 최초로 밝히고 있다. 1910년 2월 19일자 〈안중근의 책임이 끝났다〉의 기사는 동북아역사자료센터 소장 자료[73]를 조사한 후 번역하여 제시하였다.

1910년 3월 30일자 〈안중근 비명 후의 이야기〉에서는 안중근 유해를 한국 원적(황해도 해주)으로 모시기 위한 안정근의 청원에 대해, 관동도독부 감옥서는 사형수 공동묘지에 매장해야 하는 규정을 설명하고, 관동도독부 감옥서 형무소장인 구리하라는 안중근 의사를 하얼빈산 소나무로 관에 안치했다는 내용이 있다. 또한, 우덕순 의사 등 안중근 유해에 대한 고별식 과정과 우덕순 의사의 소회가 실려 있다. 1910년 3월 30일자 〈안중근 비명 후의 이야기〉의 기사는 국가보훈처(2022.10.26.) 보도자료[74]에 제시된 기사문을 번역하여 제시하였다.

72 안중근 자료집 편찬위원회(2014), 《재만 일본 신문 중 안중근 기사 Ⅱ -만주일일신문》, 채륜

73 沈阳: 盛京時報影印組(1985), 《盛京時報-影印本 14》, 沈阳: 盛京時報影印組

74 국가보훈처(2022.10.26.) 보도자료 "안중근의사 유해, 하얼빈산(産) 소나무 관 안치 후 조촐한 장례"- 국가보훈처, 안중근의사 순국 당시 중국 현지 신문 기사 최초 발굴 및 공개 -

1) 〈만주일일신문〉(滿洲日日新聞)

· 안 변호사 이야기(1910.02.25)

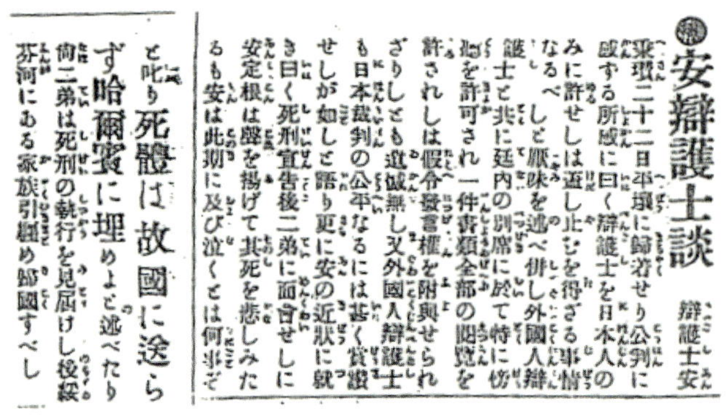

安辯護士談

辯護士安秉瓚二十二日平壌に歸着せり公判に就する所感に曰く辯護士を日本人のみに許せしは遁し止むを得ざる事情なるべしと厭味を述べ併し外國人辯護士と共に廷内の別席に於て特に傍聽を許可され一件書類全部の閲覧を許されしは假令發言權を附與せられざりしとも遺憾無し又外國人辯護士も日本裁判の公平なるには甚く賞讃せしが如しと語り更に安の近狀に就き曰く死刑宣告後二弟に面會せしに安定根は聲を揚げて其死を悲しみたるも安は此期に及び泣くとは何事ぞと叱り死體は故國に送らず哈爾賓に埋めよと述べたり尚二弟は死刑の執行を見屆けし後綏芬河にある家族引纏め歸國すべし

안 변호사 이야기[75]

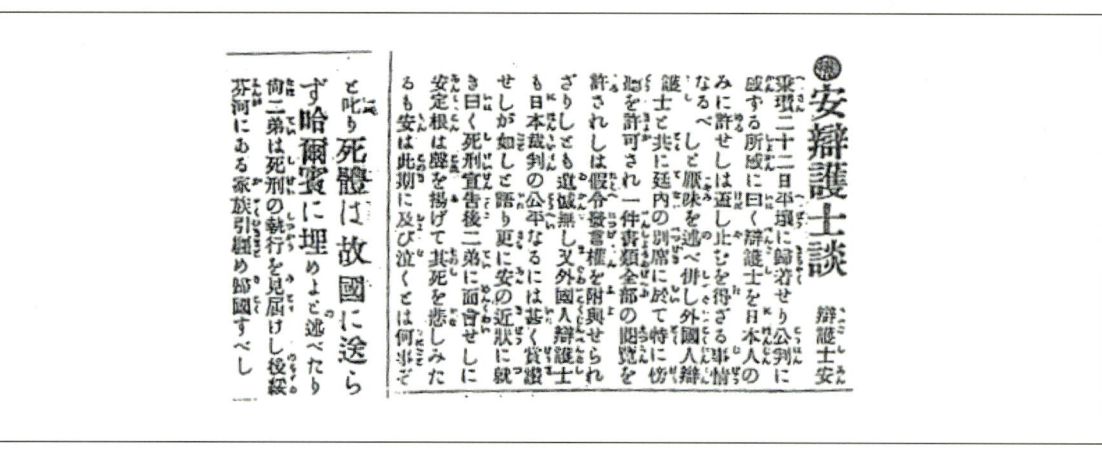

변호사 안병찬(安秉瓚)은 22일 평양에 귀착하였다. 공판에 대한 소감을 변호사로 일본인만을 허가한 것은 어쩌면 어쩔 수 없는 사정이 있을 것이라고 불쾌한 듯 말하였다. 그러나 외국인 변호사와 함께 법정의 특별석에서 특별히 방청을 허가받고 일건서류 전부 열람 허가를 받아 비록 발언권을 부여받지 못했다고 해도 유감은 없고, 또한 외국인 변호사도 일본 재판의 공평함을 매우 상찬하는 것 같다고 하였다. 게다가 안의 근황에 대해 말하기를, 사형선고 후 두 동생을 면회시켰는데 안정근은 소리를 높여 그 죽음을 슬퍼했으나 안은 이때 "울다니 무슨 짓이냐"고 꾸짖고 시체는 고국으로 반장하지 말고 하얼빈에 매장하라고 하였다. 그리고 두 동생은 사형집행을 본 후 쑤이펀허(綏芬河)[76]에 있는 가족을 데리고 귀국할 것이라고 한다.

75 번역 출처: 안중근 자료집 편찬위원회(2014), 《재만 일본 신문 중 안중근 기사 Ⅱ -만주일일신문》, 채륜

76 안중근 자료집 편찬위원회(2014)에서 '수분하'로 표기했으나 본 책에서 '쑤이펀허'로 수정.

· 홍 신부의 담화_안의 사체(1910.03.12)

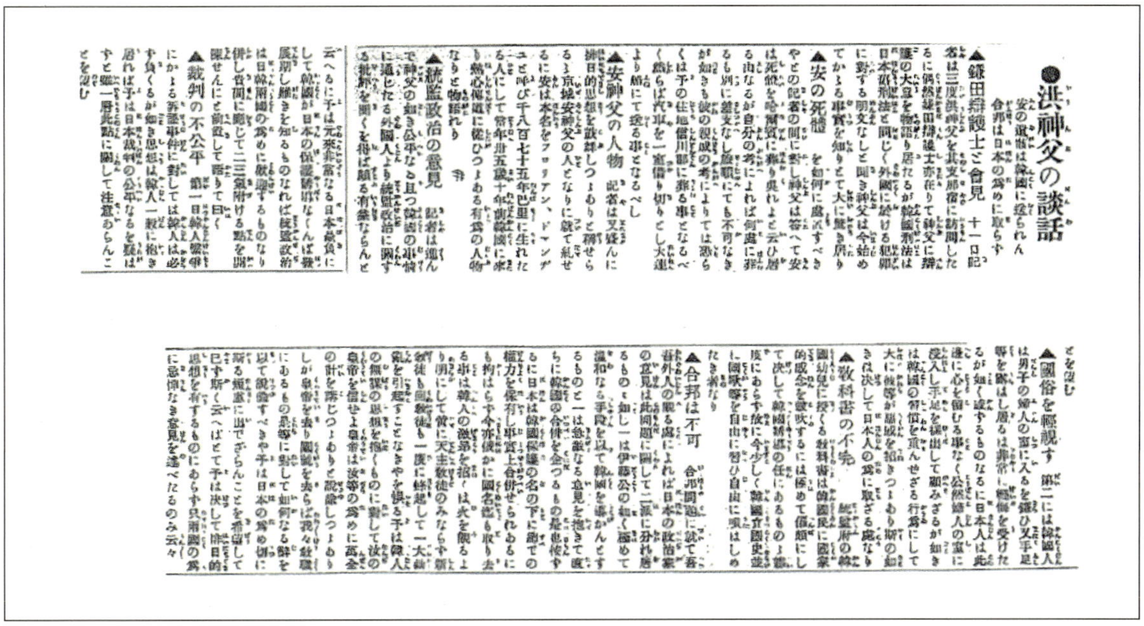
●洪神父の談話
安の遺骸は韓國に送られん
合邦は日本の爲めに取らず

홍 신부의 담화_안의 사체[77]

안의 유해는 한국으로, 합병은 불가

▲ 안의 사체를 어떻게 처치할 것인가라는 기자의 질문에 대해 신부는 안은 시체를 하얼빈에 묻어 주라고 하지만 자신의 생각으로는 어디에 매장해도 별로 관계없고 뤼순[78]에서도 가능한 듯하지만 그의 친척의 생각으로는 내가 있는 곳인 신천군에 매장해야 할 것이다. 그렇다면 기차의 한 객실을 빌려 다롄[79]에서 배로 보내게 될 것이라고 답하였다.

77 번역 출처: 안중근 자료집 편찬위원회(2014),《재만 일본 신문 중 안중근 기사 Ⅱ -만주일일신문》, 채륜

78 안중근 자료집 편찬위원회(2014)에서 '여순'으로 표기했으나 본 책에서 '뤼순'으로 수정.

79 안중근 자료집 편찬위원회(2014)에서 '대련'으로 표기했으나 본 책에서 '다롄'으로 수정.

최후의 면회[80]

중근의 유해

중근의 유해는 혹은 다렌[81]에서 한국으로 수송될 것이라고 전해지나 일본 감옥법에 의하면 친족의 청구에 의해 내어 줄 수 있으나 주어야 한다는 것은 아니다. 또한 관동주에서는 이 규정이 없는 바, 오늘날 안의 사체를 본국으로 보낸다면 인심을 자극하여 과격한 행동으로 나오는 일이 없다고 보장할 수 없다. 그러므로 오히려 허가를 하지 않는 것이 당연하다고 하는 자가 있으므로 내어주지 않을 것이라고 한다.

---

80 번역 출처: 안중근 자료집 편찬위원회(2014), 《재만 일본 신문 중 안중근 기사 Ⅱ -만주일일신문》, 채륜

81 안중근 자료집 편찬위원회(2014)에서 '대련'으로 표기했으나 본 책에서 '다렌'으로 수정.

· 안중근의 최후_침관에 안치하다, 시체의 매장(1910.03.27)

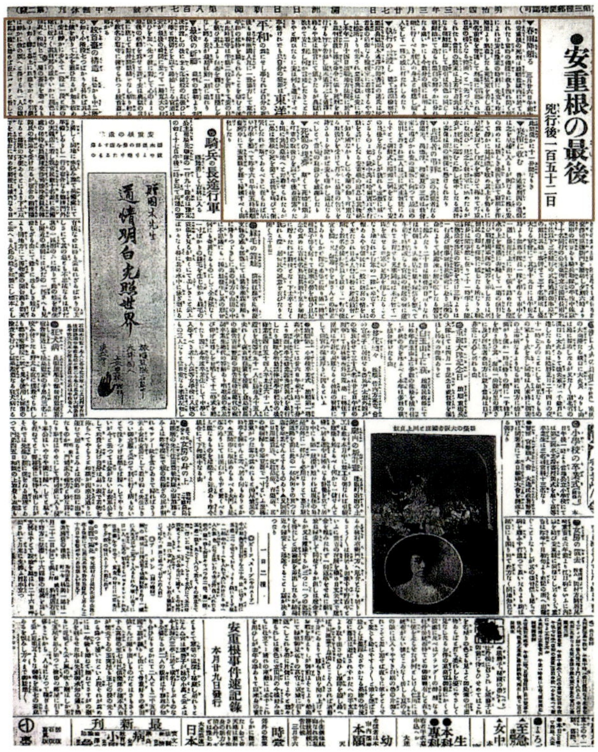
安重根の最後
兇行後一百五十二日

안중근의 최후[82]

▼ 침관에 안치하다

보통 사형수의 유해는 조출한 통관(桶棺)에 안치하는 것이 상례이지만 특별히 안을 위해서 새로 송판으로 침관을 만들어 조용히 시체를 안치하고 그 위를 덮개로 백의(白衣)로 덮고 매우 정중히 취급하여 일단 이를 교회실에 안치하였다. 안이 형장에 갈 때 품속에 품은 예수의 화상(畫像)을 관 양쪽에 걸어 놓았다.

▼ 시체의 매장

이리하여 시체는 매우 정중하게 취급하여 오후 봄비가 내리는 가운데 공동묘지에 매장하였다. 두 동생은 중근의 죽음을 듣고서 울부짖으며 통곡하였다고 한다. 조속히 짐을 꾸려 어제 26일 오후 5시 뤼순[83]발 열차로 안토현(安東縣)을 경유하여 귀국해야 하므로 출발하였다.

82 번역 출처: 안중근 자료집 편찬위원회(2014),《재만 일본 신문 중 안중근 기사 Ⅱ -만주일일신문》, 채륜

83 안중근 자료집 편찬위원회(2014)에서 '여순'으로 표기했으나 본 책에서 '뤼순'으로 수정.

2) 〈성경시보〉(盛京時報)

· 안중근의 책임은 끝났다(1910.02.19)

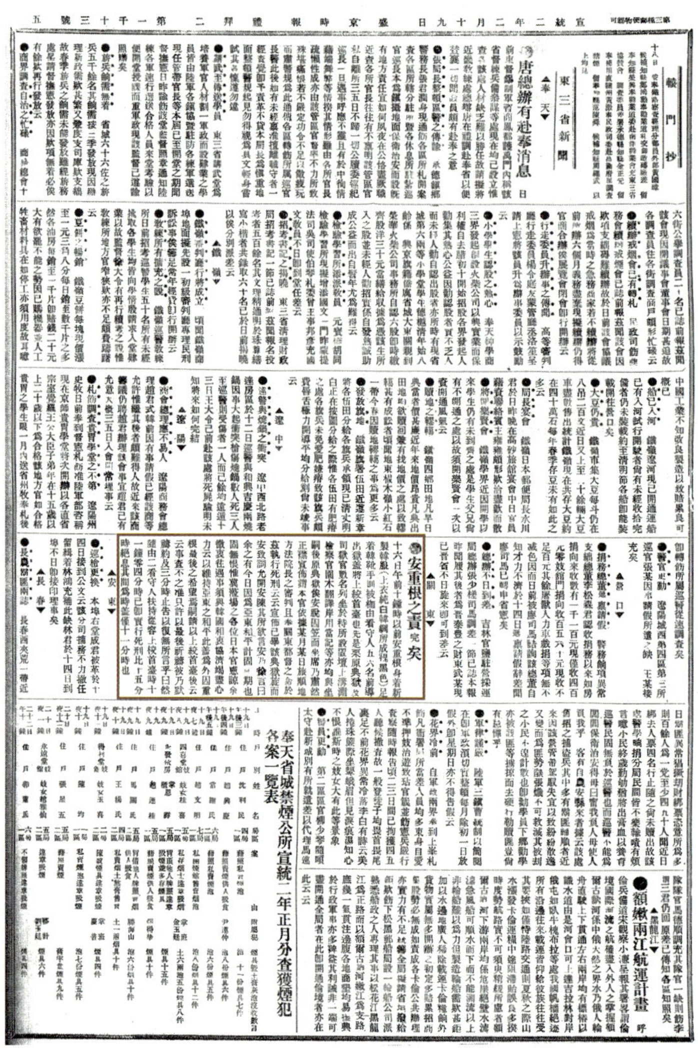

안중근의 책임은 끝났다

16일 오전 10시 전에 안중근은 개량 한복(흰색 상의, 검은색 하의)을 입고 한국 전통 신발을 신고, 손에 족쇄를 찬 상태로 간수 대여섯 명에 의해 대기실에서 이끌려 교수대에 올랐다.

형무소장 구리하라(栗原)와 교도관 여러 명은 형무소 내의 강단 위에, 검찰관 미조부치 다카오(溝淵孝雄), 통역 소노키(園木), 서기 기시다(岸田) 등은 검시실에 착석하였다. 그 후 형무소장 구리하라는 안중근이 죄수 모자를 벗고 앉은 후에, 엄숙히 모월(某月) 모일(某日) 뤼순지방법원장의 재판은 관동도독의 명(命)에 의해 사형을 집행한다는 취지를 알렸고 안중근에게 하고 싶은 말을 하라고 했다. 그제야 안중근이 서서히 말을 했다. 그는 자신의 행위는 동양평화를 위해서 한 것이니 것이니 한은 없고 단지 여기에 임한 각 일본 관헌은 앞으로 한국과 일본이 서로 협력하여 동양의 평화를 유지하는 데에 진력하기를 바란다고 하였다. 이상 교수대에 올라 허락되지 않은 일들 대신 마음대로 최후의 기도 최후의 기도만 하라고 허가하였다. 안중근은 3분간 묵도를 하고 나서 더이상 할 말이 없다고 한 뒤, 두 명의 간수의 부축을 받아 종용히 교수대에 오른 시각은 11시 4분이었다. 안중근이 숨이 끊어진 11시 15분까지는 단지 11분이 걸렸다.

· 안중근 비명 후의 이야기(1910.03.10)

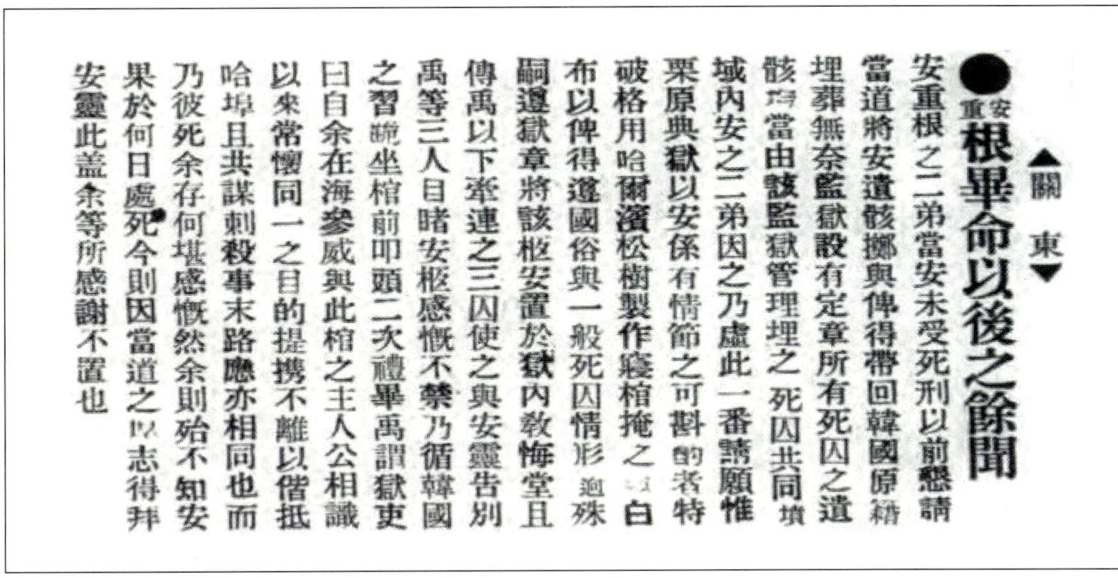

◀關 東▶

●安重根畢命以後之餘聞

安重根之二弟當安未受死刑以前懇請當道將安遺骸擲與俾得帶回韓國原籍埋葬無奈監獄設有定章所有死囚之遺骸均當由該監獄管理埋之死囚共同墳域內安之二弟因之乃處此一番請願惟栗原典獄以安係有情節之可斟酌者特破格用哈爾濱松樹製作寢棺掩之以白布以俾得遵國俗與一般死囚情形迥殊嗣遵獄章將該柩安置於獄內教悔堂且傳禹以下牽連之三囚使之與安靈告別禹等三人目睹安柩感慨不禁乃循韓國之習慣坐棺前叩頭二次禮畢禹謂獄吏曰自余在海參威與此棺之主人公相識以來常懷同一之目的提携不離以偕抵哈埠且共謀刺殺事未路應亦相同也而乃彼死余存何堪感慨然余則殆不知安果於何日處死今則因當道之以志得拜安靈此蓋余等所感謝不置也

안중근 비명 후의 이야기

안중근의 둘째 동생은 안중근이 사형을 당하기 전에 당국에게 안중근의 유해를 가져가 한국 원적(原籍)에 매장할 수 있도록 애원했다. 하지만 감옥에서 모든 사형범의 유해는 감옥 관리자가 사형수 공동묘지에 매장해야 되는 규정이 있어 이로 인해 안중근 둘째 동생은 곧 구리하라 형무소장에게 부탁했다. 그는 안중근의 사정을 고려해서 파격적으로 하얼빈(哈尔滨) 소나무로 만든 관에 안치시켰다. 조선 풍속에 따라 흰색천으로 덮었다. 일반 사형수의 경우와 다른 감옥 규정을 적용해 관을 감옥 내에 있는 교회당에 안치했다. 그리고 안중근과 연루된 죄수 우덕순 등 3명은 안중근의 유해와 작별을 한 후 안중근 관을 보며 감개를 그치지 못 하면서 한국의 풍속에 따라서 관 앞에서 무릎 꿇어 절을 두 번 했다. 우덕순은 형무소 간수에게 "관에 있는 사람과 블라디보스토크에서 만난 후로부터 항상 같은 목적을 두고 이토 히로부미(伊藤博文)를 사살을 도모하기 위해 하얼빈에 동행했다. 우리 결말도 같았어야 했을 텐데 지금 안중근이 죽었고 나만 살아남았다. 탄식하지 않을 수 없는 일이다. 하지만 나도 위태로워 결말이 어떻게 될지 모른다. 사형은 커녕, 오늘 당신들 덕분에 안중근의 유해를 보고 절을 할 수 있는 것만으로도 너무 감사하다"라고 말했다.

잡지

1) 《旅大小史》(여대소사)

《旅大小史》라는 중국 잡지에 저우즈펑(周之风)이 〈조선 애국의사 안중근은 뤼순감옥에서 살해당했다.〉[84]라는 제목으로 기고한 글을 실었다. 이 자료는 뤼순일아감옥구지 박물관 제공을 통해 조사했다. 기고문에는 안중근 의사의 하얼빈 의거 당시의 역사적 배경과 안중근 의사의 하얼빈 의거, 안중근 의사의 뤼순감옥 사형과 함께 마지막에 당시 중국 혁명지사에 대한 내용도 실었다. 중국에서 안중근 의사의 의거와 뤼순감옥에서의 사형에 대해 자세히 제시한 자료로서 의의가 있다. 본 책에서 그 내용과 번역문을 함께 제시했다. 안중근 의사 외에 인명에 대해 잘못 기재한 내용이 있는데 본 책에서는 각주를 통해 그에 대한 설명을 추가했다. 본 내용에서 지목한 안중근 의사 매장지와 처리 과정이 짧게나마 소개되어 있다. 기존의 추정 후보지가 아니라 대단히 흥미롭다. 바이위산[85]은 뤼순시내의 중심에 있다. 뤼순을 한눈에 내려다보는 대표적인 산이다.

· **〈朝鲜爱国志士安重根遇害于旅顺监狱〉(조선 애국지사 안중근은 뤼순감옥에서 살해당했다.)**
· 第四十七节
· 작성자: 저우즈펑(周之风)

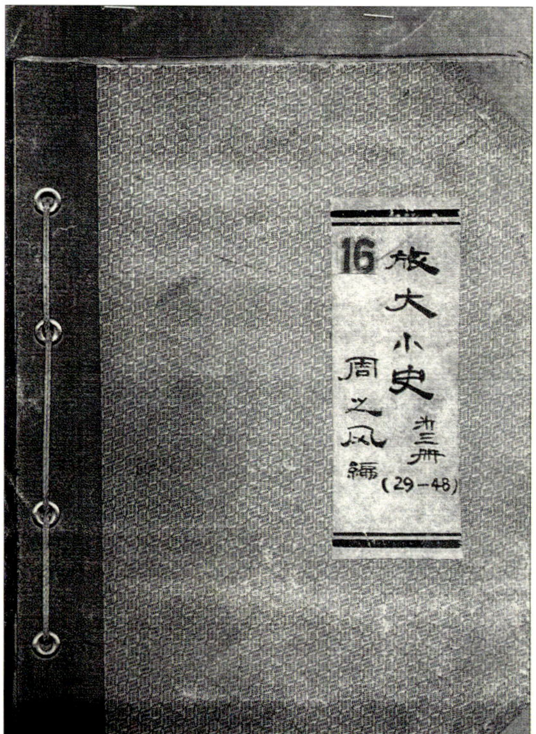

《旅大小史》 표지

84 周之风. 〈朝鲜爱国志士安重根遇害于旅顺监狱〉. 《旅大小史》
85 백옥산(白玉山)

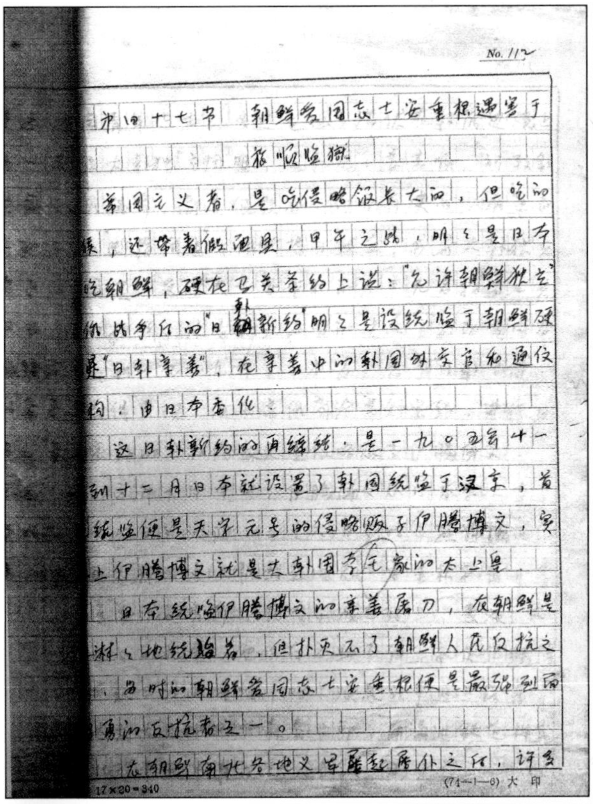
No. 112

第四十七节　朝鲜爱国志士安重根遇害于
旅顺监狱
帝国主义者，是吃侵略饭长大的，但吃的
样，还带着假面具，甲午之战，明明是日本
吃朝鲜，硬在马关条约上说："允许朝鲜独立"
俄战争后的"日韩新约"明明是设统监于朝鲜硬
是"日韩亲善"，在亲善中的韩国外交官和通信
构，由日本委任。
这日韩新约的再缔结，是一九〇五年十一
到十二月日本就设置了韩国统监于汉京，首
统监便是天字元号的侵略贩子伊藤博文，实
上伊藤博文就是大韩国李氏家的太上皇。
日本统监伊藤博文的亲善屠刀，在朝鲜是
淋淋地统治着，但扑灭不了朝鲜人民反抗之
，当时的朝鲜爱国志士安重根便是最强烈而
勇的反抗者之一。
在朝鲜南北各地义军蜂起屠仆之行，许多

17×20=340　(71-1-6) 大 印

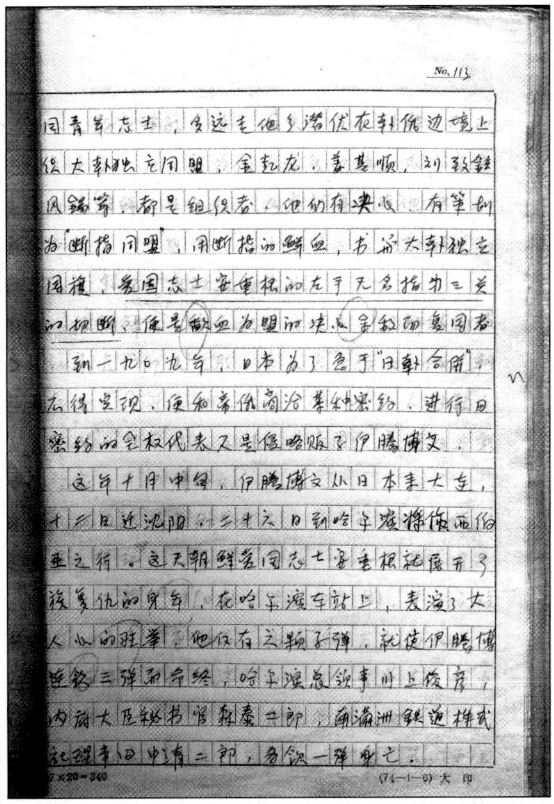
No. 113

同青年志士，多远走他乡潜伏在韩俄边境上
织大韩独立同盟，金起龙，姜基顺，刘致铉
凤锡等，都是组织者。他们有决心，有筹划
为"断指同盟"，用断指的鲜血，书写大韩独立
国旗。爱国志士安重根的左手无名指第三关
的切断，便是歃血为盟的决心。金[illegible]等爱国者
到一九〇九年，日本为了急于"日韩合并"
不得实现，便和帝俄商洽某种密约，进行日
密约的全权代表又是侵略贩子伊藤博文。
这年十月中旬，伊藤博文从日本来大连，
十八日抵沈阳，二十六日到哈尔滨准备西伯
亚之行。这天朝鲜爱国志士安重根就展开了
族复仇的勇气，在哈尔滨车站上，表演了大
人心的壮举。他仅有六颗子弹，就使伊藤博
连中三弹而命终，哈尔滨总领事川上俊彦，
内府大臣秘书官森泰二郎，南满洲铁道株式
社理事田中清二郎，各饮一弹受伤。

17×20=340　(71-1-6) 大 印

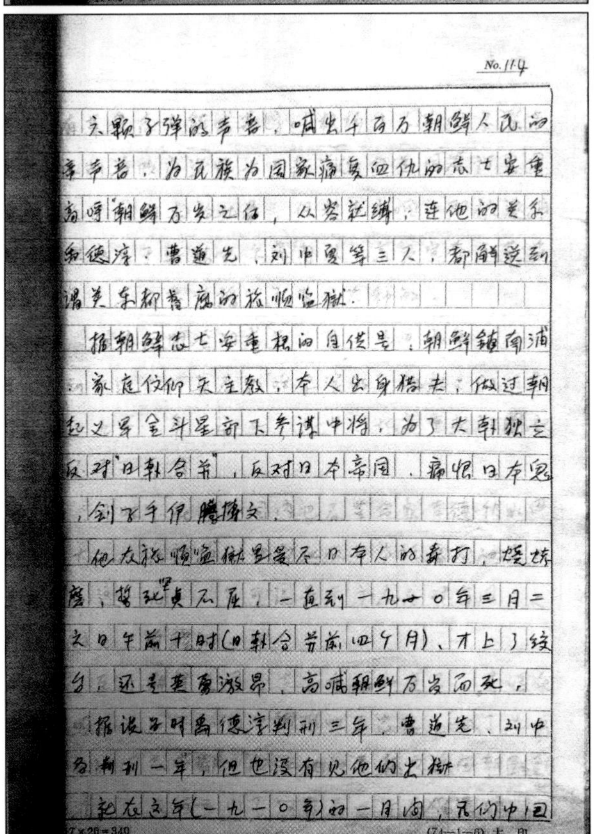
No. 114

六颗子弹的声音，喊出千百万朝鲜人民的
亲声音，为民族为国家痛复血仇的志士安重
高呼"朝鲜万岁"之后，从容就缚，连他的同系
禹德淳，曹道先，刘中夏等三人，都解送到
谓关东都督府的旅顺监狱。
据朝鲜志士安重根的自供是：朝鲜镇南浦
，家庭信仰天主教，本人出身猎夫，做过朝
起义军金斗星部下参谋中将，为了大韩独立
反对"日韩合并"，反对日本帝国，痛恨日本鬼
，剑下手伊藤博文。
他在旅顺监狱里受尽日本人的毒打，煤烤
磨，誓死坚贞不屈，一直到一九一〇年三月二
六日午前十时(日韩合并前四个月)，才上了绞
台，还是英勇激昂，高喊朝鲜万岁而死。
据说当时禹德淳判刑三年，曹道先、刘中
各判刑一年，但也没有见他们出狱
就在这年(一九一〇年)的一月间，我们中国

17×20=340　(71-1-6) 大 印

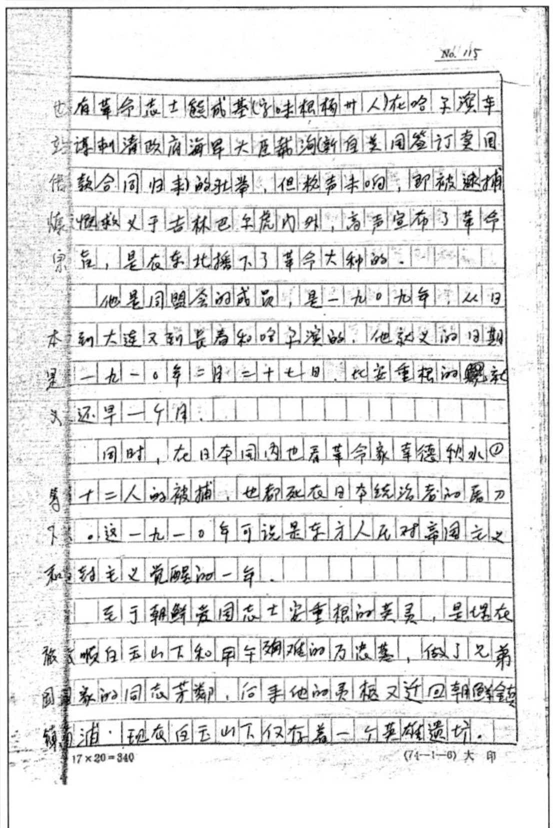
No. 115

也有革命志士熊成基(字味根杨州人)在哈尔滨车
站谋刺清政府海军大臣载洵(新自美国签订变国
借款合同归来)的壮举，但枪声未响，即被逮捕
炼狱救义于吉林巴尔虎门外，高声宣布了革命
宗旨，是在东北播下了革命火种的。
他是同盟会的成员，是一九〇九年，从日
本到大连又到长春和哈尔滨的。他就义的日期
是一九一〇年二月二十七日，比安重根的就义
义还早一个月。
同时，在日本国内也有革命家幸德秋水①
等十二人的被捕，也都死在日本统治者的屠刀
下。这一九一〇年可说是东方人民对帝国主义
和封建主义觉醒的一年。
至于朝鲜爱国志士安重根的英灵，是埋在
旅顺白玉山下和甲午殉难的万忠墓，做了兄弟
国家的同志芳邻，后来他的灵柩又迁回朝鲜镇
镇南浦。现在白玉山下仅存着一个英雄遗址。

17×20=340　(71-1-6) 大 印

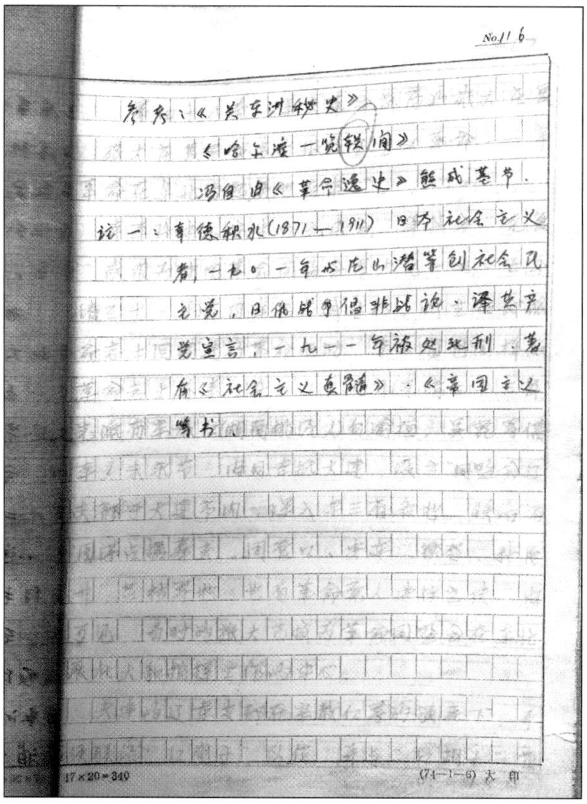
No.116

参考：《关东州秘史》

《哈尔滨一览铁间》

冯自由《革命逸史》熊成基节。

注一：幸德秋水(1871—1911)日本社会主义者，一九〇一年与片山潜等创社会民主党，日俄战争倡非战论，译共产党宣言，一九一一年被处死刑，著有《社会主义真髓》、《帝国主义》等书。

17×20=340 (74-1-6) 大 印

제국주의자는 침략의 밥을 먹고 컸지만, 먹을 때는 탈을 쓰고 있다. 갑오전쟁[86]은 분명 일본이 조선을 침략하는 것이지만 "조선의 독립을 허용한다."라고 억지로 시모노세키 조약(마관조약(马关条约))에 표기하였다. 러일전쟁 후의 '한일 협약'은 분명 조선에 통감을 설치하고, 조선에 '한일친선'이라고 우기며 친선 중의 한국 외교관과 통신(通仪) 구조를 일본에 위임한다고 했다.

한일신협약의 재체결로 1905년 11월부터 12월에 일본은 한성(짐작한 번역)에 한국통감을 설치하였고, 최초의 통감은 천자원호의 침략상인 이토 히로부미(伊藤博文)였다. 실제로 이토 히로부미는 한국 (미상)의 태상황이었다.

일본 통감 이토 히로부미의 친선 도살 칼은 조선에서 혈권(피범벅이 된) 통치자였지만 조선 인민의 저항의 불을 끄지 못하였고, 당시의 조선 애국지사 안중근은 가장 강력하고 용감한 저항자 중 하나였다.

조선의 남북 각지에서 의군이 연이어 실패한 후에 많은 애국 청년 지사들이 타향으로 멀리 가서 한러 국경 지역으로 이주(잠복)하여 대한독립 동맹을 조직하였다. 대표적인 조직자는 김기룡, 강기순, 유치현, (미상)풍석 등이다. 이들은 결의가 있었고, (미상)'단지동맹'을 계획했고, 손가락을 잘라 피의 동맹 결의를 대한독립의 국기에 썼다. 안중근 애국지사의 왼손 무명지(약지) 3분지 1(미상) 절단으로 삽혈한 결의는 적을 물리치고 나라를 회복하자는 맹세인 것이다((미상)으로 인해 짐작한 번역). 1909년에 이르러 일본은 급하게 '한일합방'을 서둘렀고, 이에 대한 부득이함을((미상)으로 인해 짐작한 번역) 러시아제국과 모종의 비밀 조약을 상의하는데, 러일 비밀 조약을 진행한 전권대표는 바로 침략상인 이토 히로부미였다.

그해 10월 중순 일본에서 다롄(大连)으로 건너온 이토 히로부미는 12일 선양(沈阳)으로 이동해 26일 하얼빈(哈爾濱)에 도착하여 시베리아행을 계획한다. 조선 애국지사 안중근은 민족의 원한을 갚으려 헌신하고자 하얼빈 기차역에서 통쾌한 의거를 펼쳤다((미상)으로 인해 짐작한 번역). 안 의사는 총탄 6발을 발사했는데, 이토 히로부미는 3발을 연달아 명중되어 사망하였고, 하얼빈 주재 일본제국 총영사 가와카미 도시히코(川上俊彦), (미상)대신 비서관 모리(森泰二郎), 남만주 철도 주식회사의 이사 다나카 세이지로(田中清次郎)도 한 발씩 맞아 사망하였다.

여섯 발의 총성은 천백만 조선 인민의 반제의 목소리((미상)으로 인해 짐작한 번역)였고, 민족과 조국을 위해 피맺힌 원수를 갚은 지사 안중근 의사는 '조선 만세의 (미상)'를 외치며 태연하게 결박당하였고, 그의 단원인((미상)으로 인해 짐작한 번역) 우덕순(禹德淳), 조도선(曹道先), 유중하(劉中夏)[87] 등 세 사람도 모두 관동도독부라는 뤼순감옥으로 압송당했다.

조선지사 안중근 의사는 다음과 같은 자백을 하였다. 나는 조선 진남포(미상)로 가족은 천주교 신앙을 갖고, 본인은 사냥꾼 출신으로 조선 기의군 김두성 부하의 참모중장을 역임했으며, 대한독립을

86 甲午战争. 청일전쟁

87 이 잡지에서 유동하(劉東夏)의 이름이 '유중하(劉中夏)'로 잘못 기재됨.

위해 한일합방을 반대하고, 일본제국을 반대하며 왜놈과 사살자 이토 히로부미(伊藤博文)를 증오한다.

그는 뤼순감옥에서 일본인들에게 모진 매질을 당하고, 불타고 (미상) 갈고, 죽음을 불사하는 불굴의 의지를 지키다가 1910년 3월 2(미상)일 오전 10시(한일합방 4개월 전)에 이르러서야 교수대에 올라 용감하고 격앙되게 '조선 만세'를 외치며 서거하였다.

당시 우덕순(禹德淳)은 3년, 조도선(曹道先), 유중하(劉中夏)[88]는 각각 1년씩 형을 선고받았으나 출소되지 않았다고 한다.

바로 그해(1910년) 1월에 우리 중국에서도 혁명 지사 슝청지(熊成基, 자는 웨이건(味根), 양저우(杨州) 출신)가 하얼빈 기차역에서 청 왕조의 해군 대원수 재순(载洵)을 암살하려는 장거가 있으나 총을 쏘지도 못하고 바로 체포되어 의기롭게 정의를 위해 희생되었다. 또한 지린(吉林) 바얼후먼(巴尔虎门) 밖에서 혁명의 취지를 큰소리로 선포하고 동북에서 혁명의 씨앗을 뿌렸다.

그는 동맹회 회원으로서 1909년에 일본에서 다롄(大连)으로, 다시 창춘(长春)과 하얼빈으로 갔다. 그가 의롭게 희생하는 날짜는 1910년 2월 27일로 안중근의 희생보다 한 달 먼저였다.

한편 일본 내에서도 혁명가 고토쿠슈스이(幸德秋水) 등 12명의 혁명가가 체포되어 모두 일본 통치자의 도살용 칼로 사망했다. 1910년은 동양인들이 제국주의와 봉건주의에 대하여 각성한 해라고 할 수 있다.

조선 애국지사 안중근 의사의 영령은 뤼순(旅顺) 바이위산(白玉山) 밑과 갑오(甲午)의 순난을 알리는 만충묘(萬忠墓)에 묻혀 형제국가의 좋은 이웃으로 지내다가 그의 관을 다시 조선 진남포(鎭南浦)로 옮겼고, 현재 바이위산 밑에는 영웅의 유저 하나만 남아 있다.

참고:

《관동주비사(关东洲秘史)》

《하얼빈일람일간(哈尔滨一览轶闻)》

평쯔여우(冯自由)《혁명일사(革命逸史)》 슝청지(熊成基) 절

비고1:

고토쿠슈스이(幸德秋水, 1871~1911), 일본 사회주의자, 1901년에 가타야마 센(片山潜)과 같이 사회민주당을 창립했다. 러일전쟁 때 전론(非戰論)을 제창하고, 공산당 선언을 번역하여, 1911년에 사형에 처해 졌다. 저서로는《사회주의진수(社会主义真髓)》,《제국주의등서(帝国主义等书)》 등이 있다.

---

88 이 잡지에서 유동하(劉東夏)의 이름이 '유중하(劉中夏)'로 잘못 기재됨.

2. 공문서

1) 미국 둥산포[89] 공동묘지 GPR 발굴을 위한 공문서

미국 둥산포 공동묘지 GPR[90] 발굴을 위한 공문서는 〈미국 고고학자의 뤼순(旅顺) 고찰에 관한 보고〉[91]라는 제목으로 2010년 4월 1일에 뤼순일아감옥구지 박물관에서 작성했다. 이 공문서는 뤼순일아감옥구지 박물관에서 제공받았다. 1944년 펑톈(奉天)[92]동맹군 포로수용소에 있던 미군 포로가 탈출했다가 다시 잡혀 뤼순감옥에 수감된 후, 뤼순에 묻혔다. 이후 미국 쪽에서 그 미군의 유해를 GPR 방식을 통해 발굴하려고 하여 뤼순일아감옥구지 박물관은 공문서에 선양(沈阳)대학교 펑톈동맹군 포로연구소가 미국 측과 협력해 시신 조사 작업을 실시하는 것에 대한 보고를 작성했다. 이 공문서는 이전의 뤼순감옥에 수감됐던 미군의 유해를 찾기 위해 지표투과조사(GPR)을 통한 유해 발굴에 대한 기록으로 향후 안중근 의사의 유해 발굴 방법에 대해 제시할 수 있는 근거가 된다. 본 책에서는 그 내용과 번역문을 함께 제시했다. 특히 미군의 발굴을 주도한 선양대학 양징 교수가 확보했을 뤼순일아감옥구지 박물관의 뤼순 옛터 공동묘지의 지표면 모양을 확보하는 것이 중요하다. 편자(김월배)가 모처를 통해서 시도를 하였지만, 외교적 채널로 대화를 시도를 요구하였다.

---

89 동산파(東山坡)

90 지표투과 레이더(Ground Penetrating Radar)

91 〈关于美国考古学家来旅顺考察的报告〉

92 선양(沈阳)의 옛 명칭

· 〈关于美国考古学家来旅顺考察的报告〉 (미국 고고학자의 뤼순 고찰에 관한 보고)(2010.04.01)

· 뤼순일아감옥구지 박물관 작성

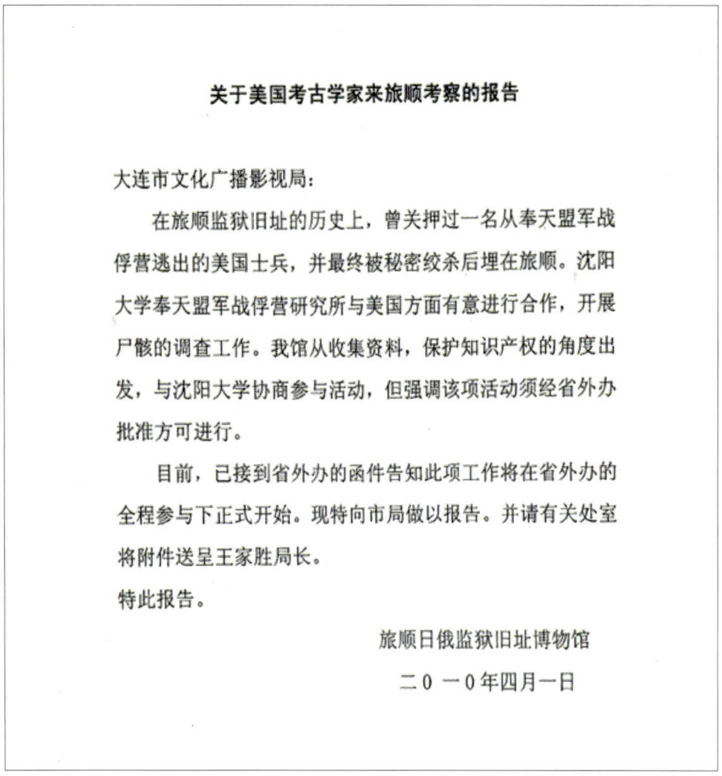

关于美国考古学家来旅顺考察的报告

大连市文化广播影视局：

在旅顺监狱旧址的历史上，曾关押过一名从奉天盟军战俘营逃出的美国士兵，并最终被秘密绞杀后埋在旅顺。沈阳大学奉天盟军战俘营研究所与美国方面有意进行合作，开展尸骸的调查工作。我馆从收集资料，保护知识产权的角度出发，与沈阳大学协商参与活动，但强调该项活动须经省外办批准方可进行。

目前，已接到省外办的函件告知此项工作将在省外办的全程参与下正式开始。现特向市局做以报告。并请有关处室将附件送呈王家胜局长。

特此报告。

旅顺日俄监狱旧址博物馆

二０一０年四月一日

미국 고고학자의 뤼순(旅顺) 고찰에 관한 보고

다롄시(大连市) 문화방송국:

뤼순일아감옥구지 역사에서 펑톈(奉天)동맹군 포로수용소에서 탈출한 미군 병사 한 명을 수감하고, 나중에 비밀리에 교살된 뒤 뤼순에 묻힌 적이 있다. 선양(沈阳)대학교 펑톈(奉天)동맹군 포로연구소는 미국 측과 협력해 시신 조사 작업을 벌일 방침이다. 저희 측은 자료를 수집하고 지적 재산권을 보호하는 차원에서 선양대학과 협의하여 활동에 참여하지만, 이 활동은 랴오닝성(辽宁省) 외사과의 허락을 거쳐야만 진행할 수 있다고 강조했다.

현재, 랴오닝성 외사과에서 공문서를 받은 이 일은 랴오닝성 외사과가 전 과정에 참여하여 정식으로 시작될 것임을 알려, 현재는 다롄시(大连市) 문화방송국에 특별히 보고한다. 아울러 관련 부서에 첨부 문서를 왕자성(王家胜) 국장께 보내주시기 바란다.

특별히 보고 드림.

뤼순일아감옥구지 박물관

2010년 4월 1일

· 자료명: 뤼순감옥에 묻힌 미군 사진

· 자료명: 뤼순감옥에 묻힌 미군에 대한 안내문

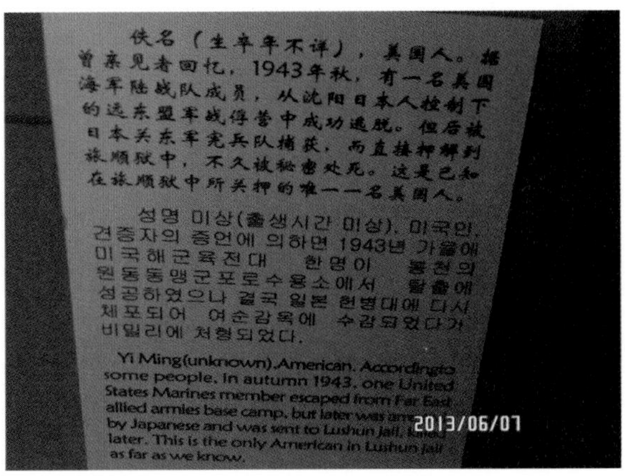

· 자료명: 선양대학교(沈阳大学校) 양징(杨竟) 교수 명함

2)《旅顺日俄监狱旧址博物馆年鉴(2006-2011)》 수록 안중근 의사 유해 발굴 공문

《旅顺日俄监狱旧址博物馆年鉴(2006-2011)》[93]에 실린 기록 중 안중근 의사 유해 발굴 조사에 대한 문건들을 제시했다. 제시한 문건은 총 4건으로 뤼순일아감옥구지 박물관에서 자료를 제공받았다. 2006년 5월 31일에 뤼순일아감옥구지 박물관에서 작성한 〈뤼순일아감옥구지 박물관의 남북한 안중근 의사 유해 발굴 대표단 초청에 대한 계획 방안〉[94], 2006년 6월 20일에 뤼순일아감옥구지 박물관에서 작성한 〈남북한 안중근 의사 유해 발굴 대표단 초청에 대한 업무 보고서〉[95], 2008년 5월 30일에 뤼순일아감옥구지 박물관·다롄시 근대사 연구소에서 작성한 〈뤼순일아감옥구지 박물관의 안중근 의사 매장지점 조사 업무에 대한 보고서〉[96], 2008년 7월 7일에 뤼순일아감옥구지 박물관에서 작성한 〈뤼순일아감옥구지의 묘지 의심지 긴급 발굴에 대한 요청〉[97]을 본 책에서 그 내용과 번역문으로 함께 제시했다. 본 내용은 대단히 흥미롭다. 뤼순일아감옥구지 박물관 즉 중국 측에서 안중근 의사 묘지 발굴에 대한 지대한 관심과 한국과 북한 유해 발굴단의 안중근 유해 발굴에 대하여 수행한 사항을 관련자와 관련 내역을 상세히 다롄시 문화국에 보고한 공문서이다.

《旅顺日俄监狱旧址博物馆年鉴(2006-2011)》 표지

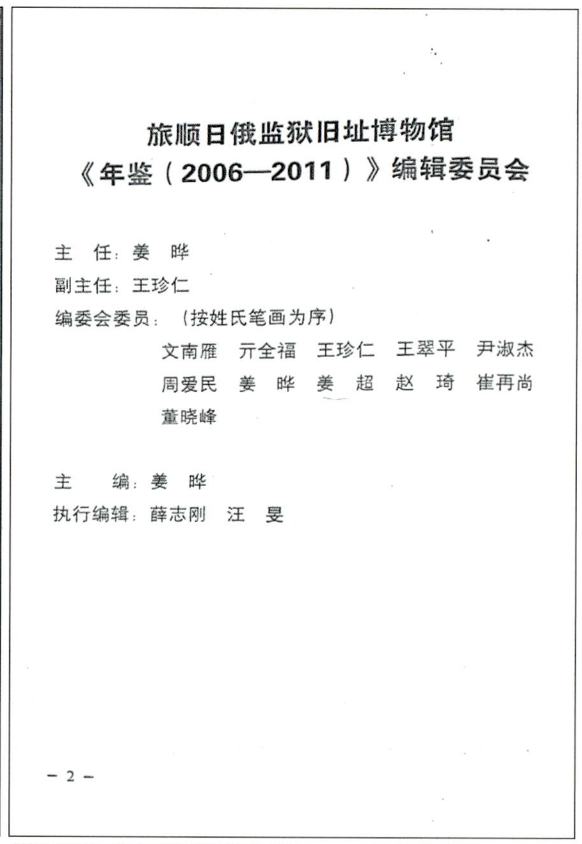
旅顺日俄监狱旧址博物馆
《年鉴（2006—2011）》编辑委员会

主　任：姜　晔
副主任：王珍仁
编委会委员：（按姓氏笔画为序）
文南雁　亓全福　王珍仁　王翠平　尹淑杰
周爱民　姜　晔　姜　超　赵　琦　崔再尚
董晓峰

主　编：姜　晔
执行编辑：薛志刚　汪　旻

－ 2 －

《旅顺日俄监狱旧址博物馆年鉴(2006-2011)》 발행 사항

---

93 旅顺日俄监狱旧址博物馆·大连市近代史研究所(2012),《旅顺日俄监狱旧址博物馆年鉴(2006-2011)》, 旅顺日俄监狱旧址博物馆

94 〈旅顺日俄监狱旧址博物馆关于接待朝韩寻访安重根遗骨代表团的计划方案〉

95 〈关于接待朝韩寻访安重根遗骨代表团的工作报告〉

96 〈旅顺日俄监狱旧址博物馆关于对安重根埋葬地点调查工作的报告〉

97 〈关于对旅顺日俄监狱旧址疑似墓地进行抢救性发掘的请示〉

· 〈旅顺日俄监狱旧址博物馆关于接待朝韩寻访安重根遗骨代表团的计划方案〉[98]

(뤼순일아감옥구지 박물관의 남북한 안중근 의사 유해 발굴 대표단 초청에 대한 계획 방안)

· p.176~178

旅顺日俄监狱旧址博物馆关于接待朝韩寻访安重根遗骨代表团的计划方案

市外办偕区外办于2006年5月30日来馆，就朝韩共同组团来连寻访安重根遗骨一事做了通报。同时，对朝韩双方将要参观考察的监狱旧址现场、监狱墓地现场做了专门考察。根据市外办的通报计划，我馆特制定下列工作计划：

一、为加强对这项工作的领导，将向市文化局有关领导做全面汇报，组成有相应人员参加的领导小组和相关的接待组、工作组：

领导小组组长：主管局长

副组长：华文贵

成　员：谭晓玲、王珍仁、亓全福、王翠平、周爱民

接待组组长：华文贵

副组长：谭晓玲、亓全福

成　员：周爱民、尹玉兰、刘文雅、林木

工作组组长：华文贵

成　员：王珍仁、周祥令、周爱民

二、加强工作的保密教育。非相关人员不得私下与朝韩人员进行交流。工作期间严禁媒体人员到场。但考虑

— 176 —

到历史资料的保存，馆内将责成专人进行工作摄影和进行工作记录。

三、加强对参与此项工作人员的前期纪律教育。参加工作的人员要严格遵守外事部门的工作纪律和具体要求，在接待工作中，做到不卑不亢、落落大方。对待工作中的分歧意见，在得到有关部门领导许可的时候，可本着尊重实事的严谨科学态度，以说理的平和心态给予阐述。

四、鉴于朝韩双方此次来连人员共计24人，加之陪同和参加工作的中方人员预计会突破30人。期间在连的时间为一周。我馆将准备一处临时会议和接待场所，同时做好充分的前期设备的准备。（地点可考虑现已装修好的12工场内）

五、为做好前期准备工作，应请朝韩双方尽快将其掌握的四处地点数据交给中方，以便我们搞好前期的测定和环境考察。做到心中有数，这样方可保证寻访工作的有序进行。

六、根据文物工作所规定的纪律，请国家外交部迅速与国家文物局进行沟通，请国家文物局向大连市文化局发出相关文件函，以保证安重根遗骨寻访工作的正常开展。

七、为加强学术交流，我馆将对来访的朝韩人员准备下列与监狱旧址博物馆相关的图书，给予赠送：

1、《难以忘却的一页》，人民美术出版社出版

2、《旅顺日俄监狱旧址藏品集》，辽宁师范大学出

— 177 —

版社出版。

3、《旅顺日俄监狱实录》，吉林人民出版社出版

4、《血・魂》，吉林人民出版社出版

八、关于此项工作，朝韩方面需考察的相关地点以及涉及到参加座谈的馆外人员、发掘地点、发掘经费、发掘后现场的保护等诸多问题，均按外事部门的要求进行，我馆将给予积极配合和执行。

九、其它未尽事宜，将根据外办提供的具体工作日程，给予相应的调整。

旅顺日俄监狱旧址博物馆

2006年5月31日

关于旅顺日俄监狱旧址博物馆调整办公地点的请示

市文化局（文物处）：

目前，我馆办公地点共有三处，一处是距我馆较远的旅顺盛通公寓；另一处是监狱旧址院内阴暗潮湿的原备品库房；再一处是原监狱主楼一层办公楼。近年来，由于几处办公地点比较分散，给我馆工作带来诸多不便。因此，我馆领导班子与前几任馆长及有关专家进行了商谈，大家一致认为，把职工全部调整到原监狱办公楼办公是最佳选

— 178 —

98　旅顺日俄监狱旧址博物馆 · 大连市近代史研究所(2012),《旅顺日俄监狱旧址博物馆年鉴(2006-2011)》, 旅顺日俄监狱旧址博物馆

다롄시(大连市) 외사부서와 뤼순구(旅顺区) 외사부서는 본 기관에 2006년 5월 30일에 남북한 공동팀의 안중근 유해 탐방 건을 통보했다. 같은 시기에 남북한 양측이 시찰하고자 한 감옥구지 현장, 감옥묘지현장에 대해 전문 시찰을 했다. 다롄시 외사부서의 통보 계획에 근거하여, 본 기관은 특별히 아래와 같은 업무계획을 세웠다.

1. 이 업무에 대한 리더십을 강화하기 위해 다롄시 문화국 관련 지도자에게 전면적인 보고를 하고, 해당 인원으로 구성한 리더팀, 초대팀, 작업팀으로 나눌 예정이다.
   리더팀 팀장: 주관 국장
   부팀장: 화원구이(华文贵)
   구성원: 탄샤오링(谭晓玲), 왕전런(王珍仁), 위안취안푸(元全福), 왕추이핑(王翠平), 저우아이민(周爱民)
   초대팀 팀장: 화원구이(华文贵)
   부팀장: 탄샤오링(谭晓玲), 위안취안푸(元全福)
   구성원: 저우아이민(周爱民), 인위란(尹玉兰), 류원야(刘文雅), 린무(林木)
   작업팀 팀장: 화원구이(华文贵)
   구성원: 왕전런(王珍仁), 저우샹링(周祥令), 저우아이민(周爱民)
2. 이 작업에 대한 비밀 준수 교육을 강화할 것이다. 관계자 외에 남북한 대표단과 사적인 교류를 금한다. 작업 기간에 언론인의 진입을 엄금한다. 하지만 역사자료의 보존을 위해서, 박물관은 작업촬영과 작업기록을 할 전담 인력을 선발하고 보낼 예정이다.
3. 이번 작업에 참여한 인원에 대한 사전 규율 교육을 강화할 것이다. 관계자는 외사부서의 업무 규율과 구체적인 요구를 염격히 준수해야 하며, 초대할 때 아첨하지 않고 솔직 담백하고 대범한 태도로 보여야 한다. 작업 중의 이견에 대하여 관계부서 리더의 승인을 받은 후에 사실을 존중하는 신중한 과학적 태도에 입각하여 평화로운 마음으로 논리적으로 진술해야 한다.
4. 이번 다롄시에 온 남북한 대표단 총 인원수는 24명이고, 같이 참여해준 중국 측 인원을 합쳐서 30명 이상으로 예상하고 있다. 이 작업 중 다롄시에 있을 시간은 일주일이다. 박물관에서 임시회의, 초대장소를 마련하며 사전 설비를 충분히 준비할 것이다(장소는 현재 공사 완료된 12공장 내로 고려).
5. 사전준비를 잘하기 위해 남북한 양국은 확보한 4곳 지점의 정보를 조속히 중국 측에 넘겨 사전 측정과 환경 고찰을 할 수 있도록 해야 한다. 사전준비를 잘해야 현장조사 작업의 순차적 진행을 할 수 있을 것이다.
6. 문화유산업무의 규율에 따르면, 국가 외교부는 국가 문화재국과 신속한 소통을 하고 국가 문화재국이 다롄시 문화국에 관련 서류를 발송하여 안중근 유해를 찾는 작업의 정상적으로 진행할 수 있도록 해야 한다.
7. 학술적 교류를 강화하기 위해서 박물관은 방문한 남북한 대표단에 감옥구지 박물관과 관련된

도서를 증정할 예정이다.

(1)《难以忘却的一页》(잊을 수 없는 한 페이지), 인민미술 출판사(人民美术出版社出版)

(2)《旅顺日俄监狱旧址藏品集》(뤼순일아감옥구지 소장품집), 랴오닝 사범대학교 출판사(人民美术出版社出版)

(3)《旅顺日俄监狱实录》(뤼순일아감옥 실록), 지린인민출판사(吉林人民出版社出版)

(4)《血·魂》(혈·혼), 지린인민출판사(吉林人民出版社出版)

8. 이 작업에 대해 남북한 양국이 고찰할 지점과 좌담에 참여할 박물관 직원 외의 인원, 발굴장소, 발굴경비, 발굴 후 현장 보호 등 문제들은 전부 외사부서의 규율에 따라서 진행할 예정이며 본 기관은 적극적으로 협력하여 작업을 진행할 예정이다.

9. 아직 정해지지 않은 사항은 외사부서가 내린 구체적인 작업 일정에 맞춰 조정할 것이다.

뤼순일아감옥구지 박물관

2006년 5월 31일

· 〈关于接待朝韩寻访安重根遗骨代表团的工作报告〉[99]

(남북한 안중근 의사 유해 발굴 대표단 초청에 대한 업무 보고서)

· p.179~182

择。其原因一是解决了办公、用餐车辆接送问题；二是降低取暖费用，减少了经费开支；三是消除了防火等一些安全隐患；四是便于对员工进行统一的管理，提高了工作效率；五是即有利于事业的发展，又有利于文物的保护。

鉴于上述情况，我馆申请调整办公地点，望局领导能给予支持。当否，请批示。

旅顺日俄监狱旧址博物馆
2006年6月10日

关于接待朝韩寻访安重根遗骨代表团的工作报告

市文化局：

2006年6月8日—10日，经中国外交部批准，由省市区三级外事办公室相关人员陪同、我馆参与接待了朝韩寻访安重根遗骨代表团一行23人，三方就寻访安重根遗骨问题展开了紧张而忙碌的工作，并取得了初步进展。现将具体情况汇报如下：

一、我馆此次协助朝韩寻访安重根遗骨代表团工作的成员有华文贵、谭晓玲、王珍仁、周祥令、周爱民、亓全福。

二、根据寻访代表团的要求，我们先后陪同考察了

— 179 —

以下地点：

（一）6月8日，考察旅顺监狱墓地遗址。

该墓地遗址距离监狱旧址约1公里，整体方位坐西向东，占地面积约有2000多平方米（3亩地）。根据史料记载，当时墓地采用循环埋葬方式，即当几条土沟里全部埋满尸桶后，再依次将土沟里已腐烂的尸体遗骨和木桶全部挖出来，在附近另挖一个大坑，把遗骨合葬，然后利用清理完的土沟继续掩埋尸桶。所以该墓地属于临时埋葬墓地。

（二）6月9日午前，考察旅顺力新街和新开路之间（北纬38° 49′ 3″ 东经121° 15′ 43″）。

该建筑是上个世纪四十年代末五十年代初建立起来的，目前属于正在搬迁的民用住宅区，且自然地理概貌与其提供的历史照片所反映的地貌存在较大的差异。

（三）6月9日午后，考察了旅顺监狱旧址北面后山。

此处距离旅顺监狱原窑场和官舍不远，目前是一片荒山，属于岩石地层。且在我馆专业人员长年的调研中，尚无任何当年的历史见证人指正该地曾有过坟墓；而且直至现在，这里也未见有任何坟丘的痕迹。

（四）6月10日午后，以旅顺监狱旧址北面后山的高压电线铁架为中心，丈量方圆面积。

三、朝韩寻访安重根遗骨代表团认为遗骨最可能存

— 180 —

在的两个位置是：旅顺监狱旧址北面后山、旅顺监狱墓地旧址。其中认为旅顺监狱旧址北面后山最为可能，主要依据韩方专家崔书勉提供的两张历史照片（据说来自旅顺监狱第一任典狱栗原贞吉的女儿，拍摄于1911年）。

四、6月10日，在朝韩寻访安重根遗骨工作总结会上，朝韩双方首席代表在对中方此次大力配合表示感谢外，还拜托了几项事情。

（一）韩方首席代表崔完根拜托3项事情：

1、希望以此次考察为基础，使寻访安重根遗骨工作得以继续开展。

2、请对所去的地方（旅顺监狱墓地旧址、旅顺监狱旧址北面后山）保持原貌。

3、安重根在韩国、朝鲜、中国、日本都具有知名度，希望以后的挖掘工作能够像此次一样进行。预计将在2006年11月或2007年3月再次组团寻访。

（二）朝方首席代表金钟洙拜托3项事情：

1、安重根遗骸最可能存在的两个位置（旅顺监狱墓地旧址、旅顺监狱旧址北面后山）请原貌保存。

2、如果有了充分的依据，将展开挖掘。

3、安重根遗骸挖掘工作是朝鲜半岛关注的事情，希望中、韩、朝三国联合，在条件允许的情况下完成。

五、省、市外事部门对于朝韩双方寻访安重根遗骨

— 181 —

一事，会同我馆坚持了对新闻媒体拒绝采访的原则，避免新闻炒作。其间，我馆根据要求先后两次谢绝了新闻部门的采访。在寻访工作中，省、市外事部门对我馆的接待工作给予了充分的肯定。

综上，为接待朝韩寻访安重根遗骨代表团的基本情况，特此报告。

旅顺日俄监狱旧址博物馆
2006年6月20日

关于日、韩、俄等国游客来旅顺一日游的线路方案

大连市外办：

近日接到贵办来函咨询有关外国友人来旅最佳路线一事，现将我们的设想意见呈上：

一、制定一日游相关路线的目的和意义

旅顺以它丰富的历史文化资源和特殊的地理位置，备受世人注目。尤其以日、韩、俄等国家为代表的相关人士，更是翘首以待，能为到旅顺观光游览而感自豪和幸福。而旅顺部分旅游景点对上述国家和地区人员开放，对旅顺资源环境是一个极大的改善，同时也会进一步提高旅顺在

— 182 —

99 旅顺日俄监狱旧址博物馆·大连市近代史研究所(2012),《旅顺日俄监狱旧址博物馆年鉴(2006-2011)》, 旅顺日俄监狱旧址博物馆

다롄시(大连市) 문화국:

2006년 6월 8일~10일, 중국 외교부의 승인을 받아 랴오닝성(辽宁省) 다롄시(大连市) 뤼순구(旅顺区) 3급 외사 사부서 관계자를 배석시키고 안중근 유해를 찾는 남북한 대표단 일행 23명을 초대하는 데에 참여했다. 삼국은 안중근 유해를 찾는 문제에 대하여 긴박하면서도 바쁜 작업을 전개하여 초보적인 진전을 이뤘다. 지금 구체적인 상황을 아래와 같이 보고한다.

1. 이번에 안중근 유해를 찾는 남북한 대표단 작업에 협력하는 인원은 화원구이(华文贵), 탄샤오링(谭晓玲), 왕전런(王珍仁), 저우샹링(周祥令), 저우아이민(周爱民), 위안취안푸(元全福)이다.
2. 현장조사 대표단의 요청에 근거하여 아래와 같은 장소를 선후로 같이 시찰했다.
   (1) 6월 8일, 뤼순감옥 묘지 유적 시찰.
   감옥구지와 1km 떨어진 묘지 유적은 서쪽에서 동쪽으로 위치하고 있고 약 2000여㎡ 차지하고 있다. 역사자료에 의하면, 당시 묘지는 순환매장방법을 취했었다. 즉, 몇 개의 골짜기를 다 시체통으로 채운 후에, 이미 썩은 시체 유골과 나무통을 모두 파내고 근처에 큰 구덩이를 따로 파서 유골을 모두 합장하고 치워진 골짜기에 계속 시체통을 묻는 것이다. 따라서 이 묘지는 임시매장묘지이다.
   (2) 6월 9일 오전, 뤼순신지에(旅顺新街)와 신카이루(新开路) 사이 시찰(북위 38°49′3′′ 동경 121°15′43′′), 20세기 40년대 말 50년대 초에 건립된 이 건물은 지금 이주 중인 민간 주택가이다. 자연 지리적 특징과 역사 사진에 나타난 지형 모습의 차이가 크다.
   (3) 6월 9일 오후, 뤼순감옥구지 북쪽 뒷산 시찰.
   뤼순감옥 벽돌 공장과 관청에 가까운 이곳은 현재 황색 산으로 바위 지층에 속한다. 또한 본 기관 전문가의 오랜 조사에서도 무덤이 있었다는 역사적 증인은 없었으며, 봉분의 흔적도 아직까지 보이지 않았다.
   (4) 6월 10일 오후, 뤼순감옥구지 북쪽 뒷산에 있는 고압전선 철체를 중심으로 면적 측량.
3. 안중근 유해를 찾는 남북한 대표단은 가능성이 가장 높은 유해 매장지 두 군데로 뤼순감옥 북쪽 뒷산과 뤼순감옥묘지구지라고 여겼다. 그중 뤼순감옥구지 북쪽 뒷산일 가능성이 제일 높다고 했다. 이는 한국 최서면 전문가가 제출한 두 장의 역사 사진에 의한 판단이다(뤼순감옥 제일(第一) 교도소장 구리하라(栗原)의 딸에게서 받았고 1911년에 촬영한 것이라고 함).
4. 6월 10일 남북한 대표단의 안중근 유해 탐방 작업 보고 회의에서 남북한 양국의 수석대표가 중국의 협조에 감사를 표하며 몇 가지 부탁을 했다.
   (1) 한국 수석대표 최완근이 부탁한 3가지 사항
      ① 이번 고찰을 바탕으로 안중근 유해에 대한 현장조사를 계속할 수 있기를 바란다.
      ② 현장 조사한 장소(뤼순감옥묘지구지, 뤼순감옥구지 북쪽 뒷산)의 원래 상태를 유지하기를 바란다.
      ③ 안중근은 한국, 북한, 중국과 일본에서 모두 인지도가 있는 만큼 미래의 발굴작업도

이번처럼 순조롭게 진행할 수 있기를 바란다. 2006년 11월이나 2007년 3월에 다시 단체로 현장 조사하러 올 예정이다.

(2) 북한 수석대표 김중수가 부탁한 3가지 사항

① 안중근 유해 매장지일 가능성이 제일 높은 두 장소(뤼순감옥 묘지구지, 뤼순감옥구지 북면 후산)의 원모를 유지하기를 바란다.

② 충분한 근거를 찾았다면 발굴작업을 시작할 예정이다.

③ 안중근 유해 발굴 작업은 한반도가 주목한 일이라서 북한, 중국, 한국이 같이 협력하여 여건이 허락하는 대로 이뤄지길 바란다.

5. 랴오닝성 다롄시 외사부서는 남북한이 안중근 유해에 대한 현장조사와 관련해서 박물관과 같이 언론사의 인터뷰를 모두 거절하는 원칙을 지킨다. 이는 언론 측에서 대대적으로 띄우는 일을 피하기 위해서이다. 그동안 언론사의 인터뷰 요청을 두 번이나 거절했다. 현장조사 작업 중에 랴오닝성 다롄시 외사부서는 이번 박물관의 초대사항에 대해 충분히 인정해주었다.

위와 같이 안중근 유해를 찾는 남북한 대표단을 초대하는 기본 상황을 특별히 보고한다.

뤼순일아감옥구지 박물관

2006년 6월 20일

· 〈旅顺日俄监狱旧址博物馆关于对安重根埋葬地点调查工作的报告〉[100]

(뤼순일아감옥구지 박물관의 안중근 의사 매장지점 조사 업무에 대한 보고서)

· p.233~235

更新更换工作。这项工程约需资金 115 万元。

当否，请批复。

旅顺日俄监狱旧址博物馆
2008 年 5 月 4 日

旅顺日俄监狱旧址博物馆
关于对安重根埋葬地点调查工作的报告

大连市文化局：

旅顺日俄监狱旧址因其年代的久远，历史内涵的丰富，保存的完整，倍受东北亚三国学者的高度重视。近年来，监狱旧址博物馆以旧址为依托，在举办阵地展览的同时，加大了对近代历史文物的征集和对近代历史时间、人物的研究的力度，并且取得了显著的成绩。根据馆里的工作计划，2007 年出版了专题研究著作《安重根研究》。与此同时，还制定出全面进行对安重根遗骸埋葬地的调查计划。随着这项工作的有序进行，截至目前，已经取得了突破性的进展。现将相关的工作报告如下：

一、关于 2006 年朝韩双方认定的地点

2006 年 8 月，经有关部门的同意，朝韩双方共同组

– 233 –

团来旅顺对安重根的遗骸埋葬地进行了寻访调查工作。期间，他们依据韩国著名学者崔书勉先生所提供的一张 1911 年 3 月监狱职员们为安重根举行祭拜活动的照片，确认了现监狱旧址东北方向的小东山为安重根遗骸埋葬地。2008 年初，因地方政府开发计划的影响，韩方于本年度的 3 月至 4 月对此地进行了全面的发掘，但最终无任何的收获。这一结果也印证了中方在 2006 年确认地点时的意见，即不论是从地形地貌、当时的历史民居环境、人们的民俗习惯等方面考察，该地都不具备安重根埋葬地可能。因此这次发掘的失败也是中方所预料到的。

二、关于小炮台山新地点的发现

近来，监狱旧址博物馆依据工作计划，在寻访调查中掌握了新的线索：即在监狱旧址西北方向的小炮台山一带有一处朝鲜人的坟墓。通过我们对现场的实地考察，发现这里的山形地貌及原存遗迹，都与崔书勉所提供的历史照片有很多的相似之处。这也从另一侧面，说明这张历史照片绝非杜撰，是可信的。在经过我们的细致比对分析后，初步认定小炮台山这一处朝鲜人的坟墓或许就是安重根的埋葬之所是完全有可能的。

三、下一步的工作打算

– 234 –

因为安重根的埋葬地问题，对于监狱旧址博物馆来说，是一个长期困扰我们的科研课题。如果安重根的遗骸能够得以重见天日，这无疑是对安重根研究的重大发现和重大突破。因此我们认为：在前期调查研究的基础上，应当积极准备对小炮台山的这处朝鲜人的埋葬地点进行科学的考察发掘。发掘的时间可在本年度 10 月进行为好。所有的发掘应当在监狱旧址博物馆的统一安排下，有序的进行，在具体实施过程，可邀请大连的部分高校从事相关专题研究的人员参加。这项工作易早不易迟，因为随着调查信息的曝光，此处朝鲜人坟的安全性必然会引起社会其他方面的注意，难免会发生一些我们所不愿意看到的事情。如果真的这样，其被动的局面将会产生非常恶劣的影响。关于这一点，需要我们给予高度的注意，而切不可掉以轻心。

在通过科学的考察发掘后，将会对我们关注多年的研究课题作出客观可信的结论；同时也会为我们确定下一步对安重根的研究工作内容做好铺垫。因此，对小炮台山的朝鲜人坟墓进行发掘是势所必行的，也是十分必要的。

特此报告。

旅顺日俄监狱旧址博物馆
暨大连市近代史研究所
2008 年 5 月 30 日

– 235 –

100 旅顺日俄监狱旧址博物馆·大连市近代史研究所(2012),《旅顺日俄监狱旧址博物馆年鉴(2006-2011)》, 旅顺日俄监狱旧址博物馆

다롄시 문화국:

뤼순일아감옥구지는 오랜 역사를 지니고 역사적 내용이 풍부하며 보존이 잘 되어있기 때문에 동북아 세 나라 학자들의 주목을 받고 있다. 최근 몇 년간 감옥구지 박물관은 구지(舊址)를 근거로 진지(陣地) 전시회를 개최하면서 근대 역사 문화재의 수집, 근대 역사 시간과 인물에 대한 연구의 역량을 강화하여 뚜렷한 성과를 얻었다. 본 기관의 작업 계획에 근거하여 2007년에 《安重根研究》(안중근 연구)라는 특집 저서를 출간했다. 이와 동시에 안중근 유해 매장지에 대한 전면적인 조사계획을 세웠다. 이 작업이 순조롭게 진행됨에 따라 획기적인 진전을 이뤘다. 현재 관련 업무보고는 다음과 같다.

1. 2006년 남북한 양측이 인정한 지점에 대하여

2006년 8월, 관련 부서의 허락을 받아서 남북한 양측이 같이 뤼순에 와서 안중근의 유해 매장지에 대해 현장조사를 했다. 그들은 그때 한국 유명 학자 최서면 선생님이 제출하신 1911년 3월 감옥 직원들이 안중근을 추모하는 사진에 근거해서 현 감옥구지 동북쪽 샤오둥산(小东山)을 안중근 유해 매장지로 확인했다. 2008년 초에 지방정부의 개발계획으로 인해 한국은 2008년 3~4월에 해당 장소에 대해 전면적인 발굴을 했는데 아무 성과가 없었다. 이 결과는 중국이 2006년 장소를 확인했을 때의 의견을 검증했다. 즉, 지형, 지모나 당시의 역사적 민가 환경, 민속습관 등의 면을 시찰하여 해당 장소는 안중근 매장지일 가능성이 없다는 의견이다. 따라서 이번 발굴작업의 실패는 중국이 예상되는 결과이다.

2. 샤오파오타이산 새로운 장소 발견에 대하여

최근 몇 년간 뤼순감옥구지 박물관은 작업계획에 의해 현장조사에서 새로운 단서를 파악했다. 즉, 감옥구지 서북쪽의 샤오파오타이산(小炮塔山) 일대에 조선인의 묘지 하나 있다는 것이다. 현장조사를 통해서 여기의 산형 지모와 원래 유적들이 최서면이 제출한 역사 사진과 비슷하다는 것을 발견했다. 이는 또한 이 역사 사진은 결코 지어진 것이 아니고 믿을 만하다는 것을 검증했다. 자세한 비교와 분석을 한 후에, 샤오파오타이산에 있는 조선인의 묘지는 바로 안중근의 매장지일 가능성이 있다는 것을 알 수 있다.

3. 다음 단계의 작업 계획

안중근의 매장지 문제는 감옥구지 박물관에게 오래된 연구 과제이다. 안중근의 유해는 발굴되는 것은 안중근 연구에 대한 중대한 발견이자 돌파이다. 따라서 앞선 조사연구를 바탕으로 샤오파오타이산에 있는 조선인 매장지에 대한 과학적 고찰과 발굴을 적극적으로 준비해야 한다고 판단했다.

2008년 10월에 발굴을 진행하는 것이 좋을 것이다. 모든 발굴은 감옥구지 박물관의 배치 하에 순차적으로 진행해야 한다. 구체적인 실시 과정에서 다롄시 일부 대학의 관련 연구원들을 연구에 참가하도록 초청하는 것도 좋을 것이다. 이 작업은 신속하게 진행해야 된다. 그 이유는 조사한 정보가 알려짐에 따라 이 조선인 묘지의 안전성에 대한 사회적 관심이 많아져 원치 않는 일이 생길 수밖에 없기 때문이다. 그렇게 되면 그 수동적인 상황은 나쁜 영향을 미칠 것이다. 이 점에 대해서는 높은 주의가 필요하며 방심해서는 안된다.

과학적인 고찰과 발굴 후에, 다년간 주목해온 연구 과제에 믿을 만한 결론을 내릴 것이다. 동시에 다음 단계의 안중근 연구작업 내용도 확정할 수 있는 포석이 될 것이다. 따라서 샤오파오타이산에 있는 조선인 묘지에 대한 발굴은 반드시 필요한 일이다.

이에 특별히 보고한다.

뤼순일아감옥구지 박물관 · 다롄시 근대사 연구소

2008년 5월 30일

· 〈关于对旅顺日俄监狱旧址疑似墓地进行抢救性发掘的请示〉[101]

(뤼순일아감옥구지의 묘지 의심지 긴급 발굴에 대한 요청)

· p.236

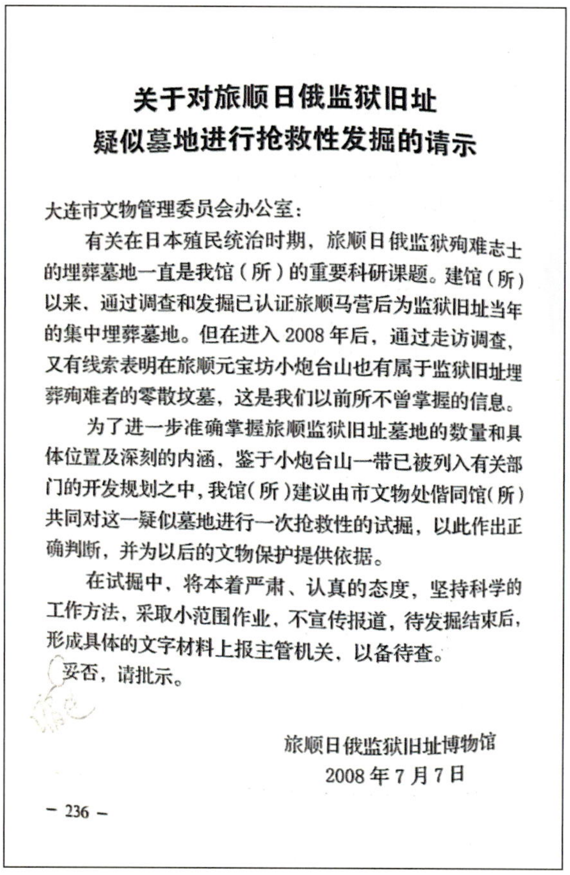

关于对旅顺日俄监狱旧址
疑似墓地进行抢救性发掘的请示

大连市文物管理委员会办公室：

有关在日本殖民统治时期，旅顺日俄监狱殉难志士的埋葬墓地一直是我馆（所）的重要科研课题。建馆（所）以来，通过调查和发掘已认证旅顺马营后为监狱旧址当年的集中埋葬墓地。但在进入 2008 年后，通过走访调查，又有线索表明在旅顺元宝坊小炮台山也有属于监狱旧址埋葬殉难者的零散坟墓，这是我们以前所不曾掌握的信息。

为了进一步准确掌握旅顺监狱旧址墓地的数量和具体位置及深刻的内涵，鉴于小炮台山一带已被列入有关部门的开发规划之中，我馆（所）建议由市文物处偕同馆（所）共同对这一疑似墓地进行一次抢救性的试掘，以此作出正确判断，并为以后的文物保护提供依据。

在试掘中，将本着严肃、认真的态度，坚持科学的工作方法，采取小范围作业，不宣传报道，待发掘结束后，形成具体的文字材料上报主管机关，以备待查。

妥否，请批示。

旅顺日俄监狱旧址博物馆
2008 年 7 月 7 日

－ 236 －

101 旅顺日俄监狱旧址博物馆·大连市近代史研究所(2012),《旅顺日俄监狱旧址博物馆年鉴(2006-2011)》, 旅顺日俄监狱旧址博物馆

뤼순일아감옥구지의 묘지 의심지 긴급 발굴에 대한 요청

다롄시(大连市) 문화재관리 위원회 사무실:

일제 식민시기와 관련이 있는 뤼순일아감옥 순난지사(殉难志士: 순국선열)의 매장묘지는 예전부터 우리 기관의 중요한 연구과제로 남아 있다. 개관 이후, 조사와 발굴을 통해 뤼순 마잉허우(马营后)는 감옥구지의 집중 매장묘지로 검증되었다. 그러나 2008년에, 현장조사를 통해서 뤼순 위안바오팡(元宝坊) 샤오파오타이산(小炮塔山)에도 감옥구지에서 순난자(殉难者: 순국선열)를 매장하는 묘지 몇 군데가 있다는 단서가 붙었다. 이는 이전에는 몰랐던 사실이다.

샤오파오타이산 일대가 관련 부서의 개발계획에 포함되었으니 뤼순감옥구지 묘지의 수량과 구체적인 위치, 그리고 깊은 내포 의미를 더욱 정확하게 파악하기 위해 다롄시 문화재처와 공동으로 의사묘지에 대해 1차 긴급적 발굴을 하여 정확한 판단을 내리고 향후 문화재 보존을 위한 근거를 마련하도록 제의한다.

1차 발굴 중 엄숙하고 진지한 태도에 입각하여 과학적 작업방법을 취하며, 소규모의 작업을 실시하여 홍보하지 않으며, 발굴이 끝난 후에 구체적인 문서 자료를 작성하여 주관부서에 보고하여 조사대상에 대비할 것이다.

이상의 내용이 적합한지에 대한 의견을 요청한다.

뤼순일아감옥구지 박물관

2008년 7월 7일

3. 발굴자료/보고서

1) 뤼순감옥 단독 안중근 의사 유해 발굴 조사 보고서(2008.05.28)

뤼순감옥 단독 안중근 의사 유해 발굴 조사 보고서는 2008년 5월 28일에 뤼순일아감옥구지 박물관과 다롄시 근대사 연구소에서 〈안중근 매장지 탐방 조사〉[102]라는 제목으로 작성한 것으로 뤼순일아감옥구지 박물관에서 제공받아 조사했다.

이 보고서는 2008년 5월, 뤼순일아감옥구지 박물관 관장인 화원구이(華文貴)는 뤼순감옥구지 주차장 경영자인 류완리(刘万里)와 나눈 대화에서 안중근 의사의 매장지에 대해 좀 알고 있다는 사실을 시작으로 뤼순감옥에서 실시한 안중근 의사의 유해 발굴 조사에 대한 내용을 기록했다. 보고서에는 탐문 조사와 탐방 조사를 거쳐 샤오파오타이산(小炮台山)[103]이라는 조선인(고려인)의 매장지를 단서로 삼아 조사한 대한 내용을 사진 자료와 함께 기록했다. 본 책에서 그 내용과 번역문을 함께 제시했다.

102 旅顺日俄监狱旧址博物馆 · 大连市近代史研究所(2008), 〈安重根埋葬地寻访调查〉

103 소포태산

安重根埋葬地寻访调查（一）

问题的起因

2007 年末，监狱旧址博物馆所作的《安重根研究》一书，由辽宁人民出版社出版发行。该书出版以后，在社会引起非常好的社会反响。因此，也更加激发我们要做好深入研究的决心。根据馆长的决策，在深入研究的基础上，于监狱旧址内举办《国际反法西斯战士在旅顺》的专题展览，全面介绍安重根、申采浩、李会荣、崔兴植、柳相根等韩国独立运动的英雄们的斗争事迹。同时，还要在以往调查研究的基础上，加大对安重根遗骸埋葬地的研究。这种研究，不能仅仅局限于以往的调查，而要彻底的解放思想，扩大调查的范围。此项工作，随着 2008 年 3 月韩国来旅对安重根遗骸的考古发掘，而有了实质性得进展。

2008 年 3 月 25 日，韩国安重根遗骸发掘团依据崔书勉所提供的照片及在 2006 年现场考察的基础上，对原监狱窑场上方的小东山进行了发掘。整个发掘工作到 4 月 27 日结束。但非常遗憾，这次发掘没有发现任何的墓葬遗骸。工作结束以后，韩方希望我馆能够继续加强对安重根埋葬地的寻访调查工作。我馆领导据此回答到，寻访安重根不仅仅是韩国学者的希望，同时也是中国学者所期盼的，只要安重根的遗骸寻找工作没有得到最终的确认，我们就不会放弃调查工作。况且我们已经把调查寻访工作列入到自己的工作计划之中。

进入 5 月后，馆领导根据工作计划，对监狱旧址的周边环境和人员进行了有目的的走访调查，获得了十分有价值的信息。馆长华文贵在与监狱旧址停车场经营者刘万里的交谈中，得知其对安重根的埋葬地略有所知后，立即与其进行调查。现将此次的调查记录如下：

问：作为我们这一段调查安重根遗骸埋葬地的第一信息知情人，请你告诉我们，你是如何知道和掌握这个信息的？

答：在进入五月的一天，车场的值班王师傅告诉我，昨天，他的一个老熟人来这里唠嗑时，向他打听前些日子，韩国来监狱旧址发掘安重根遗骸的事，并说他知道，在他姥姥的地里就有一盔朝鲜人的坟。他感觉那盔坟应该就是韩国人要找的坟。当我听了后，非常敏感地觉察到，这是一个非常重要的情况，所以就立即让王师傅约他的老熟人来我这里，我当面向他做了调查。通过询问得知，在他 10 多岁时，他姥姥告诉他，在自己家的地里，姥爷坟旁边有一盔朝鲜人的坟，以后在上坟时，也别忘了给这位朝鲜人烧上几张纸。

对于朝鲜志士安重根的英雄壮举，我通过这几年与监狱旧址博物馆的同志接触中，还是有所了解的。那么这位老同志说得是不是准确，我觉得应当到现场看一看。所以在询问后，我就让老同志亲自带我到现场去。回来后，我始终觉得此事非常的重要，我们不能轻率地不把它当回事。所以，我又约博物馆里的老亓一起到现场。为了更好的掌握情况，我让我的女儿带上相机从不同的角度对现场进行了拍照。现在照片已经送去冲洗了。

因为我感到这件事是非常重要的，所以还特意叮嘱那位老同志再不要对别人提起这件事，后面的事就由我来和他进行联系。

问：非常感谢你提供的信息，对你前期的工作我们也感到敬佩。不知你对以后这方面的工作还有什么想法？

答：谈不上什么感谢，要说想法，我个人觉得，如果您们认为这个信息很重要，是否可以考虑在下一步的工作中，能够给点信息费，作为对我提供情况的一点鼓励吧。将来如果进行正式发掘，得出了是安重根的遗骸，我想是否应该考虑给予一定数额的奖励。

问：你所谈得想法，我们会在以后的工作中给予考虑。但眼下很重要的是，我们如何在你提供信息的基础上，共同的做好调查研究工作。使我们对安重根的遗骸寻访能有一个突破性的进展。我们希望在今后能够继续得到你的配合。

（记录整理　王珍仁）

· 안중근 매장지 탐방 조사(1)

문제의 발단

2007년 말, 뤼순감옥구지(旅顺监狱旧址) 박물관이 저작한《安重根研究(안중근 연구)》는 랴오닝(辽宁) 인민출판사에서 발간했다. 이 책이 출판된 이후 사회에 매우 좋은 사회적 반향을 불러일으켰다. 그래서 더 깊은 연구를 해야 한다는 우리의 결의를 더욱 북돋웠다. 관장의 결단에 따라 심도 있는 연구를 바탕으로 안중근(安重根)·신채호(申采浩)·이회영(李会荣)·최흥식(崔兴植)·유상근(柳相根) 등 한국 독립운동 영웅들의 투쟁담을 조명하는《国际反法西斯战士在旅顺(뤼순(旅顺)의 국제 반파시즘 전사)》 특별전시회를 뤼순감옥구지(旅顺监狱旧址)에서 개최하였다. 동시에 안중근 유해 매장지에 대한 연구도 기존 조사연구를 바탕으로 더 깊이 있게 해야 한다고 요청되었다. 이런 연구는 기존의 조사에 그치지 않고 그 사상을 철저히 연구하여 조사의 범위를 넓혀야 한다는 것이다. 이 작업은 2008년 3월, 한국 측이 뤼순(旅顺)에 와서 안중근 유해의 고고학적 발굴에 나서면서 실질적으로 진척됐다.

2008년 3월 25일, 한국 안중근 유해 발굴단은 최서면(崔书勉)이 제공한 사진과 2006년 현장 답사를 토대로 원본과 가마터 위쪽에 있는 샤오둥산(小东山) 등을 발굴했다. 발굴작업은 27일까지 계속되었다. 다만 이번 발굴에서는 매우 유감스럽게도 아무런 유해가 발견되지 않아 안타까웠다. 작업이 끝난 뒤 한국 측은 안중근 매장지에 대한 탐방 조사를 계속할 것을 요청했다. 이에 따라 박물관 책임자는 "안중근 유해 발굴은 한국 학자들의 희망일 뿐 아니라 중국 학자들의 바람이기도 하다"며 "안중근의 유해 발굴이 최종 확인되지 않는 한 조사를 포기하지 않을 것"이라며, "더구나 저희는 이미 자신의 업무계획에 이 조사를 포함했다."라고 답했다.

5월 들어 박물관 지도자는 업무계획에 따라 뤼순감옥구지(旅顺监狱旧址)의 주변 환경과 인원을 대상으로 목적(의미) 있는 탐방 조사를 실시해 값진 정보를 얻었다. 박물관 관장인 화원구이(华文贵)는 뤼순감옥구지(旅顺监狱旧址) 주차장 경영자인 류완리(刘万里)와 나눈 대화에서 안중근의 매장지에 대해 좀 알고 있다는 사실을 알게 되어 즉시 조사하였다. 이번 조사기록을 다음과 같이 기록하고 있다.

문: 안중근의 유해 매장지를 조사하는 것에 대해 직접적인 정보를 알고 있는 사람으로, 어떻게 이 정보를 알게 되었습니까?

답: 5월 어느 날, 차고 당직 중의 왕 선생이 이르기를, 어제 친한 지인이 찾아와 한담을 나누다가 얼마 전 한국인들이 와서 감옥 유적지에서 안중근 유해를 발굴한다는 얘기를 듣고, 그의 외할머니의 밭에 바로 조선인의 묘가 있다고 말했다. 그는 그 묘는 바로 한국인이 찾으려는 무덤일 것이라고 추측했다. 내가 듣자마자 이것은 매우 중요하다고 느꼈기 때문에 즉시 왕 선생에게 그의 지인을 불러오게 했다. 나는 직접 만나서 그에게 물었다. 이를 통해서 그가 10대 때 그의 외할머니는 자신의 밭에 외할아버지 묘소 옆에 조선인의 묘소가 하나 있다면서 나중에 성묘할 때 이 조선인에게도 샤오지(烧纸, [지전(紙錢) 혹은 신위(神位)를 태워서 망자에게 보내주는 중국 풍습])를 잊지 말라고 말했다고 한다.

나는 몇 년 동안 뤼순감옥구지(旅顺监狱旧址) 박물관과의 접촉을 통해 안중근 조선 열사의 영웅적 장거에 대해 좀 알게 됐다. 그렇다면 이분의 말이 정확한지, 내가 현장에 가서 봐야 한다고 생각했다. 그래서 물어본 후, 나는 이분에게 직접 나를 데리고 현장으로 가자고 했다. 돌아온 후 나는 시종 이 일이 매우 중요하다고 생각했다. 우리는 경솔하게 넘어가면 안 될 거라고 여겼다. 그래서 나는 박물관에 있는 위안(元) 씨와 함께 현장에 가자고 했다.

상황을 더 잘 파악하기 위해 딸아이에게 카메라를 가져가 다양한 각도에서 현장을 촬영하도록 했다. 지금 사진은 인화 중이다.

나는 이 일이 매우 중요하다고 생각하기 때문에, 그분한테 이 일을 다시는 다른 사람에게 얘기하지 말라고 특별히 당부하면서 다음 일은 내가 연락하도록 하겠다고 했다.

문: 당신이 알려준 정보에 매우 감사하며, 앞의 작업에 대해서도 우리는 경탄을 느낀다.

앞으로 이 일에 대해서는 어떤 생각인지 여쭤보려고 한다.

답: 감사하다고 말할 것도 없고, 저는 개인적인 생각을 말씀드리자면, 이 정보가 중요하다고 생각하신다면, 다음 단계의 업무에서 비용을 조금 줘서 정보를 제공해주는 행위를 격려 해 주실 필요가 있지 않을까 한다. 앞으로 본격적으로 발굴돼서 안중근의 유해가 맞다면 일정 액수의 포상을 검토해야 하지 않을까 생각한다.

문: 당신이 말한 생각은 우리가 이후의 작업에서 고려할 것이다. 지금 제일 중요한 것은 우리가 당신이 제공해준 새로운 정보를 기초로 공동으로 조사 연구 업무를 잘 수행해야 하는 것이다. 안중근의 유해 탐방에 획기적인 진전이 있을 수 있다. 우리는 앞으로 계속 당신의 협조를 얻을 수 있기를 바란다.

(기록 정리 왕전런(王珍仁))

安重根埋葬地寻访调查（二）

5月19日，安重根疑似埋葬地知情人刘万里向馆长华文贵展示了他前期在现场考察时拍照两张山脉照片，随后，华文贵与研究员王珍仁就目前所掌握的材料进行了比对研究，结果让两人感到非常的振奋。为此，华馆长向刘万里通报了馆内的意见，请他约知情人，共同对知情者进行了采访调查。当天下午，刘万里其它事情缠身，难以到场。故由博物馆方面的亓全福同志出面联系进行了相关的调查。情况经过如下：

调查时间：2008年5月19日下午15时

参与调查的人员：华文贵、王珍仁、亓全福

被调查人：张学才

家庭住址：旅顺向阳街东三巷41号

问：听说您老人家知道附近有埋葬朝鲜人的坟，是这样的吗？

答：对。就是我们现在看到的前面的这一片地。当年这片地是我姥爷姓马的给买下，共计有13亩。他们买下的目的就是为日后做坟地用。马家的老大死后就是埋在这里的。后来我姥爷死后也埋在这块地里。1954年，我16岁时，姥姥嘱咐我再给姥爷上坟的时候，也捎带给傍边的朝鲜人的一盔坟烧上几张纸。就是这样，我就知道那是一盔朝鲜人的坟。1956年国家开展农业合作化运动，我就带这块地入了社。后来这盔朝鲜人的坟也就被平了再上面种了地。我自己后来也当了元宝坊生产队的队长。

问：在您的记忆里，这里是否有果园？

答：在这片地的前面，早年就是果园。

问：在这片地上是否有一处独立的房子？

答：早年这片地上是有一座房子。规模有三间房那么大。房子是非常的规矩，四边露出青砖，墙面是白灰摸的，屋顶为大青瓦。我记得在屋前还有4颗枣树，结的枣不太好吃。在房子的前面还有一水池子。

问：您姥姥在54年时岁数有多大？

答：应该在50多岁。如果活到现在的话，该有100多岁了。

问：关于这个信息您还告诉什么人了？

答：前些时候，听说有韩国人来找安重根的墓，当我听说后，找了街道的书记，知道他们的工作已经结速了，我就到大连我妹妹的女婿家，告诉了我妹的女婿，因为它是韩国人。

问：感谢您向我们提供了重要的信息，希望您再不要对其他人讲这件事，尤其不要向新闻记者讲这件事，在目前还是要注意保密。

答：我记住了。

初步意见

在采访调查中，我们来到距疑似现场约有80米左右的地界，对该处进行了眺望观察，一致认为其山脉走势及平地面积与崔书勉提供的照片有着极大的相似之处。这块土地与监狱之间的时间路程也就是在20分钟左右。有鉴于此，我们认为这一地点应当引起我们的高度注意。应加大工作力度，争取有所突破。

（记录整理：王珍仁）

· 안중근 매장지 탐방 조사(2)

5월 19일, 안중근의 매장지를 아는 듯한 사람 류완리(刘万里)는 박물관 관장인 화원구이(华文贵)에게 그의 전처가 현장 답사 중 찍은 산등성이 사진 두 장을 보여줬다. 화원구이(华文贵)와 연구원 왕전런(王珍仁)이 확보한 자료를 비교, 연구한 결과로 두 사람을 매우 고무되었다. 이를 위해 화 관장은 류완리(刘万里)에게 관내 의견을 통보하고, 류완리(刘万里)의 지인을 불러오게 하고 공동으로 지인에게 인터뷰했다. 이날 오후 류완리(刘万里)는 다른 일에 얽매여 참석이 어려웠다. 그래서 박물관 측의 위안취안푸(元全福)선생이 관련 조사를 위해 연락을 취했다. 상세 과정은 다음과 같다.

조사기간: 2008년 5월 19일 오후 15시

조사 참여 인원: 화원구이(华文贵), 왕전런(王珍仁), 위안취안푸(元全福)

피조사인: 장쉬에차이(张学才)

집주소: 뤼순 샹양지에 동산샹 41호(旅顺向阳街东三巷41号)

문: 어르신은 이 근처에 조선인을 묻은 묘가 있다는 것을 아신다고 들었는데요?

답: 맞습니다. 지금 우리가 보고 있는 바로 앞의 이 땅입니다. 그 당시 이 땅은 우리 외할아버지 쪽 마씨 일족이 샀는데 모두 13묘(亩, 중국식 토지 면적의 단위)였습니다. 그들이 산 목적은 훗날 무덤으로 쓰기 위한 것입니다. 마 씨의 맏이는 죽은 후 이곳에 묻혔습니다. 나중에 우리 외할아버지께서 돌아가신 후에도 이 땅에 묻혔습니다. 내가 16세 때인 1954년 외할머니가 외할아버지께 성묘할 때 옆에 있는 조선인께도 같이 하면서 샤오지(烧纸)도 좀 하라고 했습니다. 나는 그때부터 그 묘는 조선인의 무덤이라는 것을 알게 되었습니다. 1956년 중국에서 농업 협동화 운동을 벌이면서 나는 이 땅을 가지고 입사했습니다.

이후 이 조선인의 무덤도 평평하게 하고 그 위에 뭘 좀 심었습니다. 나 자신도 나중에 위안바오팡(元宝坊) 생산대의 대장이 되었습니다.

문: 당신의 기억 속에 과수원이 있었습니까?

답: 이 땅 바로 앞에, 전에는 과수원이었습니다.

문: 이 땅에 단독주택이 있었습니까?

답: 예전에 이 땅에는 단독주택이 하나 있었습니다. 규모는 방 세 개 정도입니다. 집은 사방 으로 청벽돌이 드러나고 벽면은 석회로 바르고 지붕은 청기와로 되어있습니다. 내 기억으로는 집 앞에 대추나무가 네 그루 더 있는데, 맺힌 대추는 별로 맛이 없었습니다. 집 앞에는 또 연못(수영장)이 하나 있었습니다.

문: 1954년에 외할머니는 연세가 어떻게 되셨나요?

답: 50대 중반일 것 같습니다. 지금 살아 계신다면 100세 정도일 것입니다.

문: 그 정보를 또 다른 사람에게 알렸습니까?

답: 얼마 전 안중근 의사의 묘를 찾아오는 한국인이 있다고 들었습니다. 제가 들은 후 동사무소 가서 물어봤더니, 그들 작업이 이미 끝났다는 것을 알고, 나는 다롄(大连)에 있는 여동생의 사위 집에 가서 여동생의 사위가 한국인이어서 그에게 말했습니다.

문: 중요한 정보를 제공해 주셔서 감사합니다. 다른 사람들에게 더 이상 이 일에 대해 말하 지 마시기 바랍니다. 특히 신문 기자에게 이 일에 대해 말하지 마십시오. 현재로서는 비밀에 부쳐야 합니다.

답: 알겠습니다.

초보적인 의견

취재조사에서 유사 거리 약 80m 떨어진 곳에서 해당 지점을 조망해 보고, 결과 산등성이의 지세와 평지면적이 최 씨가 제공한 사진과 크게 유사하다는 데 의견을 모았다. 이곳에서 감옥까지 거리는 한 20분 걸린다. 이 점을 감안하여 우리는 이 장소가 많은 주의(관심)를 끌어야 한다고 생각한다. 마땅히 업무 정도를 더 늘려 목표를 달성해야 할 것이다.

(기록 정리 왕전런(王珍仁))

安重根埋葬地寻访调查（三）

调查时间：2008 年 5 月 22 日上午 9 时许

参加调查人员：华文贵　王珍仁　亓全福

被调查人：张学才

2008 年 5 月 21 日，馆主要领导就安重根遗骸埋葬地的调查工作于相关的专业人员进行了深入细致的探讨，就工作的下一步开展作出计划安排。根据计划，再次邀请知情人张学才来馆，对一些问题进行了更为细致的调查。主要内容如下：

问：　朝鲜义士安重根在旅顺监狱被绞杀后，他的埋葬地点对后来的人一直是一个谜，我们为此也做过大量的调查工作，但收效并不显著。前些时候，我们走访了您，感到您所提供的线索还是应当引起我们的重视，因此就希望您，能将您所知道的相关事情向我们介绍的更全面，更细致。

答：　关于安重根被埋在什么地方，其实我也并不知道。在我的记忆里，只知道在我姥姥家的地里有一盔朝鲜人的坟。那么，这次为什么会联想到是不是安重根的坟，就是因为有前几天在后山上的考古发掘引起来的。前些日子，我老伴到监狱旧址的停车场来做老年操时，就碰到在一起锻炼身体的老伙伴，顺便问起他们的房屋搬迁的事进行的怎么样了，它们回答说，快别提了，因为来了一些外国人，要找什么朝鲜的英雄遗骨，现在已经停工了。老伴回来后，跟我提起这件事，一下子激起我的记忆，我姥姥地里的朝鲜坟是否就是他们要找的呢？所以在第二天，我就找到社区的书记，打听这件事情，并表示愿意提供有关的信息。可是社区书记告诉我，这次的寻找工作已经结束了，外国人已经在当天启程回国了。书记还告诉我，这次的寻找工作没有任何的结果。我心里有事，就坐卧不安，在琢磨的过程中，就想到了我在作原元宝坊生产队队长时，曾经于监狱旧址博物馆非常熟的几位老同志，所以想找他们反映一下。我隔天来到了监狱门外的停车场，跟王兴打听监狱旧址博物馆老亓的联络电话。当时在场的还有刘万里。他们问我找老亓干什么，我就把这件事的原委向他们讲了。刘万里听了以后，立即告诉我，这件事再不要对别人讲了，一定要注意保密。下面的事，就由他跟馆里领导进行联系，待有结果，会来找我的。应当讲事情的前期经过就是这样。

问：　当时您姥姥是在什么情况下告诉您，地里的这盔坟是朝鲜人的坟呢？

答：　记得那是我高小毕业的那年，也就是 1954 年，我已经 16 岁了。我的姥爷突然自杀，就在自己家的地里的一棵刺槐树上上吊死了。死后家里人就把姥爷埋在这棵树后，随后便把这棵树砍掉了。这块地总共有 13 亩，是我姥爷马世泰在旅顺解放后从别人手上买来的。买来的当时在这块地上还有一幢房子。房子从其建筑形式上看，年头较早。姥爷虽然死了，我姥姥并不想扔掉这块地，当时在这块地里种的是糜子。我姥就打发我跟表兄弟马玉良到地里赶家雀，看庄稼。每天都是我跟马玉良先到地里，姥姥随后带点午饭再赶过来，老少三个人，就在姥爷的坟前打个窝棚，一呆就是一天。在看地的时候，我姥就指着姥爷坟前 4、5 米处的一个坟包说，那是一盔朝鲜人的坟，以后过来给姥爷上坟的时候，别忘了顺便也给这个朝鲜人烧上几张纸。跟我们家里的人埋的这么近，也算是个邻居。所以就给我留下的印象非常深刻。

问：　您姥姥没有跟您说过，这个朝鲜坟是怎么来得吗？

答：　这个没有说过。

问：　您姥姥当时的年龄是多少？

答：　这一下说不准，但应该是在五十多岁，如果活到现在，应该有一百多岁了。

问：　您姥爷买下的这块地之前主要是干什么用的？

答：　解放前，这块地就是一片果园。1952 年前后，所有的果树被我姥爷给砍掉了。原因就是当时许多的苏联士兵常常背着转盘子冲锋枪来果园偷水果，被他们偷克了，没办法只好把果树全部砍掉了。所以我感觉当时这个朝鲜人的坟就是埋在果园里的。

问：　这个朝鲜人的坟是否有特殊的标记？

答：　没有什么特殊标记，坟包也不大，坟头前只是放了一块自然形状的大石头。石头上也没有什么字。

问：　这盔坟在什么时候被平掉了？

答：　不是被平掉的，它原来就不大，后来又没有人管，就一年一年的逐步的自然平了。

问：　就您所知，以后是否有人动过这盔朝鲜人的坟？

答：　绝对没有。1956 年，中国掀起农业合作化运动，我姥姥为了以后的生活，就让我带着这 13 亩地入了元宝坊农业社。入社后不久，我就当了果树技术员，就经常往来这片山沟，到后来我又当了二十多年的生产队长，这片地动没动过，我还是清楚的。

问：　请您在介绍一下关于房子的事情。

答：　我当时看到的房子虽然年头早，但感觉不是俄式的建筑。房子为起脊，前后各有两个烟囱，窗户有两层，外面的雨挡板是木头，房子后面有三扇窗，从这些窗户就可以看到那盔朝鲜坟。这个房子还是挺大的，长约有六米。宽约有三米。在门和窗的结合处、屋檐都是青砖，房子的四个角也是青砖，墙面摩有白灰。房子非常的规矩，好像是有钱的人在夏天专门来此避暑用的。

问：　这处房子是什么时候拆掉的？

答：　也不是拆掉的，是因为年久失修，在 1962 年前后自然倒塌了。现在，在房子的旧址上，还能看到原房子院里的一问：我们非常感谢您再次跟我们讲了您所知道的有关朝鲜人坟的事，下一步我们会根据情况再找您了解相关的情况，到时还请您多帮助。

答：我跟监狱旧址好多老人都很熟，就不用客气。有什么事，就只管言语一声，我一定尽力。

（记录整理 王珍仁）

· 안중근 매장지 탐방 조사(3)

조사기간: 2008년 5월 22일 오전 9시

조사 참여 인원: 화원구이(华文贵), 왕전런(王珍仁), 위안취안푸(元全福)

2008년 5월 21일, 안중근 유해 매장지 조사와 관련하여 박물관 지도자들은 전문가들과 상세한 논의를 거쳐 다음 작업단계를 계획했다. 계획에 따라 지인 장쉬에차이(张学才)씨를 다시 불러 더 세밀하게 인터뷰했다. 주요 내용은 다음과 같다:

문: 조선 안중근 의사는 뤼순감옥에서 교살된 이후, 매장 장소는 후세들에게 계속 수수께끼로 남았고, 우리도 이에 대한 조사를 많이 했지만 별 결과가 없었습니다. 얼마 전에 우리가 당신을 인터뷰했는데, 당신이 제공한 정보에 역시 우리가 주의를 기울여야 한다는 것을 느꼈기 때문에 당신이 알고 있는 관련 정보를 우리에게 더 포괄적이고 세밀하게 소개할 수 있기를 바랍니다.

답: 안중근 의사는 어디에 묻혔는지는 사실 저도 몰랐지만 외할머니 집 밭에 조선인의 묘가 있다는 것만 기억하고 있습니다. 그렇다면 이 묘가 안중근의 묘라는 것을 연상시키는 이유는 바로 며칠 전 뒷산에서의 발굴작업 때문입니다.

얼마 전 아내가 노년체조를 하러 감옥 주차장에 왔을 때 같이 운동하는 친구들과 마주쳤는데 그들의 가옥 이전이 어떻게 진행했느냐고 물었더니, "말도 마, 외국인들이 와서 무슨 조선의 영웅 유골을 찾으러 왔는지, 가옥 이전을 못 하지"라고 했습니다. 아내가 돌아온 후, 이 이야기를 꺼내자, 저는 기억이 났습니다. 저의 외할머니 밭에 있는 조선인의 무덤이 그들이 찾는 것이 아닌가 싶었습니다. 그래서 다음 날 동사무소에 찾아가 이 일을 물어보고 정보를 알려주겠다고 했습니다. 그러나 동사무소는 이번 발굴작업은 끝났고, 외국인들은 이미 귀국했다고 알려줬습니다. 또 이번 작업은 아무런 결과도 없다고 저에게 말했습니다. 저는 일이 있어서 안절부절했는데, 궁리를 하다가 내가 원래 위안바오팡(元宝坊) 생산대 대장이었을 때 감옥구지(유적지) 박물관에서 아주 친한 친구가 있다는 생각이 들어 그들에게 알려주고 싶었습니다. 저는 다음날에 바로 감옥 밖 주차장에 가서 왕싱(王兴)에게 감옥구지 박물관 원 씨의 연락처를 알아보았습니다. 류완리(刘万里)도 거기 있었습니다. 그들은 저에게 원 씨를 찾아가서 무엇을 하느냐고 물어서 나는 이 일을 얘기했습니다. 류완리(刘万里)는 듣고 즉시 저에게 이 일은 다시는 다른 사람에게 말하지 말고 비밀에 부쳐야 한다고 말했습니다. 나머지 일은 그가 박물관 지도자와 연락해서 결과가 나오면 저를 찾아오겠다고 했습니다. 일의 초기 경위는 바로 이렇습니다.

문: 그런데 외할머니는 어떤 상황에서 이 무덤이 조선인의 무덤이라고 말씀하셨습니까?

답: 제가 고등학교를 졸업하던 해인 1954년입니다. 그때 저는 16살이었습니다. 외할아버지는 갑자기 자기 집 밭의 아카시아나무에서 목을 매어 스스로 목숨을 끊으셨습니다. 이 후에 가족들은 외할아버지를 이 나무 뒤에 묻고, 나중에 이 나무를 베어 버렸습니다.

이 땅은 모두 13묘로 우리 외할아버지 마쓰타이(马世泰)가 뤼순(旅顺) 해방 후 다른 사람에게서 산 것입니다. 구매 당시 이 땅에 또 한 채의 집이 있었습니다. 집은 건축 형식을 보면 예전에 지은 것으로, 외할아버지는 돌아가셨지만 우리 외할머니는 결코 이 밭을 버리고 싶지 않았는데, 당시 이 밭에 심은 것은 기장이었습니다. 외할머니는 저와 사촌 마위량(马玉良)과 함께 밭에 보내어 집에 들어오는 참새를 쫓고 곡식을 지켜보도록 하였습니다. 매일 저와 마위량이 먼저 밭에 나가면 외할머니가 뒤따라 점심을 가지고 오시는데, 우리 셋은 외할아버지의 묘 앞에 오두막을 짓고 그냥 하루 종일 거기 있었습니다. 그때 외할머니는 외할아버지 묘 앞 4, 5m 지점에 있는 묘를 가리키며 "거기는 조선인의 묘다."라고 하시며, "나중에 와서 외할아버지 성묘할 때 이 조선인에게도 샤오지(烧纸, [지전을 태우는 것]) 해 주는 것을 잊지 말라."라고 말했습니다. 우리 가족들과 이렇게 가까 이 묻었으니 이웃인 셈입니다. 그래서 기억에 남습니다.

문: 외할머니가 이 조선인 묘를 왜 여기 있는지 말씀하신 적이 없습니까?

답: 그건 말한 적이 없습니다.

문: 외할머니의 연세는?

답: 지금은 정확히 몰라도 50대 중반일 것입니다. 지금 살아 계신다면 100대일 것입니다.

문: 할아버지가 구매하신 이 밭은 전에 주로 무슨 용도였습니까?

답: 해방 전에 여기는 과수원이었습니다. 1952년 전후, 외할아버지가 모든 과일나무를 베어 버렸습니다. 그 이유는 당시 소련 병사들이 기관단총을 메고 과수원에 과일을 훔치러 왔는데 도난을 당해 어쩔 수 없이 과일나무와 채소를 모두 베어 버렸습니다. 그래서 그 조선인의 묘가 바로 과수원에 있는 것이 아닌가 하는 생각이 들었습니다.

문: 이 조선인의 묘는 특별한 표기가 있습니까?

답: 특별한 표기도 없고 묘도 크지 않습니다. 앞쪽에는 그냥 큰 바위만 올려놓았습니다.
돌에도 글자가 없습니다.

문: 이 묘는 언제 평평하게 만든 것입니까?

답: 평평하게 만든 것이 아니라 원래 크지 않다가 관리해준 사람도 없어서 나중에 조금씩 조금씩 자연스럽게 평평하게 된 것입니다.

문: 알다시피 그 후에 이 조선인의 묘에 손댄 사람이 있습니까?

답: 절대 없습니다. 1956년 중국에서 농업협동화운동이 벌이자 외할머니는 생계를 위해 13묘(亩)의 밭을 가지고 위안바오팡(元宝坊) 농업사에 들어가라고 했습니다. 입사 후 얼마 되지 않아 저는 과수 기술자가 되어 이 산골짜기를 자주 왕래했습니다. 후에 저는 또 20여 년 동안 생산 대장으로 일했는데, 저는 이 밭의 변함없는 상황을 아직도 잘 알고 있습니다.

문: 그 집에 대해 소개해 주세요.

답: 내가 본 그 집은 옛날식이기는 하지만 러시아식 건물은 아닌 것 같습니다. 집은 평평한 지붕이 아니라 용마루 기와가 높게 올라가 있는 것이고, 앞뒤로 굴뚝이 2개씩 있고, 창 문은 2겹씩이며, 바깥쪽 비가림막이 나무로 되어있고, 집 뒤쪽에는 창문이 3개 있는데, 이 창문들을 통해 그 조선인의 묘가 보입니다. 이 집은 길이가 약 6미터, 너비가 약 3미터로 매우 큽니다. 문과 창이 만나는 곳, 처마가 모두 청벽돌이고, 집의 네 귀퉁이도 청벽돌이면서 벽면은 석회로 바르고 있습니다. 집은 매우 질서정연했는데, 마치 부자들이 더운 여름을 위해 준비한 피서지인 것 같습니다.

문: 이 집은 언제 철거되었습니까?

답: 철거된 것이 아니라, 오래돼서 수리를 못 한 것입니다. 1962년 전후에 자연스럽게 무너 졌습니다. 지금, 집을 수리할 때도 원래 뜰에 있던 물웅덩이가 보였습니다.

문: 조선인의 무덤에 대해서 정보를 알려주셔서 다시 한번 대단히 감사합니다. 다음번에도 상황에 따라서 당신을 찾아뵙고 다시 한번 알아보도록 하겠습니다. 그때 많은 도움을 부탁드리겠습니다.

답: 저는 감옥구지에서의 많은 사람들과 친하니까 염려하지 않아도 됩니다. 무슨 일이 있어서 부탁하시면, 제가 반드시 최선을 다하겠습니다.

(기록 정리 왕전런(王珍仁))

安重根埋葬地寻访调查（四）

根据前期的走访调查，2008年5月22日的上午，馆长华文贵亲自带队前往安重根埋葬地的疑似地点进行了实地考察。

参加此次考察的人员有：华文贵、王珍仁、亓全福、崔再尚及刘万里、张学才。

从监狱旧址出发，向西约有20多分钟的步行路程，我们来到一片宽敞的地界中。呈现于我们面前的是住有一户人家，院落四周圈养着数只鸡和羊，两只大型犬在见到我们一行人后，不时地狺狺叫上几声。一幅农家田园生活图就是这样扑面而来。不远处，山峦叠嶂。山上林木葱郁，草木葳蕤，莽莽苍苍。与其相邻正在建设中的旅顺基督教教堂在阳光的辉映下，哥特式高高的塔楼屋脊泛映出点点的余晖。于宽敞的田间向其望去，顿有"栋宇相望，桑梓相连"的景象。

我们在张学才的导引下，来到原有房子的旧址。正像张学才所介绍的那样，房子早已不存在了，但原来院子里的一个水池子的残迹还清晰可见。在旧址上栽种的拇指粗细的树苗在微风中摇曳着。在这片土地中，我们看到一层层梯田在向山峦深处延伸。随着山野的坡度，三座坟丘散落在其中。最下边的一座，是张学才的表兄弟马玉良的坟，可能是许久没有人来拜祭，显得破败荒凉。由此向前近20余米的样子，又有一盔坟。张学才介绍说，那是他爷爷的坟，坟前放着两盆鲜花，虽有些凋零，但它说明在清明时，曾有人来此祭奠过。在距它有七八米距离的样子，还有一盔坟。张学才讲，那就是他姥爷马世泰的坟。在他姥爷的坟前，明显有一略为低凹的处所。张学才讲这里就是当年姥爷上吊的地方，原先是有一棵刺槐树，后来树被砍掉后，树根腐烂，地面就显现出现在的样子。在马世泰坟前右手处四米左右的地方，一道地埂突起，杂草蓊郁，两块褐色石头突兀可见。只见张学才兴奋的说，这就是那个朝鲜人的坟头。

现场的实际情况是，除了那些野芳幽香的绿草围掩着两块石头，根本就看不出有一丁点墓葬的痕迹。地面是平整的，黄土依旧是细细绵绵，……，当我们身据这里，遥望山峦和近处的一片绿色，内心中突然感到一种绿的呐喊，绿的狂嚎，绿的倾泻，绿的爆炸。难道这真的就是我们梦魂牵绕，寻寻觅觅的英雄的最后归处？峰青壑幽，大自然在赤裸裸地展示着它勃勃生机和无限魅力的同时，就是这样地过滤了历史的芜杂，也淘汰了许多鲜活的细节，或许就是今天要呈现于我们面前的，它们所要留给后人的一处僵硬枯涩的故事梗概。

当我们徘徊这"墓"前，踯躅于旷野，再眺望满山遍野的绿色，只觉得那翠绿的生命在奔涌着一种激流，一种漩涡，一种波涛，它似乎在急切地呼唤着我们，来吧，这里有你们要寻找的英灵。快来吧，这里就是你们夙愿的希冀之地。

（执笔 王珍仁）

· 안중근 매장지 탐방 조사(4)

지난번 방문 조사에 따르면, 2008년 5월 22일 오전 박물관 관장인 화원구이(华文贵)는 안중근 의사 매장지로 추정되는 장소를 직접 안내했고 현지 조사를 했다.

조사 참여 인원: 화원구이(华文贵), 왕전런(王珍仁), 위안취안푸(元全福), 추이자이샹(崔再尚), 류완리(刘万里), 장쉬에차이(张学才)

뤼순감옥구지에서 서쪽으로 20여 분 정도 걸어서 넓은 곳에 다다랐다. 우리 앞에는 닭과 양을 많이 기르고 있는 한 집이 있었는데, 두 마리의 대형견이 우리 일행을 보자 이따금 짖어댔다. 이렇게 농가 전원생활 풍경이 펼쳐져 있었다. 멀지 않은 곳에 산봉우리가 첩첩이 쌓여 있고, 산에 나무가 울창하여 초목이 무성했다. 인접하여 건설 중인 뤼순의 기독교 교회가 햇빛을 받아 고딕 양식의 높은 탑 마루에 잔잔한 조명이 비치고 있었다. 넓은 밭에서 바라보니 '건물 하나가 마주 보면서 뽕나무가 맞닿는' 풍경이 펼쳐졌다. 우리는 장쉬에차이의 안내로 원래 있던 집으로 왔다. 장쉬에차이의 설명대로 집은 없어졌지만 원래 뜰에 있던 물웅덩이의 흔적이 선명하게 남아 있었다. 뤼순감옥구지에 심은 엄지손가락 굵기의 묘목이 미풍에 흔들리고 있었다. 이 땅에서 우리는 층층 계단식 논밭이 산의 깊은 곳을 향해 뻗어 있는 것을 보았다. 산과 들의 경사를 따라 세 개의 무덤이 흩어져 있었고, 맨 아래쪽에는 장쉬에차이의 사촌 마위량의 묘인데, 오랫동안 아무도 찾아오지 않아서인지 황량해 보였다.

20미터 정도 앞으로 다가서니 또 하나의 묘가 있었다. 장쉬에차이는 할아버지의 묘라고 소개했는데, 묘 앞에 꽃 화분이 두 개 놓여 있어서 비록 시들긴 했지만 청명절 때 누군가가 이곳에 와서 성묘했다는 것을 증명할 수 있었다. 7~8미터 떨어진 곳에 또 하나의 묘가 있었는데. 장쉬에차이는 이 묘가 바로 그의 외할아버지 마스타이(马世泰)의 묘이라고 했다. 그의 외할아버지 묘 앞에 약간 움푹 파인 곳이 있었다.

장쉬에차이는 이곳이 바로 외할아버지가 목을 매셨던 곳이라고 했다. 원래 여기는 아카시아(메뚜기나무)나무가 있었고, 나무를 베어버린 뒤 뿌리가 썩어 이런 모습을 드러냈다고 말했다. 마스타이의 묘 앞 오른쪽 4미터 좌우에 한 두둑이 솟아 있고 잡초가 무성한 가운데 갈색 돌 두 개가 보인다. 장쉬에차이는 이게 바로 그 조선인의 묘라고 흥분하면서 말했다.

현장의 실제 정(상)황은 향긋한 푸른 풀들이 두 개의 돌을 덮고 있는 것 외에는 무덤의 흔적을 찾아볼 수 없었고, 땅은 평평하고 황토는 가늘고 면면하였다. ……, 우리가 이곳에 있을 때, 산과 눈앞의 푸른빛을 바라보면, 갑자기 푸른 외침, 푸른 울부짖음, 푸른색의 쏟아짐, 푸른색의 폭발을 느낄 수 있었다. 과연 이것이 우리의 꿈에 사로잡혀 찾아오는 영웅의 마지막 귀향처일까. 바람은 맑고 그윽합니다. 자연은 그 생기와 무한한 매력을 적나라하게 보여주면서 역사의 난잡함을 여과하고, 또 많은 세세한 부분까지 도태시켰다. 아마도 오늘 우리한테 보여주려고 한, 그들은 후세에 남겨주려는 딱딱하고 메마른 스토리의 줄거리일 것이다.

우리가 이 '묘' 앞에서 배회할 때, 광야에 주저하고, 다시 온 산과 들판을 가득 메운 녹색을 바라보며, 그 녹색의 불균형이 용솟음치는 이 격류와 소용돌이와 파도처럼 느껴졌다. 마치 우리를 절박하게 부르는 것 같습니다. 오라, 너희들이 찾는 영령이 여기 있다. 어서 오라, 여기가 바로 당신들의 숙원을 이뤄줄 희망의 땅이다.

(집필 왕전런(王珍仁))

安重根埋葬地寻访调查（五）

2008年5月27日，李国诚（李会荣之孙子）来馆，向博物馆赠送李会荣遗物的复制品。馆长华文贵偕研究员王珍仁共同参加了交接工作。在交谈中，双方谈到了此次韩国在旅顺寻访发掘安重根的埋葬地的问题时，李国诚坦言道：韩国方面所确定的地点是不对的。安重根的埋葬地他本人是曾经到过的。针对李国诚的叙述，馆长与其做了更为深入的了解：

问：　你是在什么时候到过安重根的埋葬地？

答：　那是在1958年的时候，当时我已经13岁了，是我父亲带我来的。那次来旅顺的目的就是来拜谒我爷爷就义的地方。顺便拜祭了安重根的墓地。在祭拜中，父亲告诉我，这是一位朝鲜著名的民族英雄的墓地，我们不能把它忘记了。你爷爷也是为了民族的解放而牺牲的，对于这些英雄我们要永远记在心中。

问：　你父亲是怎么知道安重根埋葬地的？

答：　据我所知，我父亲在解放后曾在抚顺战犯管理所见到过旅顺刑务所的最后一任所长，向他寻找有关我爷爷李会荣当年被关押在旅顺狱中的材料。他说关于狱中的档案资料已经都不存在了，在日本投降之前，由他亲自指挥，全部烧毁。在这次的寻访中估计谈到了安重根的埋葬地。这是一种可能。另外，我父亲在寻访调查我爷爷抗日斗争事迹时，曾拜访过当年与我爷爷并肩战斗过的金少默、金孝三等人。他们曾经到过旅顺，也祭拜过安重根。我父亲对安重根墓地的了解估计就是这样得来的。

问：　在你的记忆中安重根的墓是一个什么样子？

答：　在我的记忆中，当时安重根的墓已经不大了，只是在地表面凸起一个很小的土包，没有什么特殊的标记。

问：　在你的印象中墓地离监狱旧址有多远？

答：　从监狱旧址到墓地的距离不算太远。

问：　在你的印象中，安重根的墓当时是埋在在一片果园里呢？还是一片荒地里？

答：　关于这个我已经记不太清楚了。

问：　在你记忆中安重根坟的周围是否还有别的坟？

答：　在他的周边有散落的坟，但不多。

问：　你能否大概说一下墓葬的方位？

答：　这个我暂时还不能说。我对韩国光复会这次旅顺发掘的做法，很有意见。他们对我所提供的信息，没有任何的反映。只是相信崔书勉那个学者的意见，他们这次没有找到安重根的墓也是我的预料之中的事。在韩国方面还没有重视我的信息时，我还不准备说出来的。

问：　从1958年你来过旅顺后，又相隔多少年来到旅顺？

答：　在文革中间来过一次，到上个世纪末后，因为寻找我爷爷的事迹来得次数就多了。

问：　在这几次来旅顺，您是否还到过安重根的墓地？

答：　去过。是我记忆中的大概位置。

附：李会荣的简历

李会荣（1867—1932）号友堂。出生于汉城（今首尔）。1907年与安昌浩等人一起组建新民会。1910年迁居中国吉林柳河县，入中国籍。1911年兴办进步团体“耕学社”和新兴武馆学校。1922年与申采浩一道开展民族独立武装斗争。1932年在从上海到大连的途中被捕。后在旅顺监狱中受酷刑而牺牲。

（记录整理　王珍仁）

· 안중근 매장지 탐방 조사(5)

2008년 5월 27일, 이국성(李國誠, 이회영의 손자)이 박물관에 와서 이회영 유물의 복제품을 기증하였다. 인수인계 작업에는 관장인 화원구이(华文贵)와 연구원 왕전런(王珍仁)이 함께 참여했다. 이 얘기를 나눈 자리에서 이번에 한국 측이 뤼순에 와서 안중근 매장지를 발굴하는 문제를 거론하면서 이국성은 한국 측이 정한 장소가 잘못됐다고 털어놨다. 안중근의 매장지는 본인이 다녀간 곳이라고 했다. 이국성의 서술에 대하여 관장은 그와 같이, 보다 깊은 대화를 나누었다.

답: 1958년 당시 내가 열세 살이 되었을 때, 아버지는 나를 데리고 왔는데, 그때 뤼순에 온 목적은 우리 할아버지가 의를 위하여 죽은 곳을 참배하려는 것입니다. 겸사겸사 안중근 의 묘를 성묘했습니다. 성묘 때 아버지는 이는 조선의 유명한 민족 영웅의 묘지이어서 잊으면 안 되고, 네 할아버지도 민족해방을 위해 희생하신 분이니 이 영웅들을 우리는 영원히 기억해야 한다고 말씀하셨습니다.

답: 내가 알기로, 아버지는 해방 직후 뤼순전범관리소에서 뤼순형무소의 마지막 소장을 만나 할아버지 이회영이 당시 뤼순감옥에 소장 중이던 자료를 찾은 적이 있습니다. 그는 옥중에 대한 서류는 더 이상 존재하지 않는다며 일본이 항복하기 전까지 직접 지휘해 전소했다고 했습니다. 이번 탐방에서 안중근의 매장지에 대한 이야기가 나왔을 것으로 보입니다.

가능성이 있습니다. 또한, 우리 아버지는 우리 할아버지의 항일투쟁 사적을 조사하기 위해 할아버지와 어깨를 나란히 하면서 전투했던 김소묵(金少默) 씨, 김효삼(金孝三) 씨 등 을 찾아뵌 적이 있습니다. 그들은 뤼순에 간 적이 있고, 안중근 의사를 위해 성묘했었습니다. 아버지의 안중근 묘소에 대한 정보는 그렇게 얻어진 것으로 보입니다.

문: 안중근의 묘는 어떤 모습입니까?

답: 당시 안중근의 묘는 크지 않았던 것으로 기억하고 있습니다. 땅 표면에 아주 작은 흙더미가 튀어나온 것입니다. 특별한 표기도 없었습니다.

문: 당신의 기억으로 묘지는 감옥 옛 주소와 얼마나 떨어져 있습니까?

답: 뤼순감옥구지에서 목적지까지는 그리 먼 편이 아닙니다.

문: 안중근의 묘는 당시 과수원 안에 묻혀 있나요? 아니면 황무지에 있는 건가요?

답: 저는 그것에 대해 잘 기억하지 못합니다.

문: 당신이 기억하는 안중근 묘 주변에 또 다른 묘가 있었습니까?

답: 그의 주변에는 산산이 흩어져 있었지만 많지 않았습니다.

답: 이것에 대해서 아직 말씀드릴 수 없습니다. 나는 한국광복회의 이번 뤼순 발굴에 불만이 있습니다. 이번 행동에 내가 제공한 정보에 대해 아무런 반영이 없습니다. 최서면이라는 학자의 의견만 믿고 이번에 안중근의 묘를 찾지 못한 것도 예상했던 일입니다.

한국 쪽에서 내 정보를 중요시할 때까지 말하고 싶지 않습니다.

문: 1958년 뤼순에 온 뒤, 몇 년 만에 뤼순에 왔습니까?

답: 문혁(문화대혁명) 중간에 한 번 왔었는데, 20세기 말에 우리 할아버지 사적을 찾으러 많이 왔습니다.

문: 뤼순에 몇 번이나 들렀는데, 안중근 묘소에도 가 보셨나요?

답: 가 봤습니다. 아마 제 기억 속의 위치일 것입니다.

첨부) 이회영의 이력

이회영(1867~1932), 호는 우당(友堂)이고, 서울에서 태어났다. 1907년에 안창호 등과 같이 신민회를 조직했다. 1910년에 중국 지린성(吉林省) 류허현(柳河县)으로 이주하여 중국 국적으로 바꾸었다. 1911년 진보단체인 '경학사'와 신흥무관학교를 설립하였다. 1922년에 신채호와 같이 민족 독립 무장 투쟁을 전개하였다. 1932년에 상하이(上海)에서 다롄(大连)으로 가는 도중에 체포되어 이후에 뤼순감옥에서 심한 고문 끝에 옥사하였다.

(기록 정리 왕전런(王珍仁))

安重根埋葬地寻访调查（六）

前期对安重根埋葬地的调查工作，在向大连大学韩国学研究院刘秉虎通报以后，刘院长认为有些细节需要作进一步的落实，遂于2008年6月18日亲自来到馆里，向张学才做了进一步的调查。

现将情况记录如下：

参加调查人员：华文贵、王珍仁、刘秉虎、刘万里

被调查人员：张学才

问：你是在什么时候来到旅顺的？

答：我是在1939年时，1岁时来到旅顺的。

问：那你姥姥是什么时候来到旅顺的？

答：我姥姥家是旅顺的老坐地户。我来时，姥姥家就已经在这里居住很长时间了。

问：来到旅顺后，你们家住在什么地方？

答：我们家搬到旅顺后，就一直住在旅顺的市场街道。

问：在你的小时候是在那上的学？

答：我是在旅顺解放后读的小学，学校的名称是"旅顺中心小学"。

问：在你的少年时代是否见到或者于朝鲜人有过接触？

答：没有。

问：在你的记忆中，你姥姥家是否于朝鲜人有过交往？

答：好像没有这样的事。

问：在你的印象中，小时候在旅顺是否有朝鲜人居住？

答：说实话，这还真不知道。当时对这个根本就不在意。

问：你家于姥姥家的距离远吗？

答：不远，就从馆里到万里停车场这么个距离（估计在30米左右一记录者注）。

问：你们家当年是干什么的？

答：我父亲是做古董生意的，姥姥家也是干这个的。当时买卖比较大，赶上卸货，那一卸就是一火车。

问：你的姥姥是否识字？

答：干买卖的，都识字。

问：你姥姥买地就是用来做自家的坟地用吗？

答：不是。买下时，这里是一片果园。姥姥家后来砍掉果树，种了糜子。

问：当时果园的果树是否都很大？

答：不清楚。只知道果园里的树是越来越少。主要是被苏联士兵偷砍了。不得不将树砍掉。

问：你姥姥家在买下这块地后，为什么还留下这盔外国人的坟？

答：关于这个，我也不太清楚。

问：在你们这里，是否有在上坟时为左邻右舍的坟烧上几张纸的习惯？

答：如果知道这些坟的主人是作什么的，以及于自己家或多或少有点联系的，一般会这样做。

问：你姥姥当年是怎么告诉你，这是外国人的坟？

答：就是说在你姥爷坟旁边的那盔坟，是韩国人的坟，以后上坟时，别忘了顺便也给它烧上几张纸。

问：你姥姥当时就说那是韩国的坟吗？那时一般的人往往都说北朝鲜或南朝鲜。

答：估计当时不是说朝鲜，就是告诉我说，是高丽。

问：那么你还听说过，在别的地方还有外国人的坟吗？

答：没有听说过。

问：你们小时候，学校在春游时，是否组织您们到元宝坊这一带的山上？

答：学校组织春游都是到动物园、花园和白玉山上，那时白玉山塔可以随便上，也不要钱。从来不组织到元宝坊这一带的山上搞春游。

问：你最早见到的坟丘有多大？

答：不大，估计多说就有这么高（张学才用手比划，估计在60公分左右一记录者注）。

问：坟前的石头是你们后放的吗？

答：不是，当时就有。

问：你们买地时，这里时否还有其他的坟？

答：没有。当时只有这一盔外国人的坟。

问：你再给我们介绍一下当时那里存在的房子的情况，好吗？

答：房子是中国式的三间房子的样子。但比较气派。所有的门窗都是双层的。外面的一层是木板做的。一进门是灶台，两侧房间有炕。屋面有对称的4个烟囱。现在估计，可能就是当

3

年看果园的人住的房子。

问：原来这块地是属于谁的？

答：这不清楚，估计在解放前是属于庙产。（记录者插话：从我们掌握的资料看，这里当年是属于监狱的果园。从我们后来发现的刑用地的地标中，可以说明这个问题。刘秉虎说，这个很有可能。从照片上看，但在1911年时，这里绝不是果园。）

问：从监狱的后面是否有路能通到现在的坟上？

答：有路。从监狱后面到坟地有一条军用通道，道的两侧路边都是用条石砌的，中间设有排水道。

问：当时的山上，就有现在这些树木吗？

答：没有，现在的树木是解放后栽的，更多的是在上个世纪60年代以后栽的。当时山上是光秃秃的一片。

问：这次你是怎么联想到这盔坟是韩国人的？

答：根本就不是什么联想。是我老伴于她那些晨练的朋友谈到后山有韩国人来挖它们英雄的遗骨，但最终没有找到这个消息，使我一下子想起了我姥老告诉我的这件事，心里就犯了嘀咕，或许这才是韩国人要找的坟。就这样我才跟刘万里和老亓说了。以前，我跟大狱里的人都很熟，但也从来没有想起这码事，所以也就从来没有跟他们说起过。如果你们就是感兴趣，不妨就以为我们家老坟迁个地做幌子，咱们就挖他一下。

问：我们不能这么作。现在还是请你做好保密工作。待我们请示

了有关领导后再说。你看怎么样？

答：这你们放心，我会按照你们的要求去做。

（记录整理 王珍仁）

· 안중근 매장지 탐방 조사(6)

앞서 안중근 매장지에 대한 조사를 다롄(大连)대학교 한국학연구원 류빙후(刘秉虎)에게 통보한 뒤, 류 원장은 자세하게 확인해야 할 일이 있다고 생각해서 2008년 6월 18일 직접 박물관으로 찾아와 장쉬에차이(张学才)에게 진일보하게 조사를 진행하게 했다. 현재 상황의 기록은 다음과 같다.

조사 참여 인원: 화원구이(华文贵), 왕전런(王珍仁), 류빙후(刘秉虎), 류완리(刘万里)

피조사 인원: 장쉬에차이(张学才)

문: 뤼순에는 언제 왔습니까?

답: 1939년, 한 살 때 뤼순에 왔습니다.

문: 그럼 외할머니는 언제 뤼순에 오셨습니까?

답: 우리 외할머니댁은 뤼순(旅顺)의 오래된 거주 가구였습니다. 내가 왔을 때 외할머니댁은 이미 이곳에서 오랫동안 거주하고 있었습니다.

문: 뤼순에 온 뒤에 어디에 살았습니까? .

답: 우리 집은 뤼순으로 이사한 뒤 줄곧 뤼순의 시장 거리(市场街道)에서 살았습니다.

문: 그럼 어렸을 때 어디서 공부했습니까?

답: 나는 뤼순 해방 후에야 초등학교에 다녔고, 학교 이름은 '뤼순중심초등학교(旅顺中心小 学)'입니다.

문: 당신의 소년 시절에 조선인과 만나거나 접촉한 적이 있습니까?

답: 없습니다.

문: 당신의 기억으로 어릴 때 뤼순에 조선인이 살았습니까?

답: 솔직히 모르겠습니다. 그때는 그런 거에 전혀 신경 안 썼습니다.

문: 당신 집은 외할머니 집과 멀었습니까?

답: 멀지 않았습니다. 박물관에서 완리(万里) 주차장까지의 거리와 비슷합니다(약 30m 정도 추정 - 기록자 주(메모)).

문: 당신 가족은 그때 무슨 일을 했습니까?

답: 우리 아버지는 골동품 장사를 했습니다. 외할머니댁도요. 그때는 장사를 좀 크게 해서 하역할 때는 한 기차만큼 물량이 많았습니다.

문: 외할머니는 글을 아십니까?

답: 상인들은 모두 글자를 압니다.

문: 당신의 외할머니가 사신 밭을 그냥 묘지로 사용한 것입니까?

답: 아닙니다. 살 때 여기는 과수원이었습니다. 외할머니 집은 나중에 나무를 베어 버리고 기장을 심었습니다.

문: 당시 과수원의 과수들은 모두 컸습니까?

답: 잘 모르겠습니다. 과수원의 나무는 점점 없어지는 것을 알고 있었습니다. 주로 소련 병사들에게 도난을 당한 거예요. 어쩔 수 없이 나무를 베어 버렸습니다.

문: 외할머니댁은 이 밭을 산 뒤 왜 이 외국인의 묘를 남겼는지요?

답: 그것에 대해서는 저도 잘 모릅니다.

문: 여기서 성묘할 때 이웃도 성묘해주고 샤오지(烧纸)를 해 준 풍습이 있었습니까?

답: 이 묘지의 주인이 무엇을 하는 사람인지 알거나, 자기 집과 다소 관련된다면 보통 이렇게 할 겁니다.

문: 외할머니가 그때 외국인 무덤이라고 그때 어떻게 말씀하셨나요?

답: 네, 외할아버지 묘 옆에 있는 그 묘지는 한국인의 무덤이고, 나중에 성묘할 때 같이 성묘해 주고 샤오지(烧纸)를 해 주라고 하셨습니다.

문: 외할머니가 그때 한국인의 무덤이라고 했습니까? 그때 사람들은 보통 북조선이나 남조선이라고 하는데요.

답: 당시 조선이라기보다는 고려라고 말씀해주신 것 같습니다.

문: 그렇다면 다른 곳에도 외국인의 묘가 있다는 얘기도 들었습니까?

답: 들은 적이 없습니다.

문: 어렸을 때 학교에서 봄나들이할 때 위안바오팡(元宝坊) 근처의 산으로 온 적이 있습니까?

답: 학교에서 봄나들이할 때 보통 동물원, 화원, 바이위산(白玉山)으로 갔는데, 그때는 바이위산탑(白玉山塔)에 맘대로 올라갈 수 있었는데, 입장료도 없었습니다. 위안바오팡(元宝坊) 근처의 산으로 봄나들이하러 온 적은 없습니다.

문: 당신이 가장 먼저 본 봉분 크기가 어떻게 됩니까?

답: 크지는 않습니다. 크게 말하면 이 정도일 것 같습니다(장쉬에차이(张学才)의 손짓으로 볼 때 60센티미터 정도 될 것이다.-기록자 주).

문: 무덤 앞에 놓인 돌은 여러분이 놓아준 것입니까?

답: 아닙니다. 원래 있었습니다.

문: 이 밭을 살 때 다른 무덤이 없었습니까?

답: 없었습니다. 당시 이 외국인의 무덤 하나밖에 없었습니다.

문: 그때 그곳에 있던 집의 상황을 다시 설명해 주시겠습니까?

답: 집은 중국식 삼방 양식입니다. 근데 좀 있어 보였어요. 모든 문과 창문이 다 이중으로 되어 있었습니다. 밖의 한 층은 나무판으로 만들었습니다. 들어와서 바로 부뚜막이 보 이고 양쪽 방에는 방구들이 있었습니다. 대칭적으로 배열된 4개의 굴뚝도 있습니다.

이제 생각하니 아마도 그 당시 과수원을 관리하는 사람이 살던 집일 것 같습니다.

문: 이 밭은 원래 누구 소유였습니까?

답: 잘 모르겠습니다만, 아마 해방 전에는 사원 소유(廟産)일 거예요.(기록자: 우리가 입수한 자료를 보면, 이곳은 당시 감옥에 속했던 과수원이었습니다. 우리가 나중에 발견한 형 집행 용지의 표지에서 이 문제를 설명할 수 있습니다. 류빙후(刘秉虎) 씨는 그럴 가능성이 높다고 했습니다. 사진을 보면, 1911년 당시 이곳은 결코 과수원이 아니었습니다.)

문: 감옥 뒤편에서 이 무덤까지 통할 길이 있습니까?

답: 길이 있습니다. 감옥 뒤쪽에서 묘지까지 군용 통로가 하나 있습니다. 양쪽 길가는 모두 돌로 쌓았고, 그 사이에 배수로가 설치되어 있습니다.

문: 그때도 산에 이 나무들 다 있었습니까?

답: 아닙니다. 이 나무들은 해방 후에 심은 것입니다. 이 중의 대부분은 1960년대 이후에 심었습니다. 당시 산은 벌거벗은 채였습니다.

문: 이번엔 어떻게 이 무덤이 한국인의 무덤이라고 연상했습니까?

답: 연상하는 것이 아닙니다. 아내와 같이 운동하는 친구들과 뒤쪽 산에서 한국인이 와서 무슨 영웅

유골을 찾으러 왔는데 결국 찾지 못했다는 한담을 하니까, 나는 외할머니가 알려주신 이 얘기가 생각난 것입니다. 그래서 나는 어쩌면 이것이야말로 한국인들이 찾는 무덤인지도 모른다는 생각이 들었습니다. 그러다가 류완리(刘万里)와 원 씨에게 알 려주었습니다. 예전에 나는 감옥 옛 주소에서 일한 사람들과 잘 아는 사이였지만, 이 일을 생각해 본 적이 없었기 때문에, 그들에게 이야기한 적도 없었습니다. 만약 진짜 관심이 있다면, 우리 옛 무덤을 옮겨야 한다는 것을 핑계로 한번 파 보는 것이 어떻습니까?

문: 그것은 안 됩니다. 아직은 비밀로 해 주세요. 우리가 관련 지도자를 초청한 후에 다시 얘기합시다. 어떻습니까?

답: 그건 안심하고, 저는 당신들이 원하는 대로 하겠습니다.

(기록 정리 왕전런(王珍仁))

旅顺日俄监狱旧址博物馆

关于对安重根埋葬地点调查工作的总结

大连市文化局：

旅顺日俄监狱旧址因其年代的久远，历史内涵的丰富，保存的完整，倍受东北亚三国学者的高度重视。近年来，监狱旧址博物馆以旧址为依托，在举办阵地展览的同时，加大了对近代历史文物的征集和对近代历史事件、人物的研究的力度，并且取得了显著的成绩。根据馆里的工作计划，2007 年出版了专题研究著作《安重根研究》。与此同时，还制定出全面进行对安重根遗骸埋葬地的调查计划。随着这项工作的有序进行，截至目前，已经取得了突破性的进展。现将相关的工作总结如下：

一、 关于 2006 年朝韩双方认定的地点

2006 年 8 月，经有关部门的同意，朝韩双方共同组团来旅顺对安重根的遗骸埋葬地进行了寻访调查工作。期间，他们依据韩国著名学者崔书勉先生所提供的一张 1911 年 3 月监狱职员们为安重根举行祭拜活动的照片，确认了现监狱旧址东北方向的小东山为安重根遗骸埋葬地。2008 年初，因地方政府开发计划的影响，韩方于本年度的 3 月至 4 月对此地进行了全面的发掘，但最终无任何的收获。这一结果也印证了中方在 2006 年确认地点时的意见，即不论是从地形地貌、当时的历史民居环境、人们的民俗习惯等方面考察，该地都不具备安重根埋葬地可能。因此这次发掘的失败也是中方所预料到的。

二、关于小炮台山新地点的发现

近来，监狱旧址博物馆依据工作计划，在寻访调查中掌握了新的线索：即在监狱旧址西北方向的小炮台山一带有一处朝鲜人的坟墓。通过我们对现场的实地考察，发现这里的山形地貌及原存遗迹，都于崔书勉所提供的历史照片有很多的相似之处。这也从另一侧面，说明这张历史照片绝非杜撰，是可信的。在经过我们的细致比对分析后，初步认定小炮台山这一处朝鲜人的坟墓或许就是安重根的埋葬之所是完全有可能的（详细情况，可见调查报告 1－4）。

三、下一步的工作打算

因为安重根的埋葬地问题，对于监狱旧址博物馆来说，是一个长期困扰我们的科研课题。如果安重根的遗骸能够得以重见天日，这无疑是对安重根研究的重大发现和重大突破。因此我们认为：在前期调查研究的基础上，应当积极准备对小炮台山的这处朝鲜人的埋葬地点进行科学的考察发掘。发掘的时间可在本年度 10 月进行为好。所有的发掘应当在监狱旧址博物馆的统一安排下，有序的进行，在具体实施过程，可邀请大连的部分高校从事相关专题研究的人员参加。这项工作易早不易迟，因为随着调查信息的曝光，此处朝鲜人坟的安全性必然会引起社会其他方面的注意，难免会发生一些我们所不愿意看到的事情。如果真的这样，其被动的局面将会产生非常恶劣的影响。关于这一点，需要我们给予高度的注意，而切不可掉以轻心。

在通过科学的考察发掘后，将会对我们关注多年的研究课题作出客观可信的结论；同时也会为我们确定下一步对安重根的研究工作内容做好铺垫。因此，对小炮台山的朝鲜人坟墓进行发掘是势所必行的，也是十分必要的。

旅顺日俄监狱旧址博物馆

暨大连市近代史研究所

2008 年 5 月 28 日

· 뤼순일아감옥구지 박물관 안중근 매장지 조사 작업에 대한 소결

다롄시 문화국:

뤼순감옥박물관은 시간상 오래되고 역사적인 내용이 풍부하며, 온전하게 보존되어 있어 동북아시아 3국 학자들로부터 많은 관심을 받고 있다. 근래 뤼순감옥박물관은 옛 주소를 기반으로 위치 전람 전시와 같이 근대역사문물에 대한 수집과 근대역사사건, 인물에 대한 연구에 박차를 가하여 뚜렷한 성과를 거두었다. 박물관 사업계획에 따라 2007년 특집 연구 저서《안중근 연구》를 출간했다. 이와 함께 안중근 유해 매장지에 대한 조사계획도 수립했다. 이 작업이 순차적으로 진행되면서 지금까지 획기적인 진전을 이뤘다. 현재 관련된 업무를 아래와 같이 정리할 수 있다.

1. 2006년 남북이 공동 인정한 지점에 대하여

2006년 8월, 관련 부서의 동의하에 남북이 공동으로 뤼순에 찾아와서 안중근의 유해 매장지를 탐방 조사했다. 그러던 중 한국 유명 학자인 최서면 선생이 제공한 1911년 3월 감옥 직원들이 안중근의 제사를 지내는 사진 한 장을 토대로 현 감옥구지 북동쪽 샤오둥산(小東山)이 안중근 유해 매장지로 확인됐다.

2008년 초, 지방정부 개발계획의 영향으로 한국 측은 이 장소를 올해 3~4월 전격적으로 발굴했지만 별다른 소득이 없었다. 지형 지모나 당시의 역사적 민가 환경, 그리고 사람들의 민속관습 등을 살펴봐도 안중근 매장지일 수가 없다는 중국 측이 2006년 장소를 확인할 때의 의견을 뒷받침하는 결과다. 따라서 이번 발굴의 실패도 중국 측이 예상한 바이다.

2. 새로운 지점인 샤오파오타이산(小炮台山)[104] 에 관한 발견

최근 감옥구지박물관은 사업계획에 따라 탐방 조사에서 감옥구지 북서쪽 샤오파오타이산(小炮台山) 근처에 조선인의 무덤이 하나 있다는 새로운 단서를 포착했다. 현장을 답사해 보니 산 모양과 기존유적이 모두 최서면이 제공한 역사 사진과 비슷한 점이 많았다. 이는 이 역사사 진은 결코 조작한 것이 아니고, 믿을 만한 것이라는 증명이기도 하다. 자세한 비교와 분석에 따라 샤오파오타이산(小炮台山)에 있는 조선인의 무덤이 바로 안중근의 매장지일 가능성도 충분히 있다는 것으로 밝혀졌다(상세한 상황은 조사보고서 1~4).

3. 다음 단계의 업무계획

안중근의 매장지 문제는 뤼순감옥박물관에 대해 오랫동안 우리를 고민하게 한 연구과제였다. 안중근의 유해가 다시 빛을 보게 된다면, 안중근 연구에 대한 중대한 발견이자 중대한 돌파구가 될 것이다. 따라서 우리는 앞서 조사 연구한 결과를 바탕으로 샤오파오타이산(小炮台山)이라는 조선인의 매장지에 대한 과학적 답사 발굴을 적극적으로 준비해야 한다고 본다.

104 소포태산

발굴 시간(기)은 올해 10월로 정하면 좋을 것이다. 모든 발굴은 감옥박물관의 일괄 배치 하에 순차적으로 이루어져야 하며, 구체적인 시행과정에 다롄(大连)의 일부 고등학교에서 관련 연구자들을 초청할 수 있다. 이 일은 늦추지 말고 일찍 하면 좋을 것이다. 이 작업은 조사정보가 알려지면 이 조선인 묘의 안전성이 사회적으로 주목될 수밖에 없어 원치 않는 일이 생길 수밖에 없기 때문이다. 그렇게 되면 그 수동적인 상황이 매우 안 좋은 영향을 미칠 것이다. 이 점에 관해서는 많은 주의가 필요하며, 절대 방심해서는 안 된다.

과학적인 고찰 발굴을 통해 우리가 다년간 지켜본 연구과제에 대해 상당히 신뢰할 수 있는 결론을 내리고, 동시에 안중근에 대한 다음 단계의 연구사업 내용을 확정할 수 있도록 할 것이다. 따라서 샤오파오타이산(小炮台山)에 있는 조선인 무덤을 발굴하는 것이 필수적이고 필요한 것이다.

뤼순일아감옥구지 박물관

다롄시 근대사연구소

2008년 5월 28일

2) 뤼순감옥 주변 공동묘지 현장 실태 조사(2012.05.23)

뤼순감옥 주변 공동묘지 현장 실태 조사는 뤼순일아감옥구지 박물관에서 38년을 근무한 판마오중(潘茂忠) 전 주임이 제공하였고, 뤼순일아감옥구지 박물관 직원 판마오중 주임과 쉐즈강(薛志剛) 직원, 필자(김월배)가 현장을 답사한 지도이다. 뤼순일아감옥구지 박물관 주변에는 수감자 공동묘지가 3개인 것으로 소개하고 있다. 뤼순일아감옥구지 박물관에서 1070년 10월부터 지정 관리한 공동묘지의 모습(조기 공동묘지 1907~1944년 이용, 5개 계단형, 둥산포[105])과 만기 표지1(1944년~1945년)는 뤼순감옥 위안바오가(街) 뒤편 과수원이다. 만기묘지2(1944년~1945년는 뤼순감옥 근무자 숙소 인근으로, 2008년 발굴한 지역으로 지금은 아파트와 통신부대로 일부 속해 있다. 기타 천주교 묘지도 있다. 이 지도는 뤼순일아감옥구지 박물관 주변의 현재 지형을 알 수 있고, 공동묘지의 분포도를 알 수 있다.

105 동산파(東山坡)

· 뤼순감옥 주변 공동묘지 현장 실태 조사 지도

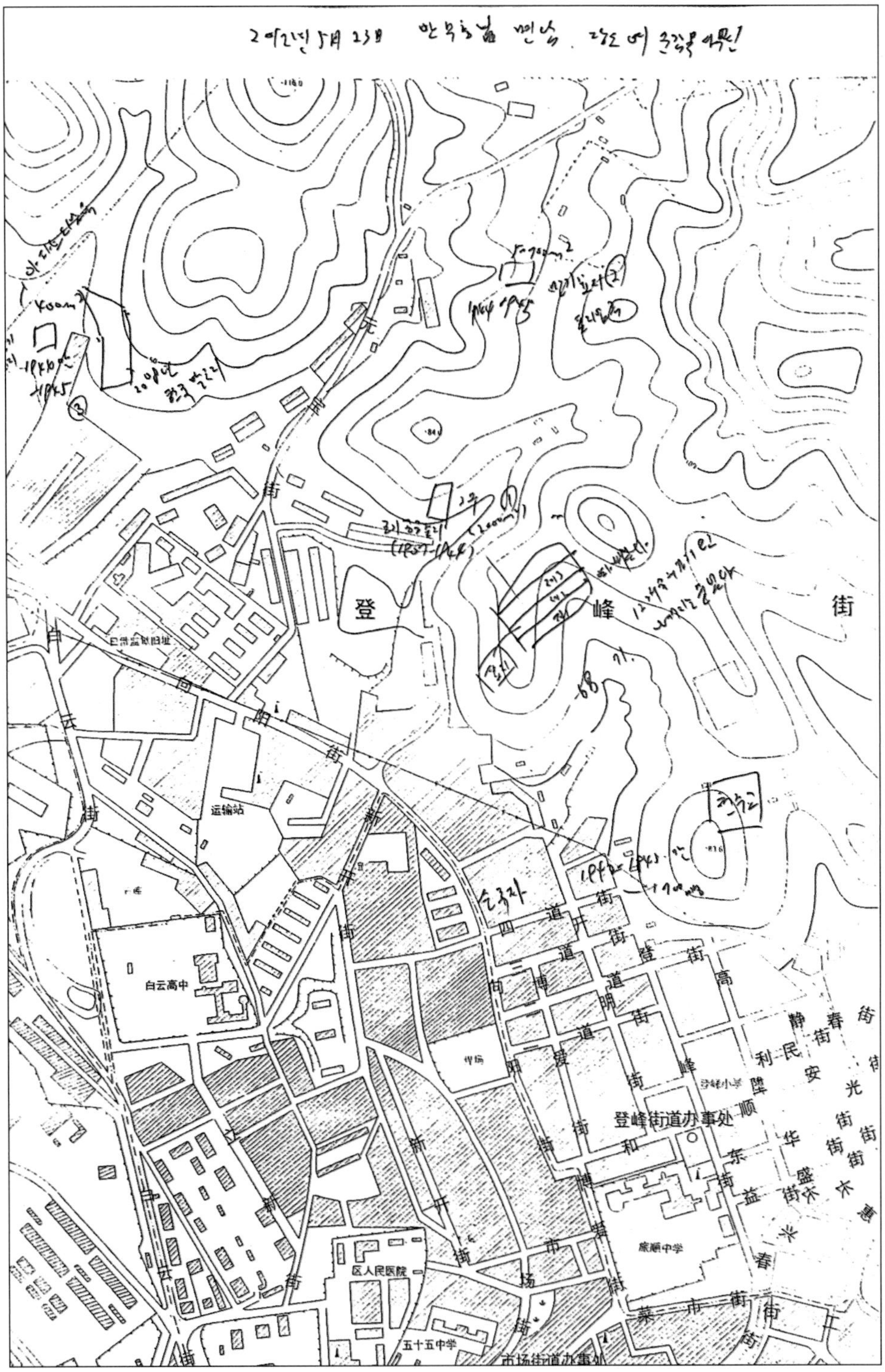

3) 지도 근거 안중근 의사 묘지 추정 분석 보고서(2010.09.01)

지도 근거 안중근 의사 묘지 추정 분석 보고서의 중문본[106]은 뤼순일아감옥구지 박물관, 한글본[107]은 2008년 안중근 의사 유해 발굴단에서 작성한 것인데 뤼순일아감옥구지 박물관을 통해 조사했다. 지도 근거 안중근 의사 묘지 추정 분석 보고서에는 1904년, 1905년, 1918년, 1930년의 측도(測圖)된 세 종류의 지도 분석을 근거로 안중근 의사 묘지를 추정했다. 지도 사료에 근거한 안중근 의사의 묘지를 추정했다는 점에서 안중근 의사 유해 매장지에 대한 실증적이고 과학적인 분석 자료이다. 향후 안중근 의사의 사형 시기인 1910년과 가까운 연도의 뤼순감옥 주변의 지도 자료를 찾는다면 안중근 의사의 유해가 매장된 묘지를 정확하게 규명할 수 있을 것이다. 본 책에서는 이 보고서의 내용을 제시했다.

---

106 〈根据地图对安重根义士墓地的推定分析〉

107 〈地圖에 依한 安重根義士 墓域 推定地 分析〉

· 〈根据地图对安重根义士墓地的推定分析〉(지도 근거 안중근 의사 묘지 추정 분석)

· 중문본

根据地图对安重根义士墓地的推定分析

一、 分析的背景及概要

1、分析的背景

“地图是时间点的历史”，对当时的地表状况，即地形、水系、植物、集落分布、道路等地形地貌如实的测量，可以解读出那个时代的文化及历史。按照这样的观点，参照有关埋葬安重根义士遗骸地点的相关资料，是我们以此来分析推定安重根义士墓地的依据。

2、分析中使用过的地图资料

旅顺地区是 1904 年日、俄战争中，日本帝国主义经过海上三次闭塞港口作战和陆地三次总攻后占领的地区。从 1905 年开始，日本陆军参谋本部下属的陆地测量部、临时测图部为了需要开始了制作地形图的工作。

在根据搜集到了那段时间的地图资料，对曾囚禁过安重根义士的旅顺监狱一带情况有详细表述的地图如下：

1）1904 年，测绘的为 1：5 千的地形图（现为亚洲历史资料中心 所藏）

2）1905 年 5 月，测绘为 1：5 千地形图（现为国际韩国研究院 崔书勉院长 所藏）

3）1918 年，测绘的为 1：1 万的地形图（现为东京都立中央图书馆 所藏）

4）1930 年，修正测绘的为 1：1 万的地形图（现为国立国会图书馆 所藏）

II、地图资料的所反映出的事项概要

1、1904 年测绘的地形图

这里虽然无法了解亚洲历史资料中心网站公开的这张地图的来历，但可推定为是 1905 年 5 月测量完成的 1:5 千的地形图它所反映的具体内容是：

○地图名：旅顺近旁明细全图

编号：秘第五十三号

○缩尺：1:5000

○印刷：旅顺要塞司令部 石版部

2、1905 年测绘的地形图

○地图名：教场沟所反映的具体内容是

编号：军事机密 5 千分 1 旅顺要塞

近旁图 第 21 号

○图 幅：484mm×400mm

○缩 尺：1:5000

○图 历：1905 年 5 月测图，1906 年 1 月制版

○基准面：高程是从金州湾的中等潮位起算。

○地形表现：等高线（间隔 2m）

○使用图式：明治 33 年式（1900 年）

○地图色相：墨 1 色刷

3、1918 年测绘的地形图，所反映的具体内容是：

○地图名：旅顺近郊

2

○图 幅：717mm×538mm

○缩尺：1:10000

○图 历：1918 年测图，1920 年制版，1912 年发行。

○地形表现：表现为山林色相图

○使用图式：大正 6 年式（1917 年）

○地图色相：3 色刷（墨、蓝、褐）

原图制作工程中使用了 3 色分解，制作成（色制版）

4、1930 年测绘的地形图所反映的具体内容是：

○地图名：旅顺

○图 幅：724mm×538mm

○缩 尺：1:10000

○图 历:1918 年测图，1930 年修正测图，1934 年制版，1935 年发行。

○地形表现：等高线（间隔 5m）

○使用图式：大正 6 年式（1917 年）

○地图色相：墨 1 色刷

III 地图资料的分析

1、对 1904 年测绘地图的分析

○旅顺监狱的建筑物结构是 1902 年俄国所建的监狱前面部分的二层建筑物和放射状形的二层建筑物。但在地图所显示的只有监狱前面部分的建筑物和放射状形建筑物。

○没有监狱围墙的记录。

2、对 1905 年测绘的地形图的分析。

3

○旅顺监狱的建筑物形态不仅表示出上面所提及的地图所示的放射状建筑物和其前面部分的建筑物，而且可看到在建筑物西侧所增加的仓库和相同的 5 个建筑物并排分布。

○在监狱建筑东南侧设有一条窄路，监狱仍然没有围墙。根据记载判断，1904 年 2 月 8 日，日俄战争爆发，这里曾被作为俄军临时野战医院和马队兵营使用过。直到地图制作时，这里仍没有围墙可以推断或者是临时设有铁丝网。

○在监狱北侧的空地上，分散着带有标记的墓地符号。

○在监狱西北侧，直线距离约 200 米的地方，有一座“匚”字形建筑物和一块类似练兵场的空地。(现在是军事用地)

○监狱根据位置推断东北侧，直线距离约 250 米的地方，有已被做为常约 50 米，宽约 20 米大的墓地。在其下面倾斜处发现了两条较长的土坡地带段。

○上述的墓地和其下面的土坡地带，如果到 1910 年还存在的话，对照《安重根义士遗骸发掘报告书》中记载的用 50 毫米平面照相机所拍摄的元宝山推定地点（报告书 60 页的写真）。可见与倾斜的土坡地带左侧末端是一致的；栗原贞吉典狱长的 3 女儿今井房子向崔书勉院长提供的证言和在监死者追悼会的摄影照片来做比较分析，可以判断出此墓地就是旅顺监狱的囚犯墓地。

2）关于墓地的设定分析

○位置：旅顺监狱东北侧 25° 方向，直线距离约 250 米，海拔约 85 米的元宝山靠边的位置。

4

○面积：约 1000 ㎡（约 300 坪）

○高度：36m(旅顺监狱的高度是 24m)

○土地倾斜：7—9 度

○根据 1905 年測制的 1:5000 地形图与重叠谷歌全球卫星写真比较分析的结果来推断，墓地是 2008 年中・韩在安重根义士遗骸发掘地。既从发掘地 C 地域北侧一部分到其右侧的这段地域。

3）对 1918 年测绘地形图的分析

○根据记录了解到，旅顺监狱的建筑物形态在 1907 年俄国监狱的基础之上，开始使用红砖新扩增建筑物和在 1916 年又新建了普通狱舍及隔离狱舍。

○从图上可以发现监狱的建筑物周围新设了围墙，其右侧类似隔离狱舍的建筑物也新设了围墙。

○监狱北侧宽敞空地上分散的坟墓没有了，新建了 5 栋建筑物。

○监狱东北侧在元宝山角落里的倾斜土坡地带，曾被推断为囚犯墓地的地方没有了，而被标示为有特殊使用范围的地界。

・注：地界，是用特殊形式来区分土地的用途，是区分自然的植生（山林）和人工的耕作地（水田、旱地）的境界，也称为植生界。

○可推定的是在地图中用地界区分的空地为用作耕作地而开垦了。同样，在 1918 年測图当时，本应用作囚犯墓地的土地区改为他用。

4、对 1930 年测绘地形图的分析

○旅顺监狱的建筑形态在 1921 年扩建了两栋工场，监房及附属检身室；1923 年新建了关东厅监狱的炊事场和 1 栋仓库；1924 年时关东监狱内又新建一幢仓库，扩建了监狱内部和监狱入口。

○监狱的建筑物周围增设的围墙外形与今天所看的相一致，改为长方形了。

○监狱东北侧被推定为囚犯墓地一带是与 1918 年测绘的地形图一样，有地界的标示，也有标高为 5 米的等高线标示。

Ⅳ今后的课题

1、以上的分析是对 1905 年、1918 年、1930 年测制成的三种地图的解读分析。今后，如果能发掘出 1910 年左右制作成的旅顺监狱周边的地图资料的话，不仅可以推测出在监狱扩建过程中周边地域的变化事项，也可以更准确地认定安重根义士的墓地。

2、根据日本国土地理院内的《地形图集》，明治 42 年（1909 年）时制定的图式标准看，1910 年后旅顺的地形图有被修改的可能性。

3、已知保存有旅顺地区地图收藏著名的外埠机关有：

1）日本

○国立国会图书馆地图室

○大阪大学校人文地理学教室

○京都大学校东南亚研究所地图室

○东北大学校附属图书馆

○茶水女子大学

○驹泽大学校

○亚洲历史资料中心

○岐阜县图书馆世界分布图中心

2）美国

○议会图书馆

7

· 〈地圖에 依한 安重根義士 墓域 推定地 分析〉 (지도에 의한 안중근 의사 묘역 추정지 분석)

· 한글본

地圖에 依한

安重根義士 墓域 推定地 分析

2010年 9月 1日

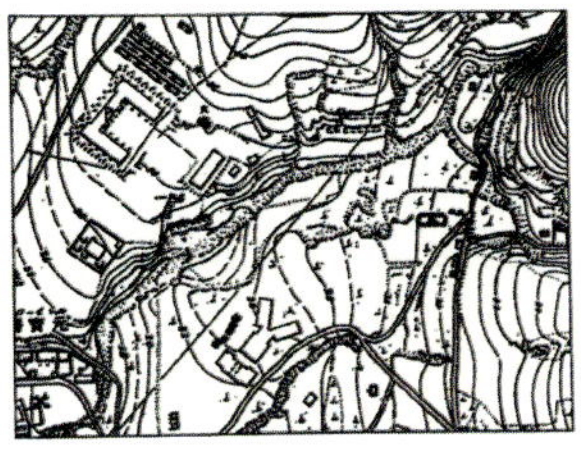

安重根義士 資料發掘團

地圖分析: 崔 宣 雄

〈지도에 의한 안중근 의사 묘역 추정지 분석〉 보고서 한글본 표지

目　　次

- 2 -

〈지도에 의한 안중근 의사 묘역 추정지 분석〉 보고서 한글본 목차

地圖에 依한 安重根義士 墓域 推定地 分析

I. 分析의 背景 및 槪要

1. 分析의 背景

"地圖는 그 時點의 歷史"라 했듯이 測量될 當時의 地表狀況 즉 地形, 水系, 植生, 集落分布, 道路 등 地形地物을 있는 그대로 表現하고 있어 그 時代의 文化와 歷史까지 讀解해 낼 수 있다. 이러한 觀點에서 安重根義士 遺骸가 묻힌 地點을 관련 資料를 參照하여 地圖에 依한 推定地를 分析하였다.

2. 分析에 使用된 地圖 資料

旅順地區는 1904年 러·日戰爭 中 日帝가 3次에 걸친 閉鎖作戰과 3次에 걸친 總攻擊 끝에 占領한 곳으로, 1905年부터 日本陸軍參謀本部 傘下 陸地測量部 臨時測圖部가 地形圖 製作을 위한 測圖를 시작하였다.

그동안 調査 蒐集한 地圖資料 가운데 安重根義士가 投獄되었던 旅順監獄 一帶가 詳細하게 表示된 大縮尺地圖는 다음과 같다.

1) 1904年 測圖 推定 1:5千 迅速地形圖 (아시아歷史資料센터 所藏)
2) 1905年 5月 測圖 1:5千 地形圖 (國際韓國硏究院 崔書勉 院長 所藏)
3) 1918年 測圖 1:1万 迅速地形圖 (東京都立中央圖書館 所藏)
4) 1930年 修正測圖 1:1万 地形圖 (國立國會圖書館 所藏)

II. 地圖 資料의 槪要

1. 1904年 測圖 推定 迅速地形圖

아시아歷史資料센터 웹사이트에서 프린트한 地圖로 자세한 來歷은 알 수 없으나 1905年 5月 測圖된 1:5千 地形圖의 先行 地圖로 推定됨.

○ 地 圖 名: 旅順近傍明細全圖 秘第五十三号

- 3 -

○ 縮　尺: 1:5,000
○ 印　刷: 旅順要塞司令部 石版部

2. 1905年 測圖 地形圖

○ 地 圖 名: 敎場溝 (軍事機密 5千分1 旅順要塞近傍圖 第21号)
○ 圖　幅: 484mm×400mm
○ 縮　尺: 1:5,000
○ 圖　歷: 1905年 5月 測圖, 1906年 1月 製版
○ 基 準 面: 高程은 金州灣의 中等潮位로부터 起算
○ 地形表現: 等高線 (間隔 2m)
○ 使用圖式: 明治33年式 (1900年)
○ 地圖色相: 墨 1色刷

3. 1918年 測圖 迅速地形圖

○ 地 圖 名: 旅順近郊
○ 圖　幅: 717mm×538mm
○ 縮　尺: 1:10,000
○ 圖　歷: 1918年 測圖, 1920年 製版, 1921年 發行
○ 地形表現: 山林色相으로 表現
○ 使用圖式: 大正6年式 (1917年)
○ 地圖色相: 3色刷 (墨, 藍, 褐)
(1色 製版된 原圖를 製版工程에서 3色으로 分解製作)

4. 1930年 測圖 地形圖

○ 地 圖 名: 旅順
○ 圖　幅: 724mm×538mm
○ 縮　尺: 1:10,000
○ 圖　歷: 1918年 測圖, 1930年 修正測圖, 1934年 製版, 1935年 發行
○ 地形表現: 等高線 (間隔 5m)
○ 使用圖式: 大正6年式 (1917年)

- 4 -

○ 地圖色相: 墨 1色刷

Ⅲ. 地圖 資料의 分析

1. 1904年 測圖 推定 地圖의 分析

○ 旅順監獄의 建物 形態는 1903年 러시아가 監獄 앞부분의 2층 建物과 放射狀形 2층 建物을 建設하였다는 기록대로 地圖上에 監獄 앞부분의 建物과 放射狀形 建物만 表示되어 있음.

○ 監獄의 담장은 없는 狀態임.

2. 1905年 測圖 地形圖의 分析

1) 地圖의 分析

○ 旅順監獄의 建物 形態는 上記 1項의 地圖와 같이 放射狀形 建物과 그 앞部分의 建物만 表示되어 있고, 建物 西쪽으로 倉庫와 같은 建物 5個가 나란히 配置되어 있음.

○ 監獄 建物 南東쪽으로 좁은 道路가 開設되어 있고, 監獄의 담장은 없는 狀態임. 1904年 2月 8日 러·일戰爭이 勃發하면서 러시아는 이 建物을 臨時 野戰病院과 騎兵 兵營으로 使用하였다는 記錄으로 봐서 地圖 製作 當時까지는 담장이 없었거나, 永續性이 없는 철조망으로 架設되었을 것으로 推定됨.

○ 監獄 北쪽 開豁地에는 墳墓 記號가 散在하여 表記되어 있음.

○ 監獄 北西쪽 直線距離 約 200m 되는 地點에는 ㄷ字形 建物과 練兵場 같은 빈터가 있음.(현재의 軍施設이 있는 곳)

○ 監獄 北東쪽 直線距離 約 250m 되는 地點에 가로 約 50m, 세로 約 20m 크기의 墓域이 造成되어 있고, 그 아래 傾斜진 곳에는 2段으로 길게 土段이 造成되어 있는 것이 觀察됨.

○ 造成된 墓域과 그 아래 土段이 1910年까지 存續했다면, 報告書에 揭載된 50mm 平面카메라로 원보산을 撮影한 推定地點(報告書 60쪽의 寫眞)과 下段의 土段 左側 끝부분이 一致하는 것으로 봐서 쿠리하라 테이기

- 5 -

치(栗原貞吉)典獄의 3女인 이마이 후사코(今井房子)씨가 崔書勉 院長에게 提報한 證言과 '在監死者追弔會 寫眞'을 比較分析하면 造成된 墓域이 旅順監獄의 囚人墓地로 推定됨.

2) 推定 墓域에 대한 分析

○ 位　　置: 旅順監獄 北東쪽 25度 方向, 直線距離 約 250m地點, 海拔標高 約85m의 원보산 자락에 位置

○ 面　　積: 約 1.000平方미터(約 300坪)

○ 高　　度: 36m (旅順監獄의 高度는 24m)

○ 土地傾斜: 7~9度

○ 1905년 測圖된 1:5,000地形圖와 Google Earth 衛星寫眞을 重疊하여 比較分析한 結果 推定 墓域은 2008年 韓·中 安重根義士 遺骸 發掘 時의 發掘地 C地域 北쪽 일부와 그 右側 地域까지를 包含하는 地域임을 알 수 있음.

3. 1918年 測圖 迅速地形圖의 分析

○ 旅順監獄의 建物 形態는 1907年 러시아 監獄의 基礎아래 새로 建物을 붉은색 벽돌로 增築하였다는 기록과 1916年 普通獄舍 및 隔離獄舍를 新築하였다는 記錄대로 建物이 新築되었음을 把握할 수 있음.

○ 監獄의 建物 주위에 담장이 新設되었으며, 그 右側으로 隔離獄舍같은 建物에도 담장이 新設되어 있는 것을 알 수 있음.

○ 監獄 北쪽 넓은 開豁地에 散在되어 있던 墳墓가 없어지고, 建物 5個棟이 新築되어 있음.

○ 監獄 北東쪽 원보산 자락 傾斜面에 表記되었던 囚人墓地로 추정되는 곳은 없어지고, 그 一帶를 포함한 地域이 地類界로 表示되어 있음이 관찰됨.

註: 地類界는 土地의 用途를 區分하는 記號로 自然的인 植生(山林)과 人工的인 耕作地(논, 밭)를 區分하는 境界임. 植生界라고도 함.

○ 地圖上에 地類界로 區分되어 空地로 表示되어 있는 것은 耕作地 등으로 利用하기 위해 開墾한 것으로 推定할 수 있음. 따라서 1918年 測圖 當時에는 囚人墓地가 土地利用을 目的으로 變形되었을 것으로 推定됨.

- 6 -

4. 1930年 測圖 地形圖의 分析

○ 旅順監獄의 建物 形態는 1921年 工場 建物 2棟, 監房 및 附屬 檢身室을 增·改築하였다는 記錄과 1923年 關東廳 監獄에서 炊事場과 倉庫 1棟을 新築하였다는 記錄, 1924年 關東廳 監獄에 倉庫 한 채를 新築했다는 記錄대로 監獄 內와 監獄 入口에 建物이 增築되었음이 觀察됨.

○ 監獄의 建物 주위로 담장이 增設되어 담장 外形이 오늘날과 같이 長方形 形態로 바뀌었음이 觀察됨.

○ 監獄 北東쪽의 囚人墓地로 推定되는 地域 一帶는 1918年 測圖된 地形圖와 같이 地類界가 表示되어 있고, 標高 5m 等高線으로 表示되어 있음.

Ⅳ. 今後의 課題

1. 以上의 分析은 1905年, 1918年, 1930年에 測圖된 세 가지 種類의 地圖를 讀解分析한 것으로, 向後 1910年 前後에 製作된 旅順監獄 周邊의 地圖資料가 發掘된다면, 監獄의 增築過程은 물론 그 周邊 地域의 經年變化 事項을 類推해 낼 수 있어, 安重根義士 墓域을 더욱 確實하게 糾明할 수 있으리라 思料됨.

2. 日本 國土地理院에서 펴낸 <地形圖集>에 따르면 明治 42年式(1909年) 圖式이 制定된 것으로 봐서 1910年 直後 旅順의 地形圖가 修正測圖되었을 可能性이 있음.

3. 旅順地域의 外邦圖가 保存되어 있는 著名機關

1) 日本

○ 國立國會圖書館地圖室 (調査完了)

○ 大阪大學校人文地理學敎室

○ 京都大學校東南아시아硏究所地圖室

○ 東北大學校附屬圖書館

- 7 -

○ お茶の水女子大學校

○ 駒澤大學校

○ 아시아歷史資料센터

○ 岐阜縣圖書館世界分布圖센터

2) 美國

○ 議會圖書館

- 8 -

1. 1904年 測圖 推定 迅速地形圖

2. 1905年 測圖 地形圖

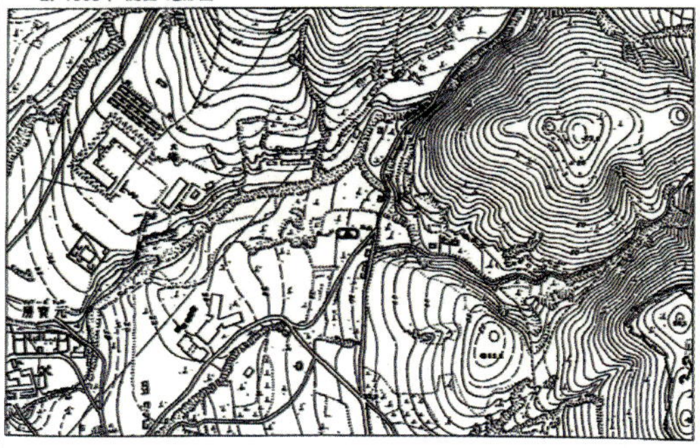

- 9 -

3. 1918年 測圖 迅速地形圖

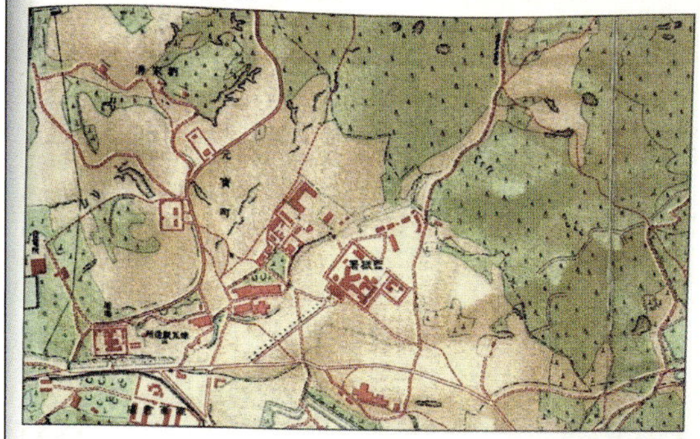

4. 1930年 測圖 地形圖

- 10 -

5. 衛星寫眞과 1905年版 地形圖 重疊圖

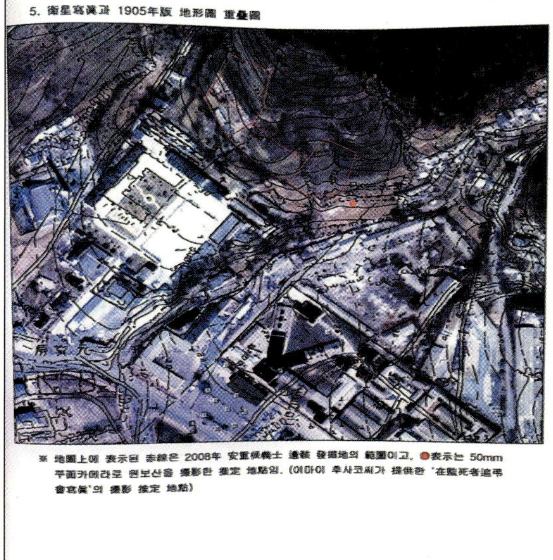

※ 地圖上에 表示된 赤線은 2008年 安重根義士 遺骸 發掘地의 範圍이고, ●表示는 50mm 平面카메라로 원보산을 撮影한 推定 地點임. (이마이 후사코씨가 提供한 "在監死者追弔會寫眞"의 撮影 推定 地點)

- 11 -

Ⅰ. 분석의 배경 및 요약

1. 분석의 배경

"지도는 그 시점의 역사"라 했듯이 측량될 당시의 지표 상황 즉 지형, 수계, 식생, 집락분포, 도로 등 지형지물을 있는 그대로 표현하고 있어 그 시대의 문화와 역사까지 독해해 낼 수 있다. 이러한 관점에서 안중근 의사 유해가 묻힌 지점을 관련 자료를 참조하여 지도에 의한 추정지를 분석하였다.

2. 분석에 사용된 지도 자료

뤼순 지도는 1904년 러일 전쟁 중 일제가 3차에 걸친 폐쇄 작전과 3차에 걸친 총공격 끝에 점령한 곳으로, 1905년부터 일본 육군 참모 본부 산하 육지 측량부 임시 측도부가 지형도 제작을 위한 측도를 시작하였다.

그동안 조사 수집한 지도 자료 가운데 안중근 의사가 투옥되었던 뤼순감옥 일대가 상세하게 표시된 대축측지도는 다음과 같다.

1) 1904년 지도 추정 1:5천 신속지형도(아시아역사자료센터 소장)

2) 1905년 5월 측도 1:5천 지형도(국제한국연구원 최서면 원장 소장)

3) 1918년 측도 1:1만 신속지형도(도쿄도립중앙도서관 소장)

4) 1930년 수정측도 1:1만 지형도(국립국회도서관 소장)

Ⅱ. 지도 자료의 요약

1. 1904년 측도 추정 신속지형도

아시아역사자료센터 웹사이트에서 프린트한 지도로 자세한 내력은 알 수 없으나 1905년 5월 측도된 1:5천 지형도의 선행 지도로 추정됨.

○ 지도명: 뤼순근방명세전도 비(秘) 제53호

○ 축 측: 1:5,000

○ 인 쇄: 뤼순요새사령부 석판부

2. 1905년 측도 지형도

○ 지 도 명: 교장구(教場溝, 군사 기밀 5천분1 뤼순요새근방도 제21호)

○ 도 폭: 484mm×400mm

○ 축 측: 1:5,000

○ 도 력: 1905년 5월 측도, 1906년 1월 제판

○ 기 준 면: 고정(高程)은 진저우만(金州灣)의 중등조위(中等潮位)로부터 기산(起算)

○ 지형표현: 등고선(간격 2m)

○ 사용도식: 메이지(明治) 33년식(1900년)

○ 지도색상: 흑(黑) 1색쇄

3. 1918년 측도 신속지형도

○ 지 도 명: 뤼순근교

○ 도 폭: 717mm×538mm

○ 축 측: 1:10,000

○ 도 력: 1918년 측도, 1920년 1월 제판, 1921년 발행

○ 지형표현: 산림색상으로 표현

○ 사용도식: 다이쇼(大正) 6년식(1917년)

○ 지도색상: 3색쇄(흑색, 남색, 갈색)

1색(제판된 원도를 제판공정에서 3색으로 분해 제작)

4. 1930년 측도 지형도

○ 지 도 명: 뤼순

○ 도 폭: 724mm×538mm

○ 축 측: 1:10,000

○ 도 력: 1918년 측도, 1930년 수정측도, 1934년 제판, 1935년 발행

○ 지형표현: 고등선(간격 5m)

○ 사용도식: 다이쇼(大正) 6년식(1917년)

○ 지도색상: 흑(黑) 1색쇄

Ⅲ. 지도 자료의 분석

1. 1904년 측도 추정 지도의 분석

○ 뤼순감옥의 건물 형태는 1903년 러시아가 감옥 앞부분의 2층 건물과 방사상형(放射狀形) 건물만 표시되어 있음.

○ 감옥의 담장은 없는 상태임.

2. 1905년 측도 지형도의 분석

1) 지도의 분석

○ 뤼순감옥의 건물 형태는 상기 1쪽의 지도와 같이 방사상형 건물과 그 앞부분의 건물만 표시되어 있고, 건물 서쪽으로 창고와 같은 건물 5개가 나란히 배치되어 있음.

○ 감옥 건물 남동쪽으로 좁은 도로가 개설되어 있고, 감옥의 담장은 없는 상태임. 1904년 2월 8일 러·일 전쟁이 발발하면서 러시아는 이 건물을 임시 야전병원과 기병 병영으로 사용하였다는 기록으로 봐서 지도 제작 당시까지는 담장이 없었거나 영속성이 없는 철조망으로 가설(架設)되었을 것으로 추정됨.

○ 감옥 북쪽 개활지에는 분묘 기호가 산재하여 표기되어 있음.

○ 감옥 북서쪽 직선거리 약 200m 되는 지점에는 ㄷ자형 건물과 연병장 같은 빈터가 있음.(현재의 군시설이 있는 곳)

○ 감옥 북동쪽 직선거리 약 250m 되는 지점에 가로 약 50m, 세로 약 20m 크기의 묘역이 조성되어 있고, 그 아래 경사진 곳에는 2단으로 길게 토단이 조성되어 있는 것이 관찰됨.

○ 조성된 묘역과 그 아래 토단이 1910년까지 존속했다면, 보고서에 게재된 50mm 평지카메라로 위안바오산[108]을 촬영한 추정지점(보고서 60쪽의 사진)과 하단의 토단 좌측 끝부분이 일치하는 것으로 봐서 구리하라 사다기치[109](栗原貞吉) 전옥(典獄)의 3女인 이마이 후사코(今井房了)씨가 최서면 원장에게 제보한 증언과 '재감사자 추조회(在監死者追弔會)[110] 사진'을 비교 분석하면 조성된 묘역이 뤼순감옥의 수인묘지로 추정됨.

2) 추정 묘역에 대한 분석

○ 위 치: 뤼순감옥 북동쪽 25도 방향, 직선거리 약 250m 지점, 해발 표고(標高) 약 85m의 위안바오산[111] 자락에 위치

○ 면 적: 약 1,000평방미터(약 300평)

○ 고 도: 36m(뤼순감옥의 고도는 24m)

○ 토지경사: 7~9도

○ 1905년 측도 된 1:5,000 지형도와 Google Earth 위성사진을 중첩하여 비교 분석한 결과 추정 묘역은 2008년 한·중 안중근 의사 유해 발굴 시의 발굴지 C 지역 북쪽 일부와 그 우측 지역까지를 포함하는 지역임을 알 수 있음.

3. 1918년 측도 신속지형도의 분석

○ 뤼순감옥의 건물 형태는 1907년 러시아의 감옥 기초 아래 새로 건물을 붉은색 벽돌로 증축하였다는 기록과 1916년 보통옥사 및 격리옥사를 신축하였다는 기록대로 건물이 신축되었음을 파악할 수 있음.

○ 감옥의 건물 주위에 담장이 신설되었으며, 그 우측으로 격리옥사 같은 건물에도 담장이 신설되어 있는 것을 알 수 있음.

---

108 元寶山. 원문에는 '원보산'으로 표기.

109 원문에는 '구리하라 데이기치'로 표기.

110 감옥에서 사망한 자의 추조회.

111 원문에는 '원보산'으로 표기.

○ 감옥 북쪽 넓은 개활지에 산재되어 있던 분묘가 없어지고, 건물 5개 동이 신축되어 있음.

○ 감옥 북동쪽 위안바오산[112] 자락 경사면에 표기되었던 수인묘지로 추정되는 곳은 없어지고, 그 일대를 포함한 지역이 지류계로 표시되어 있음이 관찰됨.

註; 지류계는 토지의 용도를 구분하는 기호로 자연적인 식생(산림)과 인공적인 경작지(논, 밭)를 구분하는 경계임. 식생계라고도 함.

○ 지도상에 지류계로 구분되어 공지(空地)로 표시되어 있는 것은 경작지 등으로 이용하기 위해 개간한 것으로 추정할 수 있음. 따라서 1918년 측도 당시에는 수인묘지가 토지 이용을 목적으로 변형되었을 것으로 추정됨.

4. 1930년 측도 지형도의 분석

○ 뤼순감옥의 건물 형태는 1921년 공장 건물 2동, 가방 및 부속 검신실(檢身室)을 증·개축하였다는 기록과 1923년 관동청 감옥에서 취사장과 창고 1동을 신축하였다는 기록, 1924년 관동청 감옥에 창고 한 채를 신축했다는 기록대로 감옥내와 감옥 입구에 건물이 증축되었음이 관찰됨.

○ 감옥의 건물 주위로 담장이 증설되어 담장 외형이 오늘날과 같이 장방형 형태로 바뀌었음이 관찰됨.

○ 감옥 북동쪽의 수인묘지로 추정되는 지역 일대는 1918년 측도된 지형도와 같이 지류계가 표시되어 있고, 표고 5m 등고선으로 표시되어 있음.

Ⅳ. 금후의 과제

1. 이상의 분석은 1905년, 1918년, 1930년에 측도된 세 가지 종류의 지도를 독해 분석한 것으로, 향후 1910년 전후에 제작된 뤼순감옥 주변의 지도 자료가 발굴된다면, 감옥의 증축 과정은 물론 그 주변 지역의 경년변화 사항을 유추해 낼 수 있어, 안중근 의사 묘역을 더욱 확실하게 규명할 수 있으리라 사료됨.

2. 일본 국토지리원에서 펴낸 〈지형도집〉에 따르면 메이지(明治) 42년식(1909년) 도식이 제작된 것으로 봐서 1910년 직후 뤼순의 지형도가 수정 측도되었을 가능성이 있음.

112 원문에는 '원보산'으로 표기.

3. 뤼순 지역의 외방도가 보존되어 있는 저명기관

1) 일본

○ 국립국회도서관 지도실(國立國會圖書館 地圖室) (조사완료)

○ 오사카대학교 인문지리학교실(大阪大學校 人文地理學敎室)

○ 교토대학교 동남아시아연구소지도실(京都大學校 東南아시아硏究所地圖室)

○ 도호쿠대학교 부속도서관(東北大學校 付屬圖書館)

○ 오차노미즈 여자대학교(お茶の水女子大學校)

○ 고마자와대학교(駒澤大學校)

○ 아시아역사자료센터(아시아歷史資料센터)

○ 기후현도서관 세계분포도센터(岐阜縣圖書館世界分布圖센터)

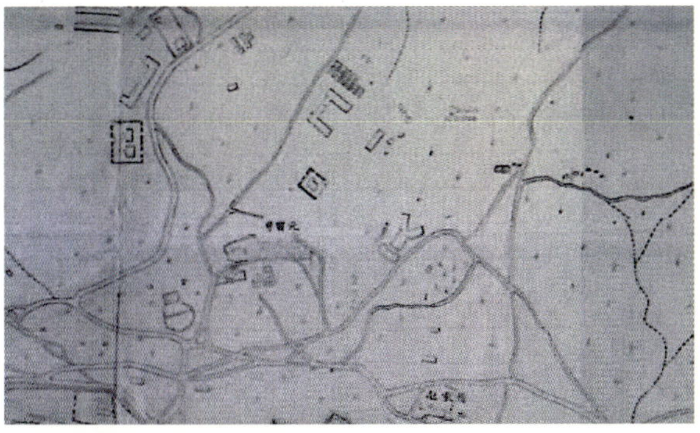

1904년 측도 추정 신속지형도

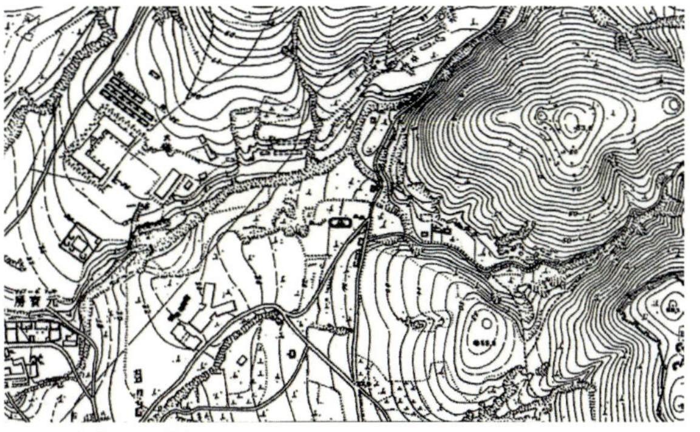

1905년 측도 지형도

1918년 측도 신속지형도

1930년 측도 지형도

2) 미국

○ 의회도서관

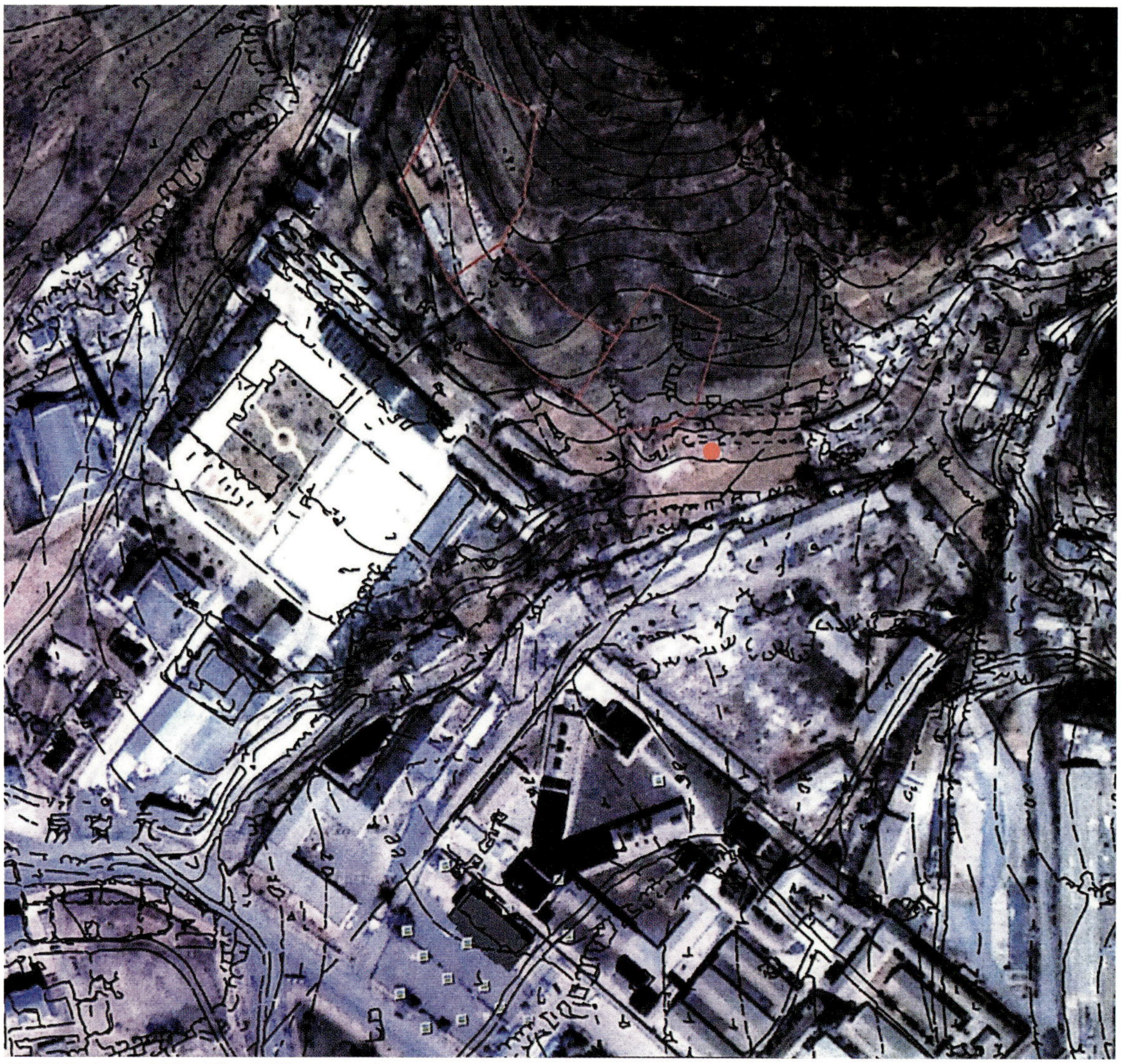

위성사진과 1905년판 지형도 중첩도

※ 지도상에 표시된 적선(赤線)은 2008년 안중근 의사 유해 발굴지의 범위이고, ●표시는 50mm 평면카메라로 위안바오산[113]을 촬영한 추정 지점임.(이마이 후사코 씨가 제공한 '在監死者追弔會' 사진의 촬영 추정지점)

113 원문에는 '원보산'으로 표기.

4) 저우샹링 관장 진술자 조사 보고서(1976.03.04)

저우샹링(周祥令)[114] 관장 진술자 조사 보고서는 뤼순감옥에 수감되었던 선즈런(沈志仁)이라는 사람의 진술을 저우샹링 관장이 1976년 3월 4일에 정리 및 기록한 보고서이다. 이 자료는 뤼순일아감옥구지박물관에서 제공받았다. 그 내용에는 선즈런이 수인의 시체를 어떻게 매장했는지에 대한 자세한 진술이 기록되어 있다. 이 자료를 통해, 안중근 의사가 수감되었던 뤼순감옥에서 수인을 매장한 방법에 대해 확인할 수 있다. 본 책에서는 그 내용과 번역문을 함께 제시했다.

114 주상영

· **저우샹링 관장 진술자 조사 보고서**(1976.03.04)

· 작성자: 저우샹링(周祥令)

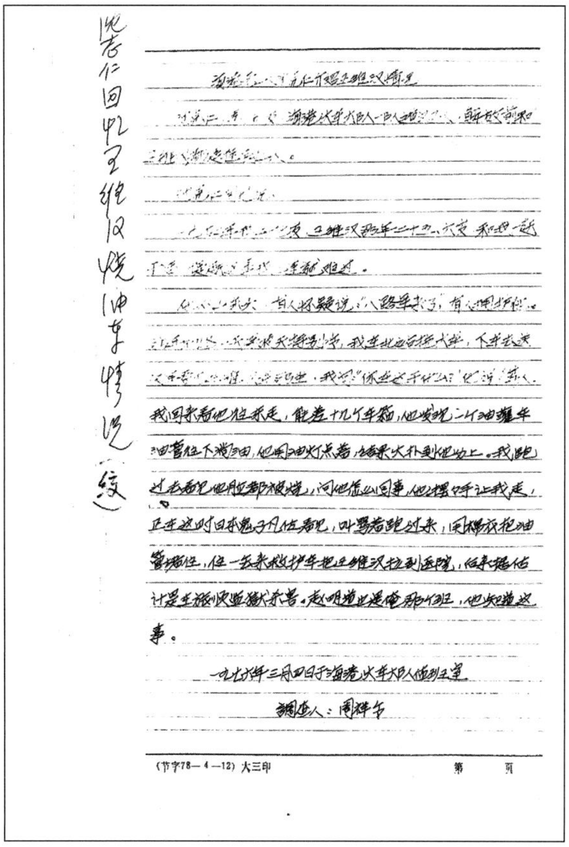

我回来看他往东走，能差十几个车箱，他发现二个油罐车油管往下淌油，他用油灯点着，结果火扑到他身上。我跑过去看见他脸部被烧，问他怎么回事，他摆摆手让我走，正在这时日本鬼子几位看见，叫骂着跑过来，用棉衣把油管堵住，任一会来救护车把王维汉拉到医院，后来据估计是王维汉送监狱去者。赵明道也是俺那个班，他知道这事。

一九七六年三月四日于海港火车大队调查

调查人：周祥令

（节字78—4—12）大三印 第 页

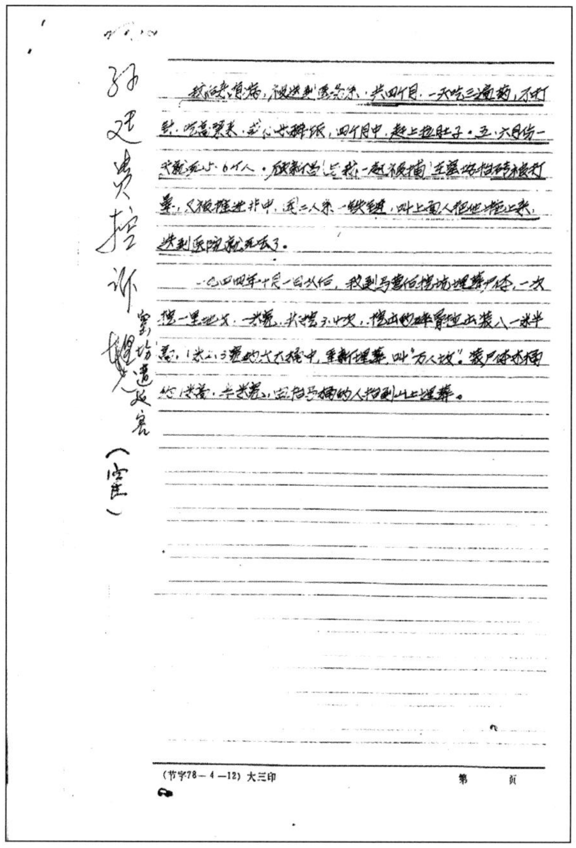

（节字78—4—12）大三印 第 页

(미상) 왕웨이한(王维汉)의 상황 소개

선즈런(沈志仁), (미상), (미상) , 하이강(海港) 기차대대 일대(미상), 해방 전에 왕웨이한(王维汉)과 함께 (미상).

선즈런(沈志仁) (미상).

(미상) , 왕웨이한(王维汉)은 그때 스물 대여섯 살인 것 같고, 나랑 같이 일하고, (미상) 가슴이 아프다.

(미상) , "팔로군(八路军)이 왔다"라고 의심한 사람이 있고, 옹호하는 사람이 있다. (미상) 날이 엄청 춥고, 나는 북쪽에서 차를 밀고((미상)으로 인해 짐작한 번역), 차에 내려서 보내줬다.

(미상), 나는 "넌 여기서 뭐해?"라고 물었다. 그는 "사람을 기다리고 있다."라고 했다. 나는 그가 동쪽으로 가는 것을 보았고, 십여 개의 트렁크 정도 먼 데서, 그는 한 유조차의 오일 튜브에서 기름이 아래로 흘러내리는 것을 발견하였다. 그는 등잔으로 불을 붙였고, 결국 불길이 그의 얼굴로 번졌다((미상)으로 인해 짐작한 번역). 내가 달려가서 그의 얼굴이 다 타버린 것을 보고 무슨 일이냐고 물었더니 그는 손을 내저어 나에게 가라고 했다. 바로 이때 왜놈 (미상)이 보고 욕설을 하며 달려와 솜옷으로 오일 튜브를 막자 구급차가 와서 왕웨이한(王维汉)을 병원으로 끌고 갔는데 뤼순일아감옥에서 살해당한 것으로 추정된다. 자오밍다오(赵明道)도 우리 반이라 이 일을 알고 있다.

1976년 3월 4일 하이강(海港) 기차대대 당직실에서
조사인: 저우샹링(周祥令)

(선즈런(沈志仁)의 왕웨이한(王维汉)이 유조차를 태우는 일에 관한 기억에 따름)

나는 후에 병이 나서 의무실에서 보내게 됐다. 4개월 동안 하루에 세 번 약을 먹고, 주사를 맞지 않고, 수수쌀을 먹거나, 좁쌀죽을 먹었다. 4개월 동안, 배탈이 나는 일도 있었어, 5, 6월에 하루에 5, 6명씩 죽었다. 구신창(顾新昌, 나랑 같이 체포됨)은 동가마터에서 벽돌을 옮기다가 맞아서 기절하고 우물에 밀려들어 갔는데, 한 쇠사슬에 두 사람이 같이 매어서 위에 있는 사람에게 끌고 오라고 했다. 하지만 병원 도착하자마자 죽었다.

1944년 10월 1일 이후, 나는 마잉허우(马营后)에 가서 구덩이를 파서 시체를 매장했는데, 한 번에 1리(里, 중국식 길이 계량 단위, 1리=500m)(미상), 1미터 넓이로 파냈다. 3, 4차례 파냈는데 파낸 뼛조각을 밖으로 끌어내 높이 1.5m, 높이 1.2~1.3m의 큰 나무통에 담아 다시 매장했는데 이를 '만인분(萬人坟)'이라고 한다. 나무통을 든 사람이 또 산으로 옮겨 묻었다.

(쑨팅구이(孙廷贵) (미상)고소 가마터는 (미상))

5) 북한 뤼순 안중근 유해 발굴(1986년)

이 자료는 1986년 북한이 뤼순에서 안중근 의사 유해 발굴 조사를 실시한 내용을 기록한 자료로 뤼순일아감옥구지 박물관에서 제공받았다. 본 책에서는 중문본과 한글본으로 나눠 제시했다. 1986년 북한은 뤼순일아감옥구지 박물관의 협조를 받아 안중근 의사의 유해 발굴 조사를 실시했다. 이 기록에는 1986년 북한이 안중근 의사 유해 발굴 조사를 위해 파견한 조사단에 대한 설명과 북한의 조사 과정 등에 대해 자세히 기록했다. 안중근 의사 조카 안우생과 법의학 전문가들이 탐문 조사한 내용이다. 추가로 1986년 북한 안중근 의사 유해 발굴단의 뤼순감옥 내 시찰 모습 사진 자료도 제시했다. 이 자료들을 통해 북한에서도 안중근 의사 유해 발굴에 관심을 갖고 있다는 점과 향후 안중근 의사 유해 발굴을 할 때 북한의 참여를 이끌어 낼 수 있을 것이라는 점을 확인할 수 있다.

· 〈朝鲜安重根遗骸调查团访华纪实〉[115]

(북한 안중근 유해 발굴단 중국 방문 현장 기록)

· 북한 뤼순 안중근 유해 발굴 관련 논문(중문본)

· 《旅顺监狱旧地百年变迁学术研讨会文集(1902~2002)》

· p.171~174

《旅顺监狱旧地百年变迁学术研讨会文集(1902~2002)》 표지

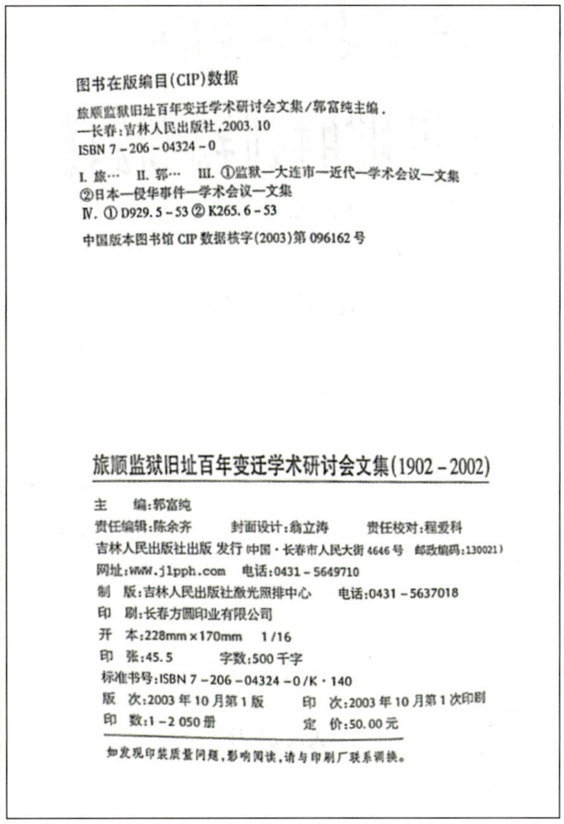

图书在版编目(CIP)数据

旅顺监狱旧址百年变迁学术研讨会文集/郭富纯主编.
—长春:吉林人民出版社,2003.10
ISBN 7-206-04324-0

I. 旅… II. 郭… III. ①监狱—大连市—近代—学术会议—文集
②日本—侵华事件—学术会议—文集
IV. ①D929.5-53 ②K265.6-53

中国版本图书馆 CIP 数据核字(2003)第 096162 号

旅顺监狱旧址百年变迁学术研讨会文集(1902-2002)

主　　编:郭富纯
责任编辑:陈余齐　　封面设计:翁立涛　　责任校对:程爱科
吉林人民出版社出版 发行(中国·长春市人民大街 4646 号　邮政编码:130021)
网址:www.jlpph.com　电话:0431-5649710
制　版:吉林人民出版社激光照排中心　　电话:0431-5637018
印　刷:长春方圆印业有限公司
开　本:228mm×170mm　1/16
印　张:45.5　　字数:500 千字
标准书号:ISBN 7-206-04324-0/K·140
版　次:2003 年 10 月第 1 版　　印　次:2003 年 10 月第 1 次印刷
印　数:1-2 050 册　　定　价:50.00 元

如发现印装质量问题,影响阅读,请与印刷厂联系调换。

《旅顺监狱旧地百年变迁学术研讨会文集(1902~2002)》 발행 사항

115　刘志惠(2003), 〈朝鲜安重根遗骸调查团访华纪实〉, 《旅顺监狱旧地百年变迁学术研讨会文集(1902~2002)》, 吉林人民出版社

朝鲜安重根遗骸调查团访华纪实

刘志惠

1986年7月26日，受上级领导指示，我参加了朝鲜安重根调查团访华的接待工作。虽然时间较短，但因此次接待工作政策性强，涉及到的内容又极为敏感，并备受有关方面的高度重视，给自己留下了深刻的印象。

对于这次接待工作，我国外交部及辽宁省政府外办的同志曾亲赴大连，制定接待政策；并责成外交部亚洲司一秘吴玉峰同志和辽宁省政府外办直接参与这项工作。当时的市长魏富海同志针对任务特点提出了具体的工作要求。确定朝鲜调查团来连期间下榻南山宾馆（今富丽华南山大酒店），对于调查团成员的生活标准也做出明确的规定。

7月27日上午，市长助理高国珠同志在棒棰岛11号楼主持召开了接待朝鲜安重根遗骸调查团的会议。会上首先宣读了朝鲜政府外务省就遗骸调查团来华事宜致我国外交部电报。外交部亚洲司一秘吴玉峰同志就朝鲜遗骸调查团的组成和工作内容作了详细的分析发言，指出对朝鲜方面的此次调查活动，我们给予积极配合，但不搞中朝联合调查，整个过程；我们本着友好的态度，实事求是，坚决不能弄虚作假。

我国政府的政治立场，实际上也就是我们文博工作者在对安重根史实调查研究中所一贯遵循的立场和工作原则。

安重根（1879～1910），朝鲜黄海道海州府人，史载其"聪颖过人，通经史，工书艺。"童年时"游戏必挟弓矢，弄枪械，习驰马为常，

以故射艺绝伦，能与马上落飞鸟也"。1894年，安重根年方15岁，亲眼目睹了日本对朝鲜的出兵，进而挑起中日甲午战争，最终占领朝鲜的整个历史过程，从而萌发爱国复仇的思想。1907年他远离家乡来到中国东北，后又去西伯利亚寻求革命。此间他与志同道合的几位同仁共同断指盟誓，血书"大韩独立"四字，以救国为要务。这时的安重根还寄书于《大韩每日申报》，文字中慷慨激昂，大声疾呼，望"全国人民，固结团体，以图复国，高建太极旗，同我亲属相见于独立馆，大唱大韩帝国独立万岁，震动六大洲，是吾愿也。"据说此书发表后，安重根的义胆侠骨，倾人肝肺，人民四下相言"大丈夫，必有惊天动地之事业"。

1909年10月26日，日本国枢密院议长，前朝鲜统监伊藤博文乘火车抵达中国哈尔滨，与沙俄财政部长举行会谈。安重根获悉后，经过精心准备，在伊藤于月台检阅沙俄仪仗队时举枪连击数弹，置伊藤博文于死地。安重根遂弃枪，坦然束手被俘。同年11月3日，被日本宪兵队递解到旅顺监狱，历经10余次庭审，最后由关东都督府地方法院于1910年2月14日宣判死刑。同年3月26日，安重根被绞杀于旅顺监狱，时年仅31岁。

安重根被绞杀后，遗体即被日本殖民统治当局从狱中移出，草草埋葬。当时既没有留下文字记载，埋葬地也无显著的标志。因此，寻找安重根的埋葬之所也一直是我们文物工作者给予关注的重点。在旅顺监狱旧址1971年对外开放以后，我国的史学工作者曾屡屡给予调查寻找，但均未取得任何效果。

由于安重根作为朝鲜人民所仰慕的民族英雄，朝韩南北两方对安重根的研究都给予了相当大的投人和关注，尤其是韩国方面对此有了更大的举措以后，朝鲜方面也不甘心落在后面，遂有了安重根遗

骸调查团来华之事。

7月27日下午，由朝鲜外务省亚洲局副局长朱轸极率领的调查团一行5人乘火车抵达大连，开始了安重根遗骸的调查工作。从调查团的组成情况来看，朝鲜政府对这次外交行动是非常重视的。团长朱轸极在朝鲜战争停战后曾来我国留学，回国后一直在外务省工作，有着丰富的同我外交部打交道的经验。团员金顺吉，任朝鲜劳动党中央联络部指导员，其曾多次跟随过金日成主席访华；团员李相容，朝鲜文协翻译，抗美援朝时，随中国人民志愿军渡江人朝参战，战后滞留朝鲜，加人朝鲜籍；团员洪成灿，朝鲜法医鉴定所的专家；团员安隅生，安重根的亲侄子，当时年迈80，做过记者，并曾在我国上海、广州、北京读书和工作。调查团抵连后，团长朱轸极便迫不及待地向我们介绍说：这次是受伟大领袖金日成主席的委托前来挖掘安重根遗骸的，这是关系到朝鲜方面对敌斗争的问题，对于朝鲜的祖国统一是有着重要意义的等等。老人安隅生更是急切地表达了亲属对于此事的情感和愿望。

对于朝鲜方面所表达出的要求，我们给予了充分的理解。根据我们所制定的基本原则，对其调查活动给予了积极的支持和大力协助：

一、首先安排了大连市外办副主任刘子华向朝方做关于近年来中国史学界对安重根墓葬调查考证的进展情况介绍。告知朝方，我们本着实事求是和严谨的科学的治学态度，在1971年、1984年至1986年先后5次对安重根的墓地作了大规模的调查，但皆因年代久远，又无准确文字记述，故一直尚无结果。

二、安排朝鲜调查团参观、考察了旅顺日俄监狱旧址、关东都督府地方法院旧址和旅顺日俄监狱位于旅顺马营后的墓地旧址。他们在考察和参观中，看到我们对安重根所作的重点宣传和介绍，很受感

动。对中方实事求是的宣传和研究也表示出了赞许的态度。

三、应朝方调查团的要求，我们先后为朝方举行了4次群众座谈会，其中在旅顺口区举行了3次，在大连市内举行了1次，共计有47人参加。这里既有80岁以上高龄的老人，也有从事历史、古籍、文物研究的专家学者。座谈中，大家旁征博引，对于当年绞杀安重根的历史给予真实的介绍，使朝鲜调查团的全体成员一致感到，遗骸发掘工作存在着无法逾越的鸿沟。

四、我们还应朝方调查团的要求，组织了大连地区的朝侨代表进行了座谈，但事情的进展远未达到朝方所预想的结果。

在这种显而易见的结果面前，朝方成员情绪非常低落，他们反复地向我们表白"这次调查工作没有做好，金首相（金日成主席）交给的任务没有完成，回朝鲜后无法向党及政府、安重根的亲属交待"等等。对于他们的想法，我们全体接待同志则因势利导，做了大量的说服工作，帮助他们放下包袱。临行前，大连市政府外办主任吕万山同志还亲切的会见了全体调查团的成员，共叙中朝两党两国人民的友谊，加之在连期间中方的细致入微的接待，使朝鲜同志深受感动，并一再表示了谢意。

这次调查活动从7月27日开始至8月7日结束，历时12天。调查的结果没有达到朝方的预期目的，但安重根这一历史事件由于存在着深刻的民族背景，因而不论怎么说都是一个重要的课题。我们应当在现有的基础上加大对有关材料进行研究，以求有新的发现、新的突破，这也是历史所赋予我们的使命和责任。

·〈북한의 안중근 유해 발굴 조사 내역〉

·북한 뤼순 안중근 유해 발굴 관련 논문(한글본)

북한의 안중근 유해 발굴 조사 내역

북한이 뤼순감옥에 관심을 가지게 된 것은 김구 선생이 김일성(金日成)에게 유해 발굴 관련 제안을 하고 안우생(安偶生)을 북한에(1986년 북한 발굴단 공공묘지 방문) 남겨놓은 것에서 시작된다. 당시 뤼순은 소련군이 점유하고 있던 곳이기 때문에 김일성은 손을 쓸 수가 없었다. 그렇게 시간이 흘러서 1977년 1월 30일 북한 해군 백여 명이 뤼순감옥과 만충묘를 참관하였다. 그 후 1986년 7월 28일부터 8월 9일까지 저우샹링(周祥令), 판마오중(潘茂忠), 류즈후이(劉志慧) 등이 북한 안중근 유해 고찰단 5명을 안내하고 발굴조사에 협조하였다. 그 후 1995년 4월 20일부터 4월 25일까지 판마오중이 평양을 방문하였다. 1995년 9월 11일에는 북한 주중대사 교종세를 포함하여 22명이 뤼순감옥을 참관하였다. 그 후 2006년 6월 7일부터 6월 11일까지 안중근 유해 발굴 조사단을 파견하였다. 그 후 2006년 11월 2차 안중근 유해 발굴 조사단 방문을 계획하였으나 방문이 중단되었다. 그 후 2007년 8월 13일 북한 문화대표단 8인이 뤼순감옥 내 다롄 중화학 공학회구지 기념관을 방문하였다. 2011년 북한군 장비 설비 이홍섭 소장이 뤼순감옥 방문 후 안중근 의사 사형실을 참배하였다. 본 내용은 1986년 북한의 뤼순감옥 안중근 유해 고찰 시기에 주된 업무를 맡았던 당시 뤼순감옥 직원 리우즈후이의 논문과 판마오중 뤼순감옥 직원의 회고와 사진을 중심으로 내용을 작성한 것이다. 한국에서 북한의 단독 발굴조사에 대해 소개를 하는 것이 처음이기 때문에 가능한 논문을 그대로 번역하여 원문의 뜻에 충실하고자 하였다. 아울러 중국 측의 접대 방식과 절차, 그리고 북한의 조사 내용이 아주 상세하게 기록되어 있어 후일 중국과의 발굴 진행 시 참조할 중요한 내용이 많다.

1986년 7월 26일 나 류즈후이는 상사의 지시를 받아 중국을 방문하는 조선 북한 안중근 조사단의 접대 업무에 참가하였다. 시간이 상대적으로 짧지만 이번의 접대 업무는 정책적인 성격이 강하고 관련된 내용도 극히 민감하여 해당 분야에서 주목을 많이 받았다. 이번 접대 업무에 대해서는 우리나라 중국 외교부와 랴오닝성 정부 외사 사무실의 동지들이 친히 다롄에 와서 접대 정책을 제정했고 외교부 아주사(亞洲司)의 일등비서인 우위펑(吳玉峰) 동지와 랴오닝성 정부 외사 사무실이 이 일에 직접 참가했다. 당시의 시장인 웨이푸하이(魏富海) 동지는 이번 임무의 특징을 고려하여 구체적인 업무 요구를 제안했는데 조선 조사단이 다롄에 있는 동안에 난산호텔(현 푸리화난산호텔(富麗華南山大酒店))에 숙박하기로 했고, 조사단 구성원의 생활 기준에 대해도 명확한 규정을 지었다.

7월 27일 오전 방추이다오(棒棰島) 11호 빌딩에서 조선 안중근 유해 조사단을 접대하는 회의를 개최했다. 회의의 사회자는 시장 비서인 가오궈주(高國珠) 동지가 담당했다. 회의에서 먼저 조선 정부 외무성이 유해 조사단의 방중 사항에 대해 우리나라 외교부에 보낸 전보를 낭독했다.

외교부 아주사의 일등비서인 우위펑 동지는 조선 유해 조사단의 구성 및 작업내용에 대해 상세히 분석하여 발언했고 조선 쪽의 이번 조사 활동에 대해 우리는 적극적으로 협력하겠지만 중·조 연합조사를 하지 않겠다고 지적했다.

이 과정에서 우리는 우호적이고 실사구시(實事求是)적인 태도를 가져야 하고 사실을 날조하면 절대로 안 된다고 말했다. 우리나라 정부의 정치 입장은 바로 우리 문화 및 박물관 연구 인원들이 안중근과 관련된 역사적인 사실을 조사하고 연구하는 과정에서 한결같이 지켜왔던 입장과 원칙이었다.

안중근(1879~1910)은 조선 황해도 해주(海州)부 사람이다. 대단히 총명한데 경서에 능통하고 서예에도 재주가 있었다. 어릴 때 항상 화살을 들고 놀았다. 총을 쏠 줄 알고 말을 타는 게 습관이 되었다. 그래서 말을 타면서 나는 새를 명중시킬 수 있다고 했다. 1894년 15살의 안중근은 일본이 조선에 출병하여 청일전쟁을 일으키고 결국 조선을 점령하게 된 역사 과정을 직접 자신의 눈으로 보았기 때문에 국가를 위해 복수하겠다는 생각을 하기 시작했다. 1907년 그는 고향을 멀리 떠나서 중국의 동북부에 있다가 다시 시베리아에 가서 혁명에 투신하였다. 그동안에 그와 뜻이 같았던 동인들은 구국을 가장 중요한 일로 삼겠다고 함께 맹세를 했고 '대한독립'이란 네 글자를 혈서로 썼다. 그때 안중근은 〈대한매일신보〉에도 글을 써 보냈는데"전국 인민들이 모두 한 데에 단결하여 나라를 되찾고 태극기를 높이 올릴 때 친족들과 독립관에서 만나 대한제국 독립 만세라고 육대주를 뒤흔들 정도로 소리 지르는 것이 제 소원이다."라는 격앙된 표현을 썼다. 이 글이 발표된 후 안중근의 의협의 기개가 사람들의 가슴 속에 깊이 파고들었다고 한다. 민중들은 "대장부가 반드시 세상을 깜짝 놀라게 할 장거를 해낼 것이다."라고 믿었다.

1909년 10월 26일 일본 추밀원 의장, 전 조선 통감 이토 히로부미는 기차를 타고 중국 하얼빈에 가서 제정러시아의 재정부장과 회담을 하기로 했다. 안중근은 이 소식을 알게 되자 치밀하게 계획했다. 이토 히로부미가 하얼빈역 플랫폼에서 러시아 의장대를 사열할 때 총을 들 어 이토를 향해 탄알을 연달아 발사했다. 그리고 안중근은 총을 버리고 당당하게 체포에 응했다. 같은 해 11월 3일 그는 일본 헌병대에서 뤼순감옥으로 호송되었다. 10여 번의 법정 심문을 거쳐 최후에 관동도독부의 지방 법원이 1910년 2월 14일 안중근의 사형을 선고했다. 같은 해 3월 26일에 안중근은 32세의 젊은 나이에 뤼순감옥에서 교살당했다.

안중근이 교살당하자 일본 식민 통치 당국은 그의 유해를 감옥에서 반출하여 매장해 버렸다. 그 당시 문자 기록도 안 남겼고 매장지에 뚜렷한 표지도 없었기 때문에 안중근의 매장지를 찾는 일은 우리 문화재 담당자들이 계속 관심을 쏟는 중점이 되었다. 뤼순감옥의 옛터가 1971년부터 일반인에게 개방된 후 우리나라 사학 종사자들이 여러 번 조사하고 탐색했지만 아무 효과를 얻지 못했다.

안중근은 조선 민중들이 흠모하는 민족 영웅으로서 그에 대한 연구는 조선과 한국 양측 모두 상당히 큰 주목을 받았다. 특히 한국 쪽에서 이에 더 큰 조치를 취한 후 조선 쪽도 뒤처지고 싶지 않은 가운데 이번 안중근 유해 조사단의 중국 방문이 이루어졌다.

7월 27일 오후에 조선 외무성 아주국(亞洲局)의 주진극(朱軫極) 부국장이 인솔하는 조사단 다섯 명이 기차를 타고 다롄에 와서 안중근 유해에 대한 조사를 하기 시작했다. 조사단의 구성을 보면 조선 정부가 이번 외교 활동을 아주 중시한다는 것을 알 수 있다. 주진극 단장은 한국전쟁 휴전 이후 우리나라에 유학하러 온 적이 있고 귀국한 뒤 계속 외 무성에서 일을 해왔으므로 우리나라 외교부와 교섭하는 데 풍부한 경험이 있다. 조사단 단원 김순길(金順吉)은 조선노동당 중앙연락부의 지도원으로서 김일성을 따라 중국을 여러 번 방문했다.

조사단 단원 이상용(李相容)은 조선문인협회(朝鮮文人協會)의 통역인데 항미원조전쟁 때 중국 인민지원군을 따라 강을 건너 조선에서 전쟁에 투신했고 전후 조선에 체류하다가 조선 국적으로 귀화했다. 단원 홍성찬(洪成燦)은 조선 법의 감정원의 전문가이고 안우생은 안중근의 친조카 안공근의 아들이자, 김구 선생이 친히 북한에 안중근 의사 유해 발굴을 위하여 남겨놓았다. 안우생은 그 당시 이미 80세가 넘었다. 그는 상하이, 광주, 베이징에서 공부와 일을 했으며 기자로 재직한 경험도 있었다. 조사단이 다롄에 도착한 후 주진극 단장은 우리에게 이번 조사는 김일성의 위탁을 받아 안중근의 유해를 발굴하러 온 것인데 조선이 대적 투쟁하는 문제와 관련되어 조선의 국가통일에 중요한 의미가 있다고 설명했다. 안우생 어르신도 친족들이 이 일에 대해 가지고 있는 감정과 바람을 절박하게 나타냈다.

우리는 조선 쪽이 제안한 요구에 대해 충분히 이해했다. 우리가 제정한 기본 원칙에 따라 그들의 조사 활동에 적극적인 지지와 전적인 협조를 제공했다.

가. 우선 다롄시 외사 사무실의 류즈화(劉子華) 부주임으로 하여금 최근 몇 해간 중국 사학계에서 안중근 고분에 대해 실시했던 조사와 고증의 진전 상황을 조선 쪽에 소개하게 했다. 실사구시인 과학적 학문 태도를 가지고 1971년과 1982~1986년에 안중근의 무덤에 대해 큰 규모의 조사를 잇달아 5번 저자 주:1982년부터 1986년에 한 내역을 찾으려고 하였으나 관련 내역을 아는 뤼순감옥 직원은 없었다. 판마오중 직원도 당시 근무했지만 모르고 있었다. 이 내용은 추가 확인해야 할 사항이라 했지만 연대가 너무 오래되었을 뿐만 아니라 정확한 문자기술도 없었기 때문에 지금까지 결론을 못 내렸다고 조선 쪽에 전달했다.

나. 조선 조사단을 위하여 뤼순일아감옥과 관동도독부 지방 법원, 뤼순일아감옥 및 뤼순 마잉허우에 있는 무덤의 옛터를 참관하고 시찰하는 일정을 계획했다. 그들은 시찰·참관하는 과정에 우리 중국 측의 안중근에 대한 선전과 소개를 보고 감동을 많이 받았다. 중국 측의 실사구시적인 홍보와 연구에 대해서도 칭찬을 했다.

다. 우리는 조선 조사단의 요구에 응해 조선 쪽을 위해 군중좌담회를 4번 개최했다. 뤼순에서 3번, 다롄시 시내에서 1번을 했고 총 47명이 회의에 참석했다. 이 안에 80세가 넘은 고령 노인도 있고 역사·고서·문물 연구에 종사하는 전문가와 학자도 있었다. 좌담회에서 다들 널리 자료를 인용하여 그 당시에 안중근을 교살하는 역사를 진실하게 소개함으로써 유해 발굴 작업을 하는 데 넘을 수 없는 한계가 존재하고 있다는 것을 조선 조사단의 전체 단원들에게 절감시켰다.

라. 우리는 조선 조사단의 요구에 응해 다롄 지역의 조선 교포 대표들을 조직하여 좌담회를 개최했지만 그 결과는 조선 쪽이 예상한 것만큼 흡족하지 않았다. 이런 뚜렷한 결과 앞에서 조선 쪽의 구성원들은 상당히 의기소침했다. 그들은 이번 조사를 잘하지 못했고 김일성께서 맡기신 임무도 완성하지 못했기 때문에 조선에 돌아가서 당과 정부, 그리고 안중근의 친척들을 볼 면목이 없다고 거듭 우리에게 고백했다. 그들의 우려에 대해 접대 업무를 한 우리의 전체 동지들은 상황에 따라 그들의 정신적인 부담을 덜 수 있도록 많은 설득을 했다. 떠나기 전에 다롄시 정부 외사 사무실의 여만산 주임은 조사단 전체 구성원을 친절하게 접견했는데 중국과 조선 양당 양국 인민 간의 우정에 관하여 이야기를 나눴다. 게다가 다롄에 있는 동안에 중국 쪽의 세심하고 지극한 환대를 받아서

조선의 동지들은 감동을 많이 받아 우리에게 감사의 뜻을 거듭 나타냈다.

이번 조사 활동은 7월 27일부터 8월 7일까지 총 12일 동안 진행되었다. 조사 결과는 조선 쪽의 예상에 미치지 못했지만 안중근과 관련된 역사 사건은 깊은 민족적 배경이 있기 때문에 아무래도 중요한 과제이다. 우리는 현존 자료의 기초에서 관련된 자료를 연구하는 역량을 강화하여 새로운 발견을 도모하고 돌파해야 한다. 이것은 역사가 우리에게 부여하는 사명과 책임이기도 하다.

상술한 내용은 1986년 북한의 안중근 조사 발굴단에 관해 기록한 논문 내용이다. 당시 조사 발굴단은 뤼순 지역의 노인들을 대상으로 좌담회 형식의 탐문을 하였다. 그러나 판마오중의 의견에 따르면 당시 조선족 노인도 있었는데 주로 조선 대표단은 조선족 노인의 의견을 경청했다. 또한 북한은 뤼순감옥 공공묘지 현장을 방문하였다. 이 지역은 이미 고구마밭으로 변해있었다. 그 후에도 안우생은 한 번 더 방문하였다고 판마오중은 기억하고 있었다. 북한의 발굴 경험은 2006년 1차 남북 발굴조사단 시기, 공공묘지에 안중근 의사가 묻혀 있지 않을 것이라는 부정적 의견을 제안하는 계기가 되었고, 최서면(崔書勉) 선생이 2008년에 제안한 발굴시점을 지지한 조사였다. 다른 시각에서 논문을 보면, 안중근 의사 유해 발굴을 위해서는 북한도 중국 외교부의 비준과 랴오닝성, 다롄시의 외사부문과 시정부의 적극적 지원과 절차가 필요하다는 것을 반영하고 있다. 이는 향후 안중근 의사 유해 발굴을 위해서 밟아야 하는 기본적 절차와 출발점이 어딘지를 알 수 있는 소중한 경험을 보여주고 있다.

·자료명: 1986년 북한 안중근 의사 유해 발굴단의 뤼순감옥 내 시찰 모습

陪同朝鲜代表团考查监狱旧址

陪同朝鲜代表团考查原日本高等法院旧址

4. 연구 논문

1) 안중근 의사 유해 발굴 관련 논문(왕전런)

중국에 안중근 의사 유해 발굴과 관련된 논문으로 뤼순일아감옥구지 박물관 전 부관장인 왕전런(王珍仁)의 〈안중근과 안중근의 사적 및 유해 찾기에 관한 문제〉[116]라는 논문이 있다. 이 논문은 왕전런 뤼순일아감옥구지 박물관 전 부관장으로부터 제공받았다. 이 논문에서는 이전에 진행된 안중근 의사 유해 발굴 조사에 대한 기록과 2006년과 2008년 뤼순일아감옥구지 박물관에서 안중근 의사 유해 발굴을 참여한 실무자로서의 기록과 역사적 사진을 근거로 조사가 최서면 선생이 제공한 위치와 거의 일치하는 것으로 나타났다는 점을 기록했다는 데에 의의가 있다. 본 책에서는 그 내용과 번역문을 함께 제시했다.

116 王珍仁(2015), 〈关于安重根其人其事及遗骨寻找的相关问题〉, 大连近代史研究, 12, 大连市近代史研究所

· 〈关于安重根其人其事及遗骨寻找的相关问题〉[117]

(안중근과 안중근의 사적 및 유해 찾기에 관한 문제)

· 작성자: 왕전런(王珍仁)

· 작성 시기: 2015년

· 발행처: 다롄시 근대사연구소(大连市近代史研究所)

关于安重根其人其事及遗骨寻找的相关问题

王 珍 仁

一、安重根其人

安重根、1879年9月2日(农历7月16日)出生于朝鲜黄海道海州郡首阳山下广石洞(今为朝鲜民主主义人民共和国咸境南道境内)。安重根出生时因胸前有七颗黑痣、形似北斗七星、祖父遂给其起名叫应七。据安重根在狱中的自述中写到：自幼时因生性近于轻浮急躁、其父后将安应七之名易为安重根、应七则为其字。

安重根祖父安仁寿是朝鲜李朝名儒、曾任庆尚南道镇海县监(从六品)、被地方民众称誉为安镇海。父亲安泰勳、幼有神童之称、熟读四书、尤擅诗词典赋、是李朝末年的进士。安重根母亲赵氏生有三男一女、安重根为长子、其弟弟二人分别称为定根、恭根。

安重根生长的时期、正值朝鲜逐步沦为日本殖民统治的黑暗时期。早在1893年他就跟随其父参加反抗日本侵略的斗争。他在15岁时、亲眼目睹了日本挑起甲午战争、出兵并最终占领整个朝鲜半岛的历史过程、从而萌发了爱国复仇的思想。1905年、日本强迫签订"日韩保护条约"后、他深感民族危机严重、而前往中国的威海卫、烟台、上海等地探求救国真理。次年回国后、在镇南浦举办三兴、敦义学校、培养爱国人才、以求教育救国。1907年他赴俄沿海州(今中、朝、俄三国交界一带)投身于反日义兵斗争、任中将参谋。率领抗日武装在咸境北道、海参崴及中国的延边一带打击日寇。1909年的正月、安重根在俄国烟秋（既克拉斯基诺）与他的12位战友举行了断指结盟仪式、立誓要以生命和鲜血换来大韩民国的独立。安重根用斧子砍掉自己左手无名指的末节、把血滴在碗中、用笔蘸血签名、并在一面太极旗上留下了"大韩独立"四个血字。安重根在盟誓的12人中排行第六、他当即就对各位盟誓兄弟说道："诸位大哥等着瞧吧、不出3年、我一定叫伊藤博文死在我的枪口下。"从此、他总是把手枪带在身边、随时演练枪法。

伊藤博文(1841——1909)是日本近代国家发展的核心人物之一。日本军国主义侵略扩张政策的策划

117 王珍仁(2015),〈关于安重根其人其事及遗骨寻找的相关问题〉, 大连近代史研究, 12, 大连市近代史研究所

者、推行者。他曾先后于1885年、1892年、1898年、1900年四次出任日本政府内阁首相。还在1888年、1891年、1903年、1909年先后四次担任日本明治天皇的最高咨询机关枢密院议长。1906年出任日本第一任驻朝鲜统监。1909年10月、伊藤博文被免去驻朝鲜统监一职回国前、奉明治天皇之命再次到中国东北、由大连北上、拟与俄国财政大臣柯克普科夫进行谈判。

安重根在侦悉伊藤博文的行踪后、即秘密潜行至哈尔滨。10月26日上午9时、伊藤博文乘坐的专列抵达哈尔滨车站。伊藤博文下车后、由俄日官员陪同检阅完仪仗队来到外交使团跟前同一些人握手后、又转身走了回来、此时安重根迅速掏出手枪、向伊藤博文连发三枪、使其前胸、肋骨和腹部分别中弹、同时中弹受伤的还有伊藤博文的陪同人员川上俊彦、森泰二郎、田中清二郎。安重根在击中四人后、即振臂高喊"大韩民国独立万岁!"从容不迫等待就擒。在俄国士兵逮捕安重根对他进行初审时、他一再声称:"我是韩国人、现在值得庆幸的是为国雪了恨、又替我们不幸的韩国同胞报了仇、我实在高兴。"伊藤博文在中弹后不到半个小时即毙命于火车上。

二、安重根在旅顺狱中

安重根在被俄国士兵逮捕之后、日本政府派出检查官沟渊孝雄前往哈尔滨提审。当沟渊问道刺杀伊藤博文的动机时、安重根从容不迫的列举了伊藤博文的十五大罪状、致使沟渊愕然谓曰:今闻所述则可谓东洋义士也。

11月3日、经过日俄政府间的交涉、安重根等人由哈尔滨引渡到日本占领下的关东州、交旅顺关东都督府地方法院审理、在审理期间关押于旅顺关东都督府监狱署(旅顺监狱)。

至1910年3月26日、安重根在旅顺狱中关押共计5个月、安重根在"安应七历史"的自述中讲到、期间、日本关东都督府地方法院检察官沟渊孝雄来监狱共审问10余次(共计11次)。日本外务省派遣的政务局局长仓知铁吉和朝鲜统监部派遣的警视境喜明也对安重根先后进行了14次监狱审问。此后、在1910年2月1日沟渊孝雄正式向关东都督府地方法院就安重根一案提起公诉、是月7日晨9时、关东都督府地方法院进行了第一次开庭审理、后在8、9两日连续开庭、于14日上午10时作出正式判决。这些审讯和开庭审理记录在1994年12月辽宁民族出版社出版的《安重根》一书中有收录转载。

安重根在自述中讲到"被囚禁之后、天天与典狱长、看守长及一般官吏接触、渐渐地与他们亲近起来、他们待我特别优厚、使我不胜感动"。"检察官待我特别宽厚、审问后总是递给我埃及金泊香烟、我们一边交谈、一边吸烟。他对世事的评论显得公允而直率、同情之心、现于仪容"。"典狱长栗原氏与看守长中村氏总是关照优先我:他们让我每周洗一次澡、每天(上、下午各一次)把我从牢房里带到办公室、递给我各国上等的香烟和许多西洋饼干、还让我喝茶水、让我吃饱。早、中、晚三餐都是上等大米饭、还给我一身换洗的优质内衣和四床棉被褥。每天送来几次桔子、苹果、梨等水果、除此而外、每天给一瓶牛奶、这是园木氏特意关照我的。"但安重根在狱中面对沟渊检察官的审问始终是毫不畏惧、他曾愤然讲到"日本虽有百万精兵、千万门大炮、可是、除了杀戮安应七的权力之外、没有任何其他权力、人生一世、一死了之、何愁之有？"就在后来得知自己被判处死刑后、他经典狱长栗原氏的特意介绍、与高等法院院长平石做了一次会面。交谈中、安重根阐述了对判处死刑有所不服的理由、提出了有关东洋局势与和平政略的畅想。安重根还讲到"如果允许的话、我打算著述《东洋和平论》一卷、能不能把行刑日期推迟一个多月。"平石则答曰："别说一个多月、就是宽限几个月、也是可以特别准许的、不要多虑。"但日本殖民统治者并没有遵守这种诺言、于3月26日上午10时、将安重根绞杀于狱中。

安重根于3月15日在狱中写完了自己的自传、接着开始写《东洋和平论》、但在余下的10天时间里、他向亲人好友写了最后的告别信、又应那些被安重根的为人所感动的典狱、看守、宪兵、翻译等人的请求、为他们挥毫题写了近二百余幅赠言(近几年在日本和韩国已发现的题字书法作品有60多幅)。所以他用于写《东洋和平论》的时间所剩无几。他拟写的《东洋和平论》包括了序言、前鉴、现状、伏线、问答等五个部分。但他只写了序言和前鉴、而前鉴部分从结构上看也未写完。但是、从仅存的这部分遗稿中也可以看出安重根所倡导的东洋和平思想的深度。

他在文中指出"日本人占领旅顺、大连、不仅中国人憎恨、西方各国也为之反目、这是危害东洋和平和世界和平之举。日本应该把大连、旅顺归还给中国、使其成为开放的港口、在那里设立中、日、韩三国的和平会议、三国政界要人共谋东洋和平之永久方策、并使大连成为金融和贸易中心。这样做不仅对繁荣三国经济利益有益、而且也有利于克服日本目前的财政困难。如若这样、中国欢喜、其他国家也会表示欢迎的。"

从百年前安重提出的以上论述中、我们可以看出他的远见卓识、它具有某种通过谈判建立常设和平会议、以保证地区安全的设想、也有经济开放、交流与合作的思想。在当时世界上从未开过和平会议、尚未建立一个统一的国际合作机构的时候、安重根能够提出这样极富有远见的和平思想、确实是难能可贵的。

三、关于安重根遗骨的寻踪

1910年3月26日上午10时、安重根换上母亲为其制作的民族服装、慷慨就义。而就在赴刑场前、他应日本宪兵看守千叶十七的要求、写下了最后一幅墨迹"为国献身、军人本分"。从其镌刻有力的书法中、人们可以看到他在临刑之前不畏惧死亡的超人的精神状态。

安重根就义后、其遗骸的埋葬、日本殖民当局没有留下任何的文字记述。因为在1945年8月15日、日本投降前夕典狱长田子仁郎指挥狱中看守将旅顺监狱中的所有文字档案全部被付之一焚。因此多年以来、关于安重根的遗骸问题传说甚多、然在2008年10月以前、从所掌握的材料看、要给予科学的定论、尚有一定的难度。

自旅顺日俄监狱旧址博物馆组建的近40余年中、专业人员在围绕安重根这一重大历史课题研究方面、始终给予了很大的关注。通过我们的研究、初步确定了安重根在狱中后期的牢房、考证出了安重根当年英勇就义的确切位置。同样在安重根遗骨寻踪研究上、也始终坚持科学的态度、不断地进行探访和研究。同时、还经国务院相关部门批准在上个世纪80年代和本世纪初先后接待过朝、韩两国的安重根调查团来旅顺的调查工作。其中尤以1986年接待朝鲜外务省亚洲局副局长朱轸极的调查团为重点。

在此次调查中、朝方参观考察了旅顺日俄监狱旧址、关东都督府地方法院旧址和旅顺日俄监狱位于马营后的原监狱墓地旧址。中方为配合寻访工作还为朝方组织了4次群众座谈会、先后共计有47人参加。当时参加座谈会的人员中、既有年龄在80岁以上的高龄老人、也有从事历史、古籍文物研究的专家学者。通过座谈、大家旁征博引、对于当年绞杀安重根的相关史实、传说做了分析论证、使中朝双方一致感到、安重根的遗骨寻踪工作存在着一些难以逾越的障碍。

进入到21世纪后、韩国的有关人士再次就安重根的遗骨寻踪工作提出疑议、韩国政府也多次向中国政府提出寻踪建议、在胡锦涛同志就任国家副主席出访韩国期间、针对韩方的提议、明确表示、请韩方提供准确资料、中方愿意给予配合。2005年春、夏季时、韩国以韩国学者崔书勉的一篇学术考证文章提出的安重根埋葬墓地的所谓经纬度交予中方。省外办责成市外办汇同旅顺日俄监狱旧址博物馆一起、请专业测绘人员做了科学测试、但不知是何种原因造成的、致使测绘地点与韩方提供的历史照片中的山脉环境存在很大的差异。

2006年6月7日至10日、朝韩双方共同组团、经我外交部批准来旅就崔书勉所提供的地点进行了实地考察。此次共考察有4处疑似地点、最后、他们依据历史上的一张照片、既1911年安重根殉难一周年的祭奠活动照片、确认为原监狱窑场偏北侧、也就是现驻军某部医院大墙外侧的一片空地上、是安重根的遗骸埋葬地。令人不解的是、朝韩双方在此次调查中完全抛开了经纬度的确认。中方的参与人员对于朝韩双方的认定提出了不同的意见、但并没有被朝韩方面所接受。

2008年春天、因该地段被挂牌出售给开发商、用于民居建设。韩方在获悉此消息后、立即于中国政府进行紧急交涉、提出要对此地段进行抢救性发掘的要求。后经中国政府的批准、韩国政府组成以国家报勋处李秉九局长为团长的16人发掘团于3月25日抵达旅顺、开始了对2006年朝韩双方确认的地点进行了大面积的寻访发掘工作。整个发掘工作到4月27日结束。但非常遗憾、这次发掘没有发现任何的墓葬遗迹和尸骨遗骸。所谓的收获就是发现了大量的原监狱职员生活的垃圾。韩方此次发掘的这一结果也印证了中方在2006年确认地点时的意见、即不论是从地形地貌、以及当时的历史民居环境、人们的民俗习惯等方面考察、该地点都不具备是安重根埋葬地的可能。因此这次发掘的失败也是中方所预料到的。在此次发掘后、韩国方面出版了一份《安重根义士遗骸发掘报告书》、对这次的发掘工作给予了全面的记述。但非常令人不解的是、报告的执笔者、将历史上的照片、采取现代迭压技术给予还原、仍固执的认定该处就是安重根遗骸的埋葬地。但事实告诉我们、在这一区域中、从来没有历史照片中所出现的建筑。因此、这种合成定位只能说是韩国学者的一厢情愿罢了。从韩方的发掘结论中、笔者认为、在科学研究上、我们必须抛弃一种感情色彩、必须严格遵守严谨、公正、科学的态度。否则我们只能陷入到人为制造的误区和泥潭之中、难以自拔。同时、在科学研究中的急功近利介于一种浮躁的学风、看来并不仅仅局限于我们国内、韩国学者在对安重根遗骸的寻访研究上表现的似乎更为强烈。

2008年度的遗骸寻访工作结束以后、韩方希望旅顺日俄监狱旧址博物馆能够继续加强对安重根埋葬地的寻访调查工作。博物馆领导据此回答到、寻访安重根不仅仅是韩国学者的希望、同时也是中国学者所期盼的、只要安重根的遗骸寻找工作没有得到最终的确认、我们就不会放弃调查工作。况且我们已经把调查寻访工作列入到自己的工作计划之中。

就在韩方紧锣密鼓地对监狱窑场上方小东山地段进行勘探发掘的同时、监狱旧址博物馆也组织了相关人员就安重根的埋葬地进行新一轮的寻访调查。在同年的5月间获得了突破性的收获。即在监狱旧址的西北方向小炮台山附近早年有一处朝鲜人的坟墓。在这一坟墓的前面也曾经有一处老的历史建筑。博物馆方面在调查中发现、该处的地貌环境以及当年的许多内容于崔书勉提供的照片环境有很多的相似之处。为确认此处是否就是埋葬安重根的位置、经过请示有关部门后、博物馆方面于2008年10月16日对此地进行了科学的勘探发掘。遗憾的是此次发掘也没有获得任何的遗骸线索。但是就在我们进行总结时发现此次发掘的地标位置于崔书勉所提供的位置几乎是完全一致。既我们所发掘的位置是：北纬38度49分49.3秒、东经121度15分17.6秒、海拔39米；崔书勉所提供数据是：北纬38度49分3秒、东经121度15分43秒。应当说、博物馆方面的此次调查是完全抛开了韩方的数据、只是依据历史照片独立进行的。但最终地标位置是如此的一致、这说明我们至少目前已经找到了日方照片的具体方位。这是一个非常了不起的突破。

四、结 论

经过我们的前一阶段调查研究、结合历史上所遗留的照片分析、我们目前基本上可以认定的是、安重根在绞杀后、遗骨是否被埋在旅顺监狱的公共墓地中、还需要我们做出大量的工作。这应当是不可否认的事实。为了有效的推进安重根遗骸的寻找工作、建议：在取得中国外交部门的完全认可情况下、由中韩双方共同组成工作委员会、开展细致的调查和研究、虽然因历史上的原因、在工作上会给我们带来一定的困难、但可以相信、只要我们坚持客观、公允的科学研究态度、就一定会克服困难、在研究安重根方面取得新的成绩。

안중근과 안중근의 사적 및 유해 찾기에 관한 문제

왕전런(王珍仁)

1. 안중근: 인물

안중근(安重根)은 1879년 9월 2일(음력 7월 16일) 조선 황해도 해주군 수양산 밑 광석동(지금의 조선민주주의인민공화국 함경남도 경내)에서 태어났다. 안중근은 가슴에 북두칠성(北斗七星)과 비슷한 일곱 개의 점(흑지)을 갖고 태어났는데, 할아버지는 응칠(應七)이라는 이름을 지어주셨다. 안중근은 옥중 자술에서 어려서 천성이 경박하고 조급해서, 아버지는 나중에 안응칠의 이름을 안중근(安重根)이라 하였고, 응칠은 그의 자로 하였다고 한다.

안중근의 할아버지 안인수는 조선의 명유(名儒)로 경상남도 진해현감(종6품)을 거쳐 지방 민중들로부터 안진해(安鎭海)로 칭찬받았다. 아버지 안태훈은 어렸을 때부터 신동이라는 별칭을 얻고, 사서숙독, 특히 시사전부(詩事典賦)를 잘하는 조선 말기의 진사(進士)였다. 안중근의 어머니 조 씨는 3남 1녀를 낳았는데 안중근이 장남이고, 두 동생은 각각 정근(定根), 공근(恭根)이라고 한다.

안중근의 성장 시기는 마침 일제강점기로 조선이 일본의 식민지로 전락하는 암울한 시기였다. 그는 1893년부터 아버지를 따라 일본의 침략에 대항하는 투쟁에 나섰다. 그는 15세 때 일본이 청일전쟁을 일으켜 출병해서 한반도 전체를 점령하는 역사적 과정을 목격하면서 애국적 복수 사상이 싹트게 됐다.

1905년 일본이 '한일 보호조약' 체결을 강요하자 민족적 위기를 직감하고 중국의 웨이하이웨이(威海衛)·옌타이(煙臺)·상하이(上海) 등지에 찾아가서 구국의 진리를 탐구하였다. 이듬해 귀국하여 진남포에서 삼흥·돈의학교를 설립하고, 애국 인재를 양성하여 교육으로 구국하려고 하였다. 그는 1907년 러시아 연해주(지금의 중·조·러 3국 접경 일대)에서 반일 의병투쟁에 뛰어들어 중장 계급의 참모로 일했다.

항일 무장을 이끌고 함경북도와 블라디보스토크(海参崴) 및 중국의 연변 일대에서 일본군을 격파하였다. 안중근은 1909년 정월 러시아 옌추(烟秋, 크라스키노(Краскино))에서 동료 12명과 단지 결맹식을 갖고, 생명과 피로 대한민국의 독립을 맹세했다. 안중근은 왼손 무명지(약지)의 마지막 마디를 도끼로 찍어 그릇에 피를 떨어뜨리고, 붓에 피를 묻혀 서명하면서 한쪽 태극기에 '대한독립'이라는 네 개의 혈자(서)를 남겼다.

안중근은 맹세한 12명 중 6번째이고, 그는 곧바로 맹세한 형제들에게 "형님들 두고 보시오, 3년 안에 이토 히로부미(伊藤博文)를 내 총구에 죽게 만들겠습니다."라고 맹세했다. 이때부터 그는 항상 권총을 곁에 두고 수시로 사격술을 연마했다.

이토 히로부미(伊藤博文, 1841~1909)는 일본 근대국가 발전의 핵심 인물 중 하나다. 일본 군국주의 침략 확장정책의 기획자이자 추진자이다. 그는 1885년, 1892년, 1898년, 1900년 네 차례에 걸쳐 일본 정부 내각 총리를 담당했다.

또 1888년, 1891년, 1903년, 1909년 네 차례에 걸쳐 일본 메이지 천황의 최고 자문기관인 추밀원 의장을 역임했다. 1906년 조선 주재 일본 초대 통감으로 부임하였고, 1909년 10월 이토 히로부미(伊藤博文)가 조선 주재 통감에서 해임되고, 귀국하기 전 메이지 천황의 명으로 다시 중국 동북으로 건너가 다롄(大连)에서 북상하여 러시아 재정대신 코코프체프(Kokovsev, V.N)와 담판을 벌일 예정이었다.

안중근은 이토 히로부미(伊藤博文)의 행적을 알아낸 뒤 하얼빈(哈爾濱)으로 은밀히 잠행했다. 26일 오전 9시 이토 히로부미(伊藤博文)가 탄 특별열차가 하얼빈 기차역에 도착했다. 이토 히로부미(伊藤博文)가 차에서 내린 뒤 러시아·일본 관리들이 사열을 마치고 외교사절단에 나와 악수를 나눈 뒤 돌아서자 안중근은 재빨리 권총을 꺼내 앞가슴과 갈비뼈, 복부에 각각 총상을 입혔고, 이토 히로부미(伊藤博文)의 배석자인 가와카미 도시히코(川上俊彦), 모리타이지로(森泰二郎), 다나카 기요지로(田中淸二郎)가 총상을 입었다. 안중근은 네 사람을 명중시킨 뒤 팔을 걷어붙이고 "대한민국 독립만세!"라고 외쳤고, 태연자약하게 체포를 기다렸다.

러시아 병사들이 안중근을 체포해 초심을 진행했을 때, 그는 "나는 한국인인데 이제 영광스럽게 국가를 위해 복수했고, 불행한 우리 동포의 원수를 갚아줘서 기쁘다."라고 거듭 말했다. 이토 히로부미(伊藤博文)는 총탄에 맞은 지 30분도 안 돼 열차 안에서 목숨을 잃었다.

2. 안중근의 뤼순 옥중

안중근은 러시아 병사들에게 체포되자 일본 정부는 가모부치 다카오(溝淵孝雄) 검찰관을 하얼빈(哈爾濱)에 파견했다. 가모부치 다카오((溝淵孝雄)가 이토 히로부미(伊藤博文)를 저격한 동기를 묻자, 안중근은 침착하게 이토 히로부미(伊藤博文)의 15대 죄상을 열거해 가모부치 다카오((溝淵孝雄)를 경악하게 했다.

11월 3일, 안중근 등은 러·일 정부 간 교섭 끝에 하얼빈에서 일본 점령 하의 관동주로 인도돼 뤼순(旅顺) 관동도독부 지방법원에 심리를 맡겼고, 심리 기간 중 뤼순 관동도독부감옥서(뤼순감옥)에 수감되었다.

1910년 3월 26일까지 5개월간 뤼순감옥에 수감된 안중근은《안응칠의 역사》라는 자술에서 일본 관동도독부 지방법원 검찰관 가모부치 다카오(溝淵孝雄)가 감옥에 10여 차례(총 11차례) 심문했다고 밝혔다.

일본 외무성이 파견한 정무국 국장인 구라치 데츠키치(倉知鐵吉)와 조선 통감부가 파견한 경부 사카이 요시아키(境喜明)도 안중근에 대해 14차례에 걸쳐 감옥신문을 했다. 이후 1910년 2월 1일 가모부치 다카오(溝淵孝雄)가 관동도독부지방법원에 안중근에 대한 공소를 정식으로 제기한 것은 7일 오전 9시, 관동도독부지방법원의 첫 재판이 열렸고 8, 9일 이틀 연속 재판이 열려 14일 오전 10시에 정식 판결이 나왔다.

이 심문과 재판 심리 기록들은 모두 1994년 12월 랴오닝(辽宁) 민족출판사에서 발간한《안중근》이라는 책에 수록돼 있다.

안중근은 자술에서 "감금된 뒤 매일 교도소장, 간수장, 일반 관리들과 접촉하면서 친해졌고, 그들이 나를 후하게 대해 감동을 받았다."라고 말했다. "검사가 나를 후하게 대해 줘서 취조하면 늘 이집트 금박 담배를 건네줬고, 우리는 담배를 피우며 이야기를 나누었다. 세상사에 대한 그의 논평은 공정하고 솔직하며 동정심이 의용에 드러났다."라고 말했다.

"교도소장 구리하라 씨(栗原氏)와 간수 나카무라 씨는 항상 저를 우선적으로 챙겨줬다. 일주일에 한 번씩 목욕을 시키고, 매일(오전·오후에 한 번씩) 감방에서 사무실로 데려와 각국의 고급 담배와 서양 과자를 많이 주셨고, 차도 마시게 해 주었고, 나를 배불리 먹게 해 주었다. 아침·점심·저녁 세 끼 모두 쌀밥이며, 갈아입은 질 좋은 속옷과 솜이불 네 채를 챙겨줬다. 하루에 몇 번씩 귤·사과·배 등 과일을 보내주고, 그 외에 우유를 하루 한 병씩 주는 게 스노키 씨(园木氏)의 배려였다."라고 말했다.

그러나 안중근은 가모부치 다카오(溝淵孝雄)의 심문에 대해 하나도 두려워하지 않고 "일본에는 백만 정병, 천만 문의 대포가 있지만 안응칠을 살육하는 것 외에는 아무런 권력이 없다. 인생은 일세에 불과하고, 죽음으로써 모든 것을 해결한다, 걱정을 왜 하는가?" 뒤늦게 사형선고를 받은 것을 알게 된 그는 교도소장 구리하라 씨(栗原氏)의 소개로 히라이시(平石) 고등법원장을 만났다.

이 자리에서 안중근은 사형선고를 불복하는 이유를 밝히며, 동양 정세와 평화 정략에 대한 사상을 제시했다. 안중근은 또 "허락한다면《동양평화론》을 한 권 저술할 예정인데, 처형날짜를 한 달 정도 늦출 수 없겠느냐?"라고 말했다. 히라이시(平石)는 "한 달 남짓은 고사하고 몇 달은 유예하더라도 특별히 허락할 수 있는 것이니 염려하지 말라."라고 대답했다. 그러나 일제 식민 통치자들은 이런 약속을 지키지 않고, 3월 26일 오전 10시 안중근을 감옥에서 교살했다.

안중근은 3월 15일 감옥에서 자신의 자서전을 쓴 뒤《동양평화론》을 쓰기 시작했으나 남은 열흘 동안 친지들에게 마지막 고별 편지를 썼고, 안중근의 교도소장(典獄)·간수(諫守)·헌병(憲兵)·번역 등의 감동적인 요청으로 200여 폭의 증언(贈言)을 휘호하였다(근년 일본과 한국에서 서예작품 60여 폭을 발견했다).

그래서 그가《동양평화론》을 쓸 시간이 얼마 없었던 것이다. 그가 쓴《동양평화론》은 서문, 전감, 현황, 복선, 문답 등 다섯 부분으로 구성되어 있다. 그러나 그는 서문과 전감만 썼을 뿐이고, 전감 부분은 구조적으로 보면 다 쓰지 못했다. 그러나 안중근이 주창한 동양평화사상의 깊이는 남아 있는 유고에서도 드러난다.

그는 "일본인이 뤼순(旅顺)·다롄(大连)을 점령한 것은, 중국인이 증오할 뿐만 아니라, 서방 각국과 반목하는 것이다. 이는 동양평화와 세계평화를 해치는 일이다. 일본은 다롄(大连), 뤼순(旅顺)을 중국에 반환해 개방항구로 만들고, 그곳에 한·중·일 3국의 평화회의를 설치해 3국 정계 요인들이 동양평화의 영구적인 방책을 공모해 금융과 무역의 중심지로 삼아야 한다. 이는 3국의 경제적 이익은 물론 일본의 재정난 극복에도 도움이 될 것이다. 그렇게 되면 중국도 좋고, 다른 나라들도 환영할 것이다."라고 썼다.

100년 전에 안중근이 제시한 이상의 논술에서 그의 탁월한 식견을 볼 수 있다. 그것은 담판을 통해 상설 평화회의를 만들어 지역의 안전을 보장한다는 생각을 가지고 있으며, 경제 개방, 교류 및 협력의 사상도 있다. 당시는 세계적으로 평화회의가 열리지도 않았고, 통일된 국제협력기구가 만들어지지 않았을 때였다. 안중근은 이런 선견이 있는 평화 사상을 내놓은 것은 참으로 탁월한 일이다.

3. 안중근 유골 찾기

1910년 3월 26일 오전 10시, 안중근은 어머니가 만들어주신 민족(한)복으로 갈아입고, 의기롭게 정의를 위해 희생당한다. 그는 형장에 가기 전 일본 헌병 간수 지바 도시치(千葉十七)의 요청으로 '위국헌신, 군인본분'이라는 마지막 묵적(휘호)을 써주었다. 형벌을 앞두고 죽음을 두려워하지 않는 그의 초인적인 정신상태를 확인할 수 있는 힘찬 글씨였다.

안중근 의사가 서거한 후 유해의 매장에 대해 일제는 아무런 문구를 남기지 않았다. 1945년 8월 15일 일본의 항복 직전, 교도소장 다고 지로(田子仁郎)는 옥중 간수를 지휘해 뤼순(旅顺) 감옥에 있던 모든 문자 서류를 다 불살라버렸기 때문이다.

이 때문에 수년간 안중근의 유해에 대한 설화가 많았지만, 2008년 10월 이전까지 확보된 자료를 보면 과학적인 정론을 내리는 데 어려움이 있었다.

뤼순일아감옥 박물관 건립 이후 40여 년 동안 안중근을 둘러싼 굵직한 역사적 과제 연구에서 전문인력들은 큰 관심을 보여 왔다. 연구를 통해 안중근의 옥중후기 감방이 확인되었고, 안중근의 사망 당시 정확한 위치가 확인되었다.

안중근의 유골 찾기 연구에서도 과학적인 태도를 견지하며 끊임없이 탐방하고 연구했다. 1980년대와 2000년대 초반에 걸쳐 (중국)국무원 당국의 승인을 받아 남·북 양측이 파견한 안중근 조사단의 뤼순 방문과 조사도 도와줬다. 특히 1986년 북한 외무성 아시아국 주진극(朱轸极) 부국장의 조사단을 접대하는 데 중점을 뒀다.

이번 조사에서 북한은 뤼순감옥, 관동도독부 지방법원과 뤼순감옥이 마잉 뒤 옛 감옥묘지 터를 둘러봤다. 중국은 탐방에 맞춰 북측을 위한 군중간담회도 4차례 조직했는데 모두 47명이 참석했다.

당시 간담회 참석자 중에는 80세 이상의 고령자도 있었고, 역사·고서적 유물 연구를 하는 전문가 학자도 있었다. 좌담을 통해 안중근 교살의 역사적 사실, 전설에 대한 분석적 논증을 통해 안중근의 유골 찾기 작업에는 넘을 수 없는 장벽이 있다는 데 인식을 같이했다.

2000년대 들어 한국 관계자들이 안중근의 유골 행적에 대해 다시 의혹을 제기하자, 한국 정부도 중국 정부에 탐방 요구를 여러 번 건의했다. 후진타오(胡锦涛) 동지가 국가부주석으로 취임하고 한국을 방문하는 기간에 한국 측 제안에 대해 정확한 자료를 제공하고, 중국이 협조하겠다고 명확히 표했다.

2005년 봄·여름 때 한국 학자 최서면의 한 학술 고증문으로 안중근 매장 묘지의 이른바 경위도를 제시했다. 랴오닝성(辽宁省) 외사 사무실(外事办)은 다롄시(大连市) 외사 사무실(外事办)에 지시하고, 뤼순감옥박물관과 함께 전문 측량 요원을 초빙해 과학적인 테스트를 거쳤지만, 어떤 이유인지 한국 측이 제공한 역사 사진 속 산등성이 환경과는 큰 차이를 보였다.

2006년 6월 7일부터 10일까지 남북이 함께 모여 외교부의 승인을 받아 최서면이 제공한 장소를 답사했다. 총 4곳의 추정지점을 살펴본 이들은 1911년 안중근 순국 1주년 추모 행사 사진을 토대로 옛 감옥 가마터 북쪽, 즉 현재 주둔하고 있는 모 병원의 큰 담장 바깥쪽 빈터에는 안중근의 유해 매장지로 확인했다.

남북은 이번 조사에서 경위도 확인을 완전히 벗어났다는 점이 석연치 않았다. 중국 측 참여 인원들은 남북 양측의 인정을 놓고 이견을 보였지만, 남북 측에서는 받아들여지지 않았다.

이 부지는 2008년 봄 개발업자에게 분양돼 민가 건설에 활용됐다. 한국 측은 이 사실이 알려지자마자 중국 정부와 긴급 교섭을 벌여 이 부지에 대한 구조적인 발굴을 요청했다.

이후 중국 정부의 승인을 받아 한국 정부는 국가보훈처 이병구 국장을 단장으로 하는 발굴단 16명을 구성해 25일 뤼순(旅顺)에 도착해 2006년 남북이 확인한 지점을 대대적으로 찾기 시작했다.

발굴작업은 27일까지 계속되었다. 다만 이번 발굴에서 아무런 묘역이나 유골도 발견되지 않아 안타까웠다. 소득은 옛 감옥 직원들의 생활 속 오물이 무더기로 발견된 것이었다.

이번 한국 측 발굴 결과는 지형 지모나 당시의 역사적 주거환경, 사람들의 민속습관 등을 살펴봐도 안중근 매장지일 가능성이 없다는 중국 측 의견을 뒷받침하는 것이었다.

따라서 이번 발굴 실패도 중국 측이 예상한 바였다. 발굴 후 《안중근 의사 유해 발굴 보고서》를 발간해 이번 발굴에 대해 전반적으로 기술했다. 하지만 이 역사 사진을 현대적으로 복원한 보고서 집필자가 안중근 유해 매장지라고 우긴 것은 석연치 않다.

그러나 이 구역에는 역사 사진에 나온 그 건물이 없다는 사실이 드러났다. 따라서 이 같은 합성 위치는 한국 학자들의 일방적인 희망이라고 할 수밖에 없다. 한국 측 발굴 결론에서 과학적 연구에서 감정적 색채를 버리고, 엄밀하고 공정하며 과학적인 태도를 엄격히 유지해야 한다고 본다. 그렇지 않으면 인위적으로 만들어낸 오류와 수렁에 빠질 수밖에 없다.

또 과학적 연구에서 성급한(경박한) 학풍에 기인하는 것으로 보아, 이는 중국 국내뿐 아니라 한국 학자들의 안중근 유해 탐방연구가 더욱 강렬하게 나타나고 있는 것으로 보였다.

2008년도 유골 찾기를 마치고, 한국 측은 뤼순(旅顺)감옥 박물관이 안중근 매장지 탐방을 계속 강화할 것으로 기대하고 있다.

이에 따라 박물관 관계자는 "안중근 유해 찾기는 한국 학자들의 희망일 뿐 아니라 중국 학자들의 바람이기도 하다"라며 "안중근의 유해 발굴이 최종 확인되지 않는 한 조사를 포기하지 않을 것"이라고 답했다. 더구나 우리는 이미 이를 자신의 작업 계획에 포함했다.

한국 측이 감옥 위쪽 샤오둥산(小东山) 부지를 탐사 발굴하는 한편, 뤼순감옥 박물관도 안중근 매장지를 탐방하고 조사하는 인원을 배려하였다. 그리고 같은 해 5월에 획기적인 수확을 거두었다. 즉 감옥구지의 북서쪽 샤오파오타이산(小炮台山)[118] 부근에 조선인의 무덤이 한 기가 있었던 것이다.

이 무덤 앞쪽에도 오래된 역사적 건물이 하나 있었다. 박물관 측은 이곳의 지형 환경과 당시 많은 내용이 최서면이 제공한 사진환경과 유사한 점이 많은 것으로 조사됐다. 이곳이 안중근의 매장지인지를 확인하기 위해 관계부서에 지시를 요청해서 2008년 10월 16일에 이곳을 과학적으로 탐사하고 발굴했다.

유감스럽게도 이번 발굴에도 유해와 관련된 아무런 단서가 잡히지 않았다. 그런데 바로 우리가 총화(종합 토론)를 해보니 이번에 발굴된 랜드마크 위치는 최서면이 제공한 위치와 거의 일치하는 것으로 나타났다.

---

118 소포태산

기왕 우리가 발굴한 위치는 북위 38°49′49.3″, 동경 121°15′17.6″로 해발 39m이고, 최 씨가 제공한 데이터는 북위 38°49′3″, 동경 121°15′43″다. 이번 박물관 측의 조사는 완전히 한국 측 자료를 떠나 역사적 사진에 근거한 것이었다. 그러나 결국 랜드마크 위치가 이렇게 일치한다는 것은 적어도 현재로서는 일본 측 사진의 구체적인 위치가 어느 정도 확보되었음을 의미한다. 이는 대단한 돌파라고 볼 수 있다.

4. 결론

우리의 이전 단계 조사연구를 통해 남아 있는 역사 사진들을 결합해 보면, 안중근이 교살된 이후 유골이 뤼순감옥 공동묘지에 묻혔는지 아직은 많은 작업이 필요한 것으로 파악된다.

이는 부인할 수 없는 사실이다. 안중근 유해 발굴 작업을 효율적으로 추진하기 위해 "중국 외교부의 완전한 승인을 얻어 한중 양측이 공동으로 실무위원회를 구성해 세밀한 조사와 연구를 진행하는 것을 권장한다. 역사적 이유로 업무에 어려움이 따르겠지만, 객관적이고 공정한 과학적 연구 태도를 견지한다면 어려움을 극복하고 안중근 연구에 새로운 성과를 거둘 수 있을 것으로 믿는다.

2) 뤼순감옥묘지 변천 연구(저우샹링, 저우아이민 / 2006)

뤼순감옥묘지 변천 연구에 대한 내용은 〈뤼순일아감옥 묘지 구지 탐사〉[119]라는 제목으로 2006년 저우샹링(周祥令)[120] 관장이 작성하고 다롄시 근대사연구소에서 발행된 기록에 실려 있다. 이 자료는 뤼순일아감옥구지 박물관에서 제공받았다. 이 자료는 뤼순일아감옥 묘지의 옛터인 '마잉허우(马营后)[121]'의 역사적 유래부터 방치되어 있던 마잉허우에 2001년 1월, 다롄시 문화재 관리위원회에서 화강암 비석으로 '전국 중점 문화재보호 단위 뤼순일아감옥 구지 묘지'라고 새긴 보호 표지를 세운 기록까지 뤼순감옥묘지의 변천에 대해 기록했다. 본 책에서 그 내용과 번역문을 함께 제시했다.

119 周祥令(2006), 〈旅顺监狱墓地遗址探究〉, 大连近代史研究

120 주상영

121 마영후

· 〈旅顺监狱墓地遗址探究〉 (뤼순감옥묘지 변천 연구)

· 작성자: 저우샹링(周祥令) · 저우아이민(周爱民)

· 작성 시기: 2006년

· 발행처: 다롄시 근대사연구소(大连近代史研究所)

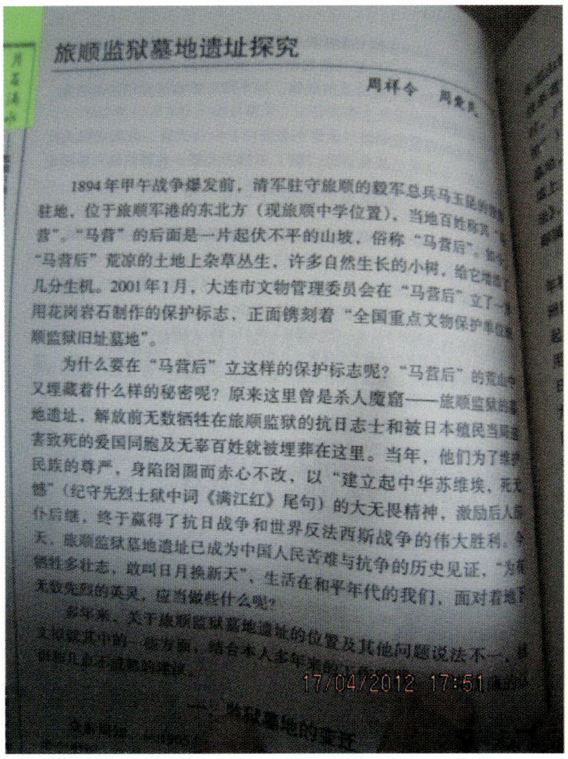

旅顺监狱墓地遗址探究

周祥令 周爱民

1894年甲午战争爆发前，清军驻守旅顺的毅军总兵马玉昆的
驻地，位于旅顺军港的东北方（现旅顺中学位置），当地百姓称
营"。"马营"的后面是一片起伏不平的山坡，俗称"马营后"。
"马营后"荒凉的土地上杂草丛生，许多自然生长的小树，给它
几分生机。2001年1月，大连市文物管理委员会在"马营后"立了
用花岗岩石制作的保护标志，正面镌刻着"全国重点文物保护
顺监狱旧址墓地"。

为什么要在"马营后"立这样的保护标志呢？"马营后"的
又埋藏着什么样的秘密呢？原来这里曾是杀人魔窟——旅顺监狱
地遗址，解放前无数牺牲在旅顺监狱的抗日志士和被日本殖民当
害致死的爱国同胞及无辜百姓就被埋葬在这里。当年，他们为了
民族的尊严，身陷囹圄而赤心不改，以"建立起中华苏维埃，
（纪守先烈士狱中词《满江红》尾句）的大无畏精神，激励后人
仆后继，终于赢得了抗日战争和世界反法西斯战争的伟大胜利。
天，旅顺监狱墓地遗址已成为中国人民苦难与抗争的历史见证，
牺牲多壮志，敢叫日月换新天"，生活在和平年代的我们，面对着
无数先烈的英灵，应当做些什么呢？

多年来，关于旅顺监狱墓地遗址的位置及其他问题说法不一。

17/04/2012 17:51

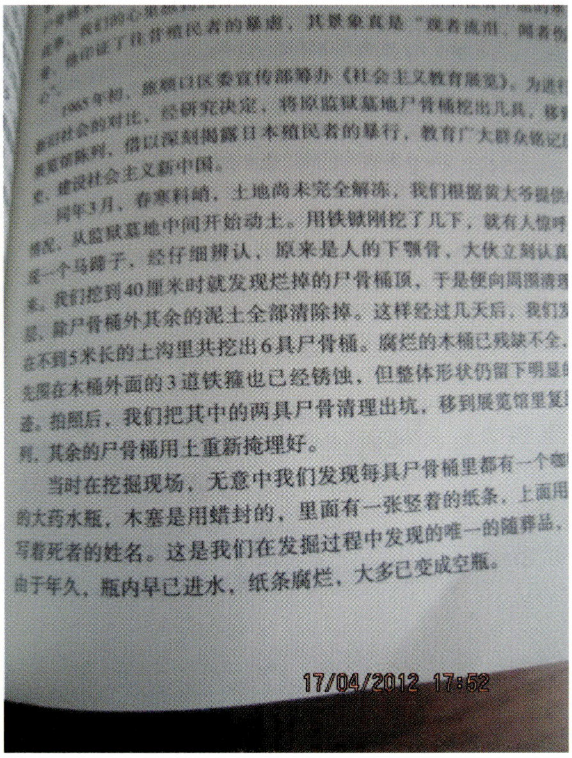

殖民者的暴虐，其景象真是"观者流泪，闻者

旅顺口区委宣传部筹办《社会主义教育展览》。为进
社会的对比，经研究决定，将原监狱墓地尸骨桶挖出几具，移
陈列，借以深刻揭露日本殖民者的暴行，教育广大群众铭记
建设社会主义新中国。

同年3月，春寒料峭，土地尚未完全解冻，我们根据黄大爷提供
情况，从监狱墓地中间开始动土。用铁锹刚挖了几下，就有人惊呼
一个马蹄子，经仔细辨认，原来是人的下颚骨，大伙立刻认
我们挖到40厘米时就发现烂掉的尸骨桶顶，于是便向周围清
除尸骨桶外其余的泥土全部清除掉。这样经过几天后，我们
在不到5米长的土沟里共挖出6具尸骨桶。腐烂的木桶已残缺不全，
箍在木桶外面的3道铁箍也已经锈蚀，但整体形状仍留下明显
拍照后，我们把其中的两具尸骨清理出坑，移到展览馆里复
其余的尸骨桶用土重新掩埋好。

当时在挖掘现场，无意中我们发现每具尸骨桶里都有一个
的大药水瓶，木塞是用蜡封的，里面有一张竖着的纸条，上面
写着死者的姓名。这是我们在发掘过程中发现的唯一的随葬品。
由于年久，瓶内早已进水，纸条腐烂，大多已变成空瓶。

17/04/2012 17:52

뤼순감옥묘지 변천 연구

저우샹링(周祥令) · 저우아이민(周爱民)

1894년 청일전쟁 전, 뤼순에서 주둔하고 지킨 청나라 군대인 의군(毅军)총병(总兵) 마위쿤(马玉昆)의 병영 주둔지는 뤼순군항(旅顺军港)의 동북쪽(현재의 뤼순중학교 위치)에 있는데, 현지 주민들은 '마잉(马营)'이라고 불렀다. '마잉'의 뒤쪽은 울퉁불퉁한 언덕이어서 '마잉허우(马营后)'라고 불린다. 오늘날 '마잉허우'의 황량한 땅에는 황초가 무성하게 자라고, 자연적으로 자라는 많은 나무가 생기를 더해준다. 다롄시(大连市) 문화재관리위원회는 2001년 1월에 '마잉허우'에 '전국중점문화재보호단위 뤼순일아감옥 구지 묘지'를 전면에 새긴 화강암 비석으로 만든 보호 표지를 세웠다.

왜 '마잉허우'에 이런 보호 표지를 세워야 할까. '마잉허우'의 야산에는 어떤 비밀이 묻혀 있을까. 원래 이곳은 살인마굴이었던 뤼순일아감옥 묘지의 옛터(구지)이다. 해방 전 뤼순일아감옥에서 희생된 수많은 항일지사들과 일제의 박해로 숨진 애국 동포와 무고한 백성들이 묻혀 있었다. 당시 그들은 민족의 존엄을 지키기 위해 감옥에 갇혀 불변한 무정한 마음(적심(赤心))으로 "중화 소비에트를 세워라, 죽음의 유감이 없다."(지셔우시엔(纪守先) 열사 옥중사 '만강홍(滿江紅)'의 끝 구절)의 대무위(大无畏, 조금도 두려워하지 않은) 정신으로 후세 사람들을 격려하여 항일전쟁과 세계 반파시즘전쟁의 위대한 승리를 거두었다.

뤼순일아감옥 묘지 구지는 오늘날 중국 인민들의 고난과 항쟁의 역사적 증명이 되어, "웅대한 뜻이 있었기에 많은 희생이 있었으며, 일월에 신천지를 바꾸도록 하겠노라(为有牺牲多壮志，敢叫日月换新天)", 평화의 시대를 살아가는 우리는 지하의 수많은 선열들의 영령을 앞에 두고 무엇을 해야 하는가?

다년간 뤼순일아감옥의 묘지 구지(유적지) 위치와 기타 문제에 대해 여러 가지 답이 있는데, 본고는 그중 일부에 대해, 여러 해 동안의 업무 실천을 바탕으로 졸견과 몇 가지 미숙한 제안을 하였다.

1965년 초, 뤼순커우구(旅顺口区)위원회 홍보부가《사회주의 교육 전시회》를 기획했다. 신구사회의 대비를 보여주기 위해 뤼순일아감옥 묘지의 유골함을 몇 개 파내어 전시관에 전시함으로써 일제의 시민 폭행을 고발하고, 역사를 기억하여 사회주의 신중국을 건설할 수 있도록 교육하기로 했다.

같은 해 3월 이른 봄, 추위에 살이 에이고 땅이 아직 얼어 있는 상태인데, 황씨 할아버지가 제공한 정보에 따라 뤼순일아감옥 묘지 한가운데서부터 파기 시작했다. 삽으로 몇 번 파자마자 누군가가 말발굽 하나를 발견했다고 깜짝 놀라 소리쳤다. 자세히 알아보니 사람의 턱뼈였으므로 모두 즉시 진지(숙연)해졌다.

우리가 40㎝까지 파내자 썩은 유골함 꼭대기가 발견돼 주변으로 (미상)층을 치우고 유골함을 제외한 나머지 흙을 모두 제거했다. 그렇게 며칠이 지나자 5m가 채 안 되는 땅끝에 유골함 6개가 파여 있었다. 썩은 나무통은 이미 망가졌고, 나무통 바깥에 둘러쳐져 있던 쇠 띠 3줄도 녹슬었지만 전체적인 형태는 그대로 남아 있었다. 사진을 찍은 뒤 시신 2구는 정리해서 전시관에 옮겨 진열하고 나머지 유골함을 흙으로 다시 묻었다.

당시 발굴현장에서는 무심코 유골함마다 왁스로 봉해진 커다란 브라운색 물병이 있었다. 물병의 코르크 마개는 밀랍으로 봉한 것이고, 안에 세워져 있는 쪽지 하나 있었다. 쪽지에 사망자의 이름이

(미상)으로 쓰여 있었다. 이는 발굴과정에서 발견된 유일한 부장품이었다. (미상), 또 오랜 시간이 지나서 그런지 병에 물이 들어가 종이쪽지가 썩어 대부분은 빈 병이 되어있었다.

5. 기획 기사

1) 뤼순일아감옥구지 공동묘지의 과거와 현재(다롄일보 / 2012.03.03)

〈다롄일보〉의 2012년 3월 3일자 기사에 뤼순 사지(史志) 향토 연구자 리화쟈(李华家)가 〈뤼순일아감옥구지 공동묘지의 과거와 현재〉[122]라는 제목으로 작성한 기록이다. 이 자료는 리화쟈에게서 제공받았다. 그 내용에는 뤼순 마잉허우[123](马营后, 마잉허우는 마위쿤(马玉崑, 미상~1908년 추정)[124] 장군의 병영을 의미. 마위쿤 장군의 병영은 현재 뤼순중학교를 의미하는데 통상 '마잉허우'라고 하면, 뤼순일아감옥구지 박물관의 뤼순 옛터 공동묘지를 의미한다. 다른 말로 '둥산포'라고도 한다.) 뒤 언덕 아래에, 봉분이 없는 묘지에 대한 역사적 기록과 탐방 조사를 통해 얻은 자료들을 통해 뤼순일아감옥구지 공동묘지의 과거와 현재에 대해 정리한 내용이 기록되어 있다. 본 책에서는 그 내용과 번역문을 함께 제시했다.

122 〈大连日报〉, 2012년 3월 3일자 기사, "旅顺监狱旧地墓地的前世今生"

123 마영후

124 마옥곤(馬玉崑) 장군은 청나라말 시기 뤼순의 장군

· 〈旅顺监狱旧地墓地的前世今生〉(뤼순일아감옥구지 공동묘지의 과거와 현재)(2012.03.03)

· 작성자: 리화쟈(李华家)

旅顺监狱旧址墓地的前世今生

大连日报 2012-03-30 09:22 转播到腾讯微博

■旅顺史志研究者 李华家

2001 年 1 月，在墓地里立起的"旅顺监狱旧址墓地，国家重点文物保护单位"石碑。

旅顺监狱旧址墓地概貌。

1965 年，旅顺监狱旧址墓地挖掘现场照片。

1965 年，从旅顺监狱旧址墓地挖掘出的尸骨和尸骨桶。

散落在墓地里水泥碑和碎石。

在旅顺马营后的山坡下，有一片没有坟头的墓地。2001 年 1 月，大连市文物管理委员会在墓地里立起"旅顺监狱旧址墓地，国家重点文物保护单位"的石碑。虽然是国家级文物保护单位，却很少有人知道这是一片保护地，更不清楚保护的具体范围。这片墓地究竟掩埋了多少爱国同胞、抗日志士和无辜百姓，至今没有确切的数字，成为不解之谜。

档案烧毁，墓地成未解之谜

1902 年，沙俄统治者在元宝房修建了一座半成品监狱。1905 年，日本人在此基础上大规模扩建，1907 年 10 月 20 日正式启用。位于监狱东约 1 公里处的三亩荒野，用作监狱墓地。

墓地分为临时墓地和合葬墓。坟地里掘有 5 条不足百米长的深沟就是临时墓地。沟里摆放桶棺，在桶内放置一个装着一绺写着死者名字纸条的小玻璃瓶，就是随葬物品。如果尸体无人认领，待临时墓地葬满后，在附近挖掘一个大深坑，将尸骨掘出集中合葬，即合葬墓。

这片墓地使用时间长达 38 年之久。38 年中这里共掩埋了多少人的尸骨，没有确切数字；在这里掩埋的是什么人，没有详细记载，成为不解的谜团。制造这个谜团的罪魁祸首就是旅顺刑务所最后一任刑务所长——田子仁郎。

1945 年 8 月 15 日，日本天皇宣告无条件投降。当天，田子仁郎为了毁灭罪证，竟然私自下令将一切重要档案全部烧毁。而这些被烧毁的档案中就包括被关押、处死、病死"犯人"的档案材料。由于这一把火将摧残杀害中国人的罪行材料化为灰烬，给后人研究监狱和墓地真实情况带来了极大困难。

抗日放火团、地下情报人员等英烈长眠于此

在对墓地的调查采访中，家住上沟一个姓慕的老人说，小时候他经常看见有人从大狱那个方向抬着木桶向墓地走去，后边还跟着两个拿枪的看守。有一次他看见抬着的木桶竟然往外滴血水，感到非常恐惧，估计人是被打死的。

据田子仁郎在抚顺战犯管理所交代："在我任职旅顺刑务所长期间，在押的被关押者中 1 年有 100 余名死亡者。对违反所谓'监规'者，我命令看守人员采用罚饭、浇凉水、关暗室、鞭笞、戴脚镣手铐等刑罚。死后的尸体是我命令埋在旅顺刑务所的墓地里。"在田子仁郎的授意下，1944 年秋天，刑务所主任看守佐佐木将监押的一名中国平民用木棒活活打死。所以经常看见往坟地抬装尸体的木桶就不足为奇了。

年近 80 岁的葛乐同老人告诉我，上世纪 60 年代中期，他在旅顺国营照相馆工作，一天单位领导安排他去马营后监狱墓地照相。来到墓地后，他看见文物部门正在进行现场挖掘，挖了一条 5~6 米长，近半米深的沟，露出的桶棺是一个挨着一个。桶棺直径约 0.5 米，高 1 米。

1931 年"九·一八"事变后，大连抗日放火团以日本军需品物资为重点，共进行 57 次爆炸放火。日本殖民当局疯狂镇压抗日组织，当时旅顺监狱的在押人数已超过 2000 人，被绞杀和迫害致死者也与日俱增。1940 年 12 月 9 日、10 日两天，大连抗日放火团纪守先等 9 人被绞杀。

1941 年，太平洋战争爆发后，日军很快陷入绝境，在旅顺监狱进行疯狂屠杀。根据敌伪资料的不完全统计，仅 1942 年到 1945 年 8 月，就有 700 多人被绞杀或迫害致死。

1945 年 8 月 16 日，日本天皇宣布投降的第二天，监狱外已响起欢庆解放的锣鼓。监狱中不经审判就匆忙绞杀了抗日地下情报人员刘逢川、何汉清等 5 人。

墓地里，至今还卧着一块条形水泥碑，上面刻着"南无阿弥陀佛"6 个字。碑和字浑然一体，没有雕刻的刀痕，感觉像是铸制的。这块碑究竟是何人所立，已无从考证，就其风格感觉是个外来品。也许是一种巧合，1956 年田子仁郎被中国政府特赦遣返日本后，皈依佛门，烧香拜佛，在一个海滨小村默默度过晚年。"南无阿弥陀佛"能赎清对中国人犯下的滔天罪行吗？

墓地几次变更，面积不断缩小

上世纪 60 年代初，一个姓王的老人将坟地里一趟趟的小坟包平掉，种植粮食作物。1973 年留城的知青组织集体劳动，在坟地里栽种桃树。当时栽树的负责人叫于元春，据他回忆，在挖树坑的时候，男子刨镐，女子铲土，有时一镐下去，就会把头骨刨出来。当时挖出了很多骷髅，还有上肢骨头和腐烂的木板。树坑回填的时候又把挖出的骨头埋了进去。由于坟地是熟土，后来水蜜桃结得特别大。

前期的平坟种地、栽树，只是对地表有所损坏，并没有改变墓地整体形状。

2001 年，坟地西南边进行房屋开发，迁走了后山上大量散坟，楼房没有占用监狱墓地。但是车库靠北边一趟根据山势走向来看，猜测应该占用了监狱墓地。后来，终于被证实了。当年在工地负责水暖安装、家住启新街的孙师傅说，在前面小广场挖出了一块大石碑和棺木；车库紧靠山下那一趟，特别是西南角，挖出了很多尸骨，埋在东边车库后面的沟里——这应该就是当年坟地里作为临时墓地的长沟。

建车库占用了小部分坟地，改变了坟地的形状。当时墓地里如果有一块醒目的石碑，界定坟地保护范围，或者有栏杆圈定，恐怕就可以避免这种人为的破坏了。

2008 年，墓地前边又开始了新一轮开发。6 月的一天，工地上突然响起了鞭炮声。按常规开工和封顶才会燃放鞭炮，很少有中途放鞭炮的。附近居民感到奇怪，就跑去看光景。原来是因为在深坑底部挖出了集中掩埋的大量尸骨，施工人员感到不吉利而燃放鞭炮。这次挖掘，意外地证实了墓地里确实存在合葬墓。

主体工程结束后，负责绿化的施工队开始砌周边的围墙，挖掘机将场地清理出来之后，几个庄河来的瓦工在坟地边上垒墙。那墙高出地面近 1 米，同坟地地面持平。一个工人告诉我，他看见木桶烂得只剩下一个轮廓了。

这次施工又一次缩小了坟地的面积，再次改变了坟地的形状。

本版摄影/李华家 本报记者 陈大祥

部分资料图片由旅顺监狱旧址博物馆提供

我们不需要四处寻找，英雄们就长眠在这片坟地里，至少已知的抗日放火团先烈就有：纪守先、邱世显、邹立升、于守安、高绪楨、孙文凯等 12 人，地下情报人员刘逢川、何汉清等。

旅顺是一个不乏碑塔的地方，但这里更应该建一座纪念碑，把抗日英雄们的事迹和英雄的名字刻上去，告诉我们的后人，这里曾经发生过什么。

뤼순일아감옥구지 공동묘지의 과거와 현재

다롄일보(大连日报) 2012년 3월 30일 00:22

뤼순사지(史志) 연구자 리화자(李华家)

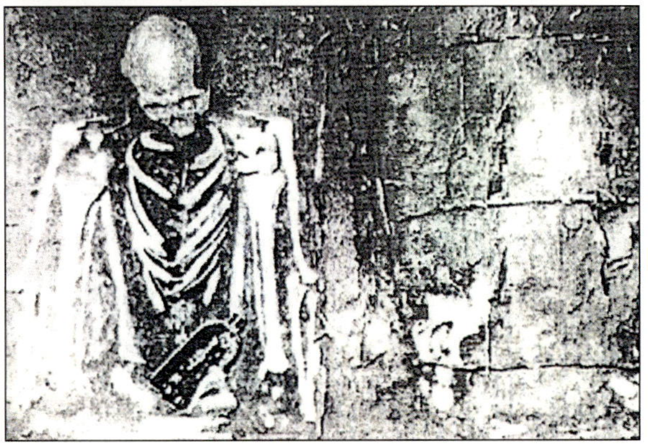

1	2
3	4
5	

1. 2001년1월, 공동묘지에서 세운 '뤼순일아감옥구지 공동묘지, 전국 중점 문화재 보호 단위' 비석
2. 뤼순일아감옥구지 공동묘지 개황
3. 1965년 뤼순일아감옥구지 발굴현장 사진
4. 1965년 뤼순일아감옥구지 공동묘지에서 발굴된 유골과 유골을 담은 통
5. 묘지에 흩어져 있는 비석과 자갈

뤼순 마잉(马营) 뒤 언덕 아래에, 봉분이 없는 묘지가 있다. 2001년 1월 다롄(大连)시 문화재 관리 위원회는 묘지에 '뤼순일아감옥구지 묘지, 전국 중점 문화재 보호 단위'라는 비석을 세웠다. 국가 차원의 '문화재 보호 단위'지만 보호지라는 사실을 아는 사람이 별로 없고, 구체적인 보호 범위는 더더욱 모른다. 이 묘지에서 얼마나 많은 애국 동포와 항일지사, 무고한 백성들이 묻혀 있는지 정확한 숫자가 없어 풀 수 없는 수수께끼로 남아 있다.

기록물이 소각되어, 묘지는 풀 수 없는 수수께끼로 남았다.

1902년 제정러시아 통치자들은 위안바오팡(元宝坊)에서 반제품 감옥을 건설했다. 1905년 이를 바탕으로 일본인들이 이를 증축하여 1907년 10월 20일 정식으로 사용하였다. 감옥 동쪽으로 약 1㎞ 떨어진 황야 3무(亩, 중국식 토지 면적의 단위, 1무=666.6m²) 황지에 위치하고 감옥묘지로 활용되고 있다.

묘지는 임시묘지와 합장묘로 나뉘었다. 묘지에 백 미터도 채 안 되는 깊은 골짜기가 다섯 개나 있는 것이 임시묘지다. 골짜기에 나무통관을 놓고 그 안에 죽은 사람의 이름을 적은 종이쪽지가 담긴 작은 유리병을 넣었는데, 이것이 바로 부장품이었다. 시신을 아무도 찾지 않거나 임시묘지에 빈자리가 없으면 근처에 큰 구덩이를 파고, 임시묘지에 있는 시신을 다 모아서 집합적으로 합장하는 즉 합장묘였다.

이 묘지는 38년 동안 사용되었다. 38년 동안 얼마나 많은 사람의 시신을 묻었는지 정확한 숫자는 없으며, 이곳에 묻은 사람이 누구인지는 자세히 기록되어 있지 않아 풀 수 없는 미스터리가 되었다. 이 수수께끼를 만든 원흉은 바로 뤼순형무소의 마지막 형무소장인 다고 지로(田子仁郎)이다.

1945년 8월 15일 일본 천왕은 무조건 항복을 선언했다. 이날 다고 지로는 죄증을 인멸하기 위해 불법적으로 중요 기록물을 모두 불태우라고 명령했다. 소각한 기록물 중에는 수감·처형·병사한 '범인'의 기록물도 포함돼 있다. 이 불로 일본 제국이 중국인을 살해, 박해하는 범죄증거들 다 잿더미로 변하여 후세 사람들이 감옥과 묘지의 진실된 상황을 연구하는 데 큰 어려움을 겪었다.

묘지 조사 인터뷰를 할 때 상거우(上沟)에 사는 모(慕)씨 노인은 어린 시절 감옥 쪽에서 나무통을 들고 묘지 쪽으로 걸어가는 사람을 자주 봤고, 총을 든 간수 두 명이 뒤따랐다고 말했다. 한번은 들고 있던 나무통에서 핏물이 뚝뚝 떨어지는 것을 보고 끔찍하게 죽였는데, 사람을 때려죽인 것이라는 추측이 된다.

다고 지로(田子仁郎)는 푸순(抚顺) 전범관리소에서 자백을 했는데, 그는 "내가 뤼순형무소장으로 재직할 때 수감된 수감자 중 1년에 100여 명이 사망했다. 소위 '감옥 규칙'을 어긴 자에게는 밥을 안 주기, 찬물 붓기, 암실 가두기, 채찍질하기, 족쇄와 수갑을 차기 등의 형벌을 명령했다. 사후 시신은 내가 뤼순형무소 묘지에 묻으라고 명령했다"라고 말했다. 다고 지로(田子仁郎)의 지시로 1944년 가을 형무소 주임간수 사사키(佐佐木)가 수감 중이던 한 중국 백성을 몽둥이로 살아 있는 사람을 때려죽였다. 그래서 시체를 담은 나무통을 묘지로 옮기는 것을 자주 볼 수 있는 것도 이상할 게 전혀 없었다.

80세가 다 된 거러퉁(葛乐同) 노인은 1960년대 중반 뤼순국영사진관에서 일했는데, 어느 날 하루, 윗사람이 마잉(马营) 뒤 감옥 묘지에 가서 사진을 찍도록 주선했다고 말했다. 묘지로 찾아온 그는 문화재보호단위(기관)가 현장 발굴을 진행하면서 길이 5~6m, 깊이 0.5m 가까운 도랑을 파는데 나무통관들이 드러나 하나둘씩 붙어 있었다는 것을 보았다. 나무통관은 직경 0.5m, 높이 1m 정도 된다고 말했다.

다롄 항일방화단(抗日放火团)은 1931년 만주사변(9.18사변) 이후, 일본 군수품 물자를 목표로 57차례 폭발 방화를 했다. 당시 일제는 항일조직을 미친 듯이 탄압했고, 뤼순일아감옥의 재소자 수는 2000명이나 넘었고, 교살·박해한 사망자도 급증했다. 1940년 12월 9일과 10일 이틀 동안 다롄(大连) 항일방화단(抗日放火团) 지서우시엔(紀守先) 등 9명이 앞뒤로 교살되었다.

1941년 태평양전쟁이 발발하자, 일군은 바로 궁지에 몰려 뤼순감옥에서 학살을 자행했다. 일본 침략군과 그와 결탁한 괴뢰 정권의 불완전한 통계에 따르면 1942년부터 1945년 8월까지만 700여 명이 교살 또는 박해로 사망했다.

1945년 8월 16일, 일본 천왕이 항복을 선언한 다음 날, 감옥 밖에서는 해방을 축하하는 꽹과리가 울려 퍼졌다. 감옥 내에서는 항일 지하정보요원 류펑촨(刘逢川), 허한칭(何汉清) 등 5명을 재판 없이 교살했다.

묘지에는 지금도 '남무아미타불(南无阿弥陀佛)'이라는 글자가 새겨진 막대 모양이나 시멘트로 만든 비석이 누워 있다. 비석과 글자가 혼연일체가 되어있고, 조각한 흔적은 없었다. 이 비석이 도대체 누가 세운 것인지, 더 이상 고증할 수 없고, 스타일만 보면 외래품일 수도 있다. 우연의 일치인지 1956년 다고 지로(田子仁郎)는 중국 정부에 의해 특별 사면되어 일본에 송환된 뒤 불문(불교)에 귀의해 향을 피우고 부처님께 절을 하며 한 바닷가 마을에서 묵묵히 노년을 보냈다. '남무아미타불'로 중국인에게 저지른 도도한 죄를 속죄할 수 있을까.

묘지가 몇 차례 변경되어, 면적이 부단히 축소되었다.

1960년대 초, 한 왕 씨 노인이 묘지의 작은 무덤들을 평평하게 만들고 곡식 작물을 심었다. 1973년 지청조직(知青組織)이 집단 노동을 하면서 묘지에서 복숭아나무를 심었다. 당시 나무를 심은 책임자는 위위안춘(于元春)이라는 사람이고, 그의 회고에 따르면 나무 심기 위해 구덩이를 파는데, 남자는 곡괭이로 여자는 삽질을 하다가 가끔씩 두개골을 빼냈다고 한다. 해골이 많이 파여 있었고 상지골과 썩은 널빤지도 있었다. 나무 심을 때 또 파낸 해골을 다시 묻었다. 묘지의 흙이라서 그쪽 복숭아가 유난히 크다.

앞의(전기)의 평분(平坟)에 농사짓기, 나무 심기는 땅 표지만 훼손되었을 뿐 묘지의 전체적인 형태는 바뀌지 않았다.

2001년, 묘지 남서쪽에서 가옥 개발이 이뤄져 뒷산에 흩어져 있는 무덤을 많이 옮겼다. 건물들은 감옥묘지를 점유하지는 않았다. 그러나 차고가 북쪽이고, 산세와 방향과 결합해서 보면 감옥묘지를 점유했을 것으로 추정된다. 결국 치신가(启新街)에서 살고 당시 공사장에서 난방설치를 담당하는 순 씨(孙师傅)에 따르면, 앞쪽 작은 광장에서 큰 비석 하나와 관을 파냈고, 차고는 산 아래쪽, 특히 서남쪽 모서리에 붙어 있는 쪽에 해골을 많이 파내 동쪽 차고 뒤의 도랑에 묻었다고 증언했다. 이 도랑은 바로 당시 임시묘지로 사용했던 골짜기라고 추측한다.

차고를 만들기 위해 묘지의 일부를 점유해 묘지의 형태를 바꾼 것이다. 당시 묘지에 눈에 뜨이는 비석 하나라도 있거나, 묘지 보호 범위를 정하거나, 난간을 둘러놓았다면, 이런 인위적인 훼손을 막을 수 있었을 것이다.

2008년, 묘지 앞에는 또 다른 개발이 시작됐다. 6월 어느 날, 갑자기 공사장에서 폭죽 소리가 났다. 통상적으로 시작하거나 끝날 때만 폭죽이 터지는데 중간에 폭죽을 터뜨리는 경우는 드물다. 인근 주민들은 이상하게 여겨 상황을 보러 달려갔다. 깊은 구덩이 밑바닥에 집중 매장된 시신을 대량으로 파내자 공사자들이 불길함을 느껴 폭죽을 터뜨린 것이다. 이번 발굴로 묘지에 합장묘가 존재한다는 사실이 의외로 확인됐다.

본 공사가 끝나자 녹화를 담당하는 공사팀은 주변 담장을 쌓기 시작했다. 굴착기가 공간을 치운 뒤 몇 명의 좡허(庄河)에서 온 기와공이 묘지 가장자리에 담을 쌓았다. 그 벽은 땅보다 1미터 가까이 높아서 무덤의 바닥과 비슷하다. 한 노동자는 그 나무통이 썩어서 윤곽만 남았다고 말했다.

이번 공사로 또 한 번 묘지의 면적이 축소되고, 또다시 분묘의 형태를 바꾸게 되었다.

촬영/리화쟈(李华家) 기자/천다샹(陈大祥)

일부 자료와 사진은 뤼순일아감옥구지 박물관에서 제공하였다.

여기저기 찾아 헤맬 필요가 없다. 우리의 민족 영웅들은 바로 이 묘지에서 잠들어 있었고, 적어도 이미 알려진 항일방화단 선열은 지셔우시엔(紀守先), 츄스시엔(邱世顯), 저우리셩(邹立升), 딩셔우안(丁守安), 가오시선(高西愼), 쑨원카이(孫文凱) 등 12명과 지하정보요원 류펑촨(劉峰川), 허한칭(何漢淸) 등이 있다.

뤼순은 비석과 기념탑이 상당히 많은 곳이지만, 항일영웅들의 행적과 영웅의 이름을 새긴 기념비를 세워 후손들에게 이곳에서 어떤 일이 있었는지 알려줄 필요가 있다.

6. 지도

뤼순 지도는 연도별 뤼순감옥 주변 지도, 1911년 뤼순감옥 상수도 도면, 1918년 뤼순 근교, 1956년 측정 지도로 나누어서 제시했다. 뤼순 지도는 뤼순일아감옥구지 박물관에서 제공받았는데 그중 1956년 측정 지도는 전 뤼순수장가 협회장 서가회에서 제공받았다. 본 책에서는 그 지도 자료와 번역문을 함께 제시했다. 1911년 뤼순감옥 상수도 도면은 관동도독부 감옥서 당시의 모습을 보여주고, 안중근 의사 사형장을 확정(2000년 5월)하는 데에 결정적 역할을 하였다. 1918년과 1956년의 지도에서 고무래정(丁)을 뒤집어 놓은 모습에 주목해야 한다. 바로 묘지 표기이다. 특히 1956년 지도는 뤼순감옥 주변을 구체적으로 보여주는 중요한 지도이다.

· 1911년 뤼순감옥 상수도 도면

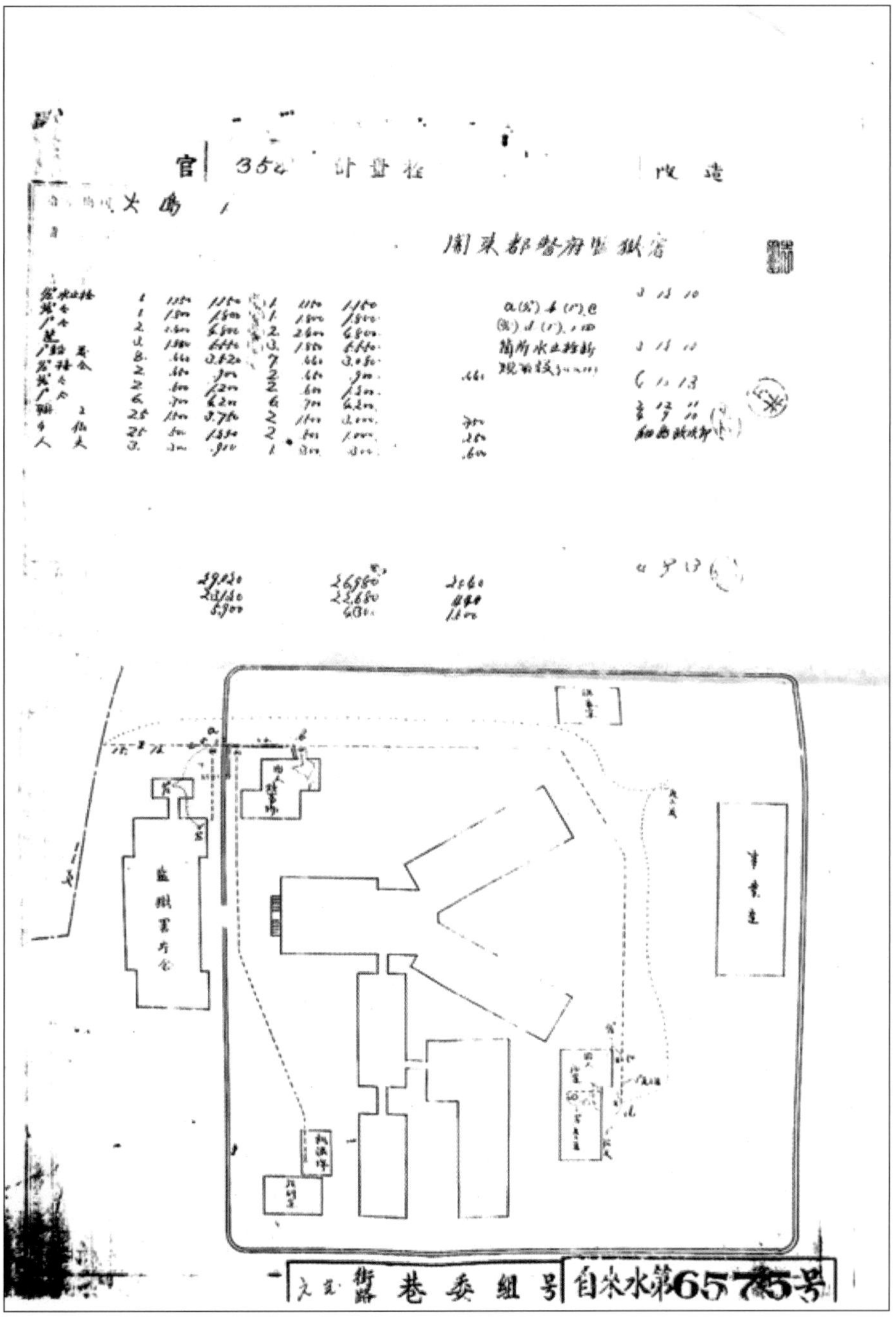

(미상)관 35(미상)

화도 관동도독부 감옥서

왼쪽 건물: 감옥서(미상)

(미상)길 항 위원회 조 호 수돗물 제6575호

· 1918년 뤼순 근교 지도

· 1956년 측정 지도

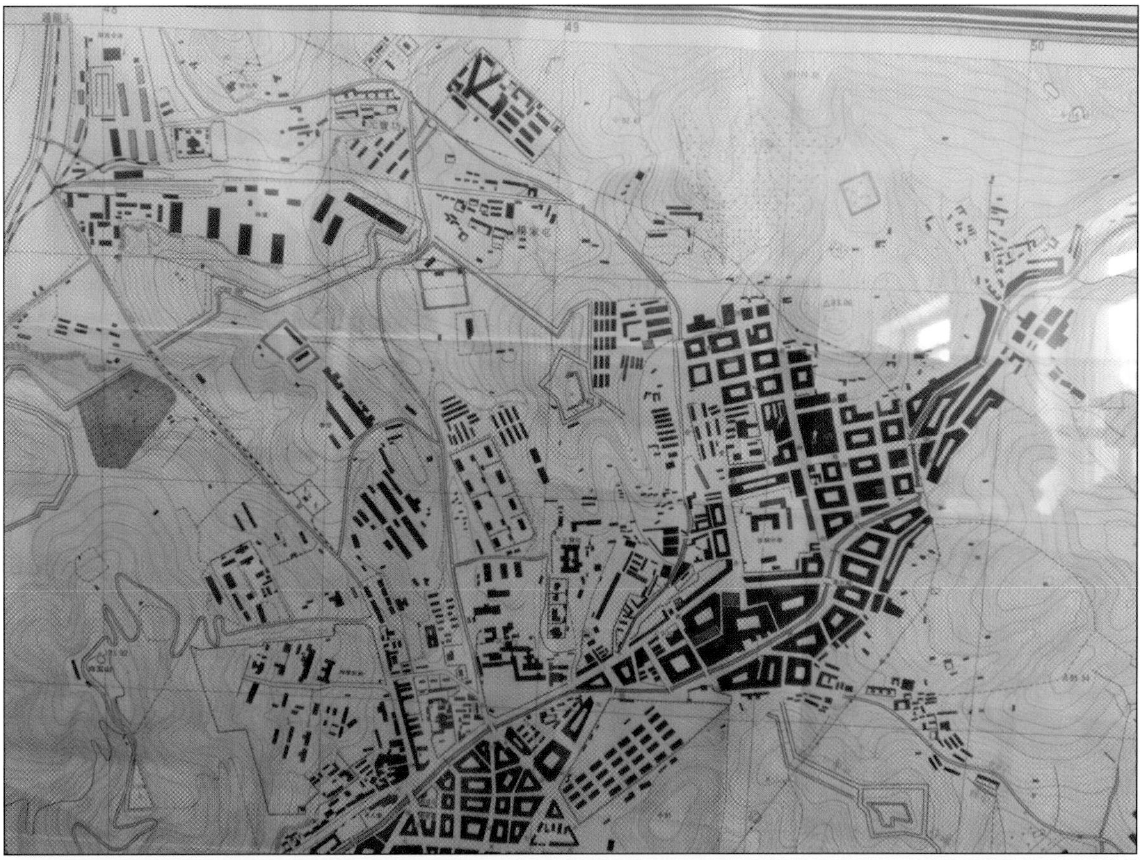

49
110.20
52.67
元寶坊
楊家屯
42.86
83.06
62.30

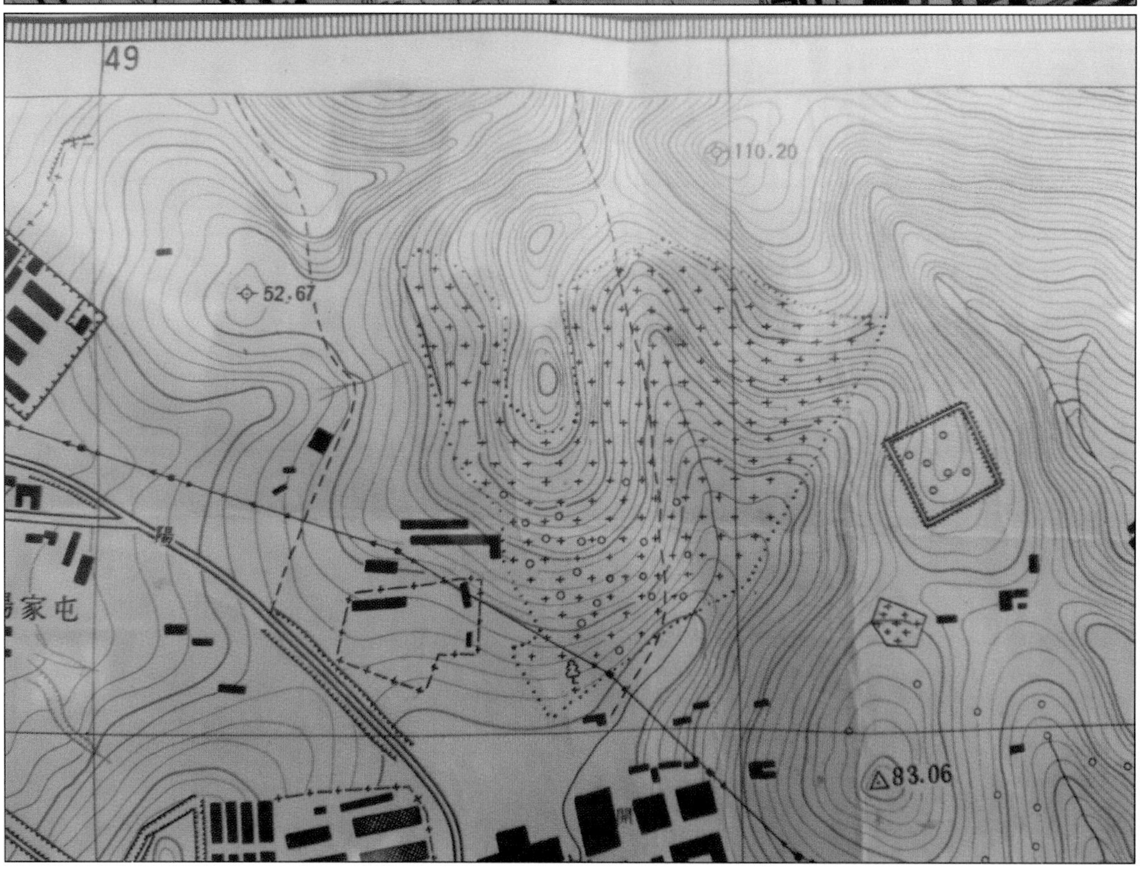
49
110.20
52.67
陽
楊家屯
83.06

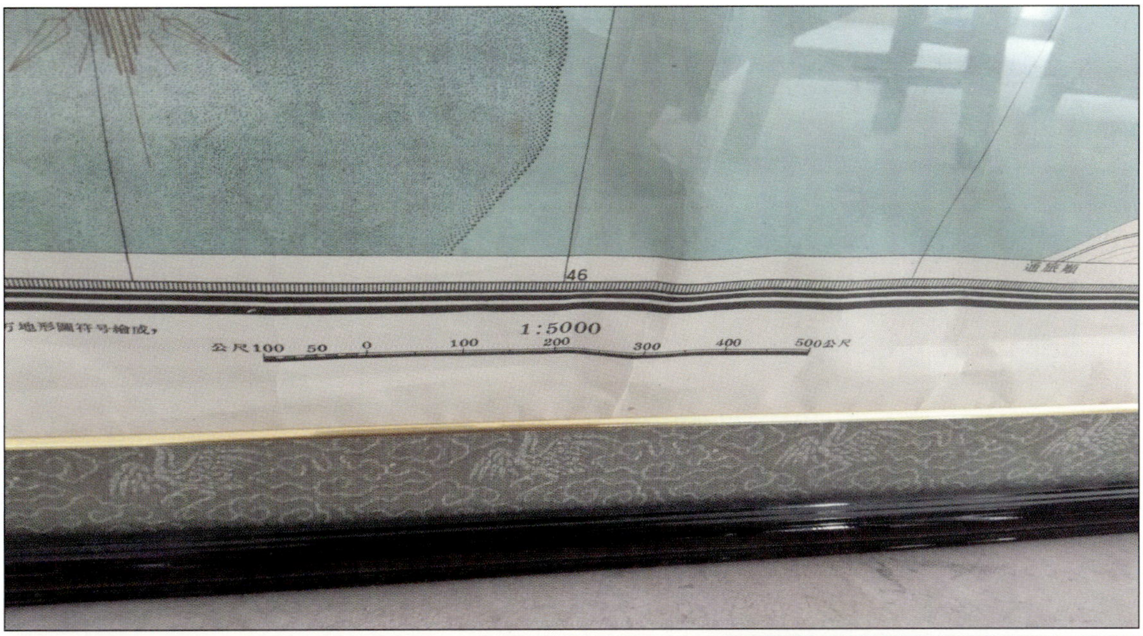

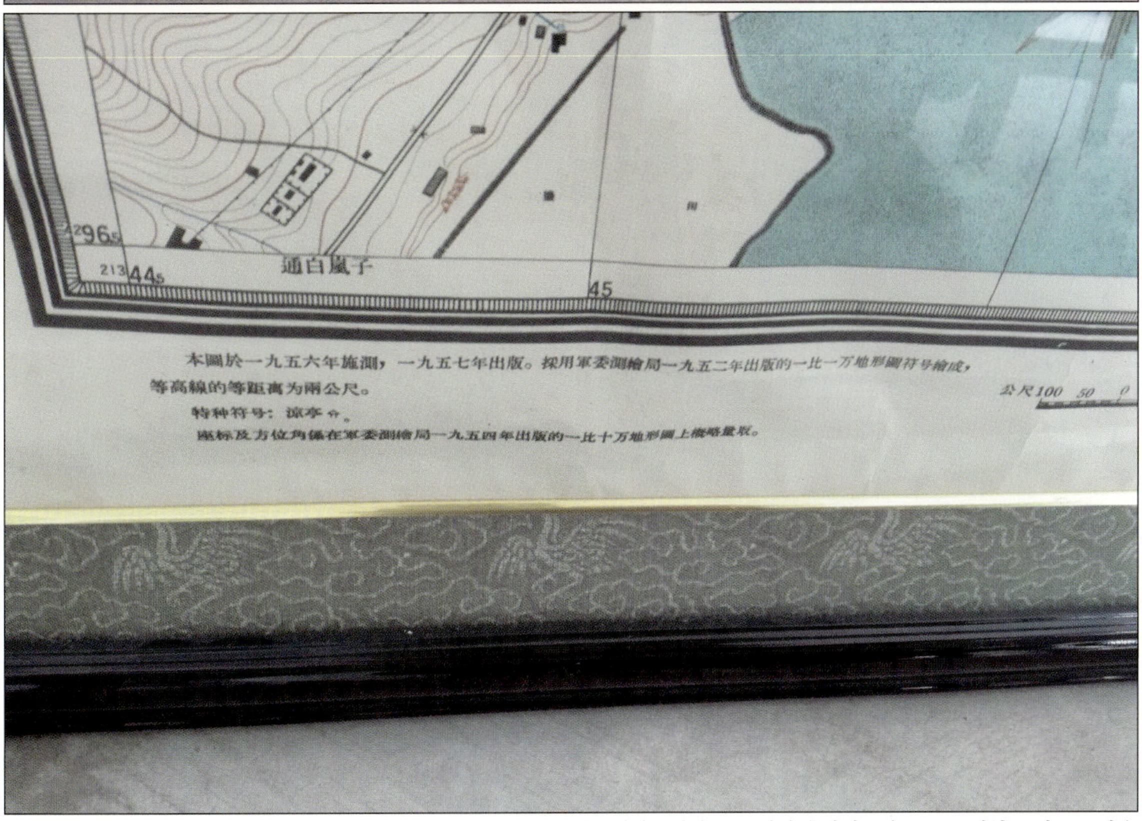

본 지도는 1956년에 측정하여 1957년에 출판되었다. 군사위원회 지도제작국에서 1952년에 출판된 1대 10,000 지형도 기호를 사용하여 그렸는데, 등고선의 등거리는 2미터이다.

특수 부호: 정자

좌표 및 방위각이 군사위원회 지도제작국이 1954년에 출판한 1대 10만 지형도에서 개략적으로 측정하고 사용한 것이다.

· 연도별 뤼순감옥 주변 지도

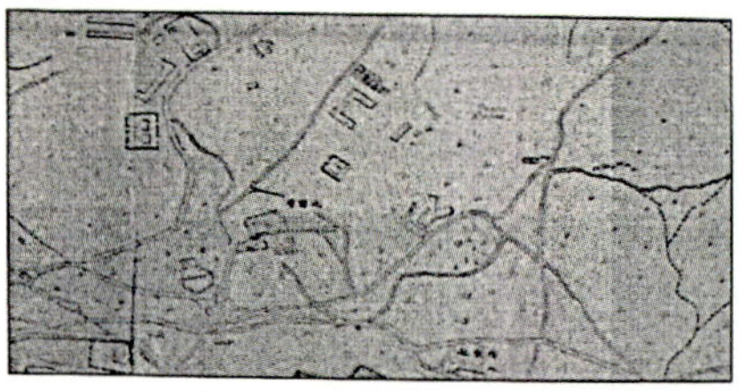

1. 1904年 測圖 推定 迅速地形圖

2. 1905年 測圖 地形圖

- 32 -

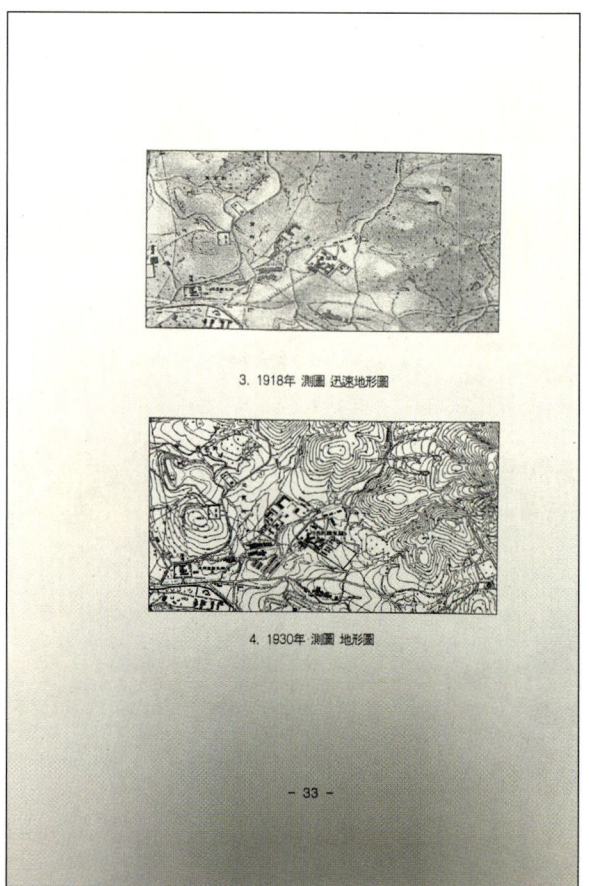

3. 1918年 測圖 迅速地形圖

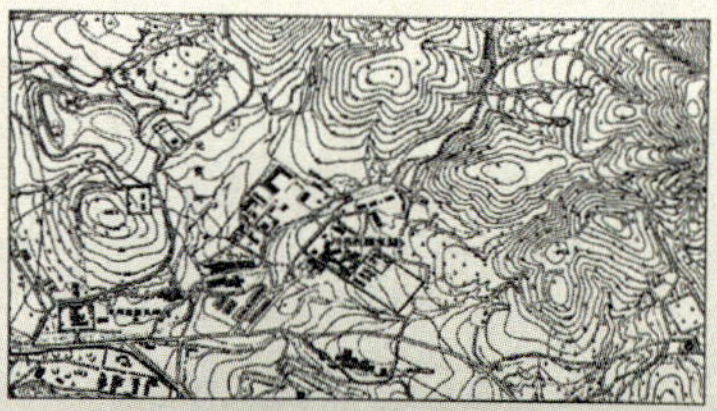

4. 1930年 測圖 地形圖

- 33 -

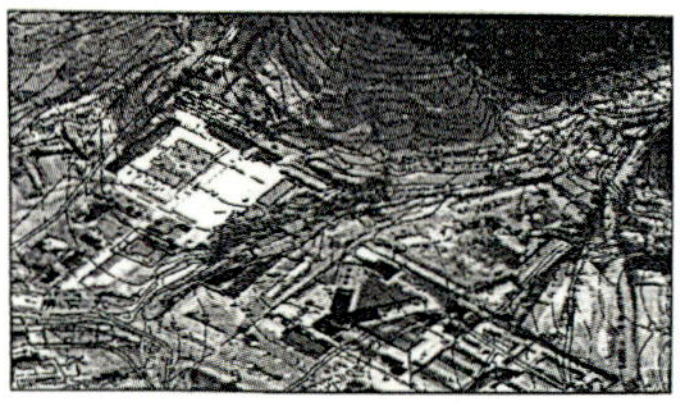

5. 위성사진과 1905년도 지형도와의 합성

지도에 표시된 붉은 선은 2008년 안중근의사 유해발굴지의 범위이고 ● 는 50mm 평면카메라로 원보산을 촬영한 지점으로 이마이 후사코가 제공한 재감자추모회 사진을 촬영한 지점과 같은 지점으로 추정된다.

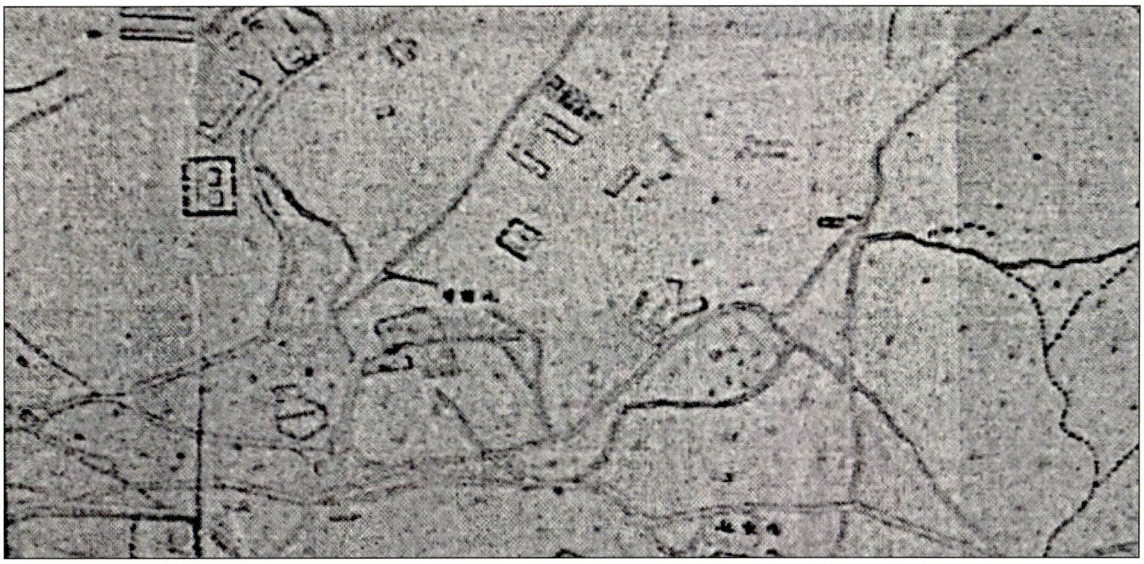
1904년 측도 추정 신속지형도

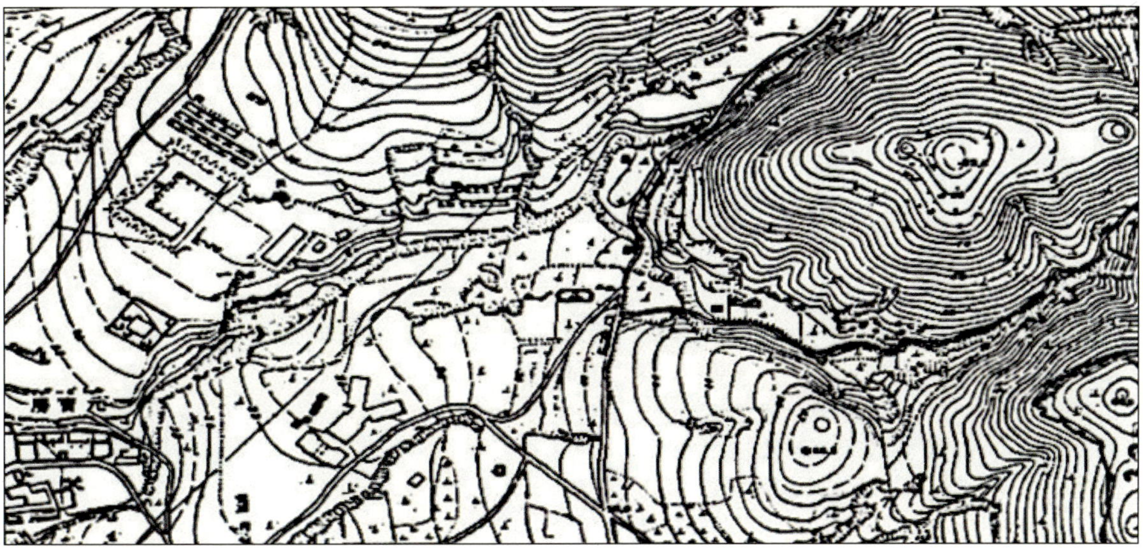
1905년 측도 지형도

1918년 측도 추정 신속지형도

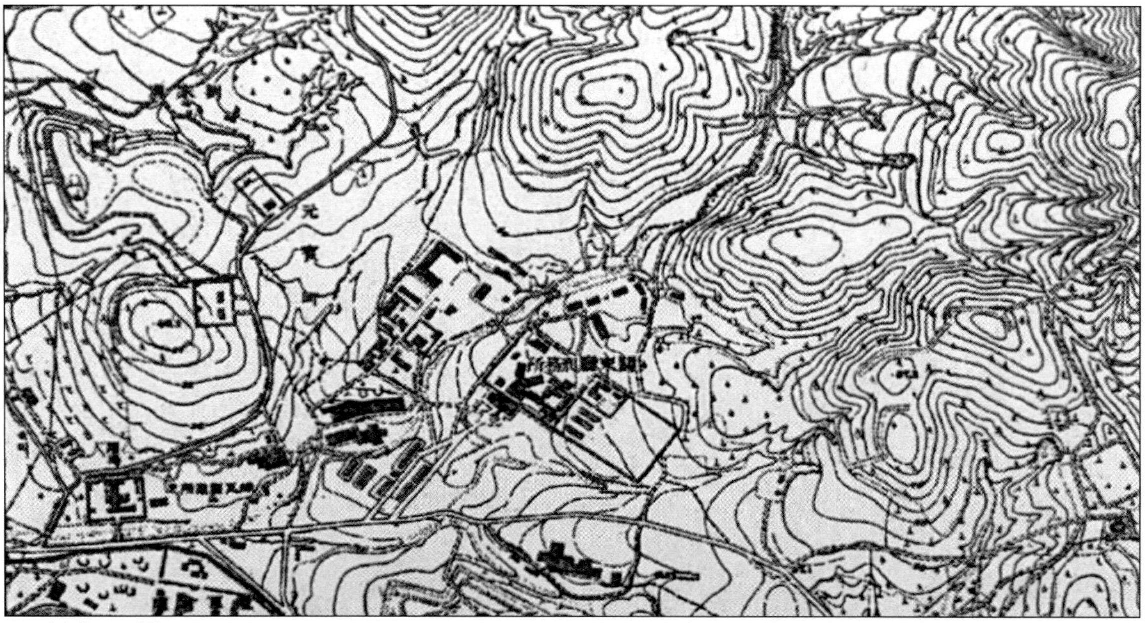

1930년 측도 지형도

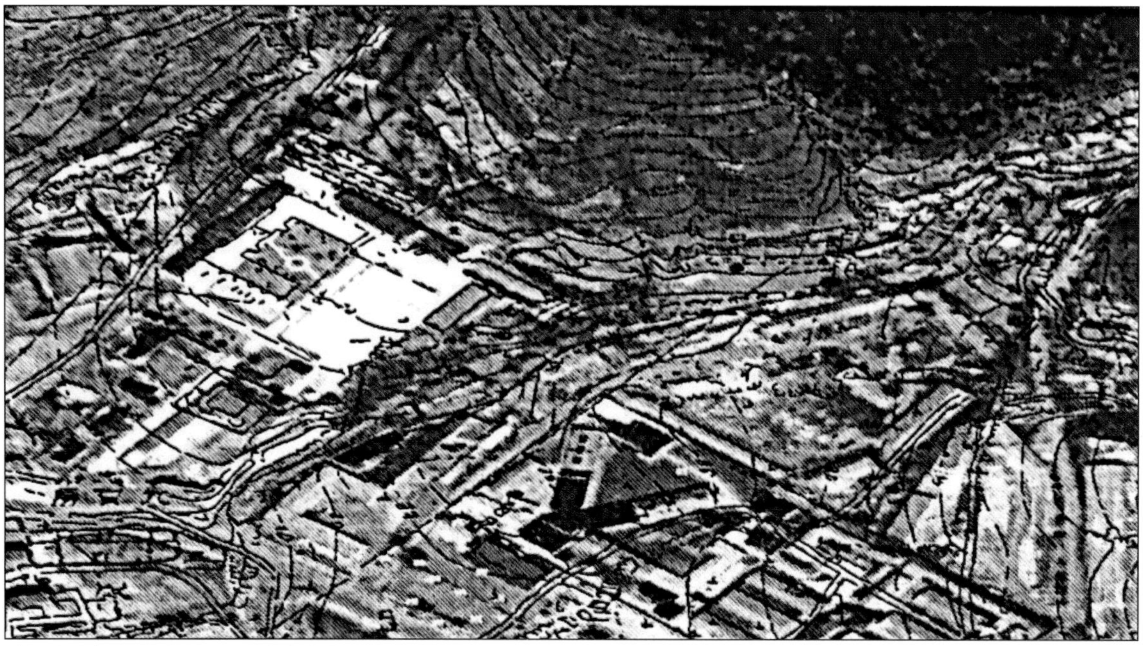

위성사진과 1905년도 지형도와의 합성

지도에 표시된 붉은 선은 2008년 안중근 의사 유해 발굴지의 범위이고 ●는 50mm 평면카메라로 위안바오산[125]을 촬영한 지점으로 이마이 후사코가 제공한 재감자추모회 사진을 촬영한 지점과 같은 지점으로 추정된다.

---

125 원문에는 '원보산'으로 표기.

7. 신상정보

1) 뤼순감옥 근무 중국인 명단

뤼순감옥 근무 중국인 명단 자료는 뤼순일아감옥구지 박물관에서 제공받았다. 이 자료에서는 1968년 뤼순구 사무실《적당안자료, 关于调查敌伪档案下落》(일본강점기 뤼순형무소(日本殖民统治时期旅顺刑务)), 《旅顺刑务中国职员一览表 뤼순형무소 중국 직원 일람표》, 1971년 뤼순감옥구지 진열기획팀 조사기록의 뤼순감옥 근무 중국인 48명의 명단을 제시했다.

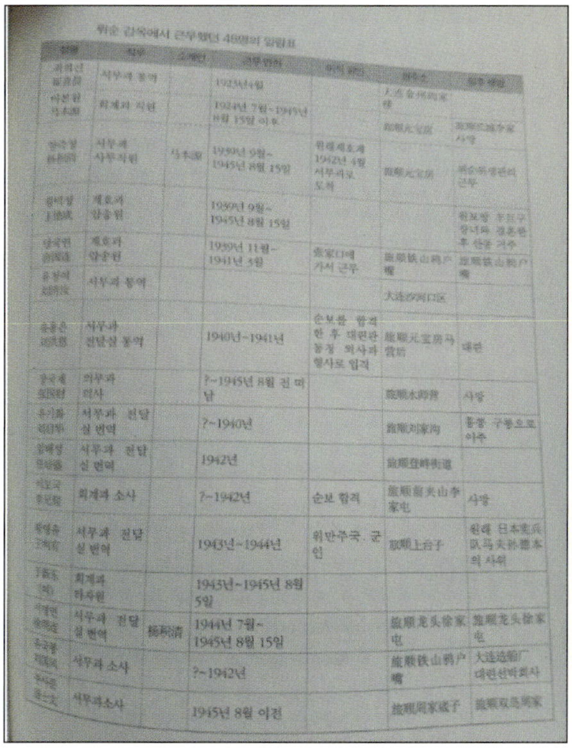
뤼순 감옥에서 근무했던 48명의 일람표

[illegible]	서무과 통역		1923년4월			
[illegible]	회계과 직원		1924년 7월~1945년 8월 15일 이후		[illegible]	
					旅顺元宝房	[illegible] 사망
[illegible]	서무과 사무직원	[illegible]	1939년 9월~1945년 8월 15일	[illegible] 1942년 4월 서무과로 도착	旅顺元宝房	[illegible] 근무
[illegible]	계호과 양송원		1939년 9월~1945년 8월 15일			[illegible] 후 [illegible] 거주
[illegible]	계호과 양송원		1939년 11월~1941년 3월	[illegible]에 가서 근무	旅顺铁山[illegible]	旅顺铁山[illegible]
[illegible]	서무과 통역				大连[illegible]	
[illegible]	서무과 전달실 통역		1940년~1941년	순보를 합격한 후 대련관동청 외사과 형사로 입직	旅顺元宝房[illegible]	대련
[illegible]	의무과 의사		?~1945년 8월 전 떠남		旅顺[illegible]	사망
[illegible]	서무과 전달실 번역		?~1940년		旅顺[illegible]	[illegible] 이주
[illegible]	서무과 전달실 번역		1942년		旅顺[illegible]	
[illegible]	회계과 소사		?~1942년	순보 합격	旅顺[illegible]家屯	사망
[illegible]	서무과 전달실 번역		1943년~1944년	위만주국 군인	旅顺上[illegible]	원래 日本宪兵队[illegible]의 사위
[illegible]	회계과 하사원		1943년~1945년 8월 5일			
[illegible]	서무과 전달실 번역	[illegible]	1944년 7월~1945년 8월 15일		旅顺龙头[illegible]屯	旅顺龙头[illegible]屯
[illegible]	서무과 소사		?~1942년		旅顺铁山[illegible]	大连造船厂 대련선박회사
[illegible]	서무과소사		1945년 8월 이전		旅顺[illegible]	旅顺[illegible]

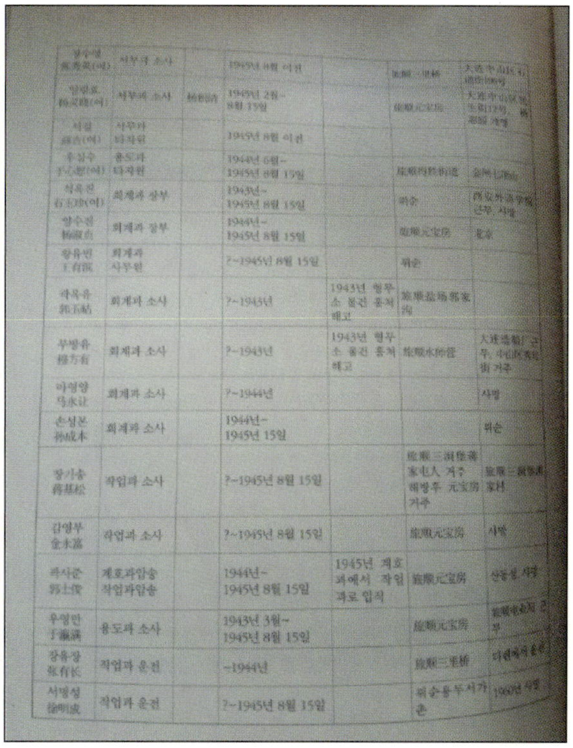

[illegible](여)	서무과 소사		1945년 8월 이전		旅顺[illegible]	大连[illegible]
[illegible](여)	서무과 소사	[illegible]	1945년 2월~8월 15일		旅顺元宝房	大连[illegible]
[illegible](여)	서무과 타자원		1945년 8월 이전			
[illegible](여)	용도과 타자원		1944년 6월~1945년 8월 15일		旅顺[illegible]	[illegible]
[illegible](여)	회계과 장부		1943년~1945년 8월 15일		뤼순	[illegible] 근무, 사망
[illegible]	회계과 장부		1944년~1945년 8월 15일		旅顺元宝房	[illegible]
[illegible]	회계과 사무원		?~1945년 8월 15일		뤼순	
[illegible]	회계과 소사		?~1943년	1943년 형무소 물건 훔쳐 해고	旅顺[illegible]	
[illegible]	회계과 소사		?~1943년	1943년 형무소 물건 훔쳐 해고	旅顺[illegible]	大连[illegible] 근무, [illegible] 거주
[illegible]	회계과 소사		?~1944년			사망
[illegible]	회계과 소사		1944년~1945년 15일			뤼순
[illegible]	작업과 소사		?~1945년 8월 15일		旅顺[illegible] 거주 해방후 元宝房 거주	旅顺[illegible]
[illegible]	작업과 소사		?~1945년 8월 15일		旅顺元宝房	사망
[illegible]	계호과압송 작업과압송		1944년~1945년 8월 15일	1945년 계호과에서 작업과로 입직	旅顺元宝房	[illegible] 사망
[illegible]	용도과 소사		1943년 3월~1945년 8월 15일		旅顺元宝房	[illegible]
[illegible]	작업과 운전		~1944년		旅顺[illegible]	[illegible]
[illegible]	작업과 운전		?~1945년 8월 15일		뤼순[illegible]	[illegible] 사망

본 자료는 1968년 뤼순구 사무실《关于调查敌伪档案下落(적당안자료)》(日本殖民统治时期旅顺刑务(일본강점기뤼순형무소)), 《旅顺刑务中国职员一览表(뤼순형무소중국직원일람표)》와 1971년 뤼순감옥구지 진열기획팀 조사기록이다. 총 48명.

성명	직무	소개인	근무 연한	이직 원인	원주소	향후 행방
추이시천 (崔喜晨)	서무과 통역	-	1923년 4월	-	다롄(大连) 진저우앤쟈로우 (金州阎家楼)	-
마번위안 (马本源)	회계과 직원	-	1924년 7월~ 1945년 8월 15일 이후	-	뤼순(旅顺) 위안바오팡 (元宝房)	뤼순(旅顺) 창청리쟈 (长城李家) 사망
양지칭 (杨积清)	서무과 사무직원	마번위안 (马本源)	1939년 9월~ 1945년 8월 15일	원래 계획으로는 1942년 4월 서무과로 도착	뤼순(旅顺) 위안바오팡 (元宝房)	뤼순(旅顺) 위생관리 근무
왕더청 (王德成)	계호과압송원	-	1939년 9월~ 1945년 8월 15일	-	-	위안바오팡 (元宝房) 펑쥐(丰巨)구 장녀와 결혼 후, 산둥(山东) 거주
당궈롄 (唐国连)	계호과 압송원	-	1939년 11월~ 1941년 3월	장쟈커우 (张家口)에 가서 근무	뤼순(旅顺) 티에샨야후주이 (铁山鸦户嘴)	뤼순(旅顺) 티에샨야후주이 (铁山鸦户嘴)
류칭루 (刘清汝)	서무과 통역	-	-	-	다롄(大连) 사허커우구 (沙河口区)	-
류훙언 (刘洪恩)	서무과 전달실 통역	-	1940년~1941년	순보에 합격한 후 다롄관동청외사과 형사로 입직	뤼순(旅顺) 위안바오팡 마잉허우 (元宝房马营后)	다롄
장궈차이 (张国财)	의무과 의사	-	?~1945년 8월 전 떠남	-	뤼순(旅顺) 슈이스잉(水师营)	사망
류치화 (刘启华)	서무과전달실 번역	-	-	-	뤼순(旅顺) 류쟈거우 (刘家沟)	홍콩(香港) 지우룽(九龙)으로 이주
런페이성 (任培盛)	서무과전달실 번역	-	1942년	-	뤼순(旅顺) 덩펑지에다오 (登峰街道)	-
리숑쥐 (李兄聚)	회계과 소사	-	-	순보 합격	뤼순(旅顺) 첸쟈샨리쟈툰 (前夹山李家屯)	사망
왕밍여우 (王明有)	서무과전달실 번역	-	1943년~1944년	위만주국 군인	뤼순(旅顺) 샹타이즈 (上台子)	원래 일본 헌병대(宪兵队) 마부(马夫) 손득본(孙德本)의 사위
위신둥 (于新东) (여)	회계과 타자원	-	1943년~ 1945년 8월 5일	-	-	-

성명	직무	소개인	근무 연한	이직 원인	원주소	향후 행방
쉬밍롄 (徐明连)	서무과전달실 번역	양지칭 (杨积清)	1944년 7월 ~ 1945년 8월 15일	-	뤼순(旅顺) 룽터우쉬쟈툰 (龙头徐家屯)	뤼순(旅顺) 룽터우쉬쟈툰 (龙头徐家屯)
류궈펑 (刘国风)	서무과소사	-	-	-	뤼순(旅顺) 티에샨야후주이 (铁山鸦户嘴)	大连造船厂 (다롄선박회사)
저우스원 (周士文)	서무과소사	-	1945년 8월 이전	-	뤼순(旅顺) 저우쟈웨이즈 (周家崴子)	뤼순(旅顺) 슈앙다오저우쟈 (双岛周家)
장슈잉 (张秀英) (여)	서무과소사	-	1945년 8월 이전	-	뤼순(旅顺) 싼리교(三里桥)	다롄(大连) 중샨구(中山区) 스다오제 196호 (石道街196号)
양링샤오 (杨灵晓) (여)	서무과소사	양지칭 (杨积清)	1945년 2월 ?~8월 15일	-	뤼순(旅顺) 위안바오팡 (元宝房)	다롄(大连) 중샨구(中山区) 민셩가 12호 (民生街12号), 양후이위안 (杨惠媛)으로 개명
쉬에지 (薛吉) (여)	서무과타자원	-	1945년 8월 이전	-	-	-
위신수 (于心恕) (여)	용도과타자원	-	1944년 6월 ~ 1945년 8월 15일	-	뤼순(旅顺) 더셩가(得胜街道)	진저우(金州) 치딩산(七顶山)
스위전 石玉珍 (여)	회계과 장부	-	1943년~ 1945년 8월 15일	-	뤼순(旅顺)	시안(西安) 외국어학부 (外语学院) 근무, 사망
양수전 (杨淑贞)	회계과 장부	-	1944년~ 1945년 8월 15일	-	뤼순(旅顺) 위안바오팡 (元宝房)	베이징(北京)
왕여우빈 (王有滨)	회계과사무원	-	-	-	뤼순(旅顺)	-
궈위후 (郭玉祜)	회계과소사	-	-	1943년 형무소 물건 절도로 해고	뤼순(旅顺) 옌창궈쟈거우 (盐场郭家沟)	-
무팡여우 (穆方有)	회계과소사	-	-	1943년 형무소 물건 절도로 해고	뤼순(旅顺) 슈이스잉(水师营)	다롄선박회사 (大连造船厂) 근무, 중샨구 시우위에가 (中山区秀月街) 거주
마잉랑 (马永让)	회계과소사	-	-	-	-	사망

성명	직무	소개인	근무 연한	이직 원인	원주소	향후 행방
쑨청번 (孙成本)	회계과소사	-	1944년~ 1945년 8월 15일	-	-	뤼순(旅顺)
장치숭 (蒋基松)	작업과소사	-	-	-	뤼순(旅顺) 싼졘바오쟝쟈툰런 (三涧堡蒋家屯人) 거주, 해방 후, 위안바오팡 (元宝房) 거주	뤼순(旅顺) 싼졘바오공쟈촌 (三涧堡洪家村)
진영푸 (金永富)	작업과소사	-	-	-	뤼순(旅顺) 위안바오팡 (元宝房)	사망
궈스쥔 (郭士俊)	계호과압송 작업과압송	-	1944년~ 1945년 8월 15일	1945년 계호과에서 작업과로 입직	뤼순(旅顺) 위안바오팡 (元宝房)	산둥성(山东省), 사망
위잉만 (于瀛满)	용도과소사	-	1943년 3월 ~ 1945년 8월 15일	-	뤼순(旅顺) 위안바오팡 (元宝房)	뤼순(旅顺) 전력청(电业局) 근무
장여우창 (张有长)	작업과운전	-	?~1944년	-	뤼순(旅顺) 싼리교(三里桥)	다롄(大连)에서 운전
쉬밍청 (徐明成)	작업과운전	-	-	-	뤼순(旅顺) 룽터우쉬쟈툰 (龙头徐家屯)	1960년 사망

2) 마번위안과 마홍푸

마번위안(马本源)과 마홍푸(马本源)에 대한 자료는 마번위안과 마홍푸를 탐방 조사한 기록 자료이다. 두 사람의 자료를 각각 '마번위안의 진술 기록'과 '마홍푸 관련 기록'으로 나눠 제시했다.

마번위안은 1924년 7월부터 1945년 8월까지 뤼순감옥에서 사무원 신분으로 근무했다. '마번위안의 진술 기록'은 뤼순일아감옥구지 박물관에서 제공받은 《旅顺日俄监狱实录》[126]에 실린 자료를 번역본과 함께 제시했다.

마홍푸(马宏福)는 마번위안(马本源)의 아들로 1938년생이고 뤼순(旅顺) 위안바오팡(元宝坊) 출신이다. '마홍푸 관련 기록'은 편자(김월배)가 마번위안의 아들 마홍부를 발굴하고, 수년간 찾아가면서 마홍푸의 아버지인 마번위안이 남긴 기록과 증언을 찾으려한 기록이다. 단 한명이라도 관련 후손이 살아 있을 때 찾아가고 기록해야 한다.

마번위안의 진술 내용이 기록된 《旅顺日俄监狱实录》 표지

126 郭富纯(1975), 《旅顺日俄监狱实录》, 吉林人民出版社

· 마번위안(马本源)의 진술 내용[127]

마번위안(马本源), 산둥성 사람. 1924년 7월부터 1945년 8월까지 뤼순감옥에서 사무원 신분으로 일했다. 20년 동안 일본 식민 통치자가 감옥에서 짓는 종종 죄를 직접 봤다. 해방 이후 그는 뤼순 위안바오팡에서 살았고 질병으로 죽었다. 아래 내용은 뤼순구 사무실(일본식민통치시기 뤼순형무소) 자료 중 제1권의 부분이다. 대화 시간은 1968년이다.

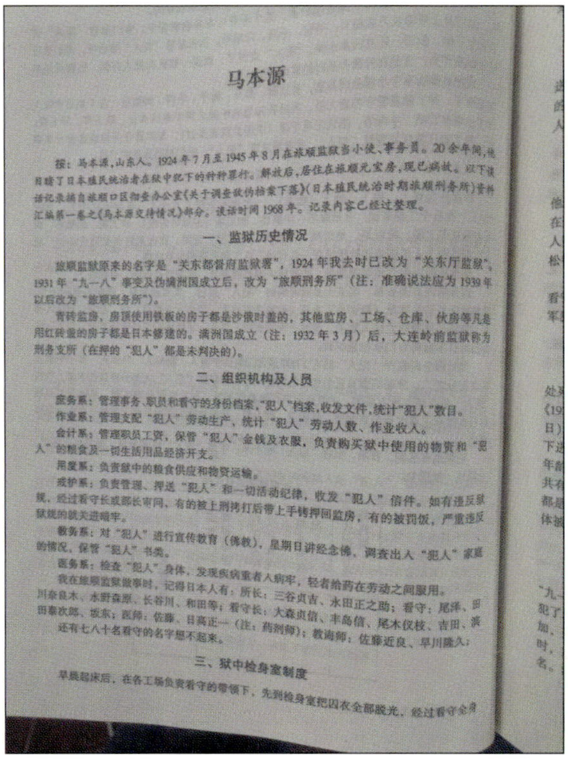

马本源

按：马本源，山东人。1924年7月至1945年8月在旅顺监狱当小使、事务员。20余年间，亲眼目睹了日本殖民统治者在狱中犯下的种种罪行。解放后，居住在旅顺元宝房，现已病故。以下谈话记录摘自旅顺口区档案办公室《关于调查敌伪档案下落》（日本殖民统治时期旅顺刑务所）资料汇编第一卷之《马本源交待情况》部分。谈话时间1968年。记录内容已经过整理。

一、监狱历史情况

旅顺监狱原来的名字是"关东都督府监狱署"，1924年我去时已改为"关东厅监狱"。1931年"九一八"事变及伪满洲国成立后，改为"旅顺刑务所"（注：准确说法应为1939年以后改为"旅顺刑务所"）。

青砖监房、房顶使用铁板的房子都是沙俄时盖的，其他监房、工场、仓库、伙房等凡是用红砖盖的房子都是日本修建的。满洲国成立（注：1932年3月）后，大连岭前监狱称为刑务支所（在押的"犯人"都是未判决的）。

二、组织机构及人员

庶务系：管理事务、职员和看守的身份档案，"犯人"档案，收发文件，统计"犯人"数目。

作业系：管理支配"犯人"劳动生产、统计"犯人"劳动人数、作业收入。

会计系：管理职员工资，保管"犯人"金钱及衣服，负责购买狱中使用的物资和"犯人"的粮食及一切生活用品经济开支。

用度系：负责狱中的粮食供应和物资运输。

戒护系：负责管理、押送"犯人"和一切活动纪律，收发"犯人"信件。如有违反狱规，经过看守长或部长审问，有的被上刑拷打后带上手铐押回监房，有的被罚饭，严重违反狱规的就关进暗牢。

教务系：对"犯人"进行宣传教育（佛教），星期日讲经念佛，调查出入"犯人"家庭的情况，保管"犯人"书类。

医务系：检查"犯人"身体，发现疾病重者入病牢，轻者给药在劳动之间服用。

我在旅顺监狱做事时，记得日本人有：所长：三谷贞吉、永田正之助；看守：尾泽、田川奈良木、水野森源、长谷川、和田等；看守长：大森贞信、丰岛信、尾木仪枝、吉田、滨田泰次郎、坂东；医师：佐藤、日高正一（注：药剂师）；教诲师：佐藤近良、早川隆久；还有七八十名看守的名字想不起来。

三、狱中检身室制度

早晨起床后，在各工场负责看守的带领下，先到检身室把囚衣全部脱光，经过看守全身

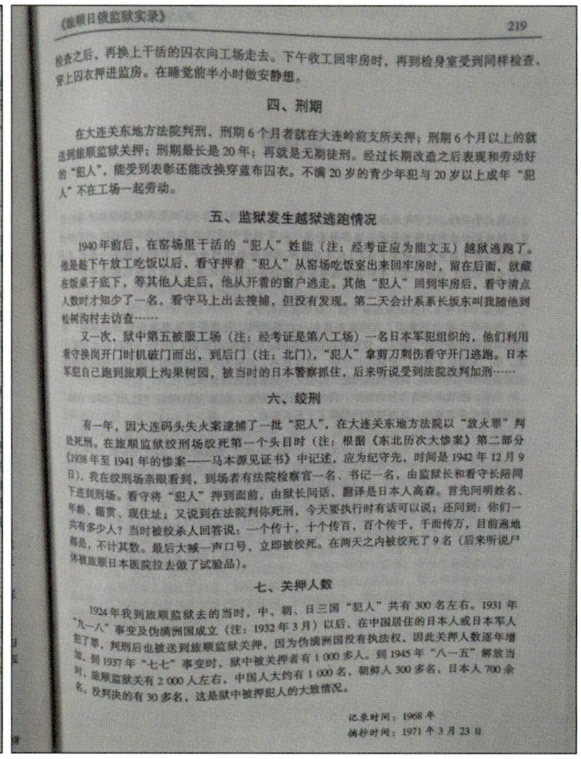

《旅顺日俄监狱实录》 219

检查之后，再换上干活的囚衣向工场走去。下午收工回牢房时，再到检身室受到同样检查，穿上囚衣押进监房。在睡觉前半小时做安静想。

四、刑期

在大连关东地方法院判刑，刑期6个月者就在大连岭前支所关押；刑期6个月以上的就送到旅顺监狱关押；刑期最长是20年；再就是无期徒刑。经过长期改造之后表现和劳动好的"犯人"，能受到表彰还能改换穿蓝布囚衣。不满20岁的青少年犯与20岁以上成年"犯人"不在工场一起劳动。

五、监狱发生越狱逃跑情况

1940年前后，在窑场里干活的"犯人"姓能（注：经考证应为能文玉）越狱逃跑了。他是趁下午放工吃饭以后，看守押着"犯人"从窑场吃饭室出来回牢房时，留在后面，就藏在饭桌子底下，等其他人走后，他从开着的窗户逃走。其他"犯人"回到牢房后，看守清点人数时才知少了一名，看守马上出去搜捕，但没有发现。第二天会计系系长坂东叫我随他到松树沟村去访查……

又一次，狱中第五被服工场（注：经考证是第八工场）一名日本军犯组织的，他们利用看守换岗开门时机破门而出，到后门（注：北门），"犯人"拿剪刀刺伤看守开门逃跑。日本军犯自己跑到旅顺上沟果树园，被当时的日本警察抓住，后来听说受到法院改判加刑……

六、绞刑

有一年，因大连码头失火案逮捕了一批"犯人"，在大连关东地方法院以"放火罪"判处死刑。在旅顺监狱绞刑场绞死第一个头目时（注：根据《东北历次大惨案》第二部分《1938年至1941年的惨案——马本源见证书》中记述，应为纪守先，时间是1942年12月9日），我在绞刑场亲眼看到，到场者有法院检察官一名、书记一名，由监狱长和看守长陪同下进到刑场。看守将"犯人"押到面前，由狱长问话，翻译是日本人高森。首先问明姓名、年龄、籍贯、现住址；又说到在法院判你死刑，今天要执行时有话可以说；还问到：你们一共有多少人？当时被绞杀人回答说：一个传十，十个传百，百个传千，千而传万，目前遍地都是，不计其数。最后大喊一声口号，立即被绞死。在两天之内被绞死了9名（后来听说尸体被旅顺日本医院拉去做了试验品）。

七、关押人数

1924年我到旅顺监狱去的当时，中、朝、日三国"犯人"共有300名左右。1931年"九一八"事变及伪满洲国成立（注：1932年3月）以后，在中国居住的日本人或日本军人犯了罪，判刑后也被送到旅顺监狱关押，因为伪满洲国没有执法权，因此关押人数逐年增加。到1937年"七七"事变时，狱中被关押者有1 000多人。到1945年"八一五"解放当时，旅顺监狱关有2 000人左右，中国人大约有1 000名，朝鲜人300多名，日本人700余名，没判决的有30多名，这是狱中被押犯人的大致情况。

记录时间：1968年
摘抄时间：1971年3月23日

一, 감옥 역사 배경

뤼순감옥 원래의 이름은 '관동도독부 감옥서'이고 1924년 제(마번위안(马本源)) 근무 시작 시기에는 '관동청감옥'으로 불렸다. 1931년 '9.18'사변과 위만주국 성립 이후 '뤼순형무소'로 정했다(부: 정확하게 말하면 1939년 이후 '뤼순형무소'로 정한다.).

푸른색 기와방과 지붕이 철판으로 사용한 방은 러시아에서 만들고 수리한 것이고, 기타 감옥방, 공장, 창고, 주방 등 홍색 기와로 수리 건축된 곳은 일본에서 건립하였다. 만주국 성립(1932년 3월) 이후 다롄영전감옥은 형무지소(관리 당한 범인은 미 판결이다)로 불린다.

二, 조직기구와 인원

서무과: 사무, 직원과 감수의 신분당안, 범인 당안, 문서와 범인 수량 통계를 관리한다.

작업과: 범인 노동생산 지배를 관리하고 범인 수와 작업인수를 책임한다.

회계과: 직원 월급을 관리하고 범인 돈과 옷을 보관하고 옥에서 사용하는 물품과 범인 식량 과 기타 생활용품을 구매한다.

127 郭富纯(1975),《旅顺日俄监狱实录》, 吉林人民出版社, pp.218-219

용도과: 감옥 식량 공급과 물품 운송을 담당한다.

계호과: 범인을 관리하고 모든 활동 기율을 책임하고 범인 서한을 수발한다. 감옥 규칙을 위반하면 감수장이나 부장 허락받으면 범인이 수갑과 형벌을 받거나 식사징벌을 받는다. 감옥 규칙을 위반하면 감방에 갇힌다.

교무과: 범인을 교육시키고 일요일에 불경을 선전하고 범인 가정을 조사하고 범인 책들을 보관한다.

의무과: 범인 신체를 검사하고 질병이 심한 사람이 병방을 입원시키고 경상자에게 약을 준다.

제가 뤼순감옥에서 일할 때 일본 사람을 기억한다. 소장: 삼고진길, 영전정지조; 감수: 위택, 전천내양무, 장고천, 하전등. 간수장: 풍도신, 위무의지, 길전; 의사: 일고정일; 교육사: 조천용구.

그리고 또 다른 일곱, 여덟 명 감수의 이름을 기억이 안 난다.

三, 감옥 검신실 제도

아침 일어나서 각각 공장 감수의 지도로 검신실에 들어가서 감옥 옷을 벗어 전체를 검사 이후에 일한 옷을 바꿔 공장으로 간다. 오후에 감방을 들어오고 똑같은 검사를 받고 감방을 간다. 자기 전에 생각해야 한다.

四, 형기

다롄관동지방법원에서 형벌을 받는 경우 6개월 이상이면 다롄령전지소에 가두고 6개월 이상이면 뤼순감옥에서 가둔다. 형기는 죄고 20년이며 무기징역이다. 장기간 개조 이후 노동 잘한 범인이 표창을 받고 녹색 감옥 옷을 입고 20살 이하의 청소년과 20살 이상의 성인들이 다른 공장에서 일했다.

五, 감옥 탈옥 도주

1940년 전후 공장에서 일하는 범인이 탈옥하고 도망갔다. 오후 점심을 먹었을 때 다른 범인들이 간 다음에 창문으로 도망갔다. 다른 범인들이 감방에 돌아갔을 때 인수를 검사할 때 한 명을 빠진 것을 발견했다. 감수는 금방 나가 수사했는데 못 봤다. 다음 날에 회계장과 같이 송수 마을 수사로 가봤다.

또 한번, 감옥 제5이불공장에서의 일본군인 범인이 감수를 찌르고 후문으로 도망갔다. 과수원으로 도망갔는데 일본 경찰에게 잡히고 법원에서 형벌을 더 받았다.

六, 교수형

어느 해, 다롄 항구 화재 사건으로 어떤 범인들을 잡고 다롄 관동지방법원에서 방화죄로 사형을 줬다. 뤼순감옥에서 사형을 집행할 때 제가(마번위안(马本源)) 현장에서 직접 봤는데 그때 법원 검사관 한 명이 있고 서기 한 명이고 감옥 총장과 감수장의 수행으로 형상에 도착했다. 감수는 범인을 감옥장 앞에 데리고 오고 감옥장은 물어봤는데 통역은 일본 사람이었다. 먼저 이름, 주소와 현주소를 물어본 후 법원에서 사형을 집행할 때 할 말이 있으면 말해도 되고 모두 몇 명이 있냐고도 물었다. 사형을 당한 사람이 말을 전해서 아는 사람이 많다고 말했다. 마지막에 큰소리를 내면서 바로 죽었다. 이틀 동안 아홉 명이 사형을 받았다(시체는 뤼순 병원으로 보내고 실험을 했다.).

七, 구금 인수

1924년 제가(마번위안(马本源)) 뤼순감옥에 처음에 갔을 때 중요한 범인들이 모두 300명이었다. 1931년 '9.18'사변과 위만주국 성립 이후 중국에서 사는 일본 사람과 일본 군인은 죄를 하면 뤼순감옥에 가뒀다. 위만주국이 집행권이 없어서 가둔 범죄자가 매년 증가하며 1937년 '7.7'사변 이후 옥에 가둔 사람이 1,000명 이상이었다. 1945년 '8.15' 해방 이후 뤼순감옥에서 2,000명을 가뒀다. 중국 사람은 1,000명, 조선 사람은 300명, 일본 사람은 700명이 있었다. 판결 못 한 사람은 30여 명이 있었다. 이상 옥에서 가둔 사람의 상황이다.

기록시간: 1968년

적록시간: 1971년 3월 23일

· 마홍푸(马宏福) 관련

마홍푸(马宏福)는 마번위안(马本源)의 아들이다. 마번위안은 뤼순감옥에서 24년 근무하였다. 마홍푸 1938년생. 뤼순 위안바오팡 양수골 출생. 양지칭(杨积清)의 조카. 길림사범대 수학과 졸업, 창춘(长春) 과학기술대학 교수. 뤼순(旅顺) 창청(长城)에서 다롄50고등학교 고등수학 교사로 근무했다. 현재 치신가(启新街) 동산교사루에 거주한다. 마번위안을 통해서 안중근에 대해 듣지 못했고 아버지(마번위안)는 돼지만 키웠다고 했다. 마번위안은 뤼순 공학당 졸업 전 뤼순감옥 청소 근무로 일본어를 잘했고, 구매부에서 통역사로 근무했다. 현재 마홍푸는 좌심실 심장 문제가 있다. 마번위안은 3형제 3자매를 두었는데 마홍푸는 마번위안의 셋째 아들이다. 현재 둘째 누나가 살아 있고 건강하다. 아들 마퀴는 현재 뤼순에 거주한다. 마번위안의 무덤은 창청 리쟈툰(李家屯) 뒤에 있다. 마홍푸는 안중근에 대해서 들은 바가 있다고 한다. 마번위안의 작은 방에 자료가 상당히 있으나 현재는 볼 수 없었다.

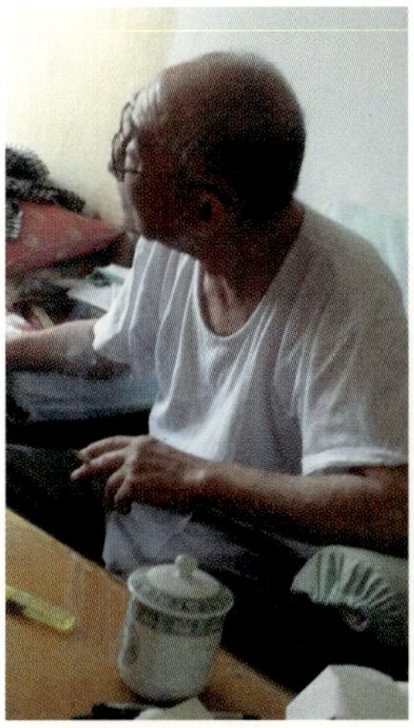

마홍푸(马宏福)

마홍푸(马宏福)와 편자(김월배)

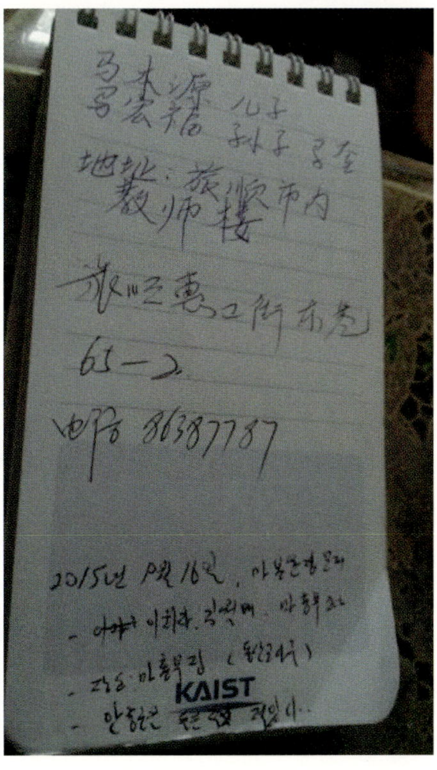

마홍푸를 만나 탐방 조사 시 편자(김월배)가 기록한 마번위안과 마홍푸에 대한 내용

8. 기타

1) 안중근 의사와 윤봉길 의사 관련 문서봉투

안중근 의사와 윤봉길 의사 관련 문서봉투는 전 다롄 한국인회장이자, 다롄 영성자 고려 박물관 관장이신 황희면(黃熙冕) 선생으로부터 제공받았다. 문서봉투에서 안중근 의사와 관련된 내용으로는 하얼빈에서 안중근 의사가 이토 히로부미를 암살한 사건이라는 기록이 있다. 본 책에서는 그 문서봉투의 내용과 번역문을 함께 제시했다. 이 자료는 일본식민시기 안중근 의사와 윤봉길 의사를 관리한 경찰들이 활용 지침이 되었다. 룽장성(龍江省)[128]은 현재 헤이룽장성(黑龍江省)[129]의 치치하얼(齊齊哈爾)을 의미하고, 헤이룽장성 당안관인 하얼빈시에 있을 가능성이 있다. 문서의 내부자료 확보가 필요하다.

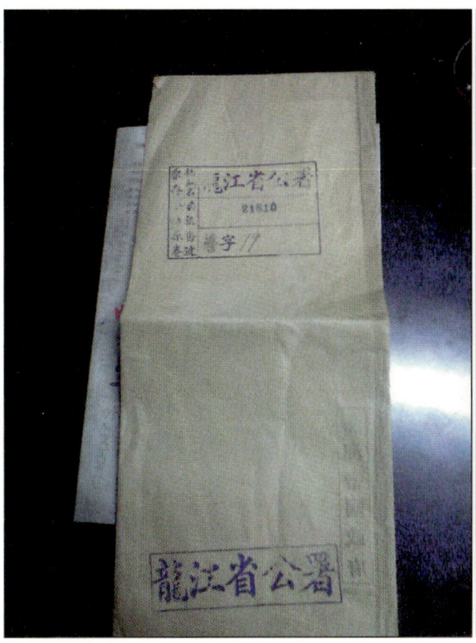

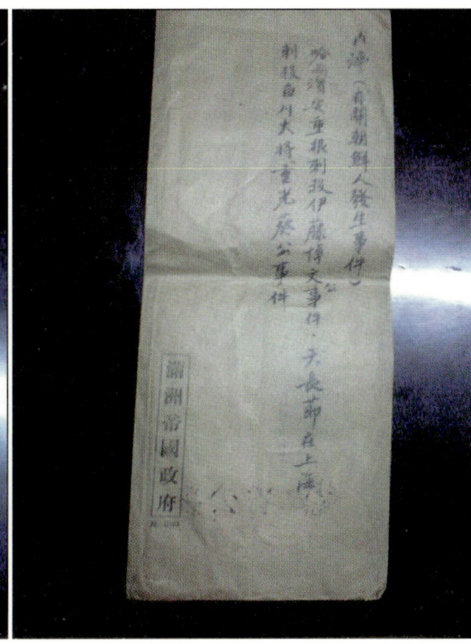

1 2

1. 원래 저장 (미상) 명 룽쟝성 공서

(미상)번호 21810

원권번호 경자19

2. 내용물(조선인 사건과 관련하여)

하얼빈(哈爾濱)에서 안중근이 이토 히로부미(伊藤博文)를 암살한 사건, 천황 탄생일 상하이에서 시라가와(白川) 장군과 시게미쓰 마모루(重光葵)를 암살한 사건

만주제국정부

용(미상)23

---

128 용강성

129 흑룡강성

2) 관동도독부 감옥법

이 자료에서는 관동도독부 감옥법과 일본감옥법을 제시했다.
관동도독부 감옥법에서는 메이지(明治) 34년(1901년)에 기록된 《日本監獄法》(일본감옥법) 중 관동도독부 감옥법 제75조와 제76조를 제시했다. 일본감옥법에서는 제3장 감옥 실행 세칙을 제시했다.

관동도독부 감옥법이 기록된 《日本監獄法》 자료는 뤼순일아감옥구지 박물관에서 제공받았다. 이중 관동도독부 감옥법 제75조와 제76조를 제시했다. 제75조와 제76조는 수인의 유해 매장 및 유해를 유족이 반환하는 것에 대한 내용이다. 제75조에는 유족의 유해 반환 청구에 대한 내용, 관동도독부는 유해를 매장할 때 관에 매장한다는 것, 관의 크기에 대한 설명, 인도적인 대우로 입관하여 매장한 후에 그 무덤 위에 표시를 해야 한다는 내용이 포함되어 있다. 이를 통해 안중근 의사의 관의 크기나 묘지 위의 표시가 있을 수 있다는 단서를 확인할 수 있다. 제76조에는 범인의 유해가 비록 매장되더라도 반환을 청하는 자가 있으면 허락한다는 내용이 있다. 그러나 안중근 의사의 사형 이후, 당시 안중근 의사의 유족이 유해 반환을 요청했으나 이를 거절당했다는 점에서 관동도독부 감옥법과 일치하지 않은 처리였다고 할 수 있다. 본 책에서 그 내용과 번역문을 함께 제시했다.

일본감옥법에서는 제3장 감옥 실행 세칙을 제시했다. 제1절 통칙, 관동 도독부·민정부·감옥서 기록 규칙을 제시했다. 이 자료는 번역된 한글 자료로 제시했다. 여기에 기록된 감옥 실행 세칙에서는 사형, 사형장, 사망의 통지, 사망의 검색, 시신 반환, 사망자의 유물의 인수, 합장, 관동 도독부·민정부·감옥서 기록에 대한 규칙을 확인할 수 있다.

· 《日本監獄法》(일본감옥법)

· 제75조, 제76조

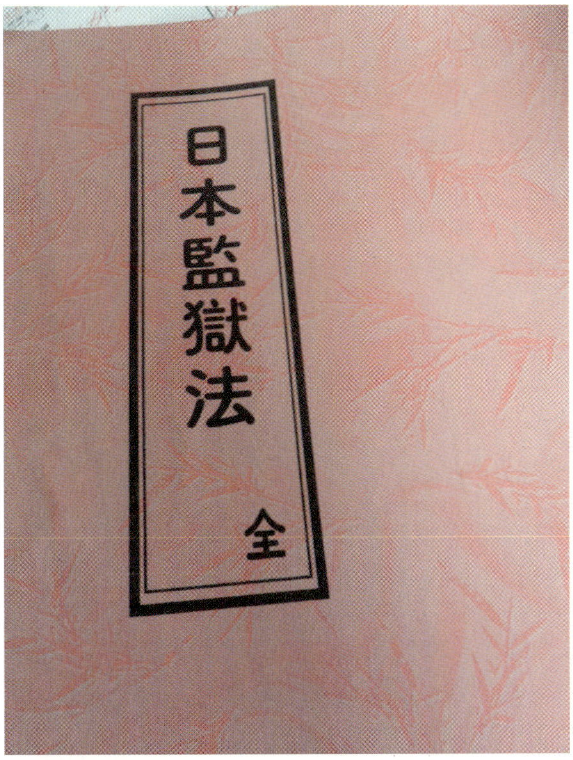

《日本監獄法》 표지

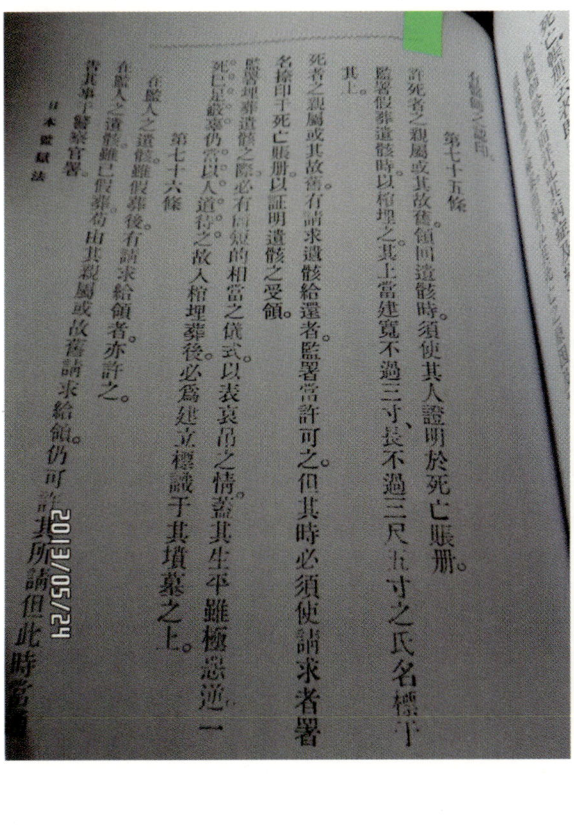

第七十五條

許死者之親屬或其故舊領回遺骸時。須使其人證明於死亡賬册。

監署假葬遺骸時以棺埋之。其上當建寬不過三寸、長不過三尺五寸之氏名標于其上。

死者之親屬或其故舊有請求遺骸給還者。監署當許可之。但其時必須使請求者署名捺印于死亡賬册以証明遺骸之受領。

監署埋葬遺骸之際必有相當之儀式。以表哀吊之情。蓋其生平雖極惡逆一死已足蔽辜仍當以人道待之故入棺埋葬後必爲建立標識于其墳墓之上。

第七十六條

在監人之遺骸。雖假葬後。有請求給領者。亦許之。

在監人之遺骸雖已假葬。苟由其親屬或故舊請求給領。仍可許其所請但此時當告其事于警察官署。

日本監獄法

2013/05/24

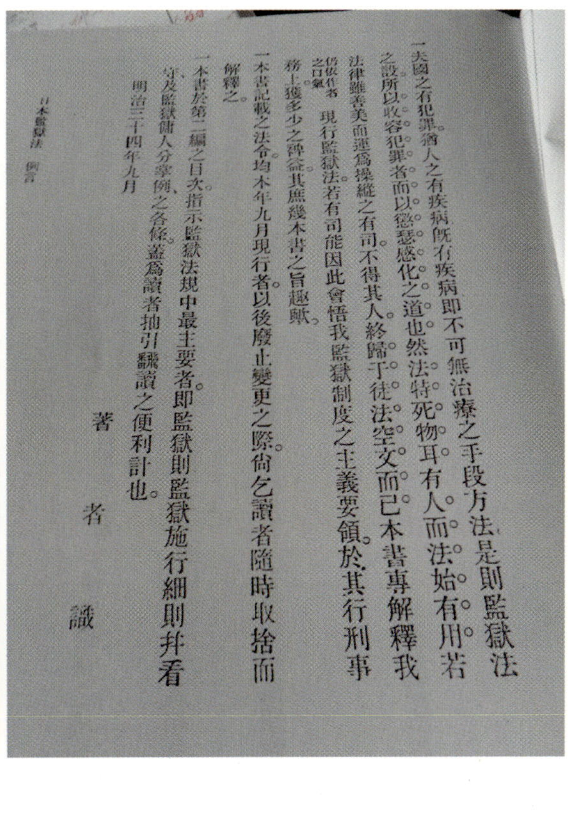

一夫國之有犯罪。猶人之有疾病。既有疾病即不可無治療之手段方法。是則監獄法之設所以收容犯罪者而以懲戒感化之道也。然法特死物耳。有人而法始有用。若法律雖善美而運爲操縱之有司。不得其人。終歸于徒法空文而已。本書專解釋我(仍依作者之口氣)現行監獄法。若有司能因此會悟我監獄制度之主義要領。於其行刑事務上獲多少之裨益。其庶幾本書之旨趣歟。

一本書記載之法令均本年九月現行者。以後廢止變更之際。倘乞讀者隨時取捨而解釋之。

一本書於第二編之目次。指示監獄法規中最主要者。即監獄則監獄施行細則幷看守及監獄傭人分掌例之各條。蓋爲讀者抽引翻讀之便利計也。

明治三十四年九月

著者識

日本監獄法 例言

제75조

사망자의 친족이나 지인이 그 유해를 받을 때는 반드시 사망기록에 증명하도록 하여야 한다.

도독부는 유해를 매장할 때 관으로 매장하였는데, 그 상단에 폭이 3촌 내로, 길이가 3척 5촌 내의 이름이 표시되어야 한다.

사망자의 친족이나 지인이 시신에 대한 반환청구가 있으면 도독부는 이를 허가하되, 반드시 청구자로 하여금 시신의 수령을 증명하기 위하여 사망기록에 서명, 날인하게 하여야 한다.

유해가 매장될 때 짤막한 해당 의식이 반드시 있어야 하고 애도의 뜻을 표한다. 비록 사망자의 생애가 극악무도하더라도 죽음으로 죄악을 갚을 수 있다. 인도적인 대우로 입관하여 매장한 후에 그 무덤 위에 표시를 해야 한다.

제76조

범인의 유해가 비록 매장되더라도 반환을 청하는 자가 있으면 허락한다.

범인의 유해는 비록 매장되었지만, 그의 친족이나 지인의 반환을 신청하면, 허락해야 하며 그 사실을 경찰서에 통보하여야 한다.

국가에 범죄자가 있는 것은, 마치 사람에 질병이 있는 것과 똑같고, 사람에 대해서 질병을 치료할 수 있는 방법이 없으면 안 된다. 그러므로 국가에 대해서 감옥법이 있어 범죄자를 수용하고, 징계, 감화의 도가 있다. 그러나 법은 사(死)물에 불과하고, 사람이 있어야 법이 쓸모 있는 것이다. 법이 완벽한데 잘못 사용된다며, 사람을 징계, 감화하는 작용을 발휘하지 못하고 허전한 글일 뿐이다. 본 책은 저를 설명하기 위한 것이다. (저자 말투에 따라서), 현 감옥법을 실행한다. 만일 그것으로 우리 감옥제도의 요령을 깨닫게 될 사람이 있으면, 그 처형사무에도 많은 이익을 얻을 것이다. 그 책 몇 권의 취지가 바로 그것이다.

한 책에 기재된 법령, 모두 금년 9월의 실행한다. 이후 폐지, 변경될 즈음에도 독자들이 수시로 선택하여 해석하기를 바란다.

본 책은 제2편의 목차(目次)로, 감옥 법규 중 가장 주요한 것, 즉 감옥의 시행세칙과 간수 및 감옥의 하인에게 각 조목을 지시하여 독서자의 선택에 따라 재독의 편의를 도모하였다.

메이지(明治) 34년(1901년) 9월 저자식(著者識)

일본 감옥법 범례

· **일본감옥법 감옥 실행 세칙**

· 제3장 감옥세칙

일본 감옥법

제3장 감옥 실행 세칙

1) 제1절 통칙

사형 (제22조부터 제25조까지)

○ 제22조: 사형선고를 받는 사형수는 다른 죄수와 달리 한 감방에 한 명씩 구금해야 하는 동시에 엄격하게 경계하고 관리해야 한다.

본 규정은 사형선고를 받는 사형수를 한 감방에서 한 명씩 구금함으로써 타 죄수들과 달리 특별 관리하는 것을 편리하게 하기 위함이다. 사형수들은 살 수 있다는 희망이 없는 것을 알기 때문에 도망치려고 한다. 이 심리는 인간의 본성이다. 분명히 이것이 대역무도하다는 것을 알더라도 살아갈 수 있게 하기 위해 신경 쓰지 말고 계속해서 반드시 엄격히 경계하고 관리해야 한다. 그리고 사형수는 이미 법의 그늘 아래서 죽음을 피할 수 없다는 것을 안 후 이에 실망하고 두려움과 정신 착란에 의해 자결하는 사람도 있다. 그래서 감방에서 자결에 도움이 되는 물건이 하나라도 남으면 안 된다. 이 외에 사형수들은 흔히 허황된 생각을 하므로 간수들은 특히 이런 환상을 저지해야 한다. 사형수들을 격리하는 것은 경제적으로 관리할 수 있을 뿐만 아니라 간수들이 사형수들을 잘 가르칠 수 있게 하기 위함이다. 수시로 방문하고 사형수를 위로하는 것이 간수의 직책이다. 간수들은 직접 감방에 들어가서 사형수가 형벌을 받는 것 외에 더 이상 고통을 안 겪기 위해 사형수를 자주 위로해야 하고 이것은 죄수 관리에 많은 도움이 된다.

○ 제23조: 사형의 집행은 오전 10시를 넘으면 안 된다. 사형집행 중 간수들은 엄격히 사형장의 입구를 지켜야 한다.

사형은 일출 후부터 오전 10시까지 집행해야 한다. 집행 중 간수들이 사형장의 입구를 잘 지키는 것은 사형을 방해할 수도 있는 자들이 들어올 수 없게 하기 위함이다.

○ 제24조: 사형을 집행해야 하는 사형수가 동시에 두 명 이상 있을 경우, 한 명씩 집행해야 한다. 그동안 타 사형수를 사형장 안에 들어오지 못하게 해야 한다.

사형을 집행해야 하는 사형수가 동시에 두 명 이상 있으면 각자 순서를 두어 한 명씩 집행해야 한다. 타 사형수들이 사형집행 현장을 목격하여 형벌의 고통을 느끼지 하지 않도록 해야 한다. 어찌 되었든 한 시간에 사형을 두 명 이상 집행하지 않도록 해야 한다. 집행의 순서는 특별히 정한 법이 없고 사형의 선고한 순서를 표준으로 해도 되고 사형수의 다른 죄, 나이, 성별 등 많은 것으로 정하게 되면 된다.

○ 제25조: 사형을 집행할 때 사형수들이 자신의 옷을 입을 수 있다.

죄수라는 자는 법률에 의하여 자유를 박탈을 당하는 자이다. 감옥 옷이 자유를 박탈하는 형벌을 할 때 필요한 것이어서 아무도 꼭 입어야 한다. 단지 사형수는 죄수들에서 드물어서 이런 규칙을 안 지켜도 된다. 이렇게 하지 않으면 사형도 자유를 박탈하는 형벌 중의 하 부분이 사형에게 붙이는 것이다. 그래서 사형수들이 사형을 받을 때 자신의 옷을 입은 것을 근본으로 하고 사형수들 자신의 옷이 안 깨끗하거나 마르기가 체격과 안 맞는 경우에 특별히 준다.

사형장(제33조)

○ 제33조: 각 감방의 열쇠가 꼭 같은 식으로 만들고 서로 방 사이에 사용하게 될 수 있다. 본 규정은 어떤 일이 생길 때 소수 인원으로 쉽게 감방 전부를 열거나 닫을 수 있게 되는 것이다. 그래서 각 감방이 다 같은 양식의 열쇠로 써서 열쇠 하나만 각 감방이 다 쓸 수 있게 된다.

사망의 통지(제73조)

○ 제73조: 간수는 사망자나 사형으로 사망하는 자의 사망하는 년, 월, 일을 기록해서 사망자의 친척에게 알려야 한다.

형사 피고인이 사망하거나 죄수가 재판소에서 신문을 받을 때 사망하는 경우에 간수가 해당한 재판소에게 신고해야 한다. 죄수가 사망하거나 형벌로 사망할 때 간수는 사망하는 년, 월, 일을 신속하게 친척에게 알려 시신을 수령하는 것에 편리하게 된다. 알리는 시간이 지연하고 시신을 매장해서 친척들이 청구하러 찾아오면 복잡한 것이다. 그래서 형사 피고인이 사망하거나 죄수가 재판소에서 심문을 받을 때 사망하는 경우에 꼭 재판소에게 신고해야 한다. 이것은 재판이 진행에 크게 관계가 있는 것이다.

사망의 검색(제74조)

○ 제74조: 죄수가 병으로 사망하는 경우에 의사의 진단서에 의해 사망자의 증상과 병인, 사망하는 년, 월, 일을 사망책에 기록해야 한다. 죄수가 갑자기 사망하는 경우에도 의사의 진단서에 의해 자세히 사망과 사망하는 병인, 사망하는 년, 월, 일, 사망하는 그 당시의 상황 등을 사망책에 기록해야 한다. 사망책이란 자세히 죄수들의 사망 사항을 기록하고 영원히 보존하는 것이다. 죄수가 병으로 사망할 때 먼저 의사에게 진단하고, 간수들이 자세히 사망자의 증상과 병인, 사망하는 년, 월, 일을 사망책에 기록한다. 갑자기 사망하는 죄수들도 의사의 진단서에 의해 자세히 사망하는 병인, 사망하는 년, 월, 일, 소재지, 사망하는 그 당시의 상황 등을 사망책에서 기록하고 이런 상황에서 기록 옆에 꼭 의사의 인정이 있어야 한다.

시신 반환(제75조부터 제76조까지)

○ 제75조: 사망자의 친척이나 친구가 사망자의 시신을 인수하기 요청하면 반환해야 한다. 단 요청자가 사망책에 인정해야 한다. 간수가 시신을 매장할 때 관으로 매장하고 관의 위에 한 폭 3인치 이하 길이 3척 5촌 이하의 이름표를 붙여야 한다.

사망자의 친척이나 친구가 사망자의 시신을 인수하기 요청하면 간수가 허락해야 한다. 단, 요청자는 반드시 사망책에 서명하고 도장을 찍고 시신을 인수하는 것을 인정한다.

간수는 시신을 매장할 때 애도하는 뜻으로 짧은 의식을 열기도 해야 한다. 사망자의 평생이 극악하지만 죽음으로 갚을 수 있어서 인도적으로 대야 한다. 그래서 시신을 관 안에 매장한 후 사망자의 표식을 묘안의 위에 세워야 한다.

○ 제76조: 죄수가 사망해서 시신을 매장하게 된 후에 사망자의 친척이나 친구가 사망자의 시신을 인수하기 요청하면 간수가 허락해야 한다.

죄수의 시신을 이미 매장해도 친척이나 친구가 사망자의 시신을 인수하기 요청하는 경우에도 허락할 수 있다. 단 이런 상황에서 꼭 경찰관서에 알려 해야 한다.

사망자의 유물의 인수 (제77조)

○ 제77조: 사망자가 유물을 남으면 사망자의 친척에게 반환해야 한다.

친척은 멀리 있는 경우에 유물 반환할 때 비용이 많아서 간수가 유물을 공매한 후 현금으로 친척에게 전해야 한다. 단 반환할 때의 비용은 사망자의 친척이 내야 한다.

죄수가 사망하고 유물이 감옥에서 넘게 되면 간수가 사망자의 진정한 친척을 찾고 유물을 반환한다. 그래서 사망을 친척에게 알리는 동시에 유물이 있는지와 인수의 법을 한 번에 알려야 한다. 친척은 멀리 있는 경우에 유물 반환할 때 비용이 많아서 유물을 포기하고 공매 후 현금으로 반환하는 것이 낫다. 그래서 이런 상황에서 시도 때도 맞고 유물을 공매하고 현금으로 바꾼다. 단, 이 법은 인수자의 이익에 맞고 해야 한다. 죄수가 처음에도 유물을 남지 않는 경우에는 본인의 다짐을 기다리지 않고 죄수가 사망한 후 간수가 유물을 공매하고 현금으로 반환한다. 반환할 때의 비용은 사망자의 친척이 내야 한다.

합장(제78조)

○ 제78조: 간수는 사망자나 사형으로 사망하는 자의 시신을 매장한 후 3년 이상 안 인수하게 되는 경우에 합장을 해야 한다. 단 합장 후 돌로 표시해야 한다.

간수는 사망자나 사형으로 사망하는 자의 시신을 매장한 후 3년이 지난 후 안 인수하게 되면 미래에도 인수하지 않는 것을 여기고 다른 시신들과 한 곳에서 합장을 해야 한다. 합장은 감옥의 책임이다. 합장은 시신이 인수하게 되지 않아서 영원히 여기서 매장하는 것이다. 합장 후 시신을 인수하면 안 된다. 합장할 때 묘와 같은 크기의 돌로 표시해야 한다. 후세가 누구를 어디서 합장한 것을 잘 알 수 있게 되기 위해 돌 위에 합장자의 이름도 있어야 한다.

2) 관동 도독부 · 민정부 · 감옥서 기록 규칙(메이지(明治) 39년(1906년) 12월 13일의 결의)

총칙

○ 제1조 :기록 서류의 수집, 편집, 조정 혹은 폐기 작업은 감무과에 의해 진행해햐 한다. 단, 특별 지시와 관련된 기밀 서류가 포함되지 않는다.

○ 제2조: 기밀하게 다룬 서류와 이미 집행 완성하던 서류에 관하여 감무과의 계속 처리 필요한 것을 확정하면 제1조 규정에 따라 처리해야 한다.

○ 제3조: 사건이 이미 종결된 서류는 종결 후 10일 시간 내에 감무과의 총무주임에 의해 계속 처리한다.

선별 및 분류

○ 제4조: 감무과의 총무주임은 사건이 이미 종결된 서류를 계속 수리를 진행할 때 다음과 같은 사항에 대해 선별해야 한다.

관련 서류의 완비 여부

보존 필요 혹은 폐기 필요

본류 및 보존 기한

○ 제5조: 판정한 뒤의 서류는 분류목록에 따라 서류의 일련번호, 명칭 및 주요 내용을 등기해야 한다. 단, 보존 기한이 1년에 불과한 서류에 대해서는 수요에 따라 별도의 분류목록으로 등기한다.

○ 제6조: 기록은 다음과 같은 항목에 따라 분류해야 한다.

1. 관리 2. 성명, 본적 3. 통계 4. 회계 5. 보관물 6. 교무 7. 위생

8. 계호 9. 작업 공전 10. 수리 11. 물품 제공 12. 잡무

기밀 서류는 상기의 항목으로 하나하나 구분하고 명확하게, 쉽게 분류하며 겉표지에 적자로 [밀]을 붙여야 한다.

편집

○ 제7조: 서류는 제6조 관리규정에 따라 지난 연도에 종결된 사건에 대해 순서로 편집을 진행해야 한다. 한 사건 가운데 사건의 시작과 종결을 앞뒤 순서로 편집해야 한다. 단, 제3종류 이후 및 읽을 수 있는 서류는 포함되지 않는다.

각 서류는 사건 종결된 앞뒤 순서로 편집해야 한다.

○ 제8조: 기타 여러 사건들과 관련된 사건 서류는 관계가 제일 많이 있는 종류에 편입해야 하고 목록분류에 여백을 이용하거나 다른 종이를 첨부하고 관련 사항 및 원인을 주석해야 한다.

○ 제9조: 첨부 및 도표가 주권과 함께 편집하기가 어려워 특별히 따로 책으로의 편집이 필요한 경우, 이미 책으로 이루어진 주권의 목차에 부록의 주지를 덧붙여야 한다.

○ 제10조: 편집 시 각 종류의 내용을 구분할 수 있도록 중간에 백지를 삽입해야 한다.

○ 제11조: 편집 완료된 서류는 장정해야 하되 매 책의 두께가(각도자로) 2촌쯤이면 좋겠다.

○ 제12조: 제11조 규정에 따라 장정 완료된 서류는 매 책의 권두에 목록을 붙인 데다가 서류의 명칭과 일련번호를 표명해야 한다.

보존

○ 제13조: 기록은 다른 문서 갑호 규정에 따라 서류의 보존 표준을 구분하고 있으며 보존은 다음의 네 가지 구분 방식으로 진행해야 한다.

제1종류 영구적인 보존

제2종류 보존 기간 15년

제3종류 보존 기간 7년

제4종류 보존 기간 1년

○ 제14조: 다른 문서 을로 규정에 속한 경우는 지난 연도 말 혹은 회계 연도 말에 감무과의 총무주임에 의해 계속 수용하고 편집해야 한다. 감무과의 총무주임은 기록에 관한 각 종류의 부록도 보존해야 한다.

○ 제15조: 다음과 같은 장부는 제1종류 기록에 속하다.

1. 관리의 신분장 2. 성명 본 적부 3. 구금 중인 인원 목록 4. 사망장

5. 석방 감형 이력부 6. 감옥 연혁 7. 감옥 토지 면적 및 건물 장부

8. 기타 중요한 장부

○ 제16조: 다음과 같은 장부는 제2종류 기록에 속하다.

1. 출옥부 2. 죄인 신분부 3. 각종 회계장부

○ 제17조: 제15조와 제16조 규정 이외의 장부는 제3종류에 속한다.

○ 제18조: 서류가 상호 관련되거나 두 가지 이상의 종류를 언급한 사건은 각 분류목록에 등기하고 그 원인도 표명해야 한다.

○ 제19조: 보존 기한의 계산은 처리 완결한 연도의 1월부터 해야 하는데 회계 연도와 관련된 경우 다음 연도의 시작부터 계산한다.

○ 제20조: 기록된 서류는 분류별로 보존의 구역을 획정하고 보관해야 한다.

폐기

○ 제21조: 보존 기한이 종료된 서류는 교도소장의 심사와 민정부 장관의 결재를 통과하여야 폐기 수수를 취급할 수 있다.

○ 제22조: 폐기된 기록은 그 분류목록에 처리 년·월·일, 도장 등이 있기 때문에 기타 용도를 피하기 위해 그 관련 내용을 치우거나 결단한 후에야만 물품 회계 관리에게 낼 수 있다.

대출과 보관

○ 제23조: 기록 서류를 열람하면 감무과의 요구에 따라 기록서류대출부에 서류의 일련번호 및 관원의 성함을 등기하고 사인해야 한다.

○ 제24조: 서류의 대출 기간이 30일 이내이다.

○ 제25조: 빌린 서류는 기 열람자에게 다시 재대출은 금한다.

○ 제26조: 기록 서류는 서고에 수집하고 보관하는 동안 매년에 한 번씩 햇볕에서 말려야 한다.

부칙

이 규칙은 감옥 직속 기관에 적용된다.

관동도독부 설치의 명령 메이지(明治) 39년(1906년)

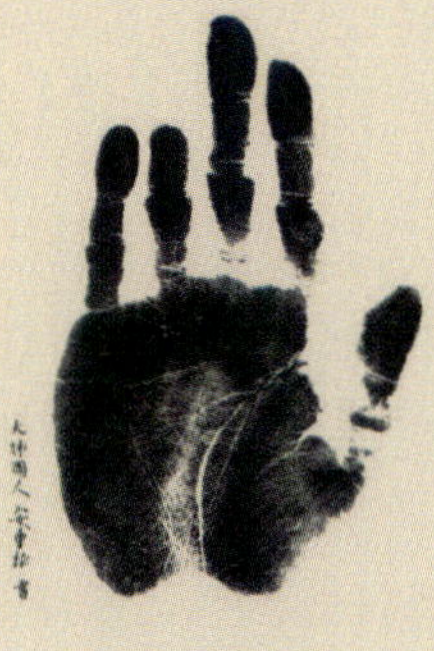

유해 사료, 안중근을 찾아서

III

한국 자료

1. 언론보도
2. 역사 기록
3. 조사보고
4. 발표 자료

1. 언론 보도

신문

안중근 의사의 유해와 관련된 한국 신문의 기사문은 두 종류로 나눠 제시했다. 첫째는 안중근 의사가 사형을 당한 당시의 신문 기사에 실린 안중근 의사의 유해와 관련된 내용의 기사문이고 둘째는 중국에서 안중근 의사 유해 발굴에 협조한다는 내용이 실린 1998년의 기사문이다.

안중근 의사가 사형을 당한 당시의 신문 기사에 실린 안중근 의사의 유해와 관련된 내용의 기사문은 1910년 2월 27일부터 1910년 4월 19일까지의 〈대한매일신보〉[130], 〈경남일보〉[131], 〈신한국보〉[132], 〈황성신문〉[133], 〈신한민보〉[134]에서 찾을 수 있었다. 이 자료는 한국 국립중앙도서관에 소장된 자료를 통해 조사했다. 위 신문들에 실린 기사문에는 안중근 의사의 사형 집행, 유해 매장지 등에 대한 내용이 기재되어 있다. 자료는 기사명, 발행 날짜, 기사문의 순으로 제시했다.

중국에서 안중근 의사 유해 발굴에 협조한다는 내용이 실린 뤼순일아감옥구지 박물관에서 제공받았다. 이 기사문은 1998년 5월 9일 자 〈연합뉴스〉에 "中, 안중근의사 유해 발굴 협조"라는 제목으로 실렸다. 이 자료는 향후 안중근 의사 유해 발굴을 진행할 때, 중국 측의 책임있는 지도자의 협조를 요청해서 받을 수 있다는 가능성을 기록한 자료이다. 본 책에서 그 기사문을 제시했다.

130 ① 국립중앙도서관 디지털도서관 디지털자료실, ② 안중근 자료집 편찬위원회(2017), 《국내 신문 중 안중근 기사 Ⅱ-대한매일신보》, 채륜

131 국립중앙도서관 디지털도서관 디지털자료실

132 독립기념관 한국독립운동사연구소(1997), 《新韓國報 國民報》, 독립기념관 한국독립운동사연구소

133 ① 국립중앙도서관 디지털도서관 디지털자료실, ② 안중근 자료집 편찬위원회(2017), 《국내 신문 중 안중근 기사 Ⅰ-황성신문》, 채륜

134 국립중앙도서관 디지털도서관 디지털자료실

1) 대한매일신보(大韓每日申報)

· 안씨집행설(1910.02.27)

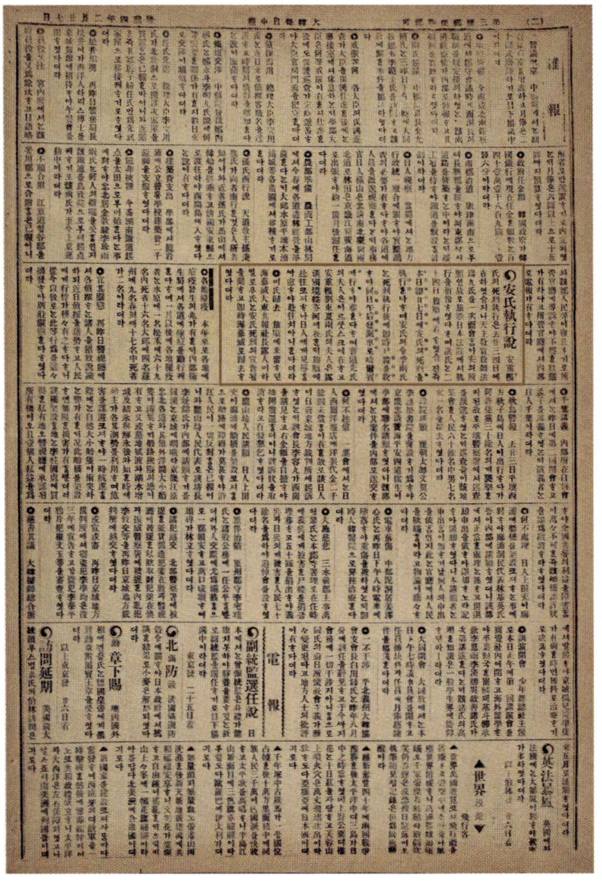

안씨집행설(安氏執行說)

안중근 씨(安重根氏)의 사형집행(死刑執行)은 지난 23,4일(去廿三四日)에 在하엿슬지나 천주교 선교사(天主敎宣敎師) 홍석구[135] 씨(洪錫九氏)를 1차 면회(一次面會)ᄒᆞᆷ이 안(安)의 소원(所願)인 고(故)로 뤼순일본법원(旅順日本法院)에셔 집행(執行)을 유예(猶豫)ᄒᆞ엿다 ᄒᆞ며 홍 씨(洪氏)ᄂᆞᆫ 24일(二十四日) 뤼순(旅順)에 도착(着)ᄒᆞ엿슬진즉 오늘인 27일(本日卽廿七日)에 안 씨(安氏)의 사형(死刑)을 집행(執行)ᄒᆞᆫ다 ᄒᆞ며 안 씨(安氏)의 영계(令季) 두 사람(兩氏)ᄂᆞᆫ 사형집행 후(死刑執行後)에 즉시(卽時) 시체(尸體)를 거둬(收)ᄒᆞ야 같은 날 오후(同日午后) 출발하는 기차(發瀛車)로 하얼빈(哈爾賓)에 행(行)ᄒᆞ야 매장(葬)ᄒᆞᆫ다 ᄒᆞ며 조도선 씨(曹道先氏)의 부인(夫人)은 이르쿳스크에 在ᄒᆞ고 안중근(安重根) 유동하(劉東夏) 두 사람(兩氏)의 부인(夫人)은 러시아와 청나라의 경계(露淸國境) 쑤이펀허(綏芬河)[136]에 在ᄒᆞᆫᄃᆡ 뤼순(旅順)에 부왕(赴往)[137]코져 ᄒᆞ나 일본 사람(日人)에게 견욕(見辱)[138]ᄒᆞᆯ싸 염려(慮)ᄒᆞ야 부왕(赴往)치 아니ᄒᆞᆫ다더라.

---

135 홍석구(洪錫九): 프랑스인 신부 빌렘(J.Wihelm)의 한국 이름.

136 수분하. 중국 헤이룽장(黑龍江) 성(省) 무단장(牡丹江)에 있는 시(市)

137 향하여 오다.

138 모욕을 당하다.

· 안씨집행기(1910.03.23)

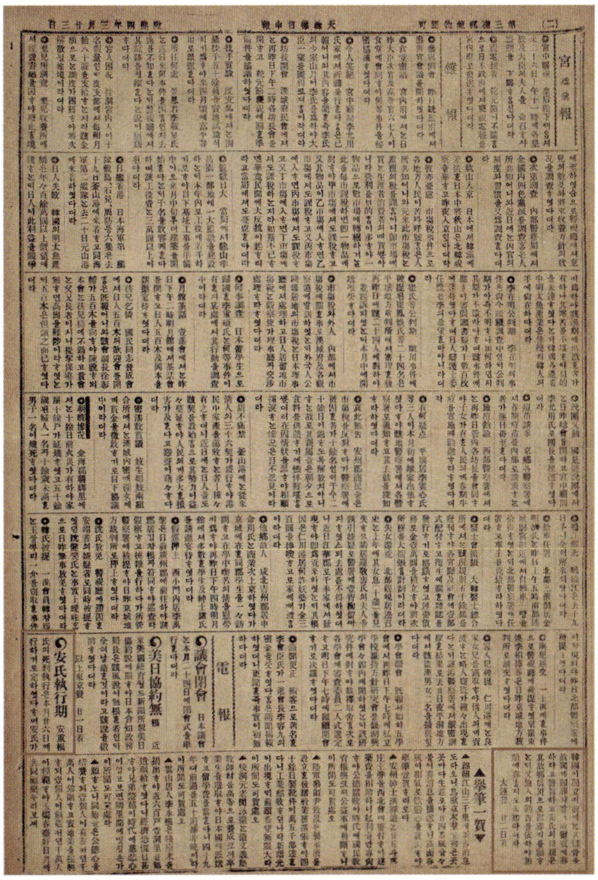

안씨집행기(安氏執行期)

안중근 씨(安重根氏)의 사형집행(死刑執行)은 이번 달 26일(本月廿六日)에 행(行)하기로 정(定)하엿다ᄒᆞ며 안 씨(安氏)가 한국(韓國)이 독립(獨立)키 전(前)에ᄂᆞᆫ 그 유골(其骸骨)을 고국(故國)에 귀장(歸葬)치말고 하얼빈(哈爾賓)에 매장(葬)하라고 서언(誓言)하고 안 씨(安氏)의 모친(母親)을 그 고향(其故鄕) 신천(信川)으로 귀장(歸葬)키를 원(願)ᄒᆞᄂᆞᆫ 디 또 다른 사람(又他人)의 권고(勸告)를 의(依)하야 뤼순(旅順)에 매장(葬)ᄒᆞᆯ지도 미지(未知)라더라.

다롄[139]발(大連發) 22일착(廿二日着)

139 원문에서는 '대련'으로 표기.

· **안씨취형**(1910.03.29)

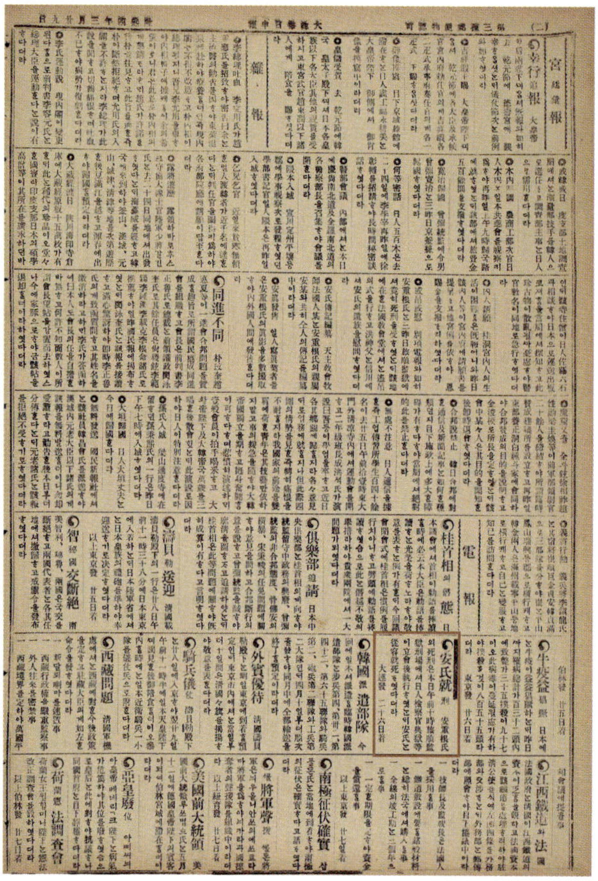

안씨취형(安氏就刑)

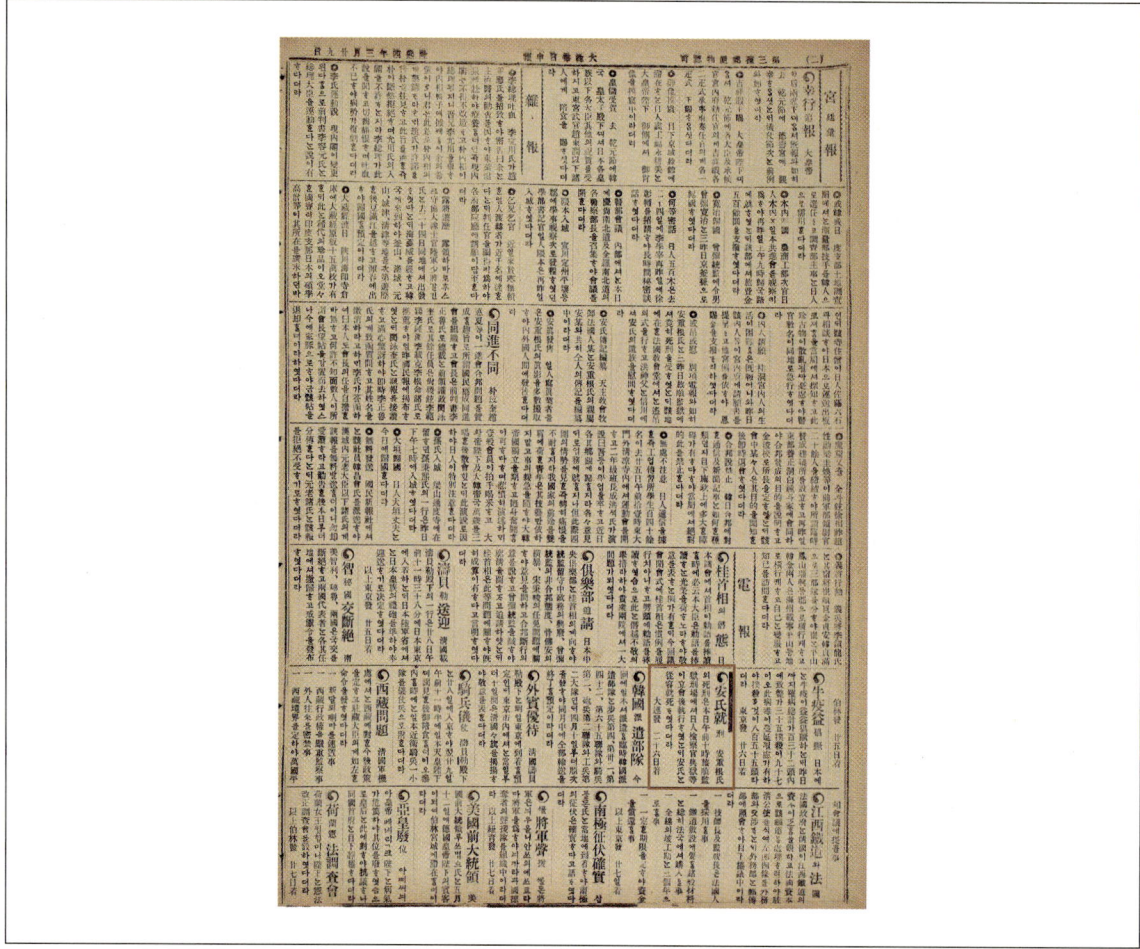

안중근 씨(安重根氏)의 사형(死刑)은 오늘 오전 10시(本日午前十時) 뤼순감옥형장(旅順監獄刑場)에서 일본인(日人) 검찰관(檢察官) 전옥(典獄) 등(等)이 입회 후 집행(立會後執行)ᄒᆞ엿ᄂᆞᆫᄃᆡ 안 씨(安氏)ᄂᆞᆫ 침착하게(從容) 절명(就死)ᄒᆞ엿다더라.

· 안(安) 사후 민정(1910.03.30)

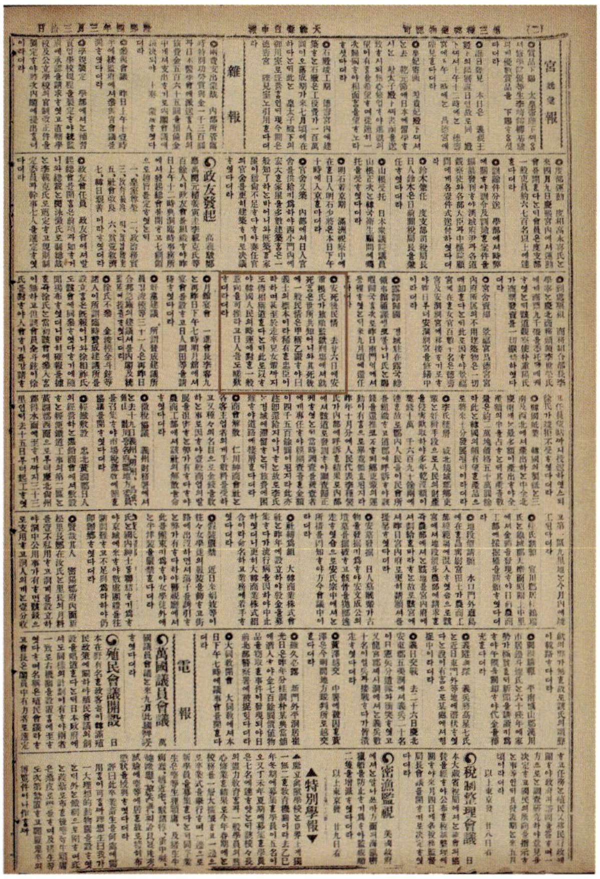

안 사후 민정(安死後民情)

지난 26일(去廿六日)에 안중근 씨(安重根氏)가 뤼순감옥형장(旅順監獄刑場)에셔 절명(就死)흠은 세상이 모두 앎(世所共知)어니와 그 사후(其死後)에 일반 민심(一般民情)은 갑칭을찬(甲稱乙讚)[140]ᄒᆞ야 말하길(曰) 의사(義士)의 표본(標本)이라 희유(稀有)[141]ᄒᆞᆫ 충신(忠臣)이라하며 심지어(甚至於) 주졸[142]아녀배(走卒兒女輩)[143]ᄁᆞ지도 전상칭도(傳相稱道)[144]ᄒᆞᆫ다ᄂᆞᆫ디 이(此)로 이(以)ᄒᆞ야 한국인민(韓國人民)의 시운(時運)에 대(對)ᄒᆞᆫ 일반 의향(一般意向)을 가추(可推)[145]라고 일본 사람(日人)들도 차탄(嗟歎)[146]ᄒᆞ더라더라.

---

140 여러 사람이 칭찬하다.(편자 역)

141 흔하지 않음. 드물게 있음.

142 주졸(走卒): 심부름꾼

143 심부름꾼, 아이, 부녀자들을 통틀어 일컬음. 당시 사회에서 보잘것없는 사람들을 비유(편자 역).

144 돌아가며 칭찬하다.(편자 역)

145 짐작할 수 있다.(편자 역)

146 감탄하다.

· 안씨장지(1910.04.02)

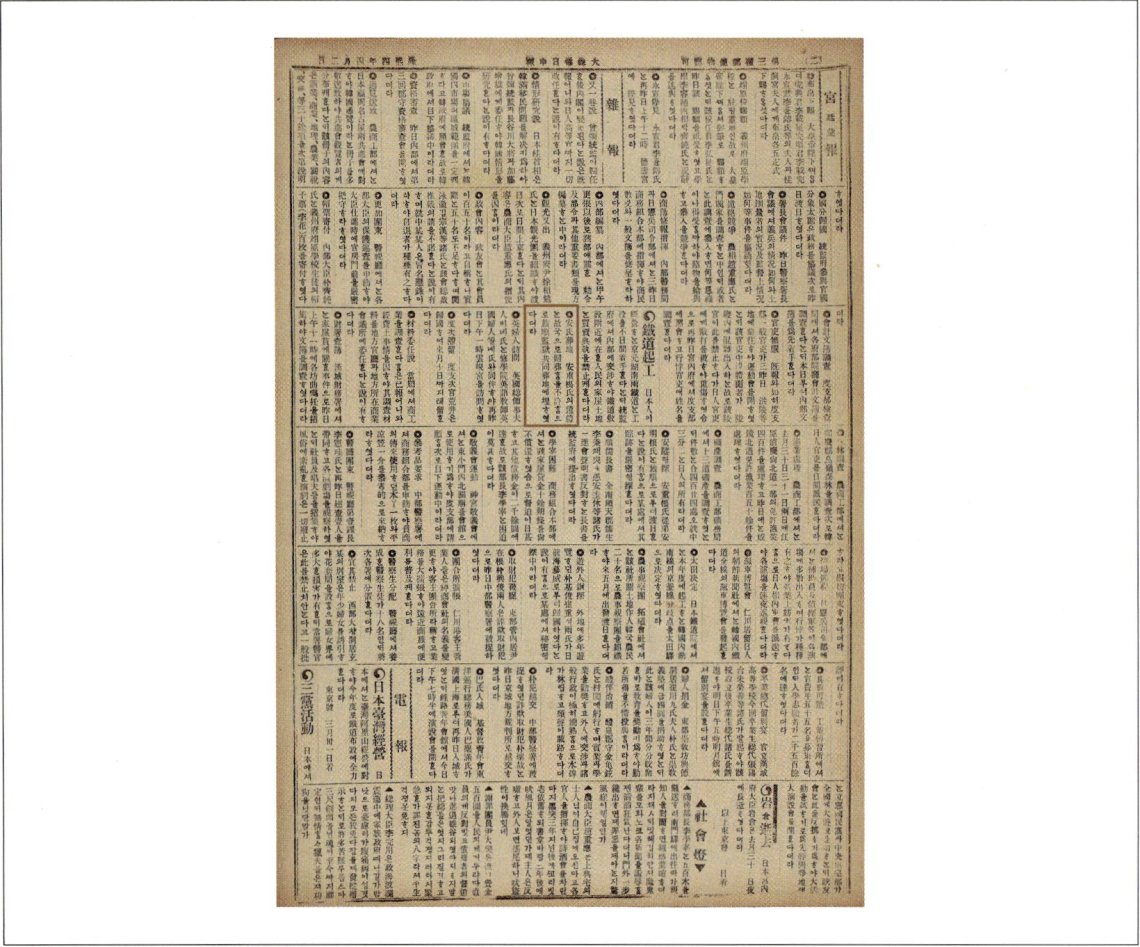

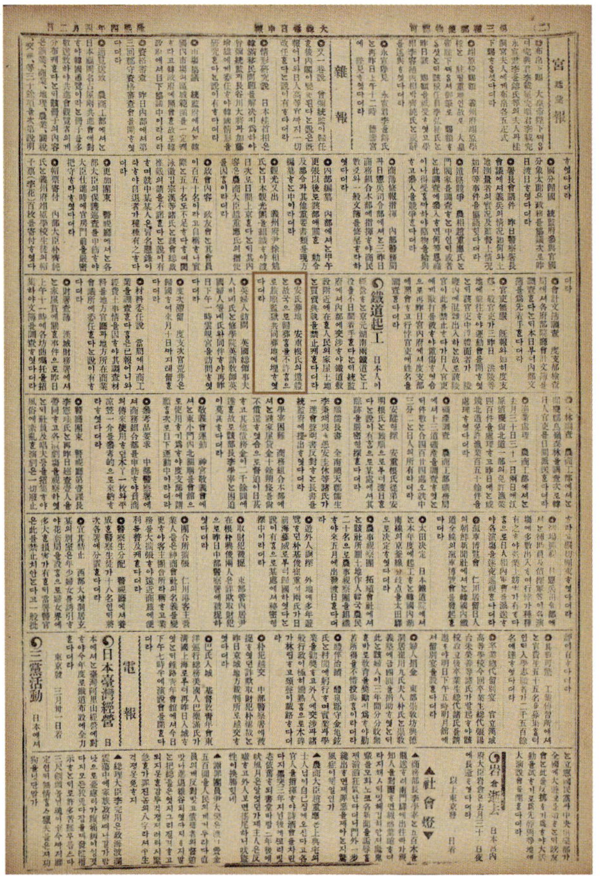

안씨장지(安氏葬地)

안중근 씨(安重根氏)의 유체(遺體)는 故국으로 귀장(歸葬)홈을 불허(不許)홈으로 뤼순감옥(旅順監獄) 공동장지(共同葬地)에 매장(埋)ᄒᆞ엿다더라.

2) 경남일보(慶南日報)

· 안중근 사형 집행(1910.02.28)

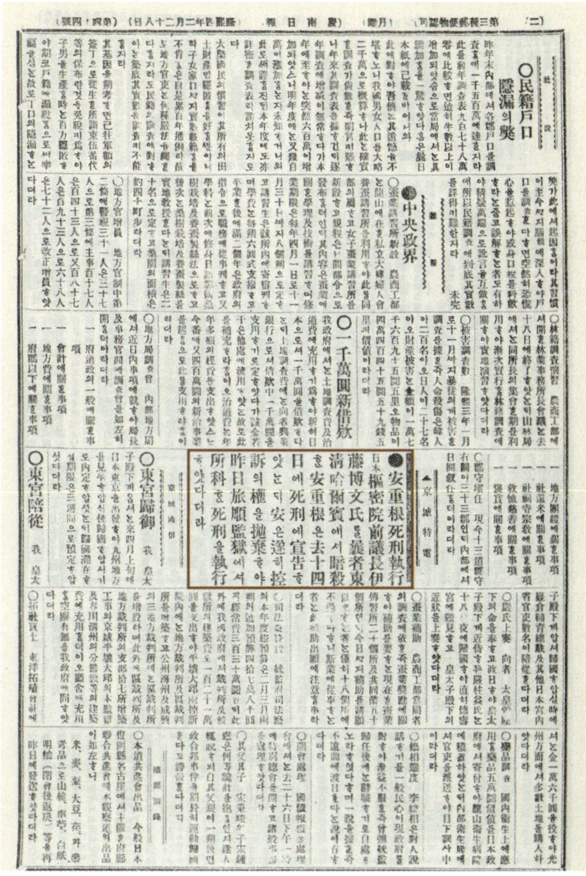

安重根死刑執行 日本樞密院前議長伊藤博文氏를 去者東淸哈爾賓에서 暗殺ᄒᆞᆫ 安重根은 去十四日에 死刑에 宣告ᄒᆞ얏ᄂᆞᆫᄃᆡ 安은 遂히 控訴의 權을 抛棄ᄒᆞ야 昨日旅順監獄에서 所科ᄒᆞᆫ 死刑을 執行ᄒᆞ얏다더라

안중근 사형집행(安重根死刑執行)

일본 추밀원(樞密院) 전(前) 의장 이토 히로부미 씨를 지난번 동청(東淸) 하얼빈에서 암살한 안중근은 지난 14일에 사형에 선고됐는데 안(安)은 공소(控訴)[147]의 권리를 포기하여 어제 뤼순감옥에서 사형을 집행하였다더라.

147 항소(抗訴)의 옛 용어

· 안중근 속보(1910.03.10)

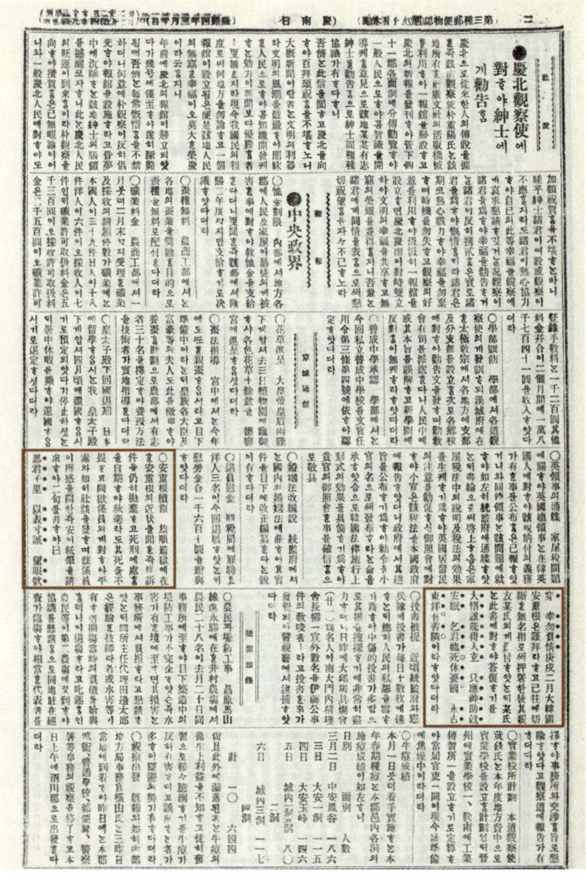

안중근 속보(安重根續報)

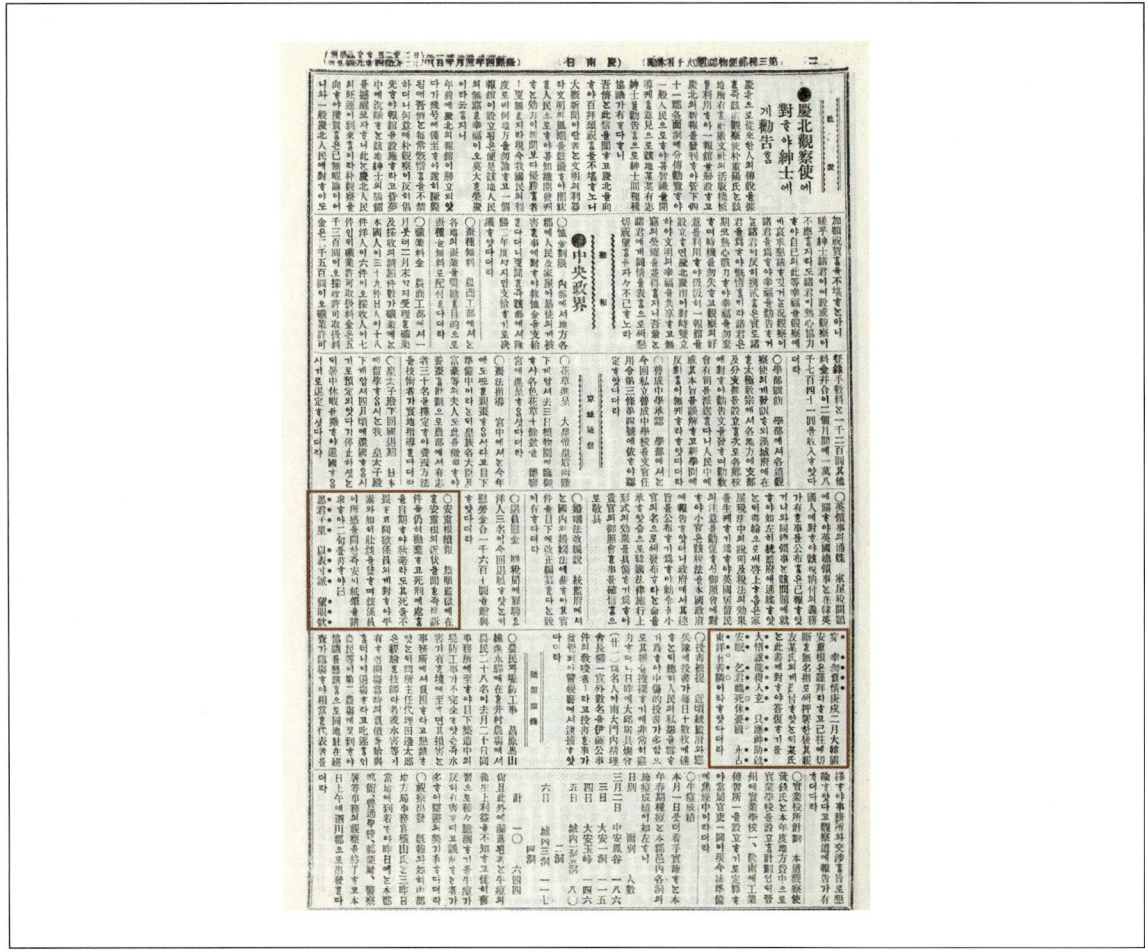

뤼순감옥에 있는 안중근의 근황을 들은즉 공소(控訴)[148] 건을 여전히 포기하고 사형에 처함을 스스로 결심하여 추호라도 그 죽음을 두려워하지 않고 같은 감옥 계원(係員)[149]에게 평소와 같이 장담하며 (미상) 계원(係員)이 소감을 물은즉 안(安)이 지필을 청하여 두 구절을 썼다. "思君子里 以表寸誠 望眼欲穿 幸勿(미상, '負'로 추정)情" 경술(庚戌, 1910년) 2월 대한국(大韓國) 안중근은 근배(謹拜)[150]한다고 하고 기왕에 절단한 무명지로써 압서(押署)[151]한 후에 그 친구 모(某)[152] 씨에게 (미상)付했는데(짐작한 번역: 주었는데) 그 사람이 그 글에 대하여 답하기를 "大悟誰能得入玄 只應神助就安眠 乞君臨死休憂國 永古東洋有善隣"이라 하였다더라.

---

148 항소(抗訴)의 옛 용어

149 사무(事務)를 갈라맡은 한 계(係)에서 일 보는 사람.

150 삼가 절하다.

151 자기 이름을 쓰고 도장을 찍다.

152 아무개

· 안중근 장지(1910.03.16)

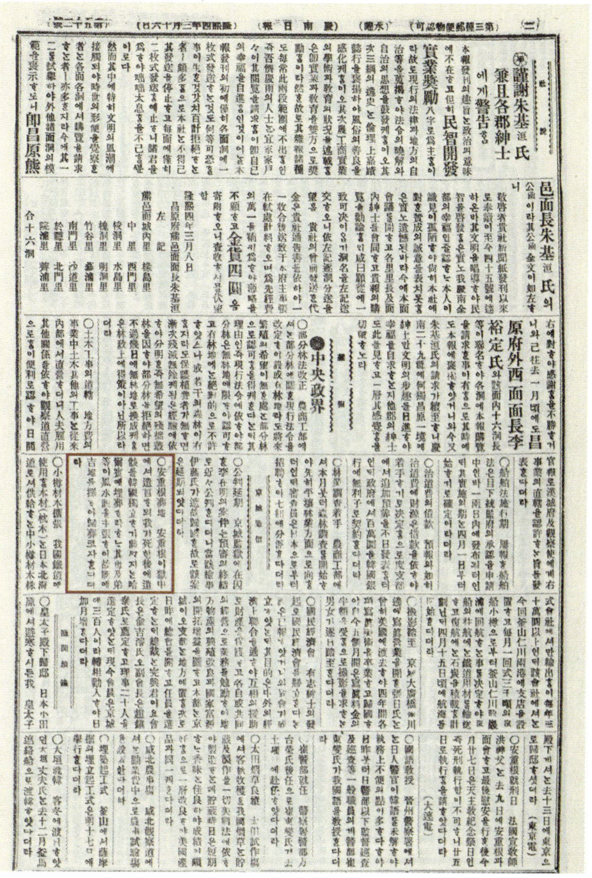

안중근 장지(安重根葬地)

안중근이 옥중에서 유언하되 내가 죽은 후에 유해를 한국이 독립하기 전까지는 하얼빈에 매장하라 했으나 그 어머니와 동생들이 풍수설을 주장하여 고국에 길지(吉地)를 택하여 귀장(歸葬)[153]하고자 한다더라.

153 타향(他鄕)에서 죽은 사람의 시체를 고향에 가져와서 장사(葬事) 지냄.

· **안중근의 최후 속문(1910.04.04)**

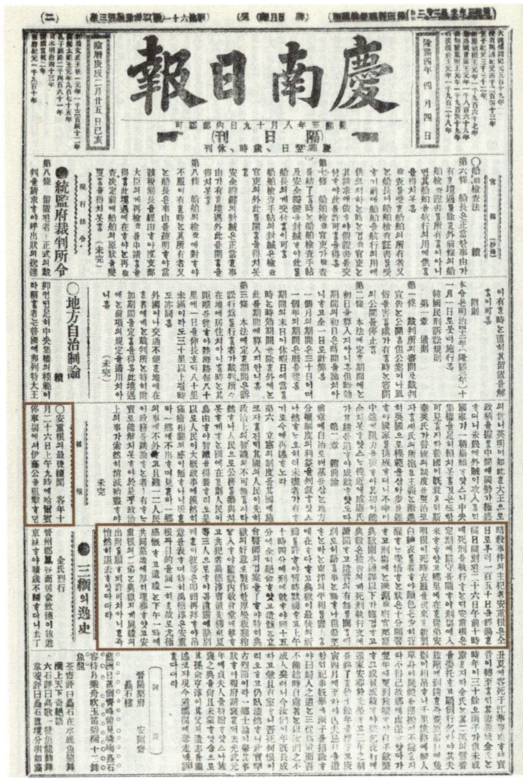
慶南日報

안중근의 최후속문(安重根의 最後續聞)

지난해 12월 26일 오전 9시에 하얼빈 정차장[154]에서 이토 공(公)을 저격하던 암살사건의 주범자 안중근은 같은 날(仝日)로부터 150일을 경과한 같은 날 같은 시각인 26일 오전 10시에 사형을 집행하는데 안중근은 정각에 감수(監守)[155]를 따라 형장에 들어왔고 고향에 있던 동생 안명근(安明根)이 (미상) 보낸(짐작한 번역) 수의로 새로 지은 하얀 명주옷을 입고 안색이 조금 창백하나 각오하는 모습은 매우 뚜렷하고 형장에는 미조부치(溝淵) 검찰관, 구리하라(栗原) 전옥, 소노키(園木) 통역 등이 임검하고 전옥은 피고에게 사형집행문을 읽어서 듣게 하고 유언의 유무를 물었다. 특별히 말할 것은 없으나 단지 희망하는바, 동양의 평화를 진력해 달라고 했다. 전옥이 최후의 기도를 허락하여 잠시 묵념하고 오전 10시 4분에 형(刑)에 취(就)하여 동(同) 15분에 완전히 절명하였고 유해는 입회 의사의 검안을 마쳐 특별히 전옥의 호의로 제작한 두꺼운 송판 침관에 넣어 감옥 내 교회당에 옮기고 공범자 우덕순(禹德淳), 조도선(曺道先), 유동하(柳東夏) 3인으로 하여금 죽은 사람의 혼령을 결별하게 한 뒤 그들은 고개를 숙여 재배(再拜)하여 조의를 표했는데 특히 우덕순은 안중근과 목적을 같이한 연유로 더욱 슬퍼했다. 유해는 오후 1시에 공동묘지에 깊이 매장하였고 안중근의 두 동생은 전옥에게 시체의 출부(出府)[156]를 원하되 허가하지 아니한즉 초연(悄然)[157]히 퇴거하였다더라.

---

154 하얼빈역.

155 감옥을 지키는 사람. 간수.

156 밖으로 부침.(편자 역)

157 근심하다, 의기소침하다.

3) 신한국보(新韓國報)

· **의사탁제**(1910.03.08)

◎의ᄉᆞ탁뎨 려슌감옥에잇ᄂᆞᆫ 의ᄉᆞ
안즁근씨가 그두뎨씨의게 부탁ᄒᆞ
기를 ᄂᆡ가감옥즁에셔 쥭으리니 ᄂᆡ
시톄ᄂᆞᆫ 본국으로 운수ᄒᆞ여 가지말
고 합이빈 공원부근에미장ᄒᆞ야 셰
계망국쟈로 경셩케ᄒᆞ라ᄒᆞ엿다더라

의사탁제

뤼순감옥에 있는 의사 안중근 씨가 그 두 동생에게 부탁하기를 내가 감옥에서 죽으리니 내 시체는 본국으로 운수해 가지 말고 하얼빈 공원 부근에 매장하여 세계망국자로 알리라고 하였다더라.

· **안씨장지**(1910.04.19)

○안씨쟝디 안즁근씨의유톄ᄂᆞᆫ 고
국으로 귀쟝홈은 불허ᄒᆞᄂᆞᆫ고로 려
슌감옥 공동쟝디에 미장 ᄒᆞ엿다
더라

안씨장지

안중근 씨의 유해는 고국으로 귀장함을 불허하는고로 뤼순감옥 공동장지에 매장하였다더라.

4) 황성신문(皇城新聞)

· 안중근 매장지 결정(1910.03.23)

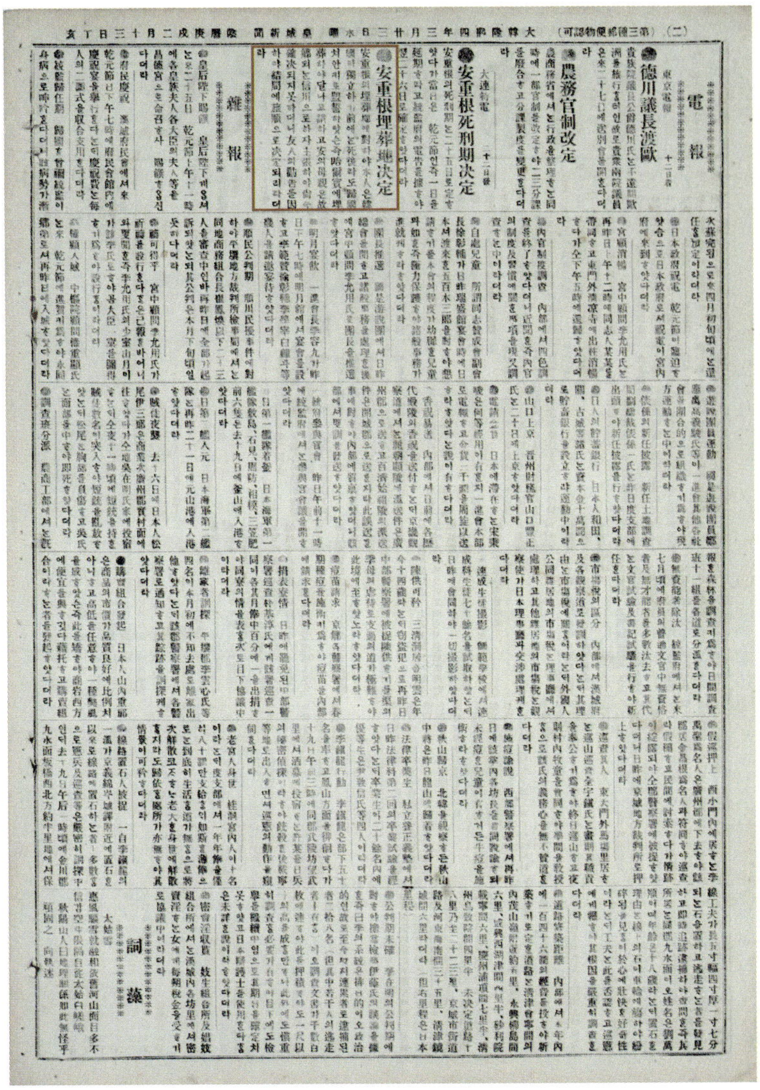

安重根埋葬地決定

安重根의埋葬地에對하야本人은韓國이獨立하기前에는死後라도歸國치안키로盟誓하얏슨즉哈爾賓에埋葬하야달나고請하고安의母親은故鄕되는信川으로하자主張하야아직確決되지못하더니友人의勸告를因하야旅順에埋葬으로決定되리라더라

안중근 매장지 결정(安重根埋葬地決定)[158]

안중근의 매장지에 대하여 본인은 한국이 독립하기 전에는 사후라도 귀국하지 않기로 맹세한즉 하얼빈에 매장하여 달라고 청하고 안(安)의 모친은 고향 되는 신천으로 하라 주장하여 아직 확결되지 못하더니 우인(友人)의 권고를 인하여 뤼순[159]으로 결정되리라더라.

---

158 번역 참고: 안중근 자료집 편찬위원회(2017),《국내 신문 중 안중근 기사 Ⅰ-황성신문》, 채륜

159 안중근 자료집 편찬위원회(2017)에서 '여순'으로 표기했으나 본 책에서 '뤼순'으로 수정.

· 안중근 사형 집행(1910.03.29)

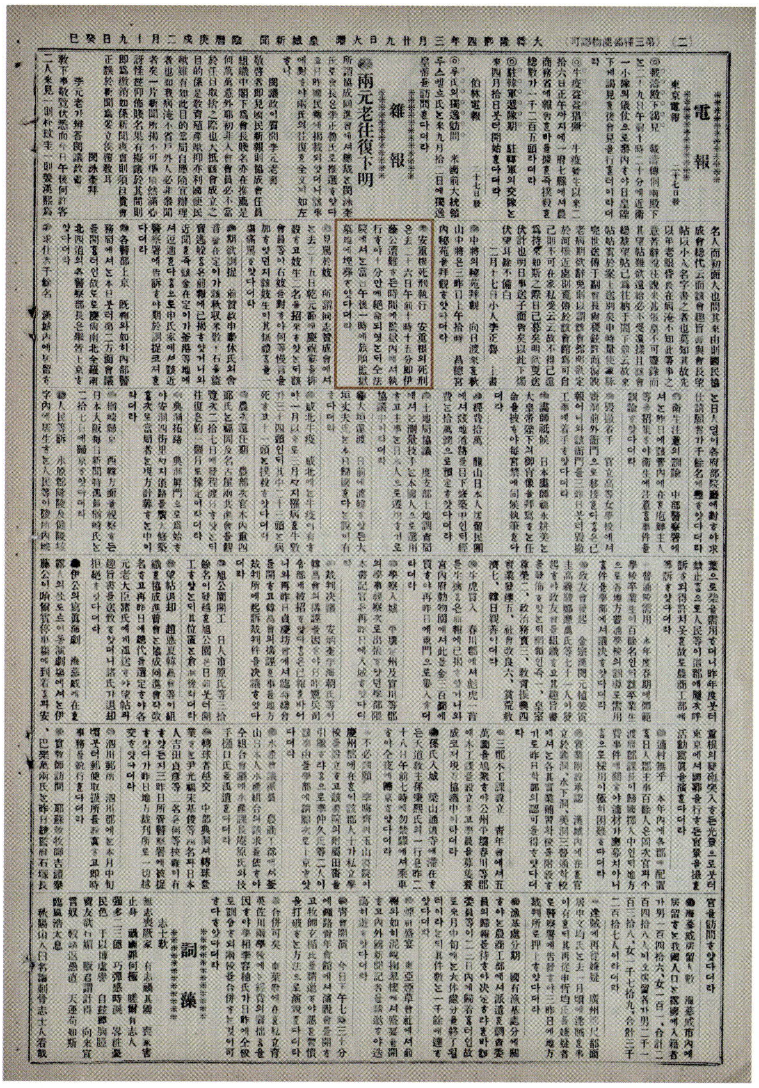
●安重根死刑執行 安重根의死刑은去二十六日午前十時十五分卽伊藤公遭難ᄒᆞ든時間에監獄內에서執行ᄒᆞ야十分만에絶命되엿는ᄃᆡ仝法院에서는當日午後一時에旅順監獄墓地에埋葬ᄒᆞ얏다더라

안중근 사형 집행(安重根死刑執行)[160]

안중근의 사형은 지난 26일 오전 10시 15분 즉 이토 공 조난하던 시간에 감옥 내에서 집행하여 10분만에 절명되었는데 동 법원에서는 당일 오후 1시에 뤼순[161] 감옥묘지에 매장하였다더라.

160 번역 출처: 안중근 자료집 편찬위원회(2017), 《국내 신문 중 안중근 기사 Ⅰ-황성신문》, 채륜

161 안중근 자료집 편찬위원회(2017)에서 '여순'으로 표기했으나 본 책에서 '뤼순'으로 수정.

· 안중근의 집형 후보(1910.03.30)

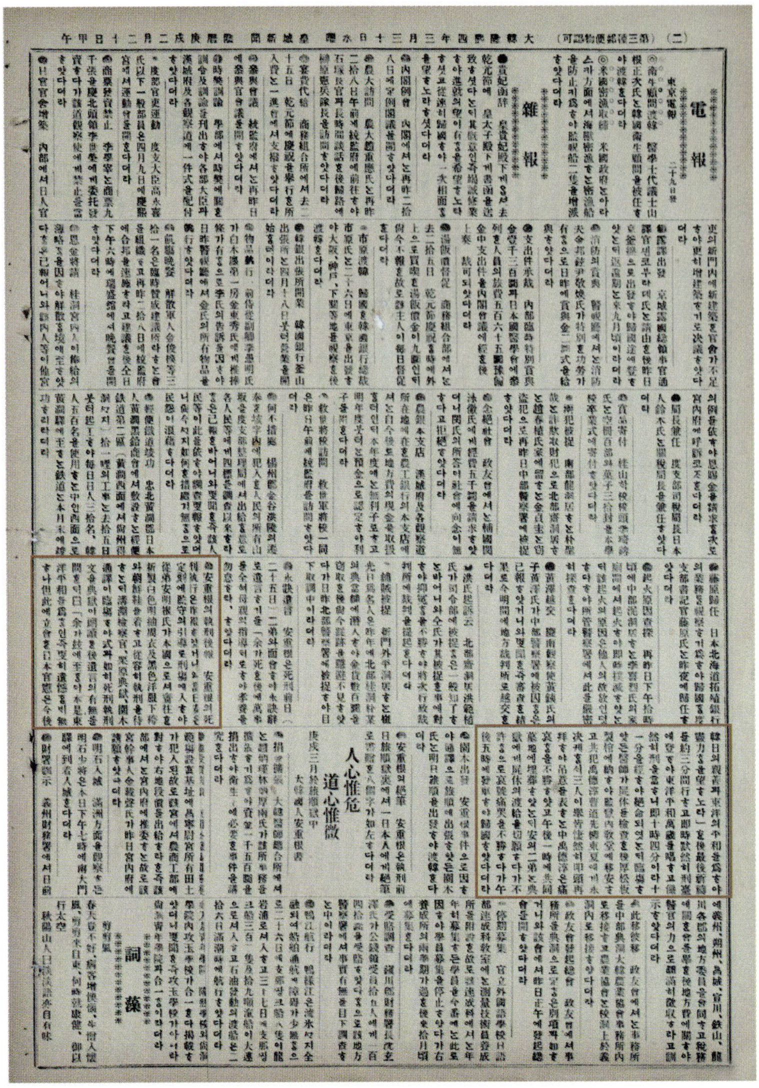

안중근의 집형 후보(安重根의 執刑後報)[162]

안중근의 사형 집행은 어제 보도하였거니와 당일 안은 정각에 감수의 인도로 형장에 입장하여 종제 안명근 씨가 본국에서 가져온 새로 만든 흰색 명주 두루마기와 검은색 양복 바지와 조선 신발을 신고 조용히 형 집행을 기다리는데 미조부치 검찰관, 구리하라 전옥, 소노키 통역이 입장하여 형식대로 사형 형 집행문을 전옥이 낭독한 후 유언의 유무를 물었는데 "내가 이에 이름이 본시 동양평화를 위함인즉 다시 유감이 없으나 단지 여기에 입회한 일본 관헌은 금후 한일의 친선과 동양의 평화를 위하여 진력함을 바라노라"한 후 최후 기도를 약 3분간 올리고 즉시 조용히 사형대에 올라 동양평화 만세를 부르고 엄연히 형을 당하니 즉 10시 4분이라 11분 지나 절명하였는데 현장에 있던 의사가 시체를 검사한 후 두꺼운 송판으로 만든 관에 입관하여 감옥 내 교당에 옮겨 공범 우덕순, 조도선, 유동하에게 영결케 할 때 3인이 모두 처연히 머리를 조아려 재배하여 조의를 표하는 중 우덕순은 애통함을 이기지 못하였고 오후 1시에 공동묘지에 매장하였는데 안의 두 동생은 전옥에게 시체의 인도를 간절히 원하다가 불허함으로 슬퍼하며 통곡을 이기지 못하다가 오후 5시에 출발하여 귀국하였다더라.

162 번역 출처: 안중근 자료집 편찬위원회(2017), 《국내 신문 중 안중근 기사 Ⅰ-황성신문》, 채륜

5) 신한민보(新韓民報)

· 안의사 취형(1910.03.30)

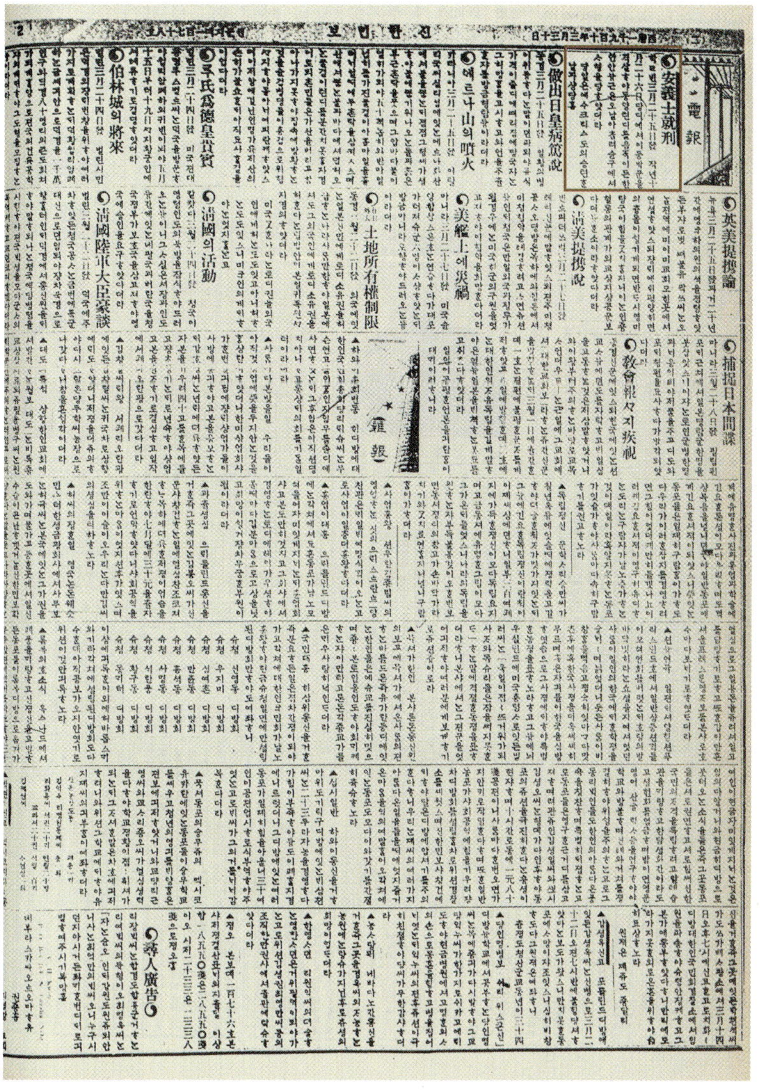

안의사 취형(安義士就刑)

하얼빈 3월 25일발. 작년 10월 26일 딩지에서 이도 히로부미를 격살하여 동양천지를 (비상) 한인 안중근은 오늘 아침 뤼순구에서 사형을 당하였다더라. 당일은 예수 그리스도의 승천한 날과 같음.

6) 연합뉴스

· 中, 안중근의사 유해 발굴 협조(1998.05.09)

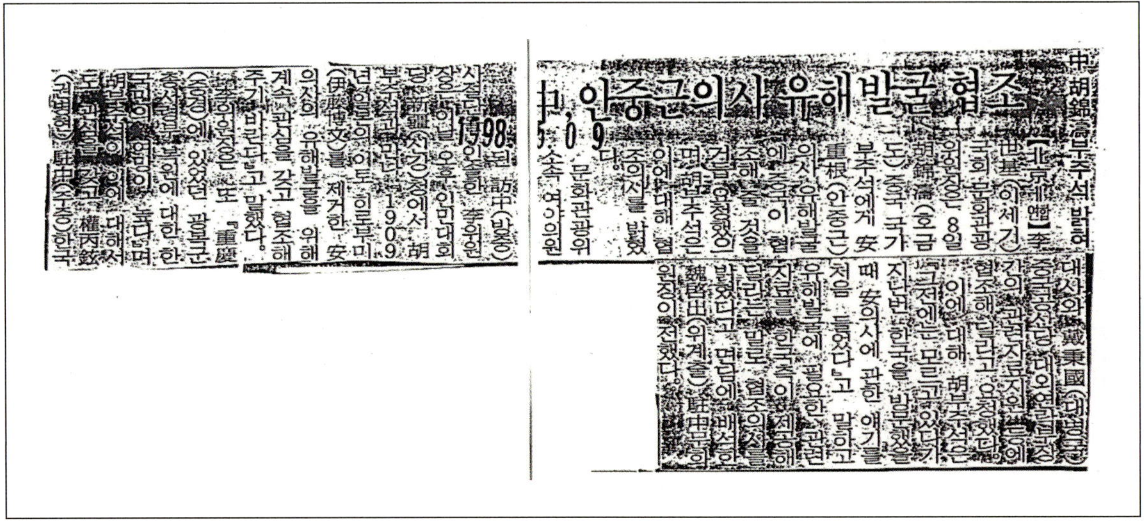
中, 안중근의사 유해 발굴 협조
中 胡錦濤 부주석 밝혀

中, 안중근의사 유해 발굴 협조

中 胡錦濤 부주석 밝혀

【北京 연합】

이세기(李世基) 국회 문화관광 위원장은 8일 胡錦濤(호금도)[163] 중국 국가 부주석에게 安重根(안중근) 유해 발굴에 중국이 협조해 줄 것을 거듭 요청했으며 胡 부주석은 이에 대해 협조 의사를 밝혔다. 문화관광위 소속 여야 의원 (미상)된 訪中(방중) 사절단을 인솔한 李 원장은 이날 오후 인민대회당 新疆(신강)[164]청에서 胡 부주석과 만나 "1909년 일본의 이토 히로부미(伊藤博文)를 제거한 安 의사의 유해 발굴을 위해 계속 관시을 갖고 협조해 주기 바란다"고 말했다. 李 위원장은 또 "重慶(중경)[165]에 있었던 광복군 총사령부 복원에 대한 한국민의 여망이 높다"며 胡 부주석이 이에 대해서도 관심을 갖고 權丙鉉(권병현) 駐中(주중) 한국 대사와 戴秉國(대병국)[166] 중국 공산당 대외연락부장 간의 관련 자료 지원 등에 협조해 달라고 요청했다. 이에 대해 胡 부주석은 "그전에는 모르고 있다가 지난번 한국을 방문했을 때 安 의사에 관한 얘기를 처음 들었다"고 말하고 유해 발굴에 필요한 관련 자료를 한국 측이 제공해 달라는 말로 협조의사를 밝혔다고 면담에 배석한 魏啓出(위계출) 駐中(주중) 문화 위원장이 전했다.

---

163 후진타오

164 신장

165 충칭

166 다이빙궈

잡지

신태양사에서 발간한 월간지 〈실화〉 1956년 4월호에 안현생 회고록이 실려 있다.

안현생(安賢生, 세례명:테레사 1902~1960)은 안중근 의사의 외동딸이다. 효성여자대학교(대구 카톨릭 대학 전신)에서 불문과 교수로 재직했다. 안현생의 효성여대 문학과교수(전공 불문학)로 재직했던 기록인 사령원부(辭令原簿)가 발견되었다. 1953년 4월 1일부터 1956년 3월 31일까지 3년간 근무하였다. '음력 2월 18일(양력 1953년 4월 1일) 교수(教授)에 임(任)함 안현생(安賢生)'기록되어 있다. 안현생은 청록파 시인 조지훈(趙芝薰, 1920~1968)과 문학과 교수로 재직했다. 안중근 의사는 2남 1녀를 두었다. 외동딸 안현생은 종현성당(명동성당)에서 8세 때 아버지 안중근을 잃고 프랑스인 신부의 보호를 받으며 살았다. 13세 때 제정러시아로 망명했다. 16세때 상하이 프랑스 조계지에서 불문학과 미술을 공부했다. 그 후 서울 이주 후, 한국전쟁이 일어나자, 대구로 피난 후 효성여대에서 임직을 하였다. 전쟁 후 서울로 이주하여 거주했다. 1960년 서울 북아현동에서 고혈압으로 58세 별세했다. 안현생 유해는 부산 남구 용호동 천주교 묘지에 있다.

안현생 회고록(수기 원문은 1956년 월간지 〈실화〉 4월호)이 실린 〈실화〉는 1953년 신태양사에 창간한 월간지이다. 안중근 의사와 삶과 안중근 의사 딸로 살아온 삶이 기록되어 있다. 안중근 의사 기념사업회(이사장 함세웅)에서 발굴했다. 본 내용은 2010년 3월 26일 시사 IN 주진우 기자 내용을 소개하였다.

회고록에 기록된 안중근 유해 관련 내용을 보면, 선친(역자 주 안정근)은 안중근 의사 매장지를 신문을 통하여 알았음을 회고하였다. 애석하게도 표기를 (XX)하여 비밀로 숨겼다. 그리고, 중국인과 외국인이 안중근 의사 묘지를 순국일에 찾아 방문하였고, 일본인도 분향했다고 소개한다. 그 후 안정근이 광복 후 고국으로 안중근 의사 유해 반장을 회고하고 있다.

1) 《실화》(實話)

· 안현생 회고록(《실화》 1956년 4월호)

· 발행처: 신태양사

· 작성자: 안현생(안현생의 수기(手記))

· 〈시사 IN〉 2010년 3월 26일자 기사([단독] 안중근 의사 딸 수기 발굴, "고국에 돌아와도 의지하고 찾아갈 곳이 없었다", 주진우 기자)에서 일부 인용(안중근 의사 기념사업회(이사장 함세웅)에서 발굴)

안현생 회고록

(……) 또한 저희들을 감격하게 한 것은 해마다 선친이 돌아가신 3월 27일이면 중국 사람을 비롯한 외국 사람들까지도 그 묘지를 찾아주었다는 사실입니다. 일본 사람들도 그날이면 분향을 했습니다. 얼마 전 향항(香港, 홍콩)을 거쳐 중국에서 돌아 온 사람이 전하는바 지금도 그 묘지를 찾아주는 사람이 많다고 합니다.

8 · 15 해방이 되면서 선친의 유언대로 고국에 모시려고 했습니다만 국제정세가 미묘했던 관계로 뜻을 이루지 못했습니다. 셋째 숙부님은 일찍이 중국에서 세상을 떠나시고 둘째 숙부님은 "형님이 그렇게 유언하셨는데 어찌 나만이 고국으로 돌아갈 수 있느냐"라고 하시면서 고국에 돌아올 것을 거부하고 국제정세가 좋아지면 선친의 유언대로 선친을 모시고 고국에 돌아가겠다고 말씀하셨습니다. 그 후 공산당이 정권을 잡게 되었고 숙부님은 상해와 대만을 오고 가고 하시다가 중국에서 세상을 떠났습니다. (……)

2. 역사 기록

1) 매천야록

《매천야록》은 조선 말기 황현(黃玹)이 1864년부터 1910년까지의 역사를 기록한 비사(祕史)로 안중근의 의사에 대한 기록도 실려 있다. 《매천야록》 중 안중근 의사의 유해와 관련된 내용이 실린 두 건의 기록을 한국 국립중앙도서관에 소장된 자료[167]를 통해 조사 제시했다. 두 건 모두 1910년(융희(隆熙) 4년 경술(庚戌))에 기록한 것으로 각각 〈安重根死〉, 〈安重根墓地〉라는 제목을 달고 있다. 그 내용으로는 안중근 의사의 뤼순감옥에서 처형, 안중근 의사의 유언, 뤼순감옥에서의 장례에 대한 내용을 실려 있다. 본 책에서 그 내용과 번역문을 함께 제시했다.

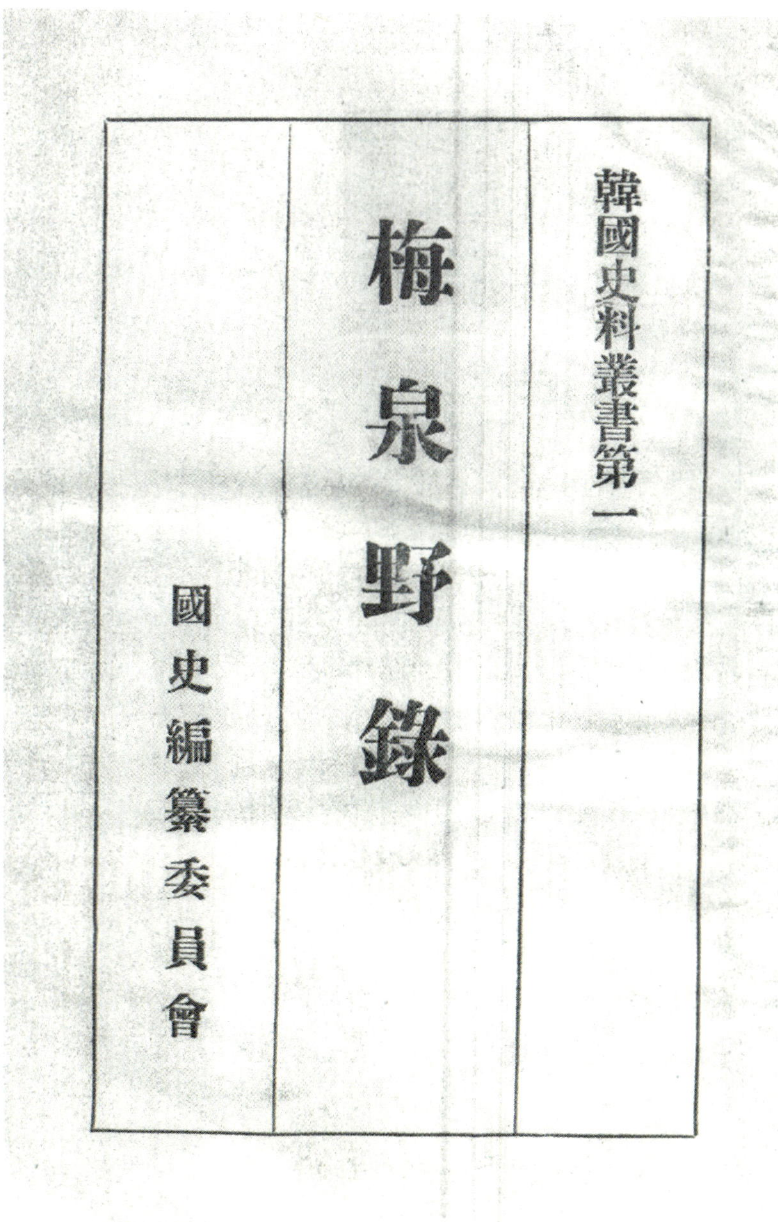
韓國史料叢書第一

梅泉野錄

國史編纂委員會

《매천야록(梅泉野錄)》 표지

167 국사편찬위원회(1955), 《梅泉野錄》, 新志社

· 안중근 죽다(安重根死)

· 기록 시기: 隆熙(융희) 4년 庚戌(경술) (1910년)

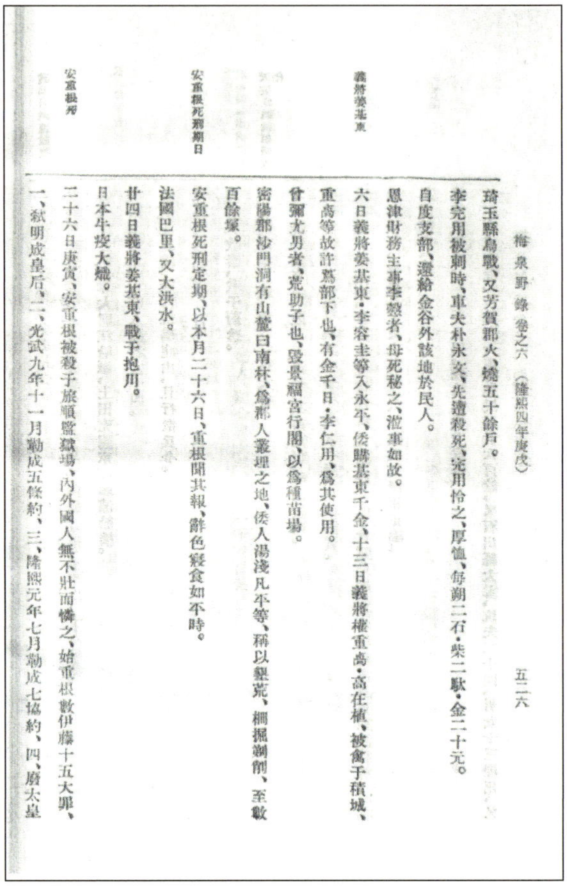

梅泉野錄 卷之六 (隆熙四年庚戌) 五二六

琦玉縣烏戰、又芳賀郡火、燒五十餘戶。
李完用被刺時、車夫朴永文、先遭殺死、完用怜之、厚恤、每朔二石・柴二駄・金二十元。
自度支部、還給金谷外該地於民人。
恩津財務主事李盤者、毋死秘之、涖事如故。
義將姜基東
六日義將姜基東・李容圭等入永平、倭購基東千金、十三日義將權重高・高在植、被禽于積城、
重高等故許蔿部下也、有金千日・李仁用、爲其使用。
曾彌尤男者、荒助子也、毁景福宮行閣、以爲種苗場。
密陽郡沙門洞有山麓曰南林、爲郡人叢埋之地、倭人湯淺凡平等、稱以墾荒、擱掘瀏削、至數
百餘塚。
安重根死刑定期日
安重根死刑定期、以本月二十六日、重根聞其報、辭色寢食如不時。
法國巴里、又大洪水。
廿四日義將姜基東、戰于抱川。
日本牛疫大熾。
安重根死
二十六日庚寅、安重根被殺于旅順監獄場、內外國人無不壯而憐之、始重根數伊藤十五大罪、
一、弑明成皇后、二、光武九年十一月勒成五條約、三、隆熙元年七月勒成七協約、四、廢太皇

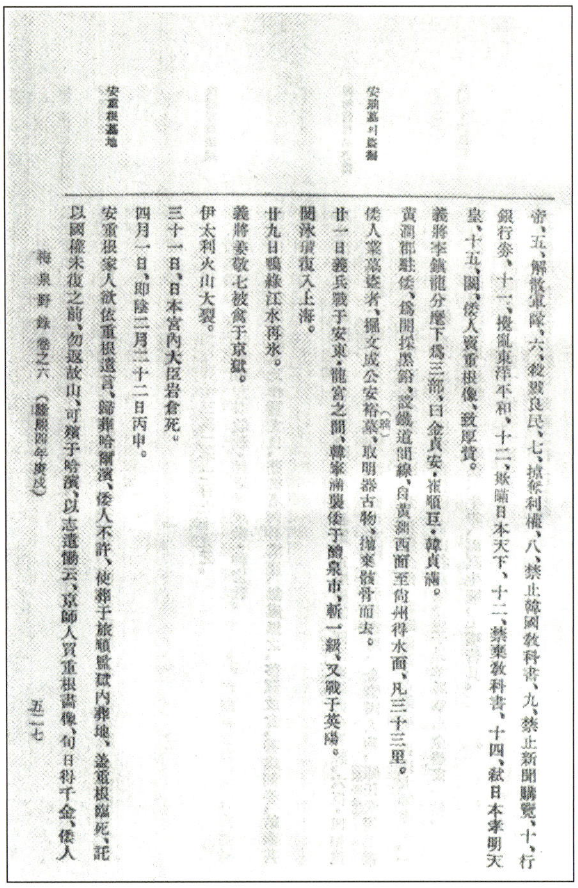

帝、五、解散軍隊、六、殺戮良民、七、掠奪利權、八、禁止韓國教科書、九、禁止新聞購覽、十、行
銀行券、十一、攪亂東洋不和、十二、欺瞞日本天下、十三、禁棄教科書、十四、弑日本孝明天
皇、十五、闕、倭人賣重根像、致厚貲。
義將李鎭龍分麾下爲三部、曰金貞安・崔順亘・韓貞滿。
黃澗郡駐倭、爲開採黑鉛、設鐵道間線、自黃澗西面至尙州得水面、凡三十三里。
安瑚墓의 盜掘
倭人業墓盜者、掘文成公安裕(騎)墓、取明器古物、擲棄骸骨而去。
廿一日義兵戰于安東・龍宮之間、韓峯滿襲倭于醴泉市、斬一級、又戰于英陽。
閔泳瓚復入上海。
廿九日鴨綠江水再氷。
義將姜敬七被禽于京獄。
伊太利火山大裂。
三十一日、日本宮內大臣岩倉死。
四月一日、卽陰二月二十二日丙申。
安重根墓地
安重根家人欲依重根遺言、歸葬哈爾濱、倭人不許、使葬于旅順監獄內葬地、蓋重根臨死、託
以國權未復之前、勿返故山、可殯于哈濱、以志遺慟云、京師人買重根畫像、旬日得千金、倭人

梅泉野錄 卷之六 (隆熙四年庚戌) 五二七

안중근 죽다(安重根死)[168]

26일, 안중근(安重根)이 뤼순(旅順) 감옥에서 처형되자 국내외 인사들은 그를 장하게 여기는 한편, 가련하게 생각하였다.

처음에 안중근은 이토 히로부미(伊藤博文)에 대한 15항의 대죄(大罪)를 다음과 같이 역설하였다.

1. 명성황후(明成皇后)를 시해한 것.
2. 광무(光武) 9년(1905년) 11월에 5조약을 강제 체결한 것.
3. 융희(隆熙) 원년(1907년) 7월에 7조 협약을 강제 체결한 것.
4. 태황제(太皇帝)를 폐위(廢位)한 것.
5. 군대를 해산한 것.
6. 양민을 살육한 것.
7. 이권(利權)을 약탈한 것.
8. 한국 교과서를 금지한 것.
9. 신문 구독을 금지한 것.
10. 은행권(銀行券)을 발행한 것.

168 번역 참고: 황현 저, 김준 역(1994), 《(完譯)梅泉野錄》, 教文社, 황현 저, 이장희 역(2008), 《매천야록(梅泉野錄).上, 中, 下》, 明文堂

11. 동양의 평화를 교란한 것.

12. 일본 천하를 기만한 것.

13. 교과서를 금지하여 폐기한 것.

14. 일본 효명천황(孝明天皇)을 시해한 것.

15. (闕)

그 후 일본인들은 安重根의 사진을 팔아서 큰돈을 벌었다고 한다.

· **安重根墓地**

· 기록 시기: 隆熙 4년(1910년) 庚戌

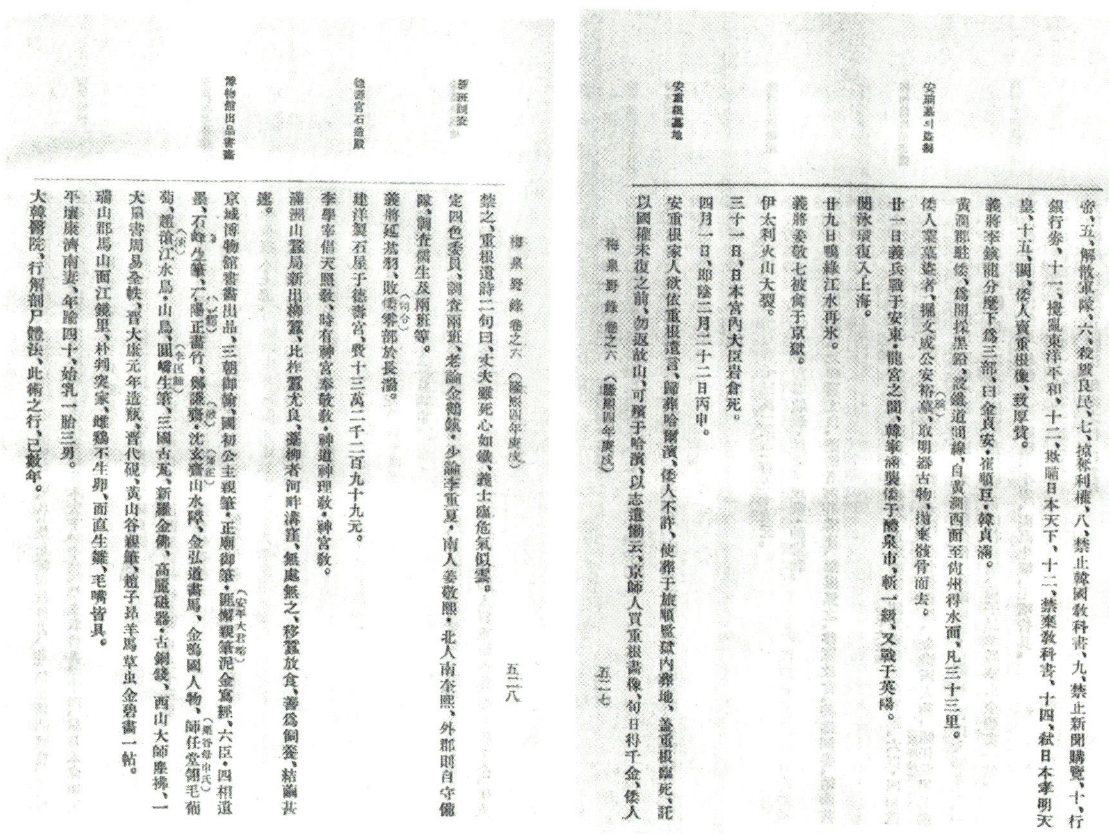
帝、五、解散軍隊、六、殺戮良民、七、掠奪利權、八、禁止韓國教科書、九、禁止新聞購覽、十、行銀行券、十一、攪亂東洋平和、十二、欺瞞日本天下、十三、禁棄教科書、十四、弑日本孝明天皇、十五、闕、倭人賣重根像、致厚貲。

義將李鎭龍分麾下爲三部、曰金貞安・崔順巨・韓貞滿。

黃澗郡駐倭、爲開採黑鉛、設鐵道間線、自黃澗西面至尙州得水面、凡三十三里。

倭人業墓盜者、掘文成公安裕墓、取明器古物、撤棄骸骨而去。

廿一日義兵戰于安東・龍宮之間、韓寧滿襲倭于醴泉市、斬一級、又戰于英陽。

閔泳璜復入上海。

廿九日鴨綠江水再氷。

義將姜敬七被禽于京獄。

伊太利火山大裂。

三十一日、日本宮內大臣岩倉死。

四月一日、卽陰三月二十二日丙申。

安重根家人欲依重根遺言、歸葬哈爾濱、倭人不許、使葬于旅順監獄內葬地、蓋重根臨死、託以國權未復之前、勿返故山、可殯于哈濱、以志遺慟云、京師人買重根畵像、旬日得千金、倭人

梅泉野錄 卷之六 (隆熙四年庚戌) 五二七

梅泉野錄 卷之六 (隆熙四年庚戌) 五二八

禁之、重根遺詩二句曰、丈夫雖死心如鐵、義士臨危氣似雲。

定四色委員、調査兩班、老論金鶴鎭・少論李重夏・南人姜敬熙・北人南奎熙、外郡則自守備隊、調査儒生及兩班等。

義將延基羽、敗倭寇部於長湍。

建洋製石屋于德壽宮、費十三萬二千二百九十九元。

李學宰倡天照敎、時有神宮奉敬敎・神道神理敎・神宮敎。

滿洲山蠶局新出柳蠶、比柞蠶尤良、蓋柳者河畔滿莛、無處無之、移蠶放食、善爲飼養、結繭甚速。

京城博物館書畵出品、三朝御翰、國初公主親筆・正廟御筆・匪懈親筆泥金寫經、六臣・四相遺墨、石峰先筆、丁陽正書竹、鄭謙齋・沈玄齋山水障、金弘道書馬、金鳴國人物、師任堂翎毛梅菊、鄭滄江水鳥・山鳥、圖蟠生筆、三國古瓦、新羅金佛、高麗磁器・古銅錢、西山大師麈拂、一大皇書周易全帙、晋大康元年造瓶、晋代硯、黃山谷親筆、趙子昂羊馬草虫金碧畵一帖。

瑞山郡馬山面江鏡里、朴判奕家、雌鷄不生卵、而直生雛、毛嘴皆具。

平壤康濟南妻、年踰四十、始乳一胎三男。

大韓醫院、行解剖尸體法、此術之行、已數年。

안중근 묘지[169]

안중근의 집에서는 그의 유언에 따라 하얼빈에서 장례를 치르려고 하였으나, 일본인들은 그를 불허하여 뤼순감옥 내에서 장례를 치르도록 하였다. 그것은 안중근은 처형될 때 "국권이 회복되기 전에는 고국 산으로 반장(返葬)하지 말고 하얼빈에다가 임시로 묻어 나의 비통한 마음을 표시하라."라고 하였기 때문이다.

이때 서울에서 사람들이 안중근의 화상(畫像)을 사서 10일 사이에 일확천금을 하므로 일본인들은 그 화상을 팔지 못하도록 하였다.

안중근은 두 구절의 유시(遺詩)를 남겼다. "丈夫雖死心如鐵 義士臨危氣似雲(장부는 죽더라도 마음은 철과 같고, 의사는 위기에 처해도 기개는 구름과 같다)".

169 번역 참고: 황현 저, 김준 역(1994),《(完譯)梅泉野錄》, 教文社, 황현 저, 이장희 역(2008),《매천야록(梅泉野錄).上, 中, 下》, 明文堂

3. 조사보고

1) 김영광 선생 안중근 의사 유해 조사안

김영광 선생이 2010년 2월에 〈1910년대 안중근 의사 묘지〉[170]라는 제목으로 안중근 의사 유해 조사안에 대해 기록했다. 이 자료의 한글본은 한양대학교 김성수 교수에게 제공받았고 중문본은 뤼순일아감옥구지 박물관에서 제공받았다. 이 자료에는 사형집행 전후의 일본 측 보고 내용(사형집행 상황, 연도별 사형자 일람, 감옥서 규칙)과 그동안 관계자의 증언을 토대로 한 감옥묘역 답사 내용 등을 기록했다. 안중근 의사가 사형당한 지 오랜 시간이 지난 만큼 유해 발굴이 쉽지 않으므로 관계자의 증언의 중요성을 강조했다. 이 자료에서는 주요 증언자 신현만(상이군인 출신, 2004년 사망), 이국성(중국 출생, 우당 이회영 선생 손자), 김파(안중근 의사의 하얼빈 의거 동지인 유동하의 생질), A 氏(김영광 선생의 조사안 작성 당시 35년째 뤼순감옥에 근무 중), 다롄대학교의 유병호 교수, 고가 하쓰이치(해방 전까지 뤼순형무소 의사로 근무) 등의 증언을 바탕으로 1910년대 묘역은 샹양지에(向陽街) 뒷산인 것으로 추정했다. 즉 뤼순일아감옥구지 박물관의 뤼순일아옛터 공동묘지를 의미한다. 이 자료에서 주요 관련자들의 증언을 토대로 현지 답사를 통하여 안중근 의사의 묘지를 추정했다는 점에서 안중근 의사의 향후 유해 발굴에 많은 단서가 될 것이다. 본 책에서 이 자료의 한글본과 중문본을 함께 제시했다.

170 〈1910年代安重根義士的墓域〉

· 〈**1910年代安重根義士的墓域**〉 (**1910년대 안중근 의사의 묘지**)

· 김영광 선생 안중근 의사 유해 조사안(중문본)

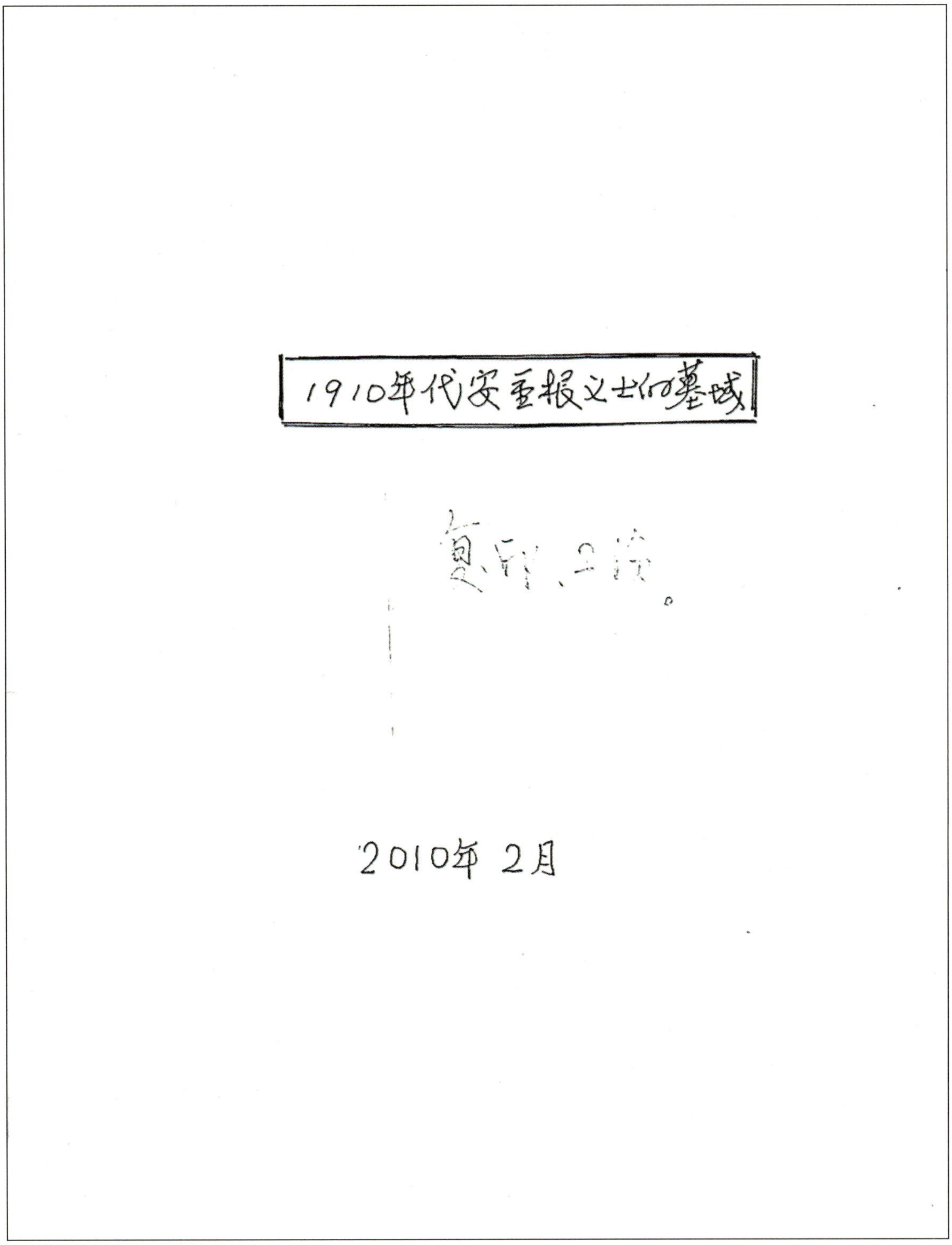

1910年代安重根义士的墓域

[illegible]

2010年 2月

〈1910年代安重根義士的墓域〉 표지

1910年代安重根义士的墓域

一，前言

安重根义士，是我们民族的骄傲，是顶天立地的抗日英雄。他于1910年3月26日，在旅顺监狱的刑场上英勇殉国。"要是国权恢复那天，将我的骨骸移葬在祖国故土上。"这是安重根义士遇难时留下的唯一遗言。

其后，国权恢复，政府成立，已经过61年，然而，他的孤魂却仍然因悬在万里异域，旅顺监狱的共同墓域上空。

在迎接纪念"8.15"光复60周年之际，南、北韩及中国三方达成协议，决定共同开展安重根义士遗骸发掘工作。

政府于2008年4月，在旅顺监狱尾墙后面一带3000余平（今井房子——据当时旅顺监狱

第1页

典狱长栗田的二女儿伊惠小姐9岁时得闻崔书勉所指证的地点——北纬38度，49分，3秒，东经12度，15分，43秒），第1次开展了发掘工作。当时，虽然动员了现代装备和地质学者等专门人力，但是，被发掘出的只是些破碎的碗块垃圾，未能发现遗骸踪迹。

得到这种结果，是必然的。因为这只是当时政府只注重了伊惠小姐的证言而开展的主观的单方面发掘工作。

然而，既使如此，我们也不能中断发掘工作。无论遇到多大的困难，也要千方百计地努力，一定要寻出安重根义士的遗骸旧址，以使其孤魂得到慰借，报答其爱国忠心和殉国衷情。

恰巧此时，《东亚日报》（2009.4.23）刊登了"独立运动家李会荣先生的孙子李国成，

第2页

13岁时曾于1958年随父李圭一到过安重根义士墓所"的记者会见的报导。

这与"8.15"解放前居住在大连的学生时代曾参拜过安重根义士墓所的申铉蕩于1983年所指证的"向阳街"地点，几乎是一致的。

由此，根据申、李二人一致性的证言以及第1次发掘工作失败的现场专家的提议，颇感有重新综合研究的必要性。于是从2009年9月到18日，利用4天时间，金荣光、李国成、郑志燮三人，重新踏查了现场，并写出书面报告材料。

二，近以死刑前后日本方面的报告内容

1，旅顺监狱的沿革

·1904年，日本在俄日战争后，设置了关东都督府（起初是俄国设置的）。

第3页

·1906年，日本都督府开始用于监狱所（收容200名）。

·1926年，将其改称为关东厅刑务所。

·1934年，又改称为关东刑务所（并设置死刑场）。

·1939年，最后改称为旅顺刑务所。

2，执行死刑情况（统监部翻译园木末喜的报告内容）

·对被告人安重根的死刑，是在1910年3月26日，午前10时，于狱内刑场上执行的。

·首先向其命恙执行死刑之意，问其有无遗言。他说"没有"，只提出要三呼"东洋和平万岁"之要求，未予许可。

·用白布蒙其脸和眼睛，并予以一定的

第4页

请告机会。

。这天，他穿的，是前天由故乡送来的朝鲜服装（上衣是柏木绸、下衣是黑裤）。

。由两名看守扶他登上台阶，坐在绞索台上受刑的。

。时间是上午10时4分，监狱医师确认其于10时15分绝命的。

。安重根的态度，非常沉着冷静，言语无误，毫无紊乱，泰然自若，洁净利索地受死。

。10时20分，将尸体装在由监狱特制的寝棺里，运往至教堂。共犯禹德顺、曹道先、刘东夏被允拜后，午后1时葬在监狱共同墓地。

。安重根的两个令弟得到消息，要求引

5

渡尸体。二人恨愤，发狂，但根据监狱法94条规定，向其说明了不能交付。

。对此，他们喊天哭地，大声疾呼，发疯似地暴跳如雷。狱吏动用警察，将二人强制搭乘从旅顺开往大连的火车，遣放。

。安重根在狱中，自书传《安应七的历史》已脱稿；但《东洋和平论》一文，由于赴刑，只写到总论和各论1节，未能全部脱稿。

3，死刑者年度一览表

年度	日本人	朝鲜人	中国人	计
1906			16	16
1907			25	25(女1)
1908	3		19	22(女1)
1909			1	1
1910	1	1	7	9
1911				
1912			1	1
1913			1	1
1914				
1915			1	1

6

※从1906年监狱开所后10年时间里，被处以死刑的共有60名程度。其中1910年唯一的朝鲜人，是安重根义士。

4，监狱署规则（182条）

。死亡后，在24小时内，无人请求交付尸体的，均葬在监狱墓地。

。在埋葬场，要标记死者姓名，死亡年月日。

※监狱当局认为，如若将安重根义士的尸体交付给遗族，唯恐其墓所将成为韩国独立运动圣地，故拒绝交付尸体的。

5，其他

旅顺监狱，1945年日本战败后，改做监狱博物馆，而监狱墓地的管理处于闲置无人管理状态。

7

三，监狱墓域踏查结果（有关人员的证言）

旅顺监狱，自从1904年开工修建到1906年开所以来，随着死刑人数的渐增，监狱的共同墓地，也相继扩张到4、5处。最先开建的，是向阳街后山第1墓域。它位于从监狱（正门）向东500米之处；第2墓域，是从监狱（正门）向东300米的野山一带；第3、4墓域，由于其规模较小，难以分辨。此谓有关人员说明的。

踏查期间，根据有关人员的证言，确认现场，其结果如下：

1，申铉满（2级伤痍军人出身，2004年去世）

。在大连学生时代，即1944年以后，曾3次参拜过安重根义士的墓地（《崇慕会芳名录》记录）。

8

。当时通过溶安局，在回名人11人中，找到居住在汉城（首尔）九波披的申铉满确认。申铉满指证，“从经营汽车排修工厂出发，横走、奔向旅顺方向的左边，就可以参拜安重根义士的墓所”。

。墓所成3个梯形。安重根义士的墓地在第2排最右侧。墓前刻木上记有“安重根之墓”，而其后3个字已趋于腐蚀。

。记得，从旅顺监狱正门，向东走500米，就是安重根义士的墓所。（1983年3月证言）

照片
申铉满指着旅顺市内地图回忆过去

1944年参拜安义士墓地的申铉满指证过的金荣光副会长所画的地点

2，李国成（友堂李会荣先生的孙子，生于中国湖州）

。13岁时，即1958年随父亲（李圭一）曾到过安重根义士的墓所。（2009年4月23日《东亚日报》记事）

。参拜地点是推定，从旅顺监狱（正门）向东300米处的野山。（此次确认结果，与上述申铉满所指证的向东500米地点的方向相一致。）

3，金波（安重根义士的同志，俞东河妹妹的儿子，大连市《诗人协会》会长）

。“纪念安重根义士讲演车”访问大连时（2005年3月25日）金波会长本人将金荣光邀至宾馆，转达了旅顺刑务所反被指证的监狱墓所略图等四点资料。

。安重根义士的墓所，在旅顺监狱之东，同过去高等法院恰成三角的地方，这是从母亲那里听到的。

。虽未能具体找到墓所、参拜，但决不在原来政府第1次发掘团作业的地点（2008年4月发掘现场上的证言）。

略图

※上述手文的墓所略图，分别向A某和俞炳浩教授including示，并要求他们确认。结果，得到了在地图上所标志的旅顺向阳街墓所，同第1墓域一致的证言。

4、A某（旅顺监狱博物馆某职工作人）

。35年工作、研究结果，向阳街后山，

推定为1910年代监狱墓域。

。随着死刑人数的增多，在旅顺监狱东北方向300米距离，新设了第2墓域。1930—40年代，在这里主要埋葬了被处以死刑的人。

。现在监狱博物馆里，所展示的模型和陪副的物品，也是从第1墓域中发掘而出土的。

※A某边幸向引领现场，边说明（2009年9月16日）。

5，俞炳浩（大连大学教授，《大连市安重根研究会》副会长）

。研究结果，可见向阳街后山墓域，是最先开设的。

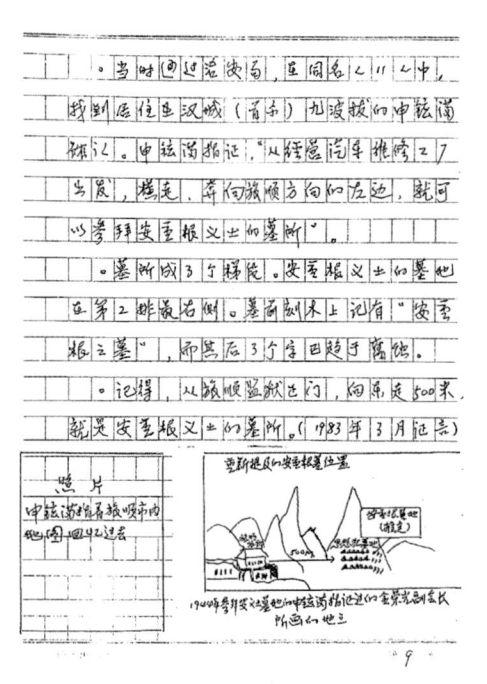

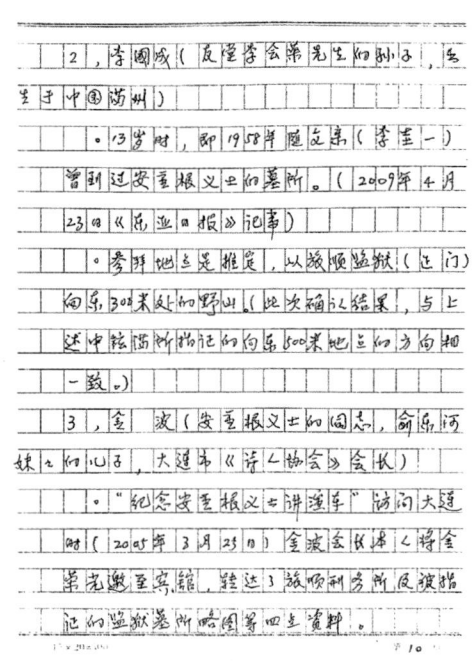

。此地研究家们一致推定为安义士葬这

此处。

○去年，第1次发掘没有采纳当地人提名的看法和意见。这是韩国政府主管的发掘工作，当时我们只能随着。

6．张新华（居住在向阳街的中国人、85岁）

○虽然没有亲眼看到埋葬死囚，但这里的住民均晓知此处是旅顺监狱墓地。

○随着开发热，应及开发难，大连市厅正式在此处做了"旅顺监狱墓地旧址"标志。

○众所周知，此地放为文化之财，具有保存价值的。

7．古贺初一（原旅顺监狱医师）

○直到1944年，在旅顺监狱工作，做医务，归国。

○1999年10月（当时84岁），回首追忆过去，曾经访问过旅顺，观览监狱。

○由A某引领，踏查过监狱墓地，并言证，当时所判安重根义士葬在此处。

四、结论

○光阴流水，岁月已逝百年，按现在的视点要寻求安重根义士之遗骸，并非易事。再说，如今也没有其他举证和考证资料。因此，只能汇集有关人员的证言和传言，这是实情。尤其是从安重根义士被检举到死刑的5个月期间，对当直接管制安重根"罪囚"的当时裁判部、狱吏等日本方面的有关人员的证言，比任何一个旁证都重要，只好予以相当比重的重视和对待。

因此，崔书勉先生保留地只接受了伊惠女

士8、9岁时记忆的证言，执着地着手第1次发掘工作。当然，这不能怪他，然而，最终结果，还是事与愿违，未能达到预期目的。

○在日本方面的相关报告文里，分明记录着安重根义士的墓不是个人之墓，而是监狱共同墓地。如果是这样，发掘遗骸工作，首先必须弄清1910年代最早的监狱共同墓地的准确地点，然后着手开展发掘工作，才是正路。

○第1次发掘调查团，南、北韩，中国三方也曾举论过第1墓域的地点，但由于只听取了北韩金钟秀团长一方的发言（1986年夏，派遣了我们工作人员，在监狱共同墓地之处——向阳街踏查结果，此地已经改变成红署地状况……被旅顺监狱收监的，处以死刑后，一旦葬在墓地，尸体腐烂，便将其骸骨再挪到别处。这是

当时从周相荣馆长那里听到的。）．疏忽和错过了监狱墓地，过于轻信伊惠女士的证言。这是大家最后评价的一个问题（《安重根义士遗骸发掘报告书》P 31）

○这期间，指证安重根义士葬在向阳街后山的证人有：

▲申铉满：访美华人先生，2004年去世、

▲李国成：生于中国，表望李会荣先生的孙子。

▲金 波：安重根义士的义举同志，禹东河的曾孙，居住在大连。

▲A某：旅顺监狱博物馆工作35年，在职人员。

除此之外，还有大连医大俞炳浩教授和"8．15"解放前，曾在旅顺刑务所做医师的古贺

初一等人。

。上述4人的证言，几乎是一致的，其余的人也都做了类似的指证。

结论：1910年代的墓域的位置，可以判断为在向阳街后山。

2010年 2月

17

· 〈**1910年代安重根義士的墓域**〉 **(1910년대 안중근 의사의 묘지)**

· 김영광 선생 안중근 의사 유해 조사안(한글본)

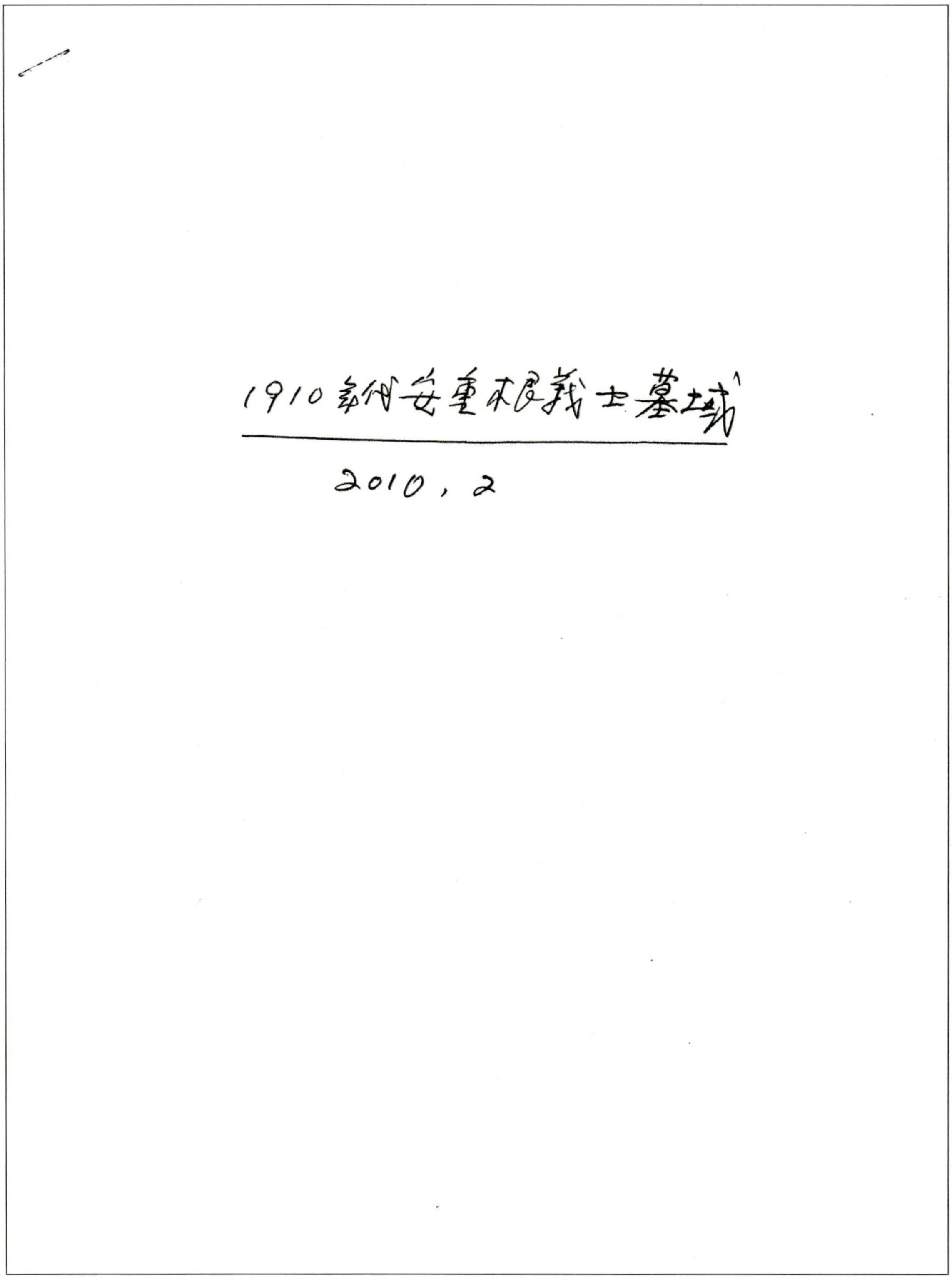

1910年代安重根義士墓域

2010, 2

〈1910年代安重根義士的墓域〉 표지

1. 머리말

안중근 의사는 우리 민족의 영웅이다. 1910.3.26 여순감옥에서 형장의 이슬로 사라지면서 "국권이 회복되거든 내 뼈를 조국 땅에 묻어달라"는 유언을 남겼다.

그 후 국권이 회복되고 정부가 수립된 지 61년이 지났음에도 불구하고 그의 고혼은 만리이역 여순감옥 공동묘역에서 맴돌고 있다.

8.15광복 60주년을 맞아 남북한 및 중국은 합동으로 안 의사 유해 발굴 작업을 벌리기로 합의했다.

정부는 2008.4월 여순감옥 뒷담 후면 일대 3,000 여평(이마이 후미코 今井房子- 당시 여순감옥 전옥 구리하라의 셋째 딸인 그녀가 아홉 살 때 득문해 최서면씨에게 증언했다는 지점-북위 38도 49분 3초, 동경 121도 15분 43초)을 현대장비 GPR와 지질학자 등 전문인력까지 동원하여 발굴작업을 벌렸으나 깨진 그릇과 쓰레기가 출토되었을 뿐 유해 흔적은 찾지 못했다.

이것은 당연한 귀결일 수 밖에 없었다. 오직 이마이 여사의 증언만이 채택된 정부 주관의 일방적 발굴작업이었기 때문이다.

그렇다고 유해 발굴작업이 중단 될 수는 없다. 어떠한 어려움이 닥쳐도 유해를 찾아 그 어른의 애국충정에 보답해야 한다.

때마침 독립운동가 이회영(李會榮) 선생의 손자 이국성(李國成)은 동아일보(2009.4.23자)를 통해 1958년 아버지(李圭一)를 따라 13세 때 안 의사 묘소에 갔었다는 기자 회견 보도가 있었다.

이는 8.15 해방 전 대련거주 학생 시절 안 의사 묘소를 참배했다는 신현만(申鉉灞)이 1983년3월 증언한 향양가(向陽街) 지점과 거의 일치하고 있었다.

이에 힘입어 신·이 양자의 지목 지점의 일치 여부와 1차 발굴작업 실패에 따른 현지 전문가들의 제언도 종합 검토할 필요성을 느끼고 2009.9.15~18(4일간) 현지를 재답사(답사자 : 김영광, 이국성, 정지섭)하고 이 보고서를 작성한다.

2. 사형 집행 전후의 일본측 보고내용

가. 여순감옥 연혁

o 1904 일본이 노일전쟁 후 관동도독부를 설치(당초는 러시아가 만듬)
o 1906 일본 도독부 감옥서로 출발(수용인원 200명)
o 1926 관동청 형무소로 개칭
o 1934 관동형무소로 개칭(사형장 추가 설치)

o 1939 여순형무소로 개칭

나. 사형집행 상황(통감부 통역 소노끼스에요기 園木末喜 보고내용)

o 살인 피고인 안중근에 대한 사형은 3월 26일 오전 10시에 감옥서 내 형장에서 집행했다.
o 사형 집행에 대한 뜻을 전하고 유언할 것이 있느냐고 하자 "없다"며 단지 동양평화 만세 3창을 하겠다고 하여 허가하지 않았다.
o 흰 보자기로 얼굴과 눈을 가리고 기도할 기회를 주었다.
o 이날 복장은 전날 고향에서 보내온 조선복(상의는 백무지, 하의는 검은 색 바지)을 입고 있었다.
o 간수 두 명의 부축을 받고 계단으로 올라가서 교수대에 앉아 형의 집행을 받았다.
o 시간은 10시 4분이며 감옥 의사는 10시 15분에 절명했음을 확인했다.
o 안중근의 태도는 매우 침착하고 말 한마디 흐트러짐 없이 태연하고 깨끗하게 죽음을 받아 들였다.
o 10시 20분 시체는 감옥에서 조제한 침관에 넣고 교회당으로 운구되어 공범자인 우덕순, 조도선, 유동하의 예배를 받게 한 다음 오후 1시 감옥 수인 묘지에 매장했다.
o 안중근의 두 동생이 사형 소식을 듣고 시체 인도를 요청하며 격분, 발광하였으나 감옥법 74조에 따라 교부할 수 없다고 설명하였다.
o 이들 동생들이 대성통곡하고 미칠듯 날뛰자 옥리들이 경찰을 동원하여 여순에서 대련행 기차에 강제 추방할 수 밖에 없었다.
o 안중근은 재감 중 자서전 "안응칠 역사"를 탈고 했으나, "동양평화론"은 형집행으로 총론과 각론 1절에 그치고 전부의 탈고를 하지 못 했다.

다. 연도별 사형자 일람

년도별	일본인	조선인	중국인	계
1906			16	16(여 1)
1907			25	25(여 1)
1908	3		19	22(여 1)
1909			1	1
1910	1	1	7	9
1911				
1912			1	1
1913				
1914			1	1
1915			1	

※ 1906년 감옥 개소 후 10년간 사형 집행자는 총 60명 정도임. 그 중 1910년도의 유일한 조선인이 안중근 의사임.

라. 감옥서 규칙(182조)

o 사망 후 24시간을 경과하여도 시체의 교부를 청하는 자가 없을 경우에는 감옥묘지에 매장한다.
o 매장 장소에는 사망자의 씨명, 사망 연월일을 기입, 목표를 세워야 한다.
※ 감옥 당국에서는 안 의사의 시체를 유족에게 교부 시 묘소가 한국 독립운동의 성지가 될 것을 우려하고 교부를 거부함

마. 기타

여순감옥은 1945년 일본 패전 후 감옥박물관으로 바뀌고 감옥묘지의 관리는 방치상태임

3. 감옥묘역 답사 결과(관계자의 증언)

여순감옥은 1904년 착공, 1906년 개소 이래 사형수가 늘면서 감옥공동묘지(수인묘지)도 자연 3~4군데로 늘어날 수 밖에 없었다. 가장 먼저 개설된 곳은 向陽街 뒷산 제1묘역으로서 감옥(정문) 동쪽으로 500m 거리에 위치하고 있다. 제2묘역이라 할 수 있는 곳은 감옥(정문) 동북쪽 300m 거리의 야산에 있다. 제3,4묘역은 규모도 작고 분간도 어렵다는 것이 관계자들의 설명이다.

그동안 관계자 증언을 토대로 한 현지 확인한 결과는 다음과 같다.

(1) 신현만(2급 상이군인 출신, 2004년 작고)

o 대련 거주 학생시절인 1944년 이후 세 번이나 안 의사 무덤에 참배한 바 있었다고 숭모회 방명록에 기록
o 당시 치안국을 통해 동명인 11명 중 서울 구파발에 거주하는 신현만을 찾아 확인한 바, 자동차 서비스공장을 경영하는 형으로부터 여순 쪽으로 원족 가거든 꼭 "안 의사 묘소에 참배하라"는 가르침을 받았다고 진술
o 묘소는 세 계단으로 되었고 안 의사는 두 번째 줄 맨 오른쪽이며 각목의 이름 安重根之墓 중 끝 세글자는 이미 부식되어 가고 있었다.
o 여순감옥 정문으로부터 동쪽으로 500m 거리에 묘소가 위치하는 것으로 기억된다.(1983.3 증언)

▲신현만씨가 여순 시내 지도를 가리키며 과거를 회상하고 있다.

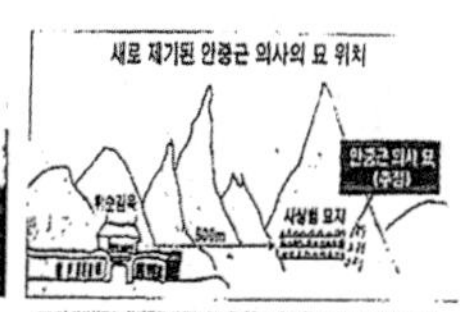

▲ 2005.8.20 조선일보 1면 톱 기사

(2) 이국성(우당 이회영 선생 손자, 만주 출생)

o 열세살 때 아버지(李圭一)를 따라 1958년 안 의사 묘소에 간 바 있다. (2009.4.23 동아일보 기사)
o 참배 지점이 여순감옥(정문) 동쪽 300m 거리의 야산으로 추정. (이번 확인 결과 위 신현만이 주장하는 동쪽 500m 지점과 동일함)

▲ 이국성 씨가 '뤼순감옥구지묘지'라는 표지석이 설치된 곳에 서 있다. 이 씨는 표지석 부근이 안중근 의사의 유해가 묻힌 곳이라고 말했다.

(3) 김 파(안 의사의 동지 유동하의 누이동생의 아들, 대련시 시인협회장)

o 안 의사 기념 강연차 대련을 방문했을 때(2005.3.25) 김 파 회장이 본인(김영광)을 호텔로 찾아와 여순형무소 및 감옥묘소를 지목한 약도 등 4점을 전달함

o 안 의사 묘소는 여순감옥 동쪽이며 옛 고등법원과 삼각지점 쯤이라고 어머니에게서 들었다.
o 묘소는 찾지 못해 참배를 못했으나 정부의 1차 발굴단이 작업한 곳(형무소 뒷산)은 아니다.
(2008.4 발굴현장에서 증언)
※ 위 수교된 묘소 약도를 A씨와 유병호 교수에게 각각 제시하고 확인 요청한 바 여순 向陽街라고 지도 위에 표시된 묘소를 제1 묘소 지점과 동일하다고 증언

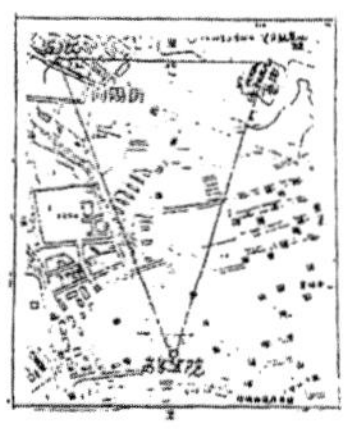

(4) A 씨(여순감옥박물관 근속자)
o 35년을 근무하면서 연구한 결과 向陽街 뒷산이 1910년대 사형수 감옥 묘역으로 추정한다.
o 사형수가 늘면서 여순감옥 동북쪽 300m 거리에 제2 묘역을 신설하고 1930 ~ 40년대 처형자를 주로 매장했다.
o 현재 전시관에 모형 묘지전시품도 제1묘역에서 출토한 것을 진열한 것이다.
※ 현장을 직접 안내하면서 설명(2009.9.16)

(5) 유병호(대련대학교 교수, 대련시 안중근연구회 부회장)
o 연구 결과 向陽街 뒷산 묘역이 가장 먼저 개설된 것으로 본다.
o 안 의사는 이 무덤에 묻혀 있을 것으로 이곳 연구가들은 추정하고 있다.
o 작년 1차 발굴에 현지인들의 의견은 배제되었으며 한국 정부가 주관하는 일이니 그저 따랐을 뿐이다.

(6) 장신년(張新年, 향양가 거주 중국인 85세)
o 사형수를 묻는 것을 보지는 못 했으나 이곳 주민들에게는 여순감옥묘지로 널리 알려져 있다.
o 개발 붐에 따라 난개발이 우려되어

- 6 -

"여순감옥구지묘지"라 는 표지석을 대련시청에서 정식으로 설치했다.
o 문화재로써 보존가치가 있는 곳으로 알고 있다.

(7) 고가하쯔이치(古賀初一, 여순감옥 의사 근무자)
o 1944년까지 여순감옥에서 의사로 근무하다가 일본으로 귀국
o 1999년 10월(당시 84세) 옛 생각에 여순을 방문하고 감옥을 관람
o A씨의 안내로 감옥묘역까지 답사하고 당시 안 의사는 이곳에 묻힌 것으로 들었다고 증언

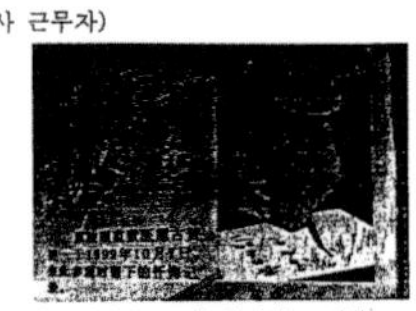

※ 여순박물관에는 방명록에 싸인하는 그의 방문사진을 크게 게시하고 있음

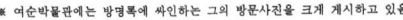

(8) 화문귀(華文貴, 현 여순일아감옥구지박물관장)
o 작년 1차 발굴은 안 의사 무덤과 무관한 곳을 팠다.
o 안 의사의 무덤 위치를 알려 주면 박물관장으로써 발굴하는데 최대한 협조하겠다.('09.10.23 국제학술회의 참석시 확인, 다만 언론에 보도하지 않는 것을 전제로 협조)

4. 결 론

o 100년이 지난 현 싯점에서 안 의사의 유해를 찾기는 쉽지 않다. 그렇다고 입증할 만한 고증자료도 별무하다. 관계자들의 여러 증언과 전언을 집약할 수 밖에 없는 실정이다. 특히 검거-사형까지 만 5개월간 안 의사를 죄수로 직접 관리했던 당시 재판부·옥리 등 일본측 관계자의 증언은 그 어느 것보다도 비중있게 다루어야 한다.
o 이에 따라 최서면씨도 이마이 여사가 8~9세 때 기억을 더듬은 증언을 가감없이 받아 들여 1차 발굴작업에 집착한 것으로 보이나 나무랄 수도 없다. 그러나 결과는 허사였다.

- 7 -

o 일본측 상부 보고문건에 의하면 안 의사는 개인묘가 아닌 감옥묘지에 매장했다고 분명히 기록되어 있다.
그렇다면 유해 발굴작업은 1910년대 가장 오래된 감옥공동묘지가 어디인지를 가려내어 여기에서부터 발굴작업이 시발되었어야 했다.
o 1차 발굴조사단도 발굴에 앞서 남·북·중 등 3자가 제1묘역 지점을 거론하였으나 북측 전종수 단장의 일방적 발언(1986년 여름 우리 인원을 파견, 감옥공동묘지터(向陽街)를 답사한 바 고구마 밭으로 개간된 상태였으며....... 여순감옥의 수감자들은 사형당한 후 일단 묘지에 매장 후 시체가 썩은 다음 뼈를 다른 곳에 버렸다는 말을 당시 주상영 관장에게서 들었다)을 청취하고 이 감옥묘지터를 가볍게 넘겨 버리고 이마이 여사의 증언에 매달린 것이 문제(안 의사 유해발굴보고서 p37)였던 것으로 평가된다.
o 그동안 안 의사가 묻혔을 것으로 추정한 向陽街 뒷산을 지목한 증인은
▶ 신현만(申鉉滿) : 상이군인출신, 2004년 사망
▶ 이국성(李國成) : 중국출생·우당 이회영선생 손자(생존)
▶ 김 파(金 波) : 안 의사 의거동지인 유동하의 생질·대련 거주(생존)
▶ A 氏 : 현재 여순감옥 박물관에 35년간 재직 중 등이다
그 밖에 대련대의 유병호 교수, 8.15 해방 전 여순형무소 의사로 근무했던 古賀初一 등이 있다.
o 이상과 같이 네사람의 증언이 거의 일치하고 있고 나머지 분들도 유사한 증언을 하고 있는 것으로 보아 1910년대 묘역은 向陽街 뒷산인 것으로 판단된다.

1. 머리말[171]

안중근 의사는 우리 민족의 영웅이다. 1910.3.26. 뤼순감옥에서 형장의 이슬로 사라지면서 "국권이 회복되거든 내 뼈를 조국 땅에 묻어달라"는 유언을 남겼다.

그 후 국권이 회복되고 정부가 수립된 지 61년이 지났음에도 불구하고 그의 고혼은 만리이역 뤼순감옥 공동묘역에서 맴돌고 있다.

8.15 광복 60주년을 맞아 남북한 및 중국은 합동으로 안 의사 유해 발굴 작업을 벌리기로 합의했다.

정부는 2008.4월 뤼순감옥 뒷담 후면 일대 3,000여 평(이마이 후미코(今井房了): 당시 뤼순감옥 전옥 구리하라의 셋째 딸인 그녀가 아홉 살 때 득문해 최서면 씨에게 증언했다는 지점 - 북위 38도 49분 3초, 동경 121도 15분 43초)을 현대 장비 GPR와 지질학자 등 전문인력까지 동원하여 발굴작업을 벌였으나 깨진 그릇과 쓰레기가 출토되었을 뿐 유해 흔적은 찾지 못했다.

이것은 당연한 귀결일 수 밖에 없었다. 오직 이마이 여사의 증언만이 채택된 정부 주관의 일방적 발굴작업이었기 때문이다.

그렇다고 유해 발굴 작업이 중단될 수는 없다. 어떠한 어려움이 닥쳐도 유해를 찾아 그 어른의 애국충정에 보답해야 한다.

때마침 독립운동가 이회영(李會英) 선생의 손자 이국성(李國成)은 동아일보(2009.4.23.자)를 통해 1958년 아버지(李圭一)를 따라 13세 때 안 의사 묘소에 갔었다는 기자 회견 보도가 있었다.

이는 해방 전 다렌 거주 학생 시절 안 의사 묘소를 참배했다는 신현만(申鉉滿)이 1983년 3월 증언한 향양가(向陽街) 지점과 거의 일치하고 있었다.

이에 힘입어 신·이 양자의 지목 지점의 일치 여부와 1차 발굴작업 실패에 따른 현지 전문가드의 제언도 종합 검토할 필요성을 느끼고 2009.9.15.~18(4일간) 현지를 재답사(답사자: 김영광, 이국성, 정지섭)하고 이 보고서를 작성한다.

2. 사형 집행 전후의 일본 측 보고내용

가. 뤼순감옥 연혁

○ 1904 일본이 노일전쟁 후 관동도독부를 설치(당초는 러시아가 만듬)

○ 1906 일본 도독부 감옥서로 출발(수용인원 200명)

○ 1926 관동청 형무소로 개칭

○ 1934 관동형무소로 개칭(사형장 추가 설치)

○ 1939 뤼순형무소로 개칭

171 원문의 '여순'을 모두 '뤼순'으로 수정. '대련'을 모두 '다렌'으로 수정.

나. 사형집행 상황(통감부 통역 소노키 스에요시(園木末喜)[172] 보고내용)

○ 살인 피고인 안중근에 대한 사형은 3월 26일 오전 10시에 감옥서 내 형장에서 집행했다.

○ 사형집행에 대한 뜻을 전하고 유언할 것이 있느냐고 하자 "없다."라며 단지 동양평화 만세 3창을 하겠다고 하여 허가하지 않았다.

○ 흰 보자기로 얼굴과 눈을 가리고 기도할 기회를 주었다.

○ 이날 복장은 전날 고향에서 보내온 조선복(상의는 백무지, 하의는 검은색 바지)을 입고 있었다.

○ 간수 두 명의 부축을 받고 계단으로 올라가서 교수대에 앉아 형의 집행을 받았다.

○ 시간은 10시 4분이며 감옥 의사는 10시 15분에 절명했음을 확인했다.

○ 안중근의 태도는 매우 침착하고 말 한마디 흐트러짐 없이 태연하고 깨끗하게 죽음을 받아 들였다.

○ 10시 20분 시체는 감옥에서 조제한 침관에 넣고 교회당으로 운구되어 공범자인 우덕순, 조도선, 유동하의 예배를 받게 한 다음 오후 1시 감옥 수인 묘지에 매장했다.

○ 안중근의 두 동생이 사형 소식을 듣고 시체 인도를 요청하며 격분, 발광하였으나 감옥법 74조에 따라 교부할 수 없다고 설명하였다.

○ 이들 동생들이 대성통곡하고 미칠 듯 날뛰자 옥리들이 경찰을 동원하여 뤼순에서 다롄행 기차에 강제 추방할 수 밖에 없었다.

○ 안중근은 재감 중 자서전 "안응칠 역사"를 탈고했으나, "동양평화론"은 형 집행으로 총론과 각론 1절에 그치고 탈고를 하지 못했다.

다. 연도별 사형자 일람

연도별	일본인	조선인	중국인	계
1906			16	16(여(女) 1)
1907			25	25(여(女) 1)
1908	3		19	22(여(女) 1)
1909			1	1
1910	1	1	7	9
1911				
1912			1	1
1913				
1914			1	1
1915			1	

※ 1906년 감옥 개소 후 10년간 사형 집행자는 총 60명 정도임. 그중 1910년도의 유일한 조선인이 안중근 의사임.

라. 감옥서 규칙(182조)

○ 사망 후 24시간을 경과하여도 시체의 교부를 청하는 자가 없을 경우에는 감옥 묘지에 매장한다.

---

172 원문에는 '소노끼스에요기'로 표기.

○ 매장 장소에는 사망자의 씨명, 사망 연월일을 기입, 목표를 세워야 한다.

※ 감옥 당국에서는 안 의사의 시체를 유족에게 교부 시 묘소가 한국 독립운동의 성지가 될 것을 우려하고 교부를 거부함

마. 기타

뤼순감옥은 1945년 일본 패전 후 감옥 박물관으로 바뀌고 감옥 묘지의 관리는 방치상태임

3. 감옥묘역 답사 결과(관계자의 증언)

뤼순감옥은 1904년 착공, 1906년 개소 이래 사형수가 늘면서 감옥공동묘지(수인묘지)도 자연 3~4군데로 늘어날 수 밖에 없었다. 가장 먼저 개설된 곳은 向陽街 뒷산 제1묘역으로서 감옥(정문) 동쪽으로 500m 거리에 위치하고 있다. 제2묘역이라 할 수 있는 곳은 감옥(정문) 동북쪽 300m 거리의 야산에 있다. 제3, 4묘역은 규모도 작고 분간도 어렵다는 것이 관계자들의 설명이다.

그동안 관계자 증언을 토대로 한 현지 확인한 결과는 다음과 같다.

(1) 신현만(2급 상이군인 출신, 2004년 작고)

○ 다롄 거주 학생 시절인 1944년 이후 세 번이나 안 의사의 무덤에 참배한 바 있었다고 숭모회 방명록에 기록

○ 당시 치안국을 통해 동명인 11명 중 서울 구파발에 거주하는 신현만을 찾아 확인한 바, 자동차 서비스공장을 경영하는 형으로부터 뤼순 쪽으로 원족 가거든 꼭 "안 의사 묘소에 참배하라."라는 가르침을 받았다고 진술

○ 묘소는 세 계단으로 되었고 안 의사는 두 번째 줄 맨 오른쪽이며 각목의 이름 安重根之墓 중 끝 세글자는 이미 부식되어 가고 있었다.

○ 뤼순감옥 정문으로부터 동쪽으로 500m 거리에 묘소가 위치하는 것으로 기억된다(1983.3 증언).

(2) 이국성(우당 이회영 선생 손자, 만주 출생)

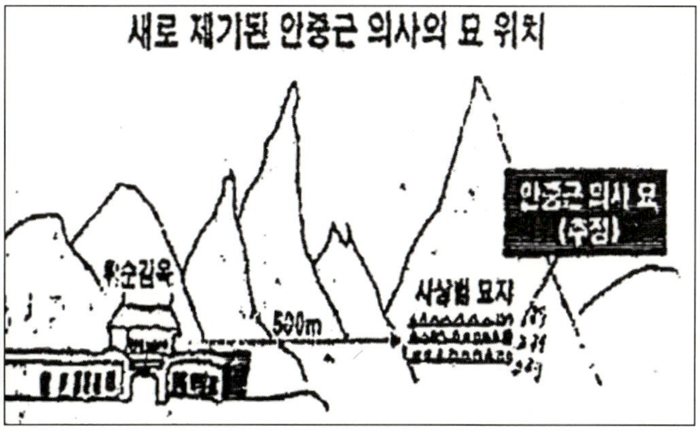

2

1. 신현만 씨가 뤼순 시내 지도를 가리키며 과거를 회상하고 있다.

2. 2005.8.20. 조선일보 1면 톱기사

○ 열세 살 때 아버지(李圭一)를 따라 1958년 안 의사 묘소에 간 바 있다(2009.4.23. 동아일보 기사).

○ 참배 지점이 뤼순감옥(정문) 동쪽 300m 거리의 야산으로 추정(이번 확인 결과 위 신현만이 주장하는 동쪽 500m 지점과 동일함).

이국성 씨가 '뤼순감옥구지묘지'라는 표지석이 설치된 곳에 서 있다. 이 씨는 표지석 부근이 안중근 의사의 유해가 묻힌 곳이라고 말했다.

(3) 김 파(안 의사의 동지 유동하의 누이동생의 아들, 다롄시 시인협회장)

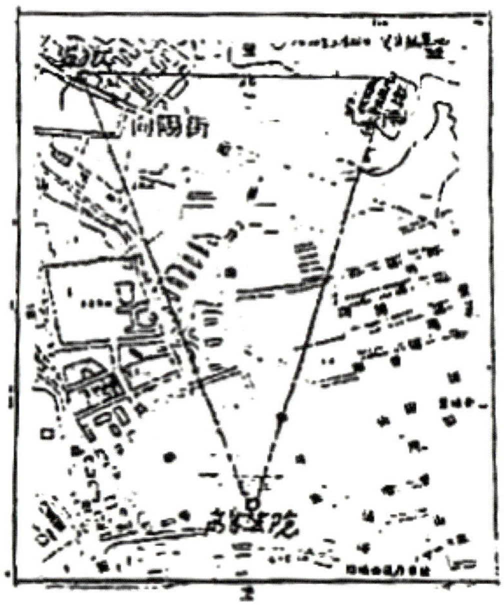

○ 안 의사 기념 강연차 다롄을 방문했을 때(2005.3.25.) 김 파 회장이 본인(김영광)을 호텔로 찾아와 뤼순형무소 및 감옥 묘소를 지목한 약도 등 4점을 전달함

○ 안 의사 묘소는 뤼순감옥 동쪽이며 옛 고등법원과 삼각지점 쯤이라고 어머니에게서 들었다.

○ 묘소는 찾지 못해 참배를 못 했으나 정부의 1차 발굴단이 작업한 곳(형무소 뒷산)은 아니다. (2008.4 발굴현장에서 증언)

※ 위 수교된 묘소 약도를 A 씨와 유병호 교수에게 각각 제시하고 확인 요청한 바, 뤼순 向陽街라고 지도 위에 표시된 묘소를 제1묘소 지점과 동일하다고 증언

(4) A 씨(뤼순감옥박물관 근속자)

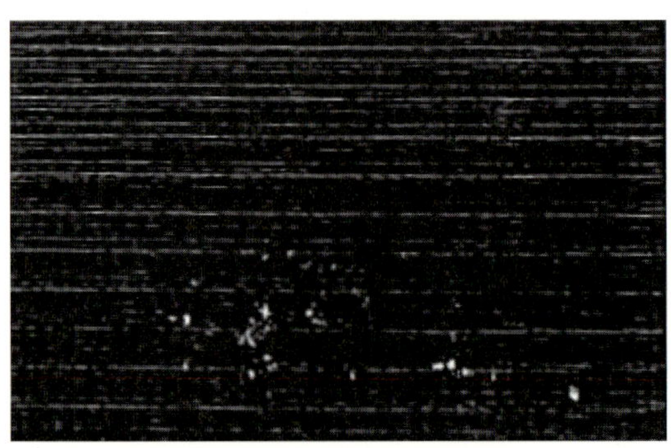

○ 35년을 근무하면서 연구한 결과 向陽街 뒷산이 1910년대 사형수 감옥묘역으로 추정한다.

○ 사형수가 늘면서 뤼순감옥 동북쪽 300m 거리에 제2묘역을 신설하고 1930~40년대 처형자를주로 매장했다.

○ 현재 전시관에 모형 묘지 전시품도 제1묘역에서 출토한 것을 진열한 것이다.

※ 현장을 직접 안내하면서 설명(2009.9.16.)

(5) 유병호(다롄대학교 교수, 다롄시 안중근연구회 부회장)

○ 연구 결과 向陽街 뒷산 묘역이 가장 먼저 개설된 것으로 본다.

○ 안 의사는 이 무덤에 묻혀 있을 것으로 이곳 연구가들은 추정하고 있다.

○ 작년 1차 발굴에 현지인들의 의견은 배제되었으며 한국 정부가 주관하는 일이니 그저 따랐을 뿐이다.

(6) 장신년(張新年, 향양가 거주 중국인 85세)

○ 사형수를 묻는 것을 보지는 못했으나 이곳 주민들에게는 뤼순감옥묘지로 널리 알려져 있다.

○ 개발 붐에 따라 난개발이 우려되어 '뤼순감옥 구지묘지'라는 표지석을 다롄시청에서 정식으로 설치했다.

○ 문화재로써 보존 가치가 있는 곳으로 알고 있다.

(7) 고가 하쓰이치(古賀初一, 뤼순감옥 의사 근무자)

○ 1904년까지 뤼순감옥에서 의사로 근무하다가 일본으로 귀국

○ 1999년 10월(당시 84세) 옛 생각에 뤼순을 방문하고 감옥을 관람

○ A 씨의 안내로 감옥묘역까지 답사하고 당시 안 의사는 이곳에 묻힌 것으로 들었다고 증언

※ 뤼순박물관에는 방명록에 사인하는 그의 방문 사진을 크게 게시하고 있음

(8) 화문귀(華文貴, 현 뤼순일아감옥구지 박물관장)

○ 작년 1차 발굴은 안 의사 무덤과 무관한 곳을 팠다.

○ 안 의사의 무덤 위치를 알려 주면 박물관장으로서 발굴하는데 최대한 협조하겠다('09.10.23 국제학술회의 참석 시 확인, 다만 언론에 보도하지 않는 것을 전제로 협조).

○ 100년이 지난 현시점에서 안 의사의 유해를 찾기는 쉽지 않다. 그렇다고 입증할 만한 고증 자료도 별무하다. 관계자들의 여러 증언과 전언을 집약할 수 밖에 없는 실정이다. 특히 검거-사형까지 만 5개월간 안 의사를 죄수로 직접 관리했던 당시 재판부·옥리 등 일본 측 관계자의 증언은 그 어느 것보다도 비중 있게 다루어야 한다.

○ 이에 따라 최서면 씨도 이마이 여사가 8~9세 때 기억을 더듬은 증언을 가감 없이 받아들여 1차 발굴작업에 집착한 것으로 보이나 나무랄 수도 없다. 그러나 결과는 허사였다.

○ 일본 측 상부 보고문건에 의하면 안 의사는 개인 묘가 아닌 감옥 묘지에 매장했다고 분명히 기록되어 있다.
그렇다면 유해 발굴 작업은 1910년대 가장 오래된 감옥공동묘지가 어디인지를 가려내어 여기에서부터 발굴작업이 시발되었어야 했다.

○ 1차 발굴조사단도 발굴에 앞서 남·북·중 등 3자가 제1묘역 지점을 거론하였으나 북측 전종수 단장의 일방적 발언(1986년 여름 우리 인원을 파견, 감옥 공동묘지터(샹잉제(向陽街))를 답사한 바 고구마밭으로 개간된 상태였으며……뤼순감옥의 수감자들은 사형당한 후 일단 묘지에 매장 후 시체가 썩은 다음 뼈를 다른 곳에 버렸다는 말을 당시 주상영 관장에게서 들었다)을 청취하고 이 감옥묘지터를 가볍게 넘겨 버리고 이마이 여사의 증언에 매달린 것이 문제(안 의사 유배발굴보고서 p37)였던 것으로 평가된다.

○ 그동안 안 의사가 묻혔을 것으로 추정한 向陽街 뒷산을 지목한 증인은

- ▶ 신현만(申鉉滿): 상이군인출신, 2004년 사망
- ▶ 이국성(李國成): 중국 출생, 우당 이회영 선생 손자(생존)
- ▶ 김 파(金 波): 안 의사 의거 동지인 유동하의 생질·다롄 거주(생존)
- ▶ A 氏: 현재 뤼순감옥 박물관에 35년간 재직 중 등이다
- ▶ 그 밖에 다롄대의 유병호 교수, 8.15해방 전 뤼순형무소 의사로 근무했던 고가 하쓰이치(古賀初一) 등이 있다.

○ 이상과 같이 네 사람의 증언이 거의 일치하고 있고 나머지 분들도 유사한 증언을 하고 있는 것으로 보아 1910년대 묘역은 向陽街 뒷산인 것으로 판단된다.

2) 안중근 의사 유해 발굴 보고서

〈안중근 의사 유해 발굴 보고서〉는 2008년 3월 25일부터 2008년 4월 29일까지 1차(2008년 3월 25일~4월 2일)와 2차(2008년 4월 10일~4월 29일)에 거쳐 18명의 한·중 안중근 의사 유해 발굴단이 진행한 안중근 의사 유해매장 추정지 발굴조사에 대한 보고서다. 이 자료는 뤼순일아감옥구지 박물관에서 제공받았다.

당시 조사에 한국 측은 14명(충북대학교 유해 발굴센터 9명, 한국지질자원연구원 5명), 중국 측은 4명(뤼순감옥 2명, 민간 연구가 1명, 사학교수 1명)이 참여했다. 조사지역은 뤼순일아감옥구지 뒷산(위안바오산, 元寶山) 하단 지역이다. 발굴조사 결과, 안중근 의사의 유해는 발견하지 못했지만 당초 안중근 의사 묘소에서 찍은 사진과 일치한 장소를 확인했다. 이 보고서에는 발굴 조사과정, 결과를 안중근 의사 유해매장 추정지 지도, 발굴 완료 후 찍은 안중근 의사 유해매장 추정지 모습, 사진 분석을 통한 발굴조사 범위 등의 사진 자료도 함께 기록되었다. 이 보고서에서는 위안바오산 8부 능선상에 대한 조사 및 위안바오산 우측 근처에 자리한 지점(소위 천주교 신자들이 묻혔다고 하는 지점), 통신부대에 대한 조사가 필요함을 제안하고 있다. 또한 1910년 이후의 홍수에 의한 유해 유실로 보고 있다.

이 보고서를 통해 향후 진행될 안중근 의사 유해 발굴 조사에서는 필요한 준비 과정, 방법, 추정지 등을 확인할 수 있는 자료가 될 것이다. 본 책에서는 〈안중근 의사 유해 발굴 보고서〉의 결론 부분과 이 보고서의 내용인 2008년 유해 발굴 조사 이전에 실시한 2006년 안중근 의사 유해 발굴 조사에서 촬영한 사진 자료도 함께 제시했다.

· 〈安重根義士遺骸發掘報告書〉 (안중근 의사 유해 발굴 보고서)

· 작성 시기: 2008년 10월

· 안중근의사 한·중 유해 발굴단

· 국가보훈처 · 충북대학교 · 한국지질자원연구원

· p.83~87, p.175~176

〈安重根義士遺骸發掘報告書〉 표지

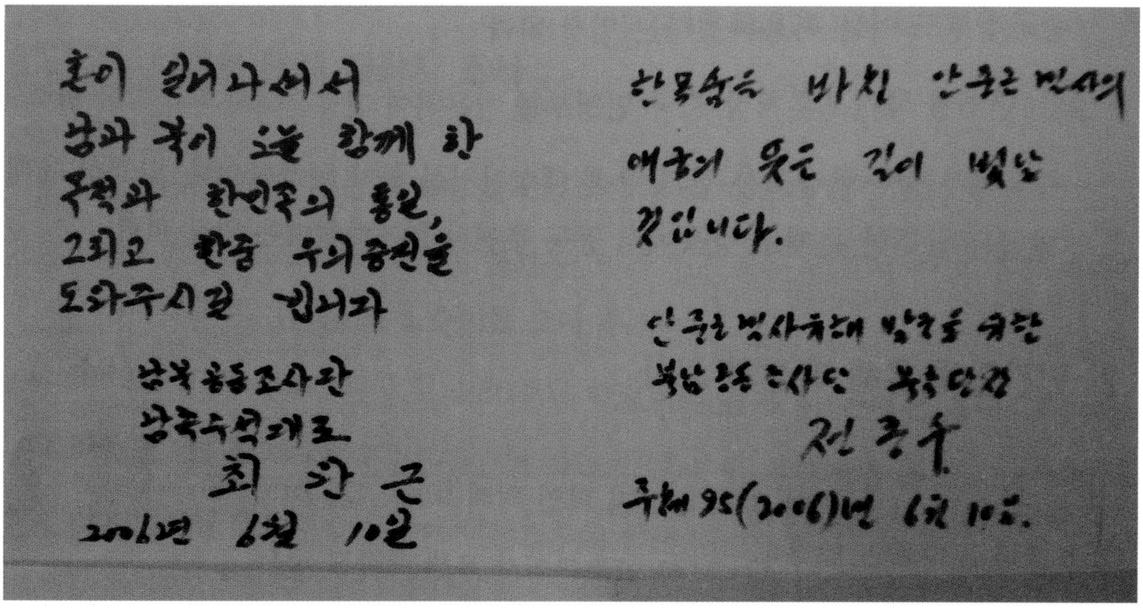
혼이 일어나셔서
남과 북이 오늘 함께 한
목적과 한민족의 통일,
그리고 한중 우의증진을
도와주시길 빕니다

남북공동조사단
남측수석대표
최 [illegible] 근
2006년 6월 10일

한목숨을 바친 안중근 의사의
애국의 뜻은 길이 빛날
것입니다.

안중근의사유해 발굴을 위한
북남공동조사단 북측단장
전 종 수
주체95(2006)년 6월 10일.

V. 맺는말

안중근의사 유해발굴조사는 정부와 학자들이 조사한 관련자료를 바탕으로 체계적인 발굴조사를 통해 중국 요녕성 대련시 여순구 구 일아감옥구지 부근에 묻혔을 것으로 추정되는 안의사의 유해묘역 확인과 유해의 존재여부를 밝히는데 있다.

조사지역은 여순일아감옥구지 뒷산인 원보산 하단지역으로 2006년 남 · 북한조사단이 그간 제시된 4개 유해매장 묘역 추정지 중 가장 신뢰성이 높다고 판단한 지역이다. 조사지역 중 3~4부 능선부에 속하는 부분은 조사 전에 이미 아파트 조성 부지공사로 삭토되어 정지작업이 완료된 상태였다. 따라서 조사지역은 3~3.5부 능선에 자리하는 군부대 담장쪽(A, B구역)과 남동쪽 골짜기지역(C 구역)이다.

원보산 일대는 1949년 이후부터는 식량증산 운동과 문화혁명 당시 식량증산을 위한 토지 개간으로 지형 변화가 심하게 이루어진 상태이다. 특히 남동쪽 골짜기는 1910년대 중반부터 30년대까지 감옥서 확장을 위한 벽돌원료 공급지로 이용되었다.

발굴은 조사의 효율성과 전문성 및 해외발굴 조사의 특수성을 고려하여 남 · 북한과 중국으로 합동조사단을 구성하고자 하였으나 북측의 사정으로 한국과 중국측 만으로 조사단을 구성하였다.

안중근의사 유해 발굴지역 중 A, B 구역은 조사 전에 이미 아파트 부지공사로 최대 12m, 최소 3m 정도로 삭토되어 기반암이 나타나 있었다. 삭토된 흙은 C 구역을 포함하여 아파트 부지를 고르는 데 사용되었다. 담장을 따라 극히 일부 구역이 남아 있어 발굴을 하였으나 묘역과 관련된 유구 등을 찾을 수는 없었으나 발굴결과 아래와 같은 많은 정보를 얻을 수 있었다.

1. 안의사 유해매장 증거로 제시된 사진 판독 결과 〔사진 5〕는 군부대 담장 남서면 끝부위에서 찍은 것으로 확인되었으며, 〔사진 6〕은 〔사진 5〕를 촬영 담장 모서리에서 동쪽으로 10여m 떨어진 3능선 끝자락에서 촬영된 것으로 추정된다[22].

22) 이 지점은 원보산의 주봉과 염봉우리의 고저와 사진속의 인물 등이 찍힐 수 있는 화각, 및 방향 등을 종합하여 추정하였다. 사진은 사진속 인물들로부터 약 25~30m 떨어진 거리에서 촬영되었을 것으로 분석된다.

2. C 구역 안 남서면의 군부대 담장과 철탑(4부 능선)사이 3~3.5부 능선사이에서 2단의 짧은 등고선이 종선으로 관찰되는 데 아래층(A층)은 붉은색 층이며, 윗층(B층)은 갈색층으로 구분된다〔사진 18〕. C 구역은 대부분이 계곡부를 형성하고 있는 구역으로 삭토된 흙이 4~3m 두께로 덮여 있었다. 이 계곡부는 자연으로 형성된 것이 아니라 1912년부터 20년대 후반사이에 인위적으로 파여져 나갔기 때문에 생긴 것으로 추정된다. 파여져 나간 부분은 1920년 후반에 2m 정도의 폐기물로 채워지고 그 위에 50cm 정도의 흙으로 덮여져 있었다.

3. C구역의 토양 분석 경우 안의사 묘역으로 추정되는 부분은 계곡입구와 중간부분에 비해 상대적으로 높은 전기전도율과 높은 유기물함량과 pH 6 이하의 산성토양으로 나타났다. 이러한 토양의 조건아래서 유해나 유해 편들이 보존되기는 어렵다.

4. 안의사 유해 추정 매장지에 대한 정밀 물리 탐사조사는 유해 추정 매장지에 대한 지형 및 지질 정보를 제공하기 위한 목적으로 계획되었으나 조사지역의 훼손으로 원래의 목적에 미치는 성과를 얻지는 못했다. 그러나 주요 조사지역인 C 구역의 계곡부위를 중심으로 폐기물 매립 등과 같은 토양층 교란을 집중적으로 받았음을 설명해 주고 있어 정밀조사를 통한 발굴조사의 적용성을 확인할 수 있었다.

5. 한편 재감자 추모법회 사진은 1911년에 촬영되었고 C 구역의 파여져 나간 부분 바닥에서 출토된 1920년 후반에 만들어진 도자기의 파편〔사진 13〕의 연대가 1920연대 후반으로 추정되어 폐기물은 1920년 후반 이후에 버려진 것으로 추정된다. 위의 내용을 종합하면 C 지역에서 토양이 파여 나간 시기는 1912년 이후부터 1920년 대 중반사이로 추정된다.

6. 사진판독[23]과 C 지역 현장의 발굴조사 결과를 종합하면 군부대 담장에서 철탑 방향으로 이어지는 30×30m 정도의 3~3.5 부 능선의 갈색층과 붉은층을 이룬 경사면 경계부근에 안의사의 유해의 매장지가 있었던 것으로 추정된다.

23) 이마이 후사코가 제공한 〔사진 6〕에 의하면 안의사 매장지로 표시한 지점 뒤쪽으로 아트막한 능선이 보이는 데 이는 3~3.5부 능선 경계선으로 갈색층과 붉은 층의 경계로 추정된다. 또한 당시 사망한 죄수를 매장할 때 깊이 50~100cm 정도의 구덩이를 팠다는 증언에 근거하면 안의사의 유해는 1~2m 정도의 깊이에 묻혔을 것으로 추정된다. C지점에서 보이는 B 층의 갈색 토양층은 주변지역의 경우와 비교해 볼 때 붉은 층 위에 1~2m 정도의 두께로 덮혀 있었던 것으로 추정된다.

위 내용들을 종합하면

2008년까지 정부와 관련학자들이 조사한 사진과 문헌자료 및 C 구역의 발굴결과를 종합하면 군부대 담장에서 철탑방향으로 이어지는 30×30m 정도의 3~3.5부 능선의 갈색 층과 붉은 층의 경계면에 안의사 유해 묘역이 있었던 것으로 추정된다〔사진 18, 19, 20, 21, 22〕.

그러나 안의사 묘역은 1912년 이후 1930년대 사이에 훼손당한 것으로 추정된다. 아마도 1916년, 1921, 1923년에 걸쳐 여순 일아구지감옥소를 증 · 개축하는 과정에서 안의사의 유해가 다른 곳으로 이장되었는지 아니면 유해를 포함한 흙이 벽돌의 재료로 이용됐는지에 관해서는 당시 감옥서의 상황을 밝혀주는 문헌자료의 조사가 필요하다.

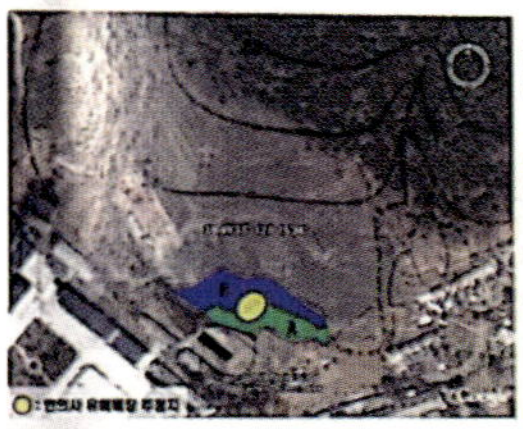

〔사진 18〕 上 : 안의사 유해매장 추정지

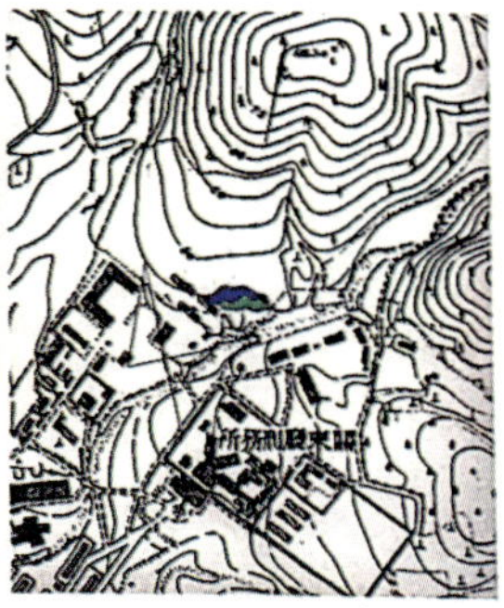

〔사진 19〕 右 : 지형도에 입힌 유해매장 추정지

〔사진 20〕 下 : 발굴완료 후 찍은 사진에 표시한 유해매장 추정지

〔사진 21〕 사진 분석을 통한 유해매장 추정지 표시 및 1, 2차 발굴조사 범위

〔사진 22〕 안의사 묘역의 위치 파악을 위한 합성사진

2부 안중근의사 유해매장 추정지 발굴조사 87

□ 앞으로 조사해야 할 사항

안중근의사 유해 매장에 관한 설들은 일부는 주로 1940년대 이후부터인 점으로 볼 때 적어도 1912년부터 1930년대 사이에 감옥소와 주변 지역, 특히 원보산 하단부에서 진행되었을 지형상의 변화, 즉 1916, 1921, 1923년에 진행된 감옥소 증축과 이를 위해 C 구역의 안의사 묘역 추정지역에서 벽돌 원료를 채굴했다는 증언과 폐기물이 매립된 시기 등의 관계, 그리고 이 시기에 안의사 유해를 포함하여 묘지를 어떻게 처리했는지에 관한 자세한 문헌학적 조사가 절대 필요하다.

또한 이를 토대로 원보산 8부 능선상에 대한 조사 및 원보산 우측 근처에 자리한 소위 천주교 신자들이 묻혔다고 하는 지점에 대한 조사도 필요하다.

안중근 의사 유해 발굴조사는 정부와 학자들이 조사한 관련 자료를 바탕으로 체계적인 발굴조사를 통해 중국 랴오닝[173]성 다롄[174]시 뤼순[175]구 일아감옥구지 부근에 묻혔을 것으로 추정되는 안 의사의 유해묘역 확인과 유해의 존재 여부를 밝히는 데 있다.

조사지역은 뤼순[176]일아감옥구지 뒷산인 위안바오산[177] 하단지역으로 2006년 남·북한 조사단이 그간 제시된 4개 유해매장 묘역 추정지 중 가장 신뢰성이 높다고 판단한 지역이다. 조사지역 중 3~4부 능선부에 속하는 부분은 조사 전에 이미 아파트 조성 부지공사로 삭토되어 정지작업이 완료된 상태였다. 따라서 조사지역은 3~3.5부 능선에 자리하는 군부대 담장 쪽(A, B구역)과 남동쪽 골짜기 지역(C 구역)이다.

위안바오산[178] 일대는 1949년 이후부터는 식량 증산 운동과 문화혁명 당시 식량 증산을 위한 토지 개간으로 지형 변화가 심하게 이루어진 상태이다. 특히 남동쪽 골짜기는 1910년대 중반부터 30년대까지 감옥서 확장을 위한 벽돌 원료 공급지로 이용되었다.

발굴은 조사의 효율성과 전문성 및 해외발굴 조사의 특수성을 고려하여 남·북한과 중국으로 합동조사단을 구성하고자 하였으나 북측의 사정으로 한국과 중국 측만으로 조사단을 구성하였다.

안중근 의사 유해 발굴지역 중 A, B 구역은 조사 전에 이미 아파트 부지공사로 최대 12m, 최소 3m 정도로 삭토되어 기반암이 나타나 있었다. 삭토된 흙은 C 구역을 포함하여 아파트 부지를 고르는 데 사용되었다. 담장을 따라 극히 일부 구역이 남아 있어 발굴을 하였으나 묘역과 관련된 유구 등을 찾을 수는 없었으나 발굴 결과 아래와 같은 많은 정보를 얻을 수 있었다.

1. 안 의사 유해매장 증거로 제시된 사진 판독 결과 (사진 5)는 군부대 담장 남서면 끝 부위에서 찍은 것으로 확인되었으며, (사진 6)은 (사진 5)를 촬영 담장 모서리에서 동쪽으로 10여m 떨어진 3능선 끝자락에서 촬영된 것으로 추정된다[179].

2. C 구역은 안 남서면의 군부대 담장과 철탑(4부 능선)사이 3~3.5부 능선 사이에서 2단의 짧은 등고선이 종선으로 관찰되는 데 아래층(A층)은 붉은색 층이며, 윗 층(B층)은 갈색 층으로 구분된다(사진 18). C 구역은 대부분이 계곡부를 형성하고 있는 구역으로 삭토된 흙이 4~3m 두께로 덮여 있었다. 이 계곡부는 자연으로 형성된 것이 아니라 1912년부터 20년대 후반 사이에 인위적으로 파여져 나

---

173 원문에는 '요녕'으로 표기.

174 원문에는 '대련'으로 표기.

175 원문에는 '여순'으로 표기.

176 원문에는 '여순'으로 표기.

177 원문에는 '원보산'으로 표기.

178 원문에는 '원보산'으로 표기.

179 원문의 각주: 이 지점은 원보산의 주봉과 옆 봉우리의 고저와 사진 속의 인물 등이 찍힐 수 있는 화각, 및 방향 등을 종합하여 추정하였다. 사진은 사진 속 인물들로부터 약 25~30m 떨어진 거리에서 촬영되었을 것으로 분석된다.

갔기 때문에 생긴 것으로 추정된다. 파여져 나간 부분은 1920년 후반에 2m 정도의 폐기물로 채워지고 그 위에 50m 정도의 흙으로 덮여져 있었다.

3. C 구역의 토양 분석 경우 안 의사 묘역으로 추정되는 부분은 계곡 입구와 중간 부분에 비해 상대적으로 높은 전기전도율과 높은 유기물 함량과 pH 6 이하의 산성토양으로 나타났다. 이러한 토양의 조건 아래서 유해나 유해 편들이 보존되기는 어렵다.

4. 안 의사 추정 매장지에 대한 정밀 물리 탐사 조사는 유해 추정 매장지에 대한 지형 및 지질 정보를 제공하기 위한 목적으로 계획되었으나 조사지역의 훼손으로 원래의 목적에 미치는 성과를 얻지는 못했다. 그러나 주요 조사 지역인 C 구역의 계곡 부위를 중심으로 폐기물 매립 등과 같은 토양층 교란을 집중적으로 받았음을 설명해 주고 있어 정밀 조사를 통한 발굴조사의 적용성을 확인할 수 있었다.

5. 한편 재감자 추모법회 사진은 1911년에 촬영되었고 C 구역의 파여져 나간 부분 바닥에서 출토된 1920년 후반에 만들어진 도자기의 파편(사진 13)의 연대가 1920년대 후반으로 추정되어 폐기물은 1920년 후반 이후에 버려진 것으로 추정된다. 위의 내용을 종합하면 C 지역에서 토양이 파여 나간 시기는 1912년 이후부터 1920년대 중반 사이로 추정된다.

6. 사진 판독[180]과 C 지역 현장의 발굴조사 결과를 종합하면 군부대 담장에서 철탑 방향으로 이어지는 30×30m 정도의 3~3.5부 능선의 갈색 층과 붉은 층을 이룬 경사면 경계 부근에 안 의사의 유해가 매장지가 있었던 것으로 추정된다.

위 내용들을 종합하면

2008년까지 정부와 관련 학자들이 조사한 사진과 문헌 자료 및 C 구역의 발굴 경과를 종합하면 군부대 담장에서 철탑 방향으로 이어지는 30×30m 정도의 3~3.5부 능선의 갈색 층과 붉은 층의 경계면에 안 의사 유해묘역이 있었던 것으로 추정된다(사진 18, 19, 20, 21, 22).

그러나 안 의사 묘역은 1912년 이후 1930년대 사이에 훼손당한 것으로 추정된다. 아마도 1916년, 1921년, 1932년에 걸쳐 뤼순[181] 일아감옥구지 감옥소를 증·개축하는 과정에서 안 의사의 유해가 다른 곳으로 이장되었는지 아니면 유해를 포함한 흙이 벽돌의 재료로 이용됐는지에 관해서는 당시 감옥서의 상황을 밝혀주는 문헌 자료의 조사가 필요하다.

180 원문의 각주: 이마이 후사코가 제공한 (사진 6)에 의하면 안 의사 매장지로 표시한 지점 뒤쪽으로 야트막한 능선이 보이는데 이는 3~3.5부 능선 경계선으로 갈색 층과 붉은 층의 경계로 추정된다. 또한 당시 사망한 죄수를 매장할 때 깊이 50~100cm 정도의 구덩이를 팠다는 증언에 근거하면 안 의사의 유해는 1~2m 정도의 깊이에 묻혔을 것으로 추정된다. C 지점에서 보이는 B 층의 갈색 토양층은 주변 지역의 경우와 비교해 볼 때 붉은 층 위에 1~2m 정도의 두께로 덮혀 있었던 것으로 추정된다.

181 원문에는 '여순'으로 표기.

사진 18　上: 안 의사 유해매장 추정지

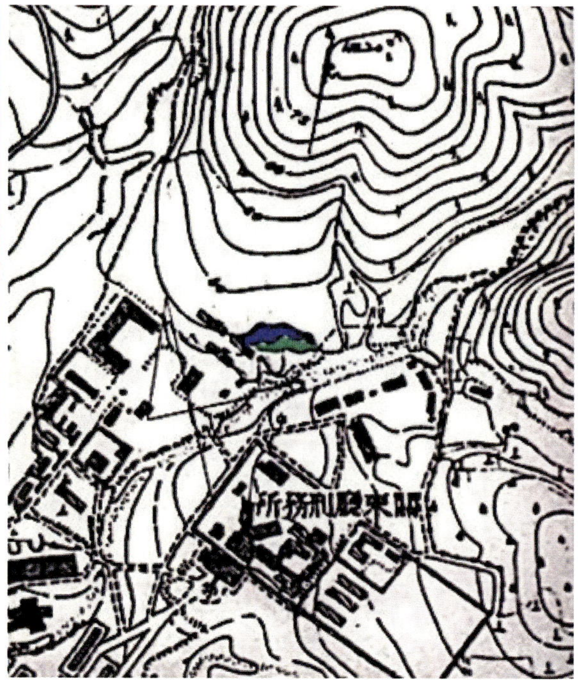

사진 19　右: 지형도에 입힌 유해매장 추정지

사진 20　下: 발굴 완료 후 찍은 사진에 표시한 유해매장 추정지

사진 21　사진 분석을 통한 유해매장 추정지 표시 및 1, 2차 발굴조사 범위

사진 22 안 의사 묘역의 위치 파악을 위한 합성 사진

□ 앞으로 조사해야 할 사항

안중근 의사 유해매장에 관한 설들은 일부는 주로 1940년대 이후부터인 점으로 볼 때 적어도 1912년부터 1930년대 사이에 감옥소와 주변 지역, 특히 위안바오산[182] 하단부에서 진행되었을 지형상의 변화, 즉 1916, 1921, 1923년에 진행된 감옥소 증축과 이를 위해 C 구역의 안 의사 묘역 추정지역에서 벽돌 원료를 채굴했다는 증언과 폐기물이 매립된 시기 등의 관계, 그리고 이 시기에 안 의사 유해를 포함하여 묘지를 어떻게 처리했는지에 관한 자세한 문헌학적 조사가 절대 필요하다.

또한 이를 토대로 위안바오산[183] 8부 능선상에 대한 조사 및 위안바오산[184] 우측 근처에 자리한 소위 천주교 신자들이 묻혔다고 하는 지점에 대한 조사도 필요하다.

182 원문에는 '원보산'으로 표기.

183 원문에는 '원보산'으로 표기.

184 원문에는 '원보산'으로 표기.

유해 매장 추정지역 발굴조사 결과 요약

1. 발굴조사 개요

□ 조사기간(29일간)

- ㅇ 1차 발굴조사 : 2008년 3월 25일 ~ 2008년 4월 2일(9일간)
- ㅇ 2차 발굴조사 : 2008년 4월 10일 ~ 2008년 4월 29일(20일간)

□ 조사기관

- ㅇ 한 · 중 안중근의사 유해발굴단(18명)
  - 한국측 14명(충북대 유해발굴센터 9, 한국지질자원연구원 5)
  - 중국측 4명(여순감옥 2, 민간연구가 1, 사학교수 1)

□ 조사지역

- ㅇ 중국 요녕성 여순구구 일아감옥구지 뒷산(원보산) 하단지역
  - 조사지역은 2006년 남북한 공동조사단 공동발굴하기로 확정한 지역

2. 발굴조사 결과

- ㅇ 안중근의사 유해 매장추정지에 대한 조사결과 유해는 발견치 못함
  - 매장 추정지는 정밀조사 결과 1916, 1921, 1923년에 진행된 감옥소 증축시 벽돌원료(흙)를 채굴했다는 증언과 폐기물이 매립된 상태였음
  - 따라서 벽돌 원료(흙) 채굴시 유해가 멸실되었거나 다른 곳으로 이장하였을 가능성 추정(※ 멸실이나 다른 곳으로 이장에 대한 기록은 전무한 상태)
- ㅇ 조사결과 안의사의 유해는 발견하지 못하였지만 당초 안의사 묘소에서 찍은 사진과 일치한 장소를 확인(1920년대 도자기 파편 등 다수 출토)

※ 조사결과 안중근의사 묘역 추정지역

3. 향후 과제

- ㅇ 군부대 담장 지역 안쪽으로 약 30x30m 에 대한 추가정밀조사가 필요
- ㅇ 안의사 유해 매장에 관한 설들은 일부는 주로 1940년대 이후부터인 점으로 볼 때 적어도 1911년부터 1930년 사이에 감옥소와 주변에서 진행되었을 지형상의 변화에 대한 정밀한 조사가 필요
  - 1916, 1921, 1923년에 진행된 감옥소 증축과 C구역에서 벽돌 원료를 채굴했다는 증언과 폐기물이 매립된 시기 등의 인과관계 등
  - 이를 토대로 원보산 8부 능선상에 대한 조사 및 원보산 우측 근처에 자리한 소위 천주교 신자들이 묻혔다고 하는 지점에 대한 조사도 필요
  - ※ 중국정부에서는 상기 추가 조사지역이 외국인 출입제한 지역이며, 군사지역으로 확실한 근거 없이는 조사허가 불허 입장
- ㅇ 1910년대부터 45년까지 여순구지 감옥소에 관한 보다 자세한 문헌학적 조사 필요

유해매장 추정지역 발굴조사 결과 요약(pp.175~176)

1. 발굴조사 개요

□ 조사기간(29일간)

○ 1차 발굴조사: 2008년 3월 25일 ~ 2008년 4월 2일(9일간)

○ 2차 발굴조사: 2008년 4월 10일 ~ 2008년 4월 29일(20일간)

□ 조사기관

○ 한·중 안중근 의사 유해 발굴단(18명)

- 한국 측 14명(충북대 유해 발굴센터 9, 한국지질자원연구원 5)
- 중국 측 4명(뤼순[185]감옥 2, 민간연구가 1, 사학교수 1)

□ 조사지역

○ 중국 랴오닝성 뤼순구구[186] 일아감옥구지 뒷산(위안바오산[187]) 하단 지역

- 조사지역은 2006년 남북한 공동조사단 공동발굴하기로 확정한 지역

2. 발굴조사 결과

○ 안중근 의사 유해매장 추정지에 대한 조사 결과 유해는 발견치 못함.

- 매장 추정지는 정밀 조사 결과 1916, 1921, 1923년에 진행된 감옥소 증축 시 벽돌 원료(흙)를 채굴했다는 증언과 폐기물이 매립된 상태였음.
- 따라서 벽돌 원료(흙) 채굴 시 유해가 멸실되었거나 다른 곳으로 이장하였을 가능성 추정(※멸실이나 다른 곳으로 이장에 대한 기록은 전무한 상태).

○ 조사 결과 안 의사의 유해는 발견하지 못하였지만 당초 안 의사 묘소에서 찍은 사진과 일치하는 장소를 확인(1920년대 도자기 파편 등 다수 출토).

185 원문에는 '여순'으로 표기.

186 원문에는 '요녕성 여순구구'로 표기.

187 원문에는 '원보산'으로 표기.

조사결과 안중근 의사 묘역 추정지역

3. 향후 과제

○ 군부대 담장 지역 안쪽으로 약 30×30m에 대한 추가 정밀 조사가 필요.

○ 안 의사 유해매장에 관한 설들은 일부는 주로 1940년대 이후부터인 점으로 볼 때 적어도 1911년부터 1930 사이에 감옥소 주변에서 진행되었을 지형상의 변화에 대한 정밀한 조사가 필요.

- 1916, 1921, 1923년에 진행된 감옥소 증축과 C 구역에서 벽돌 원료를 채굴했다는 증언과 폐기물이 매립된 시기 등의 인과관계 등.

- 이를 토대로 위안바오산[188] 8부 능선상에 대한 조사 및 위안바오산[189] 우측 근처에 자리한 소위 천주교 신자들이 묻혔다고 하는 지점에 대한 조사도 필요.

※ 중국 정부에서는 상기 추가 조사지역이 외국인 출입제한 지역이며, 군사지역으로 확실한 근거 없이는 조사 허가 불허 입장.

○ 1910년대부터 45년까지 뤼순[190]구지 감옥소에 관한 보다 자세한 문헌학적 조사 필요.

---

188 원문에는 '원보산'으로 표기.

189 원문에는 '원보산'으로 표기.

190 원문에는 '여순'으로 표기.

· 2006년 유해 발굴지 선정

1. 제1 추정위치

○ 관련사진

- 추모법회 기념사진(사진 2)

- 묘지에서 내려다 본 감옥 전경사진(사진 3)

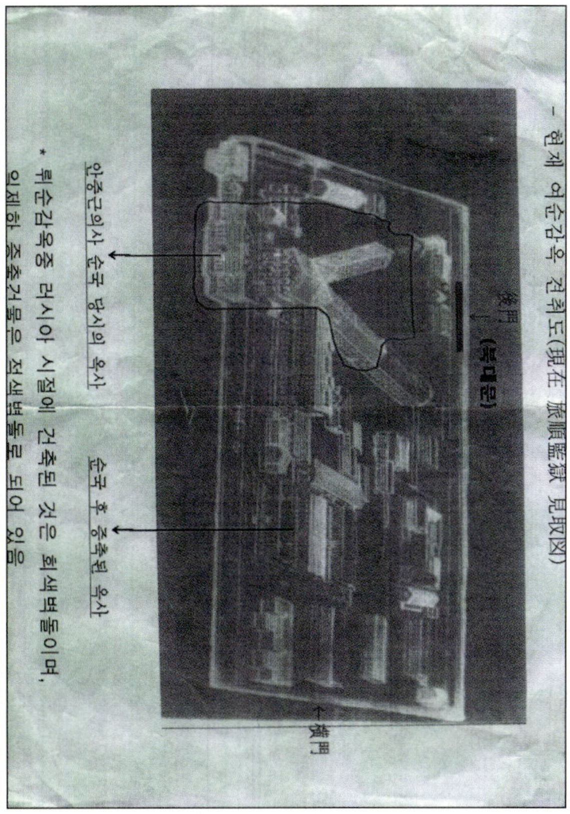

- 현재 여순감옥 견취도(現在 旅順監獄 見取図)

* 뤼순감옥중 러시아 시절에 건축된 것은 회색벽돌이며, 일제하 증축건물은 적색벽돌로 되어 있음

1. 제1 추정 위치

○ 관련 사진

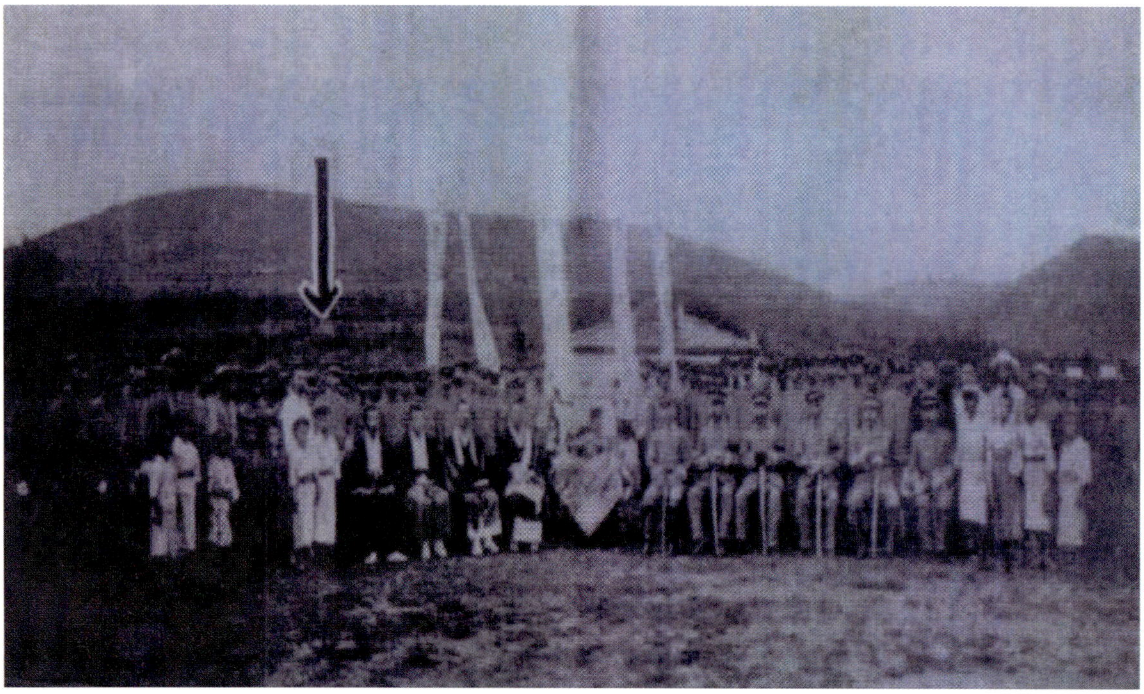

추모법회 기념사진(사진2)

묘지에서 내려다 본 감옥 전경 사진(사진 3)

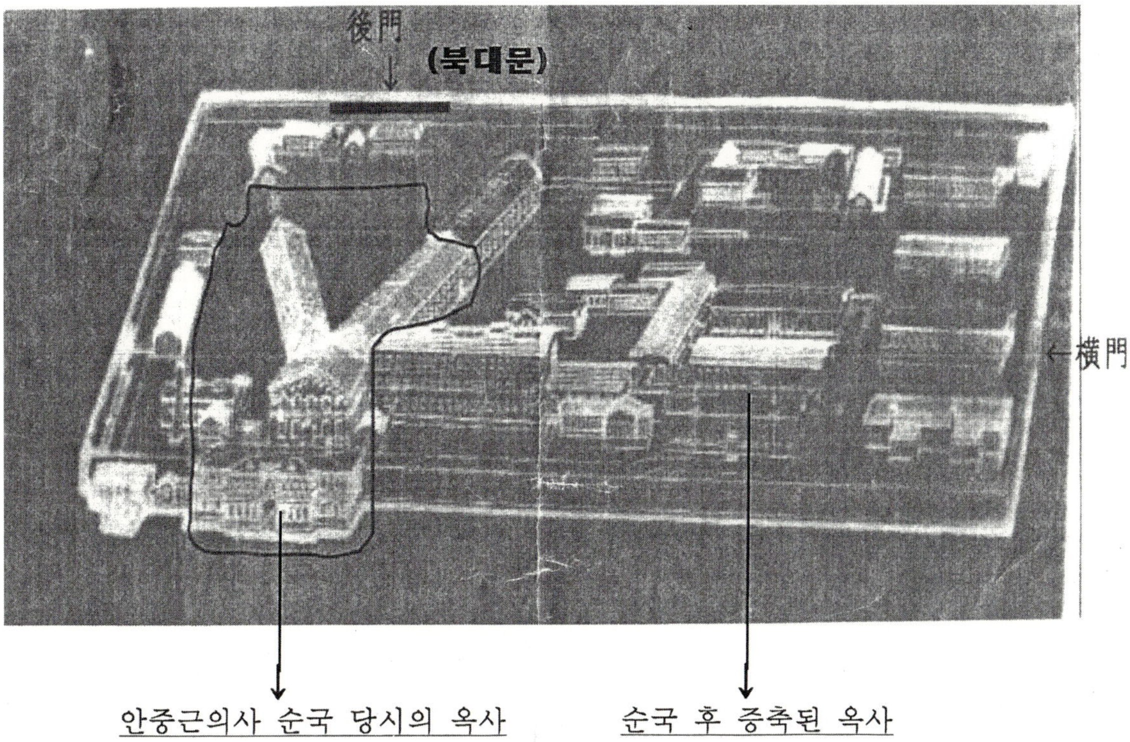

현재 뤼순[171]감옥 견취도(現在 旅順監獄 見取圖)

뤼순감옥 중 러시아 시절에 건축된 것은 회색 벽돌이며, 일제하 증축 건물은 적색 벽돌로 되어 있음

191 원문에는 '여순'으로 표기.

· 조사활동 사진 타이틀

4. 발표 자료(중국 외교부 · 한국 국가보훈처 자료)

〈안중근 의사 유해 발굴 기초자료 확보를 위한 지표투과레이더 관련〉이라는 제목으로 저자(김월배)가 2015년에 작성한 중국 외교부·한국 국가보훈처 자료가 있다. 이 자료에는 안중근 의사 매장지 신문 기사, 뤼순감옥공공묘지 위치 지도, 뤼순감옥 공공묘지 발굴 및 현황에 대한 자료와 함께 2010년 2월에 실시한 미군의 지표투과레이더(GPR) 활용, 지표투과레이더 방식을 안중근 의사 유해 발굴 방법에 활용 가능성에 대한 기록이 담겨 있다. 이 자료에는 지표투과레이더로 1~1.5m를 투과하면 매장 형태를 구별할 수 있을 것이라고 기록되어 있다(당시 뤼순감옥 일반 사형자는 유골통에 매장되어 유해가 원형형태지만 안중근 의사로 추정되는 매장은 침관 매장에 누워있는 형태기 때문에 일반 사형자의 유해인지 안중근 의사의 유해인지 구별 가능). 또한 지표투과레이더를 사용하면 뤼순감옥 공공묘지를 파헤치지 않고 기초적으로 확인할 수 있어서 지표 내 유골에 아무 영향을 주지 않음을 기록했다. 본 책에 그 내용의 자료를 제시했다. 그러나 지표투과 레이더의 정확성과 신뢰성에 대해서는 전문가의 견해를 별도로 요구된다.

· 〈안중근 의사 유해 발굴 기초자료 확보를 위한 지표투과레이더 관련〉(2015.12.05)

· 작성자: 김월배

· 중국 외교부 · 한국 국가보훈처

중국외교부/한국국가보훈처(2014.12.05.)

안중근의사 유해 발굴 기초자료 확보를 위한 지표투과레이더 관련

김월배
jindarlae@hanmail.net

1

안중근의사 매장지 신문 기사(만주일일신문 등 8개 신문/소노키 사형보고서)

16. 1910년 3월 27일 2면

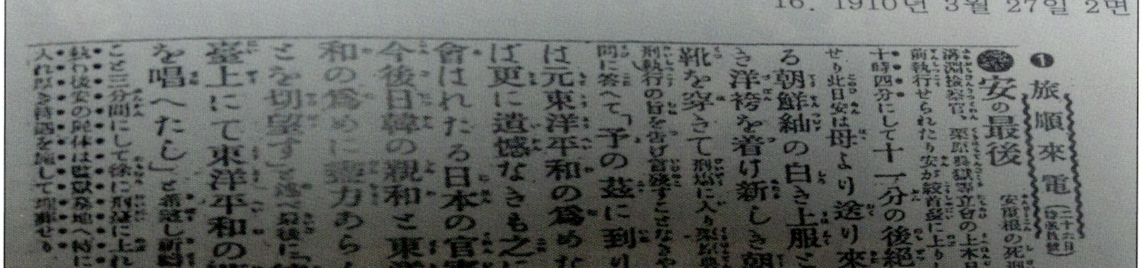

旅順來電

安の最後

十時四分にして十一分の後絶命
せり此日安は母より送り來れ
る朝鮮紬の白き上服と黒
き洋袴を着け新しき朝鮮
靴を穿きて刑場に入り
問に答へて「予の茲に到りし
は元東洋平和の爲めなれ
ば更に遺憾なきも之に立
會はれたる日本の官憲は
今後日韓の親和と東洋平
和の爲めに盡力あらんこ
とを切望す」
臺上にて東洋平和の萬歲
を唱へたし」

21. 1910년 3월 28일 1면

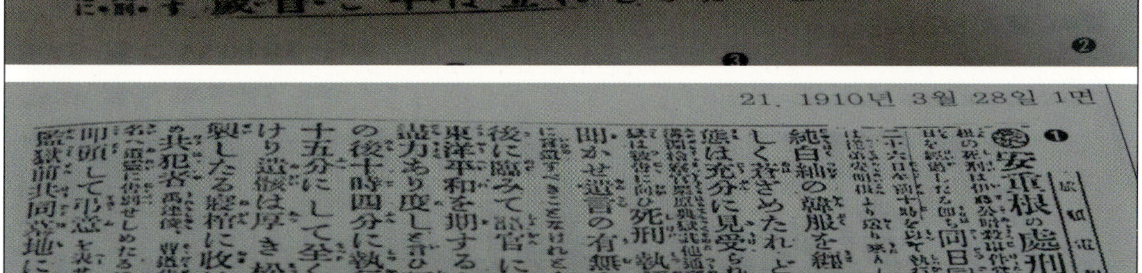

旅順電報

安重根の處刑

同日同時刻
新調の
純白紬の韓服を纏ひ顏色少
しく蒼ざめたれども覺悟の
態は充分に見受られたり
死刑執行文を讀
聞かせ遺言の有無を問ひしに
唯だ最
後に臨みて諸官に希ふ所は
東洋平和を期することに御
盡力あり度しと言ひ暫く默禱
の後十時四分に執行せられ
十五分にして全く天國に赴
けり遺骸は厚き松板を以て
製したる寢棺に收め
共犯者
叩頭して弔意を表せり 遺骸は
監獄前共同墓地に埋葬した。

안중근의사 유해 발굴 사업(안중근 의사 유해 최초 매장지는 어디인가?

- 안의사 사형 집행 시말 보고서(조선 통감부 소노끼)

[문서제목] [安重根 死刑 집행 상황]
[발송자] [通譯囑託 統監府 通譯生 園木末嘉]
살인 피고인 安重根에 대한 사형은 26일 오전 10시 監獄署 내 형장에서 집행되었습니다.
그 요령은 아래와 같습니다. (중략)
10시 20분 安의 시체는 특별히 監獄署에서 만든 寢棺에 이를 거두고 흰색 천을 덮어서 교회당으로 운구 되었는데, 이윽고 그 공범자인 禹德順·曺道先·劉東夏 3명을 끌어내어 특별히 예배를 하게하고 오후 1시에 監獄署의 묘지에 이를 매장했습니다. (중략)
위를 보고합니다.
通譯囑託 統監府 通譯生 園木末嘉印

-당시 각종 신문(8가지)의 안중근의사 유해 감옥서 묘지 매장 보도

"유해는 오후 1시 공동묘지에 매장"(1910. 3.27. 오사카 마이니치 신문大阪每日新聞뤼순전보 26일)
"안중근의 시체는 감옥묘지에 특별히 침관에 넣어 매장"(1910. 3. 27. 오사카 마이니치 신문大阪每日新聞)
"유골은 감옥전 공동묘지에 매장"(1910. 3. 27. 분지신보 뤼순전보 26일 발 인용)
"안중근의 시체는 감옥묘지에 특히 관에 넣는 특별 대우를 받고 매장" (1910. 3. 27 분지신보 대련전보 26일)
"유해는 뤼순감옥묘지에 매장" (1910 3 28 도쿄일일신문東京日日新聞대련 전보)
"사체는 오후에 감옥공동묘지에 매장"(1910 3 29 만주신보 滿州新報)
"안중근의 사체를 오후 감옥공동묘지에 묻었다" (1910 3 29 만주신보 滿州新報 26일 뤼순지국 발),
"안중근 사체는 오후 1시 감옥공동묘지에 묻었다 "(1910 3 27 만주일일신문滿州日日新聞)

뤼순감옥공공묘지 위치(1.2KM/500M)

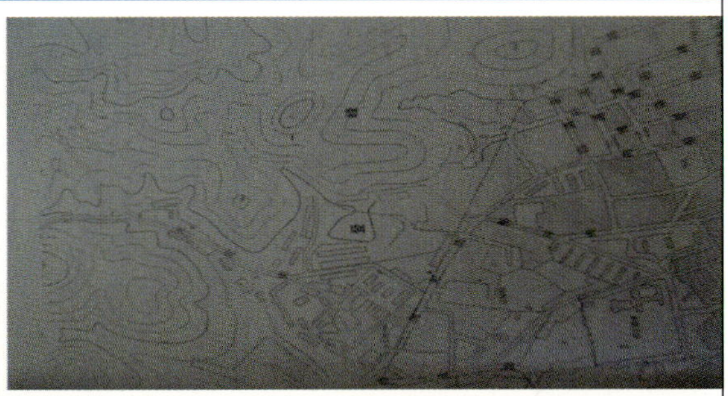

뤼순감옥 공공묘지 발굴 및 현황(1907~1943/1971/2001)

미군의 지표투과레이더(2010.2)

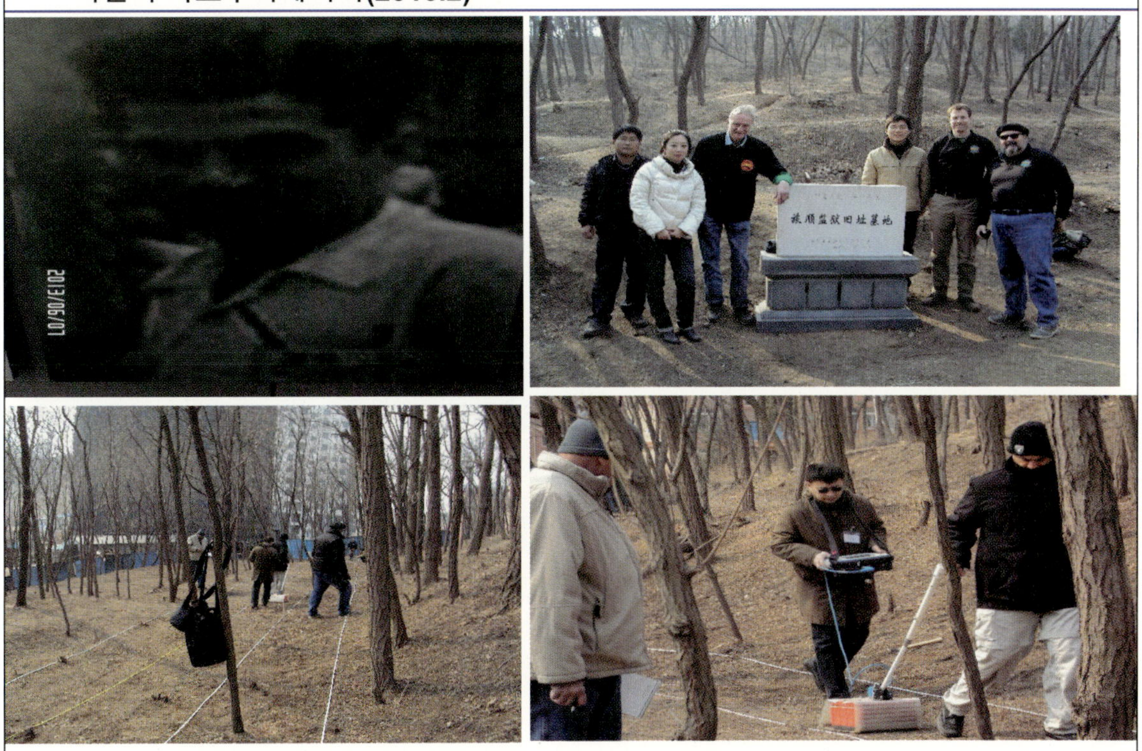

지표투과 레이더(GPR:Ground Penetration Rador) 매장 형태 구별

GPR 정의

GPR(Ground Penetration Rador)는 전자기파를 이용한 지구 물리탐사방법 중 한가지로서 천부지질 및 구조물에 대한 고해상도 이미지를 제공

GPR 탐사의 적용: 지하매설물 탐사, 지반공동탐사, 지반조사, 하상탐사, 구조물탐사, 폭발물탐사 등

매장 형태 구별 가설

1-1.5m를 투과하면 뤼순감옥 일반 사형자 유골통 매장되어 원형형태,

안중근의사로 추정 매장은 침관 매장에 의한 누워있는 형태로 반영 추정

GPR 사용장점

뤼순감옥 공공묘지를 파헤치지 않고 기초적으로 확인할 수 있어 지표내
유골에 아무 영향을 주지 않음

7

안중근의사님의 유언

안중근 의사 유해 발굴 사업(안중근 의사 유해 최초 매장지는 어디인가?)

– 안 의사 사형 집행 시말 보고서(조선 통감부 소노키[192])

[문서 제목] [안중근 사형집행 상황]

[발송자] [통역촉탁(通譯囑託) 통감부(統監府) 통역생(通譯生) 소노키 스에요시(園木末喜)]

살인 피고인 安重根에 대한 사형은 26일 오전 10시 감옥서(監獄署) 내 형장에서 집행되었습니다. 그 요령은 아래와 같습니다. (중략)

10시 20분 安의 시체는 특별히 감옥서(監獄署)에서 만든 침관(寢棺)에 이를 거두고 흰색 천을 덮어서 교회당으로 운구되었는데, 이윽고 그 공범자인 우덕순(禹德淳) · 조도선(曺道先) · 유동하(劉東夏) 3명을 끌어내어 특별히 예배를 하게 하고 오후 1시에 감옥서(監獄署)의 묘지에 이를 매장했습니다. (중략)

위를 보고합니다.

통역촉탁(通譯囑託) 통감부(統監府) 통역생(通譯生) 소노키 스에요시(園木末喜) 인(印)

–당시 각종 신문(8가지)의 안중근 의사 유해 감옥서 묘지 매장 보도

"유해는 오후 1시 공동묘지에 매장"(1910.3.27. 〈오사카마이니치신문(大阪每日新聞)〉 뤼순전보 26일)

"안중근의 시체는 감옥묘지에 특별히 침관에 넣어 매장"(1910.3.27. 〈오사카마이니치신문(大阪每日新聞)〉)

"유골은 감옥전 공동묘지에 매장"(1910.3.27. 〈모지신보〉 뤼순전보 26일 발 인용)

"안중근의 시체는 감옥묘지에 특히 관에 넣는 특별 대우를 받고 매장"(1910.3.27. 〈모지신보〉 다롄전보 26일)

"유해는 뤼순감옥묘지에 매장"(1910.3.28. 〈도쿄일일신문(東京日日新聞)〉 다롄 전보)

"사체는 오후에 감옥공동묘지에매장"(1910.3.29. 〈만주신보(滿洲新報)〉)

"안중근의 사체를 오후 감옥공동묘지에 묻었다"(1910.3.29. 〈만주신보(滿洲新報)〉 26일 뤼순지국 발)

"안중근 사체는 오후 1시 감옥공동묘지에 묻었다"(1910.3.27. 〈만주일일신문(滿洲日日新聞)〉)

지표투과 레이더(GPR:Ground Peneration Radar) 매장 형태 구별

GPR의 정의

GPR(Ground Peneration Radar)는 전자기파를 이용한 지구 물리탐사방법 중 한 가지로서 천부지질 및 구조물에 대한 고해상도 이미지를 제공

GPR 탐사의 적용: 지하매설물 탐사, 지반 공동탐사, 지반 조사, 하상 탐사, 구조물 탐사, 폭발물 탐사 등

---

192 원문에는 '소노끼'로 표기.

매장 형태 구별 가설

1~1.5m를 투과하면 뤼순감옥 일반 사형자 유골통 매장되어 원형형태

안중근 의사로 추정 매장은 침관 매장에 의한 누워 있는 형태로 반영 추정

GPR 사용 장점

뤼순감옥 공공묘지를 파헤치지 않고 기초적으로 확인할 수 있어 지표 내 유골에 아무 영향을 주지 않음

안중근 의사님의 유언

내가 죽은 뒤에 나의 뼈를 하얼빈 공원 곁에 묻어두었다가 우리 국권이 회복되거든 고국으로 반장해 다오.

나는 천국에 가서도 또한 마땅히 우리나라의 회복을 위해 힘쓸 것이다

너희들은 돌아가서 동포들에게 각각 모두 나라의 책임을 지고 국민 된 의무를 다하여 마음을 같이하고 힘을 합하여 공로를 세우고 업을 이루도록 일러 다오.

대한독립의 소리가 천국에 들려오면 나는 마땅히 춤추며 만세를 부를 것이다.

유해 사료, 안중근을 찾아서

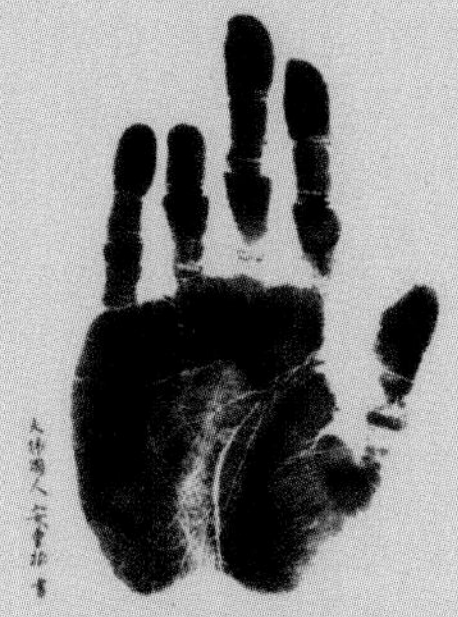

Ⅳ

러시아 자료

1. 언론보도
2. 러시아 국방성 중앙문서보관서 소장 자료

1. 언론 보도

신문

1910년 4월 8일자 러시아 신문 〈우수리스까야 아끄라이나〉에 "〈해외소식〉 일본"이라는 기사로 안중근 의사의 사형 과정, 사형 집행, 유해에 대한 내용이 실렸다. 이에 대한 내용을 2019년 5월 29일, 국가기록원에서 기사문 자료와 그 번역문을 함께 보도자료로 발표했다.[193]

국가기록원 보도자료에서 〈우수리스까야 아끄라이나〉 기사문 번역 중 "관에 넣어져 튜렘의 작은 예배당으로 옮겨졌다. 암살에 가담한 3명의 동료들에게는 안과 이별하는 것이 허락되었다. 그들 중 한 명은 이 의식 중에 미친 듯이 행동하였다. 그 후 관은 지역 기독교 묘지로 옮겨졌다."라는 내용이 있는데 이 번역 내용으로 인해 한국 언론들은 이전까지의 안중근 의사 유해매장 장소에 대한 의견이 분분했는데 러시아 신문 기사의 '기독교 묘지'가 결정적 단서가 될 수 있다는 기대가 있다고 기사를 실었다.

하지만 이 〈우수리스까야 아끄라이나〉의 기사는 일본 〈아사히신문〉을 인용해 보도한 것으로 밝혀졌다. 이에 대해 2019년 5월 30일 자 〈문화일보〉[194]에서는 "국가기록원도 이 같은 사실을 알고 있었으나 실적 알리기에 급급해 결과적으로 국민의 관심이 지대한 안 의사의 유해 발굴 작업과 관심이 지대한 안 의사의 유해 발굴 작업과 관련해 혼선을 부추겼다는 의혹을 벗기 어렵게 됐다."라는 내용을 실었다. 이렇듯 사료 연구와 현장 확인 없이 하나의 불확실한 자료만으로 안중근 의사의 유해 발굴 매장지를 단정 지을 수 없을 것이다. 본 책에서는 국가기록원에서 발표한 러시아 신문 〈우수리스까야 아끄라이나〉의 안중근 의사 유해와 관련된 기사문과 번역문을 함께 제시했다.

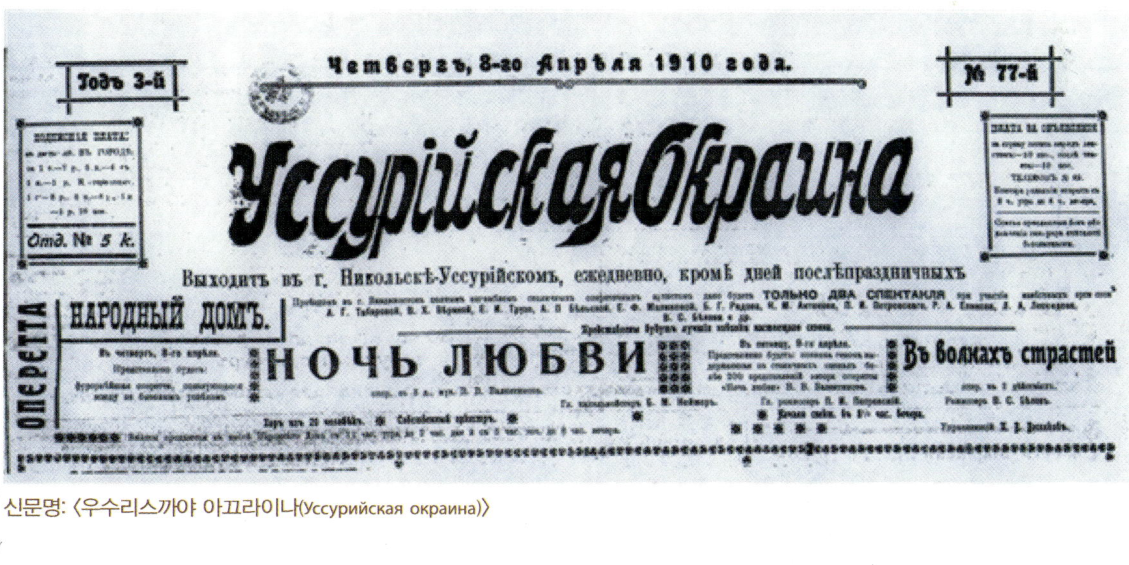
Четвергъ, 8-го Апрѣля 1910 года.

Годъ 3-й

№ 77-й

Уссурійская Окраина

Отд. № 5 к.

Выходитъ въ г. Никольскѣ-Уссурійскомъ, ежедневно, кромѣ дней послѣпраздничныхъ

ТОЛЬКО ДВА СПЕКТАКЛЯ

ОПЕРЕТТА

НАРОДНЫЙ ДОМЪ.

НОЧЬ ЛЮБВИ

Въ волнахъ страстей

신문명: 〈우수리스까야 아끄라이나(Уссурийская окраина)〉

193 국가기록원 행정지원과(2019.05.29.) 보도자료, "'나는 조국해방의 첫 번째 선구자', 그는 역시 영웅이었다."

194 〈문화일보〉(2019.05.30. 기사), "기록원 '안중근 묘지 오보' 알고도 공개…유해발굴에 혼선만"

1) 우수리스까야 아끄라이나(Уссурийская окраина)

· 해외 소식 : 일본(1910.04.08.(04.21))

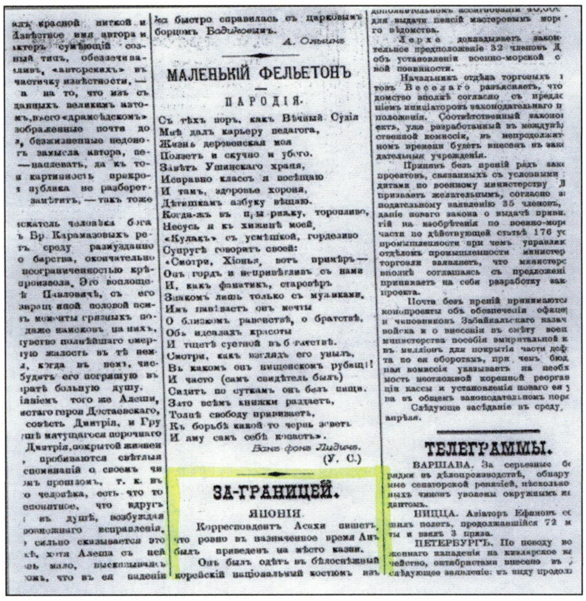

ЗА-ГРАНИЦЕЙ.

ЯПОНІЯ.

Корреспондентъ Асахи пишетъ, что ровно въ назначенное время Анъ былъ приведенъ на мѣсто казни.

Онъ былъ одѣтъ въ бѣлоснѣжный корейскій національный костюмъ изъ

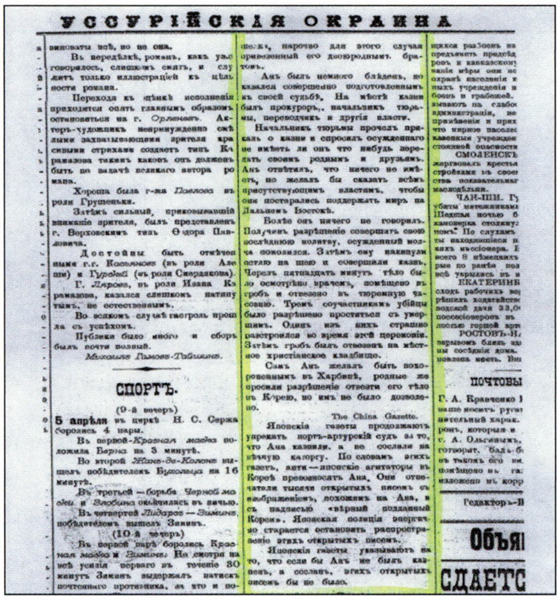

шелка, нарочно для этого случая привезенный его двоюроднымъ братомъ.

Анъ былъ немного блѣденъ, но казался совершенно подготовленнымъ къ своей судьбѣ. На мѣстѣ казни былъ прокуроръ, начальникъ тюрьмы, переводчикъ и другія власти.

Начальникъ тюрьмы прочелъ приказъ о казни и спросилъ осужденнаго не имѣетъ ли онъ что нибудь передать своимъ роднымъ и друзьямъ. Анъ отвѣтилъ, что ничего не имѣетъ, но желалъ бы сказать всѣмъ присутствующимъ властямъ, чтобы они постарались поддержать миръ на Дальнемъ Востокѣ.

Болѣе онъ ничего не говорилъ. Получивъ разрѣшеніе совершить свою послѣднюю молитву, осужденный молча помолился. Затѣмъ ему накинули петлю на шею и совершили казнь. Черезъ пятнадцать минутъ тѣло было осмотрѣно врачемъ, помѣщено въ гробъ и отвезено въ тюремную часовню. Троимъ соучастникамъ убійцы было разрѣшено проститься съ умершимъ. Одинъ изъ нихъ страшно расстроился во время этой церемоніи. Затѣмъ гробъ былъ отвезенъ на мѣстное христіанское кладбище.

Самъ Анъ желалъ быть похороненнымъ въ Харбинѣ, родные же просили разрѣшеніе отвезти его тѣло въ Корею, но имъ не было дозволено.

The China Gazette.

Японскія газеты продолжаютъ упрекать портъ-артурскій судъ за то, что Ана казнили, а не сослали на вѣчную каторгу. По словамъ этихъ газетъ, анти-японскіе агитаторы въ Кореѣ превозносятъ Ана. Они отпечатали тысячи открытыхъ писемъ съ изображеніемъ, похожимъ на Ана, и съ надписью «вѣрный подданный Кореи». Японская полиція энергично старается остановить распространеніе этихъ открытыхъ писемъ.

Японскія газеты указываютъ на то, что если бы Анъ не былъ казненъ, а сосланъ, этихъ открытыхъ писемъ бы не было.

· **해외 소식 : 일본(1910.04.08.(04.21))**[195]

아사히 신문의 특파원에 따르면 예정된 시간에 안은 사형장으로 보내졌다고 한다.

그는 하얀색의 명주로 된 조선 전통 한복을 입고 있었으며, 이것은 일부러 그의 사촌 형에 의하여 보내진 것이다. 안은 약간 창백하였으나 자신의 운명에 완전히 준비가 되었다고 말하였다. 사형장에는 검사, 교도소장, 통역 그리고 정부 관계자가 있었다.

교도소장은 사형에 관한 명령서를 읽고 안에게 자신의 친지나 친구들에게 전하고자 하는 말이 있는지 물어보았다. 안은 특별히 할 말은 없고, 참석한 모든 이들에게, 자신들은 극동의 평화를 위하여 노력해 왔다고 말하였다. 더 이상 아무 말도 하지 않았다. 마지막 기도를 하도록 허락받고, 안은 조용히 기도하였다. 그리고 나서 그의 목에 매듭이 묶여 졌고, 사형이 집행되었다. 15분 후 그의 몸은 의사에 의해 검시되었고, 관에 넣어져 튜렘의 작은 예배당으로 옮겨졌다. 암살에 가담한 3명의 동료들에게는 안과 이별하는 것이 허락되었다. 그들 중 한 명은 이 의식 중에 미친 듯이 행동하였다. 그 후 관은 지역 기독교 묘지로 옮겨졌다.

안 자신은 하얼빈에 안장되길 원하였고, 친척들은 그의 시신을 조선으로 가져가기를 원하였으나 허가를 받지는 못하였다.

중국 신문(The China Gazette)

일본 신문들은 포르트-아르투르 법원을 비난하였는데, 왜 안을 무기징역 시키지 않고 사형을 시켰는가의 문제였다. 이들 신문에 따르면 조선에서 반 일본 혁명가들은 안을 영웅시 한다는 것이다. 그들은 수천 장의 안을 닮은 초상화를 담은 서간문들을 인쇄하였으며 거기에는 다음과 같이 썼다고 한다 〈조선의 충실한 국민〉. 일본 경찰들은 매우 열성적으로 이 서간문의 배포를 막고 있다고 한다.

일본의 신문들은 안을 사형시키지 않고 징역에 처했다면 이러한 서간문은 만들어지지 않았을 것이라는 주장을 하고 있다.

---

195 번역 출처: 2019년 5월 29일 자 국가기록원 보도자료 중 [붙임6] 자료(p.19-20)

2. 러시아 국방성 중앙문서보관소 소장 자료

1) 폰드 500(일본군 노획문서 콜렉션)

ЦАМО
Ф. 500 (трофейные документы)

В фонд 500 входит коллекция японских трофейных документов. Около 400 ед. хр. за 1916-1945 гг. Основная часть – документы о боевых действиях в Манчжурии, на реке Халхингол и капитуляции. Не переведены на русский язык (для работы с документами, не переведенными на русский язык, нужно получить дополнительное разрешение, в котором указать сроки работы в читальном зале).

Состоит из документов по следующим темам:

- Материалы, свидетельствующие о подготовке нападения Японии на СССР
- Штабные документы Квантунской армии 1945 г.
- Боевые документы штаба Квантунской армии
- Сведения о состоянии японских войск после капитуляции (ведомости боевого состава войск Квантунской армии до начала боевых действий, списки командного состава, карты и схемы дислокации частей и соединений).

국방성 중앙문서보관소
폰드 500 (노획문서)

폰드 500 는 일본군 노획문서 콜렉션이다. 1916-1945 년까지 기간동안 약 400 여종의 문서가 있다. 주요한 부분은 만주와 할힌골에서의 전투상황 그리고 항복문서들이다. 러시아어로 번역되지 않았다. 러시아어로 번역되지 않은 문서들을 작업하기 위해서는 열람실에서 작업하기 위한 추가의 허가를 받아야 한다.

자료들은 다음과 같은 테마로 구성되어 있다.
- 일본의 소련 침공 준비에 대한 증거 자료
- 1945 년 관동군 사령부 자료
- 관동군 전투 자료
- 항복 이후 일본군의 상황에 대한 보고 (전쟁이 시작될 매까지 관동군 군대상황 보고서, 지휘관 목록, 부대들의 주둔에 관한 지도와 도표)

국방성 중앙문서보관소

폰드 500 (노획문서)

폰드 500 는 일본군 노획문서 콜렉션이다. 1916~1945년까지 기간 동안 약 400여 종의 문서가 있다.
주요한 부분은 만주화 할힌골에서의 전투 상황 그리고 항복 문서들이다. 러시아어로 번역되지 않았다.
러시아어로 번역되지 않은 문서들을 작업하기 위해서는 열람실에서 작업하기 위한 추가의 허가를 받아야 한다.

자료들은 다음과 같은 테마로 구성되어 있다.

- 일본의 소련 침공 준비에 대한 증거 자료
- 1945년 관동군 사령부 자료
- 관동군 전투 자료
- 항복 이후 일본군의 상황에 대한 보고(전쟁이 시작될 때까지 관동군 군대 상황 보고서, 지휘관 목록, 부대들의 주둔에 관한 지도와 도표)

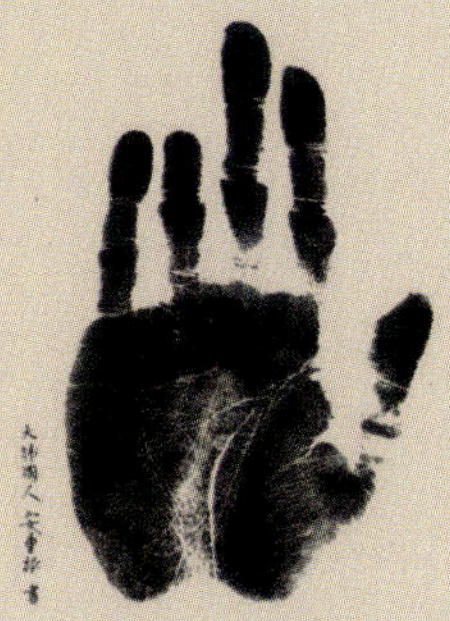

유해 사료, 안중근을 찾아서

후기

자료 구성 후기

감수 후기

자료 구성 후기

김이슬(하얼빈이공대학교 박사 수료)

안중근 의사는 조국의 독립과 동양평화를 위해 한평생 풍찬노숙을 마다하지 않고 애쓰시다가 목숨까지 바친 대한민국의 영웅이다. 안중근 의사는 돌아가시면서 "우리 국권이 회복되면 고국으로 반장해 다오."라고 유언을 남기셨다. 하지만 국권이 회복되었음에도 안중근 의사가 순국한 지 112년이 된 지금까지 안중근 의사의 유해는 고국으로 돌아오지 못하고 있다.

2017년 김월배 교수님을 만나기 전까지 안중근 의사는 내게 많은 독립운동가 분들 중 한 분으로만 인식되어 있었다. 김 교수님을 만나 안중근 의사에 대한 많은 것들을 배울 수 있었다. 이후 안중근 의사가 이토 히로부미 주살한 역사적 현장인 하얼빈에서 유학 생활을 하면서 안중근 의사가 하얼빈 거사를 위해 11일 동안 머물며 다닌 하얼빈의 여러 현장들을 따라가 볼 수 있었다. 그 흔적들을 직접 발로 디디며 안중근 의사의 발걸음을 따라가 보면서 안중근 의사가 어떤 심정이었을지 생각해 볼 수 있었고 대한민국 후손으로서 자긍심까지 느낄 수 있었다. 특히 안중근 의사의 평화주의 사상은 많은 감명을 주었고 이후로 안중근 의사를 마음에 깊이 새기지 않을 수 없었다.

안중근 의사의 유해에 관한 한국, 중국, 일본, 러시아의 자료들을 정리한《유해 사료, 안중근을 찾아서》에 참여할 수 있어서 영광이며 부담감과 책임감이 느껴졌다. 안중근 의사께서 대한민국 역사에 있어 어떤 의미인지 알기에, 그리고 김월배 교수님께서 긴 세월 동안 중국과 일본을 다니시며 안중근 의사만 바라보시고 자료 수집에 고생하신 것을 알기에, 자료 조사와 정리에 안중근 의사 유해가 고국으로 돌아오기를 바라는 마음도 함께 담았다. 이 과정에서 나라를 위해 목숨을 바치신 안중근 의사를 생각하며 가슴이 뜨거워 짐은 물론이고 안중근 의사의 유해가 대한민국의 품에 안기길 바라는 마음이 간절해졌다.

《유해 사료, 안중근을 찾아서》를 통해 많은 분들이 안중근 의사의 유해 발굴에 더 많은 관심을 갖게 되기를 소원한다. 나라를 사랑하는 마음 하나로 안중근 의사는 청년의 때에 어머니와 아내, 자식들을 남기고 목숨을 바쳤다. 그와 같은 청년의 시기를 지나고 있는 나와 같은 청년들과 다음 세대들에게 안중근 의사의 유언은 대한민국 후손으로서 지켜드려야 할 도리이자, 우리의 과제가 아닐까라는 생각이 든다.

대한국민 민족의 자긍심을 고취한 민족의 영웅이자 평화주의자인 안중근 의사의 유해가 아직 고국의 품으로 돌아오지 못했다는 것은 정말 가슴 아픈 일이다. 안중근 의사의 유해 발굴은 나라를 위해 헌신한 안중근 의사를 외면하지 말아야 할, 대한민국 후손으로서의 도리라고 할 수 있다. 조속히 안중근 의사의 유해를 찾아 고국으로 모셔와야 할 것이다.

2022년 10월 26일 김이슬

감수 후기

강일규(한성대 사회과학부 교수)

올해는 안중근(1879~1910) 의사께서 순국하신 지 112년이 되는 해이다. 안중근 의사는 우리 민족의 위대한 영웅이며, 이 시대의 지고한 사상가이다. 그의 영웅적 의거는 일본 침략자의 가슴을 겨누었고, 그의 지고한 사상은 우리 인류의 평화를 논하였다. 이러한 의사의 삶과 역정은 익히 알고 있지만, 서거하신 후 한 세기가 훌쩍 넘은 이 시점에도 우리는 후손의 도리를 다하지 못하고 있다. 이는 안 의사님의 유해를 조국에 제대로 모시지 못했기 때문이다.

안중근 의사은 아직도 차가운 이국땅에 묻혀 있고, 그 행방을 찾지 못하니 참으로 비통하고, 통탄스럽고, 탄식이 절로 나오지 않을 수 없다. 그동안 안 의사의 유해 발굴을 위해 많은 노력과 시간을 들였지만, 큰 성과가 없으니 정말 안타까울 따름이다. 우리가 주지하다시피 유해 발굴 과정에서 우리 정부 당국과 전문가는 물론 북한과 중국 인사들도 많은 관심을 갖고 동참하였다. 그만큼 안중근 의사의 유해 발굴사업은 우리 민족은 말할 것도 없고 동북아 국가의 초미의 관심사이기 때문이다.

다행인 것은 지금도 안 의사의 유해 발굴을 위해 여러 어려움에도 불구하고 많은 노력과 관심을 기울이고 있다는 점이다. 정부는 물론 학계와 유관 단체가 나서서 꾸준하게 문제 제기와 관련 단서를 찾아 노력하고 있다. 특히 김월배 교수는 중국 현지에서 여러 난관을 극복하면서 유해 발굴 참여는 물론 매장 가능성이 높은 것으로 판단되는 현지에 대한 탐방·조사·연구 및 발표 등을 통해 물심양면으로 많은 기여를 해 오고 있다. 필자도 김 교수와 함께 뤼순형무소와 안 의사께서 감금되셨던 방, 그리고 형장을 답사하면서 매장 지역으로 지목되는 현장을 살펴볼 기회가 있었다. 현재 그 지역은 많은 개발로 형질이 변경되는 등 발굴의 어려움이 더 클 것으로 사료되어 안타까운 마음을 금할 수 없었다.

이런 상황에서 우리는 끝나지 않은 유해 발굴 사업을 지속해야 하는 것이다. 의사님의 유해를 찾을 때까지! 한편, 유해 발굴에 대한 계속되는 관심에서 하나의 주요한 방법은 관련 사료를 정리·연구하여 좀 더 과학적이고 체계적인 발굴을 지원하는 작업이라고 볼 수 있다. 즉 안 의사 유해 발굴과 연계하여 관련 사료에 대한 수집과 연구·발표 및 홍보 등을 통해 지속적인 발굴 의지를 유지·시행하는 것이다. 우리 후손들이 다각도로 사료를 발굴하고, 정리하여 연구하고, 널리 알리는 것이 우리의 임무이며 책무이다. 역사는 자연적으로 쌓이고 축적되는 것이 아니다. 진정한 역사는 시간과 공간에 우리의 관심과 노력, 그리고 정성이 추가되어야 한다. 시간은 흐르고 공간은 변하지만, 우리 인간의 도리가 올바르게 움직일 때 진정한 민족의 역사가 도전에 응전하는 것이다.

이런 점에서 안 의사의 뤼순감옥 수감 및 유해 발굴 과정 등에 대한 중국 측 자료를 수집·번역하는 작업은 매우 소중한 사업이라고 볼 수 있다. 이런 과업이 바로 발굴에 대한 우리의 의지이고, 도전에 응전하는 우리의 역사라고 볼 수 있다. 정말로 이번 중문 사료에 대한 수집 및 번역 업무는 매우 의미 있고 시의적절한 과업이라고 볼 수 있다. 이런 훌륭한 과업은 앞으로 더 다양한, 그리고 더 빠른 지원·진전이 필요하다.

번역된 본 원고는 안중근 의사 유해 발굴에 도움이 될 수 있는 중문 및 중국어 자료를 번역한 것이다. 사료의 주요 번역 내용은 중국 잡지(여대소사), 뤼순감옥 단독 안중근 의사 유해 발굴 조사 보고서, 주상영 관장 진술자 조사 보고서, 뤼순일아감옥구지 공동묘지의 과거와 현재(다롄일보), 뤼순 지도(1911년 뤼순감옥 상수도 도면과 1956년 측정 지도), 미국 동산파 공동묘지 GPR 발굴을 위한 공문서, 안중근 의사와 윤봉길 의사 관련 문서봉투, 안중근 의사 유해 발굴 관련 논문(왕진인: 王珍仁), 관동도독부 감옥법, 뤼순감옥묘지 변천 연구, 다고 지로(田子仁郎)의 죄행록(다고 지로의 죄행록1, 다고 지로의 죄행록2), 고가 하쓰이치가 판마오중(潘茂忠)에게 보낸 편지 등이다.

안중근 의사와 관련한 다양한 사료가 여러 나라에 산재되어 있고, 이미 번역을 통하여 그 내용을 파악한 경우도 많이 있다. 하지만 아직도 개인이 소장하거나 도서관 서고 등에서 햇빛을 기다리는 귀중한 자료가 많을 것으로 예상하고 있다. 특히 안 의사 유해 발굴과 관련한 사료 확보는 참으로 시급한 과제가 아닐 수 없다. 빠른 시일 내에 관련 정보를 더 많이 확보하여 우리 민족의 영웅이며, 이 시대의 위대한 사상가이신 안중근 의사의 유해가 고국 땅에 안장되시는 데 도움이 되길 바라는 마음이 간절하다. 그리하여 의사님의 고귀한 정신과 흠모의 자태가 천대만대까지 후손의 귀감이 되시기를 기원하는 바이다.

이런 차원에서 안 의사의 유해 발굴과 관련한 효과적인 사료 발굴의 방안을 생각해 보면, 우선 우리 정부와 학계 및 전문가들의 적극적인 관심이 필요하다. 이런 관심은 바로 발굴 지원과 참여로 연계될 수 있기 때문이다. 다음으로 사료 발굴 전담 기관과 조직 및 전담 인력 구성이 필요한데, 특히 전담 인력 양성 · 활용도 중요하다. 세 번째로 지원 예산 확보가 필요하다. 즉 행 · 재정적 뒷받침이 중요하다. 이렇게 기본적인 지원 체계가 갖추어지고, 이에 더하여 개인과 민간단체 및 북한 당국, 그리고 주변 국가들의 지원과 협조를 더욱 적극적으로 유도할 필요가 있다.

마지막으로 본 사료의 수집과 정리에 수고를 아끼지 않으신 김월배 교수, 그리고 번역에 많은 열정과 시간을 할애해 주신 분께 깊은 감사의 말씀을 드린다. 또한 이 자료가 의사님의 유해 발굴에 큰 도움이 되기를 기원한다. 더불어 이 모든 작업은 바로 안중근 의사에 대한 우리 모두의 사모하는 마음의 발로가 아닐 수 없다. 다시 한번 고마운 마음을 드린다.

감수 후기
안중근 의사의 유해, 어떻게 찾을 수 있을까?

김봉진(일본 기타규슈 시립대학 명예교수)

안중근 의사 유해 미궁의 원죄는 일본에 있다.

안중근 의사가 순국한 직후 동생 정근과 공근은 안중근 의사 유해 인도를 요청했다. 당시 뤼순(旅順)의 관동(關東) 도독부 감옥법(監獄法) 75조에 따르면 가족의 인도(引渡) 요구가 있으면 유해를 건네주어야 했다. 그러나 가와카미 도시쓰네(川上俊彦) 하얼빈 주재 총영사는 일본 외무성에 '시체를 건네주지 말 것'을 요청했다. 일본 정부는 이를 승인했다 . 이렇듯 자국의 감옥법 조항을 위반하면서까지 두 동생에게 인도하지 않았던 것이다. 게다가 유해를 비밀리에 매장했다. 이때 침관(寢棺)을 사용했다는 기록은 남아 있다 .

그러나 매장 위치가 어디인지는 알 수 없다. 그 위치에 관한 기록이나 안중근 의사 유해와 관련된 자료가 남아 있는지 없는지조차 알 수 없는 실정이다. 그래서 안중근 의사 유해의 위치는 여전히 미궁(迷宮)에 빠진 채로 있다. 그 미궁의 원죄가 일본에 있음은 물론이다.

해당 기록 / 자료와 뤼순 지방 법원, 감옥의 관련자들 후손을 찾아내야 한다.

올해는 안중근 의사가 뤼순감옥에서 순국한 지 112주년 되는 해이다. 죽어서도 해방된 조국의 모습을 보고 싶어 했던 안중근 의사의 마지막 유언에도 불구하고 우리는 여태껏 그의 영혼을 조국의 품으로 모시지 못하고 있다. 이와 달리 매헌 윤봉길 의사의 유해를 우리는 반환할 수 있었다. 해당 기록과 주변의 증언을 찾아낸 까닭에 가능했던 것이다. 그렇다면 일본에서 안중근 의사 유해의 위치에 관한 기록/자료는 남아 있을까 ? 남아 있다면 어디일까? 또는 누구에게 남아 있을까? 남아 있다는 가능성을 열어두고 찾아낼 필요가 있다.

해당 기록/자료가 남아 있다면 어디에 있을까? 예측되는 곳은 일본의 국회도서관, 외교 사료관, 방위성 연구소, 공문서관 등이다. 이미 많은 한국 학자들이 공개 기록/사료를 중심으로 찾아내고자 노력해 왔다. 다만 그 단서조차 찾아낸 사람은 없다. 앞으로 공개된 것을 재조사함은 물론 미공개 기록/자료를 찾아내는 노력을 지속해야 할 것이다.

또한, 뤼순 지방 법원, 감옥과 관련된 일본인들의 후손을 찾아내야 한다. 예컨대 당시 고등법원장 히라이시 우진도(平石氏人), 지방법원장 마나베 주조(眞鍋十藏), 검찰관 미조부치 다카오(溝口孝雄), 촉탁(囑託) 통역 소노키 스에요시(園木末喜) 등의 후손이다. 그리고 뤼순감옥의 당시 감옥소장인 구리하라 사다키치(栗原貞吉)을 비롯하여 마지막 감옥소장 다고 지로(田子仁郎), 마지막 감옥의(監獄醫) 고가 하쓰이치(古賀初一) 등의 후손이다.

나아가 당시 다롄, 뤼순과 관계된 일본인들의 후손을 찾아내야 한다. 예컨대 관동 도독부 민정장관 오오마 요시마사(大島義昌), 교회사(敎晦師) 나가오카 가쿠세이(長岡覺性), 쓰다 가이준(津田海純) 등의 후손이다. 아울러 안중근 의거 현장에 있었던 만철(滿鐵) 이사(理事) 다나카 세이지로(田中淸次郎) 등 여러 수행원의 후손을 찾아낼 필요가 있음은 물론이다.

일본 정부의 기록 / 자료와 그 원만한 조사를 위한 협조 시스템을 구축해야 한다.

이와 더불어 일본 정부의 기록 관리 시스템과 역사를 검토하면서 해당 기록/자료를 찾고자 노력해야 한다. 과거 일본은 패전이 짙어지자 '불편한' 자료를 수없이 없애거나 은폐했다. 이후에도 그런 행태는 지속되었다. 이렇게 은폐된 자료는 어디에 보관되어 있을까? 추측건대 일본 궁내청(宮內廳) 서릉부(書陵部)의 공문서관, 내각부(內閣府) 산하의 역사 공문서 보관실, 국회 도서관의 헌정자료실(憲政史料室) 등이 유력하다. 그 어딘가에서 어쩌면 안중근 의사 유해의 위치에 관한 기록/자료가 공개를 기다리고 있을지도 모른다.

이 가운데 해당 기록/자료를 조사하려면 일본 정부와 관련 당국의 협조가 필요하다. 따라서 그 조사를 원만하게 하기 위한 협조 시스템을 구축해 나가야 한다. 이에 한국 정부는 협조 요청에 더하여 그 성과를 낼 수 있도록 담당자와 네트워크를 일정하게 유지하고 관리해 나갈 필요가 있다. 과거에 국가 보훈처는 일본 측에게 안중근 의사 유해에 관한 자료 조사의 협조를 요청한 적이 있다. 그때마다 일본 당국의 회답은 '찾고 있다'였을 뿐 결국 성과는 없었다. 이런 실태(失態)를 거듭하지 않으려면 한국은 물론 일본 역시 '협조와 성과'에 필요한 담당자와 네트워크의 유지와 관리에 상당한 관심과 노력을 기울여야 할 것이다.

자료 감수의 말

김월배 선생은 북한이 시도했던 '안중근 유해 발굴'(1986년)과 일본 측의 '안중근의 묘'에 관한 조사기록을 비롯하여 각종 신문, 문서 자료, 잡지 기사, 진술서 등 많은 자료를 수집했다. 모두가 상당히 중요한 자료로서 김월배 선생의 수고에 감사를 드린다. 이번에 이들 자료를 우리말로 번역하여 출판하신다고 하니 기쁜 일이 아닐 수 없다.

그 우리말 초역을 감수하면서 느낀 점을 두 가지만 지적해 둔다. 하나는 이들 일본어 자료 가운데는 번역하기 매우 까다롭고 성가신 곳이 적지 않다는 점이다. 예컨대 일본어의 용어나 표현을 그대로 번역/표기해야 할지, 어디까지 우리말로 바꿔야 할지 쉽지 않았다. 또한 일본어 읽기가 쉽지 않은 곳도 주의할 필요가 있었다. 나아가 자료 중에는 일부 알아보기 힘든 '미상(未詳)' 부분이 있어서 처리하기 곤란함을 느낀 곳도 적지 않았다.

또 하나는 공들여 수집한 자료이지만 자료 가운데는 비슷한 내용이 반복되는 것들이 있었다. 이는 신문 기사가 신문사만 달라서 보도된 경우 일 것이다. 또는 이미 일본 외교 사료관 등 알려진 자료가 곳곳에 섞여 있다. 아무튼 남겨진 과제는 이들 자료를 어떤 목표로, 어떻게 구성하여, 얼마나 의미 있는 자료로 활용해 나갈 수 있을 것인가 하는 일이라고 본다.

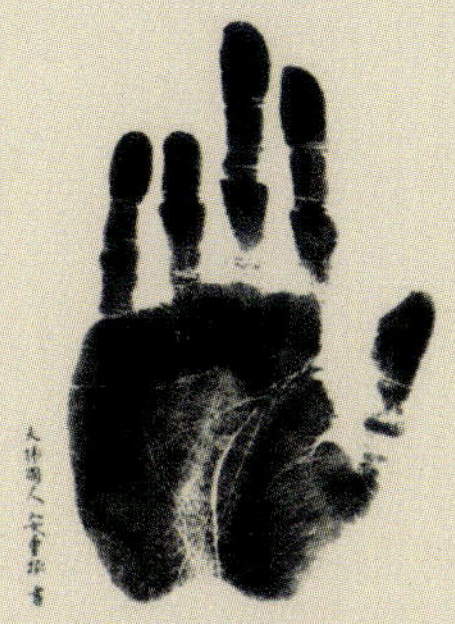

유해 사료, 안중근을 찾아서

발간소회

발간소회
안중근 의사 유해 발굴에 대한 의미와 자료와 확산 방안

김기홍(한국직업진로상담연구원)

안중근 의사의 유해 발굴은 모든 국민의 염원이다. 그동안 유해 발굴을 위한 노력이 지속적으로 이루어졌으나, 모든 국민의 염원을 이룬다는 길이 험난함을 알 수 있다. 어디엔가는 묻혀 있겠지만, 정확한 사료적 자료와 많지 않으니 안타까운 현실이다. 대한민국 임시정부 수립 100주년이 지난 지금도 안중근 의사의 유해를 발굴의 노력은 더욱 그 남북 분단의 현실에서 중요성과 당위성을 배가되고 있다. 안중근 의사의 업적과 정의와 평화를 존중하는 사상은 서로 다른 남북의 이념 차이를 극복할 수 있는 유일한 공영의 정신이다. 이러한 공영의 정신을 기를 수 있는 것이 유해 발굴이다. 특히 중국 정부에서도 남북이 같이 발굴에 참여해야 한다는 입장을 견지하고 있으니, 남북의 상호협력 없이는 한치도 나가기 어려운 상황임을 알 수 있다. 안중근 의사의 유해 발굴은 역사적 사명이고, 남북은 안중근 의사의 유해 발굴을 위해 무한 책임을 가지고 있다.

향후 안중근 의사의 유해 발굴 노력은 정부 차원에서도 그리고 안중근 의사를 숭배하는 개인이나 단체 역시 상호적 협력의 길을 가야 한다. 우리 정부는 중국과의 외교적인 측면에서 지원과 유해 발굴을 완료할 때까지 다양한 안중근 의사 기념사업 차원에서 관심을 가지고 지속적인 재정지원이 이루어져야 한다. 이와 동시에 관련이 있는 기념사업 단체나 개인의 전문성이 있는 역량들을 총합하는 네트워크 구축과 안중근 의사의 정신을 기르는 사업과 학술적 연구도 정부나 민간단체에도 지속적으로 이루어져야 한다.

안중근 의사의 유해 발굴이 쉽지 않은 일이지만, 역사적 사명으로 우리 모두의 마음 속에 받아들여지고 있기에, 언젠가는 실현될 꿈으로 희망한다.

안중근 의사의 유해 발굴에 대한 의미와 정당성 그리고 우리의 책임성에 대한 자료집은 민족교육으로 그리고 평화교육으로 또한 민주시민교육으로 학생 대상 그리고 성인 대상으로 누구나 알아야 하고, 마음 속에서 담아 두어야 할 훌륭한 교재이다. 이러한 자료집은 학교에서 선택교과로도 혹은 성인교육에서 안중근 의사의 참 평화인의 모습을 기르는 정신 혼으로 학교 현장에서 확산 보급해야 하며, 학술적으로도 다양한 차원에서 연구되어야 한다. 진정한 애국심은 훌륭한 선열들의 얼을 되새기고 본 받음으로서 발휘된다. 안중근 의사의 유해 발굴은 당연히 우리 앞에 놓인 과제이고, 또한 우리가 반드시 해결해야 할 책무이다.

발간소회
안중근 유해 사료, 밈(meme)을 만들자.

김동국(프로듀서, 에이엔에스엔터테인먼트)

잠시 기억을 돌려보자.

2013년 나는 다롄공항에 마중을 나온 김월배 교수를 만났을 때 옷차림을 보고 좀 당황스러웠다. 교수님이라기보다 전역한 군인의 복장으로 나를 마중 나왔다.

의문스러운 복장의 김 교수와 뤼순역에서 103년 전 안중근 의사가 하얼빈에서 뤼순역까지 처참히 끌려왔을 생각에 가슴이 먹먹했다.

뤼순 일아 감옥 구지 박물관 직원의 안내로 안중근 의사 형장에서의 묵념은 일평생 잊지 못할 큰 충격이었다. 충격과 동시에 죄스러운 마음뿐 그 어떤 말도 할 수가 없었으며 그 공간은 엄숙하다 못해 너무 처연한 마음으로 고개를 떨군 채로 묵념이 끝난 한참 후에도 안중근 의사의 유지를 받들지 못한 후손이라는 괴로운 마음에 한동안 고개를 들 수가 없었다.

103년이라는 시간이 흘렀지만 뤼순의 어느 곳엔가는 꼭 계실 것만 같은 마음으로 김월배 교수와 함께 한달음에 둥산포 공동묘지를 찾아갔다. 뤼순 일아 감옥 구지 공동묘지라는 것 외에는 안중근 의사가 어느 곳 어느 위치에 계실지 알 수가 없다는 현실을 깨달았다.

안중근 의사가 순국하시고 그의 유언대로 "하얼빈 공원에 묻어두었다가 고국이 해방되면 고국 땅에 묻어 달라"는 유지를 받들기 위해서라면 이제부터라도 후손 된 도리를 지켜야겠다는 마음을 먹게 되었다.

안중근 의사의 유해를 찾고 모시기 위해서는 무엇보다 중국과 일본으로부터 103년 전의 사료와 기록들을 찾아야 한다는 진리를 알게 되었다.

바로 그때가 김월배 교수의 허술한 군복차림의 의문이 풀리는 순간이었다. 중국인들에게 비굴하리라 만치 사재를 들여서 자존심 버리고 납작 엎드려 그들의 비위 맞춰가며 자기 자신을 철저히 낮추고 중국인에게 안중근 의사의 유해 관련 자료를 수집하고 정리를 하고 있었던 것이다.

그때 뤼순에서 묵념을 통해 의사님과 대면을 하고 후손으로서 의사님 유해를 고국으로 모시기 위해서라면 무슨 일이든 하겠다는 각오를 하게 되었다.

일본은 안중근 의사를 독립운동가가 아닌 테러리스트라고 말한다. 그러나 시나가와구 니시오이에 있는 이토 히로부미 묘에 "조선의 독립운동가에 의해 저격됐다"라는 안내판이 있다는 정보를 듣고 이토 히로부미의 묘를 찾아갔다. 이토의 묘는 연중 11월 초 한 번만 공개를 하기 때문에 입장을 할 수가 없었으나 우여곡절 끝에 입장하여 "조선의 독립운동가에 의해 저격됐다"라는 문구를 두 눈으로 보고 사진으로 남길 수 있었고, 뤼순의 안중근 의사 형장에서부터 의사님의 발자취를 따랐던 순간이 떠오르며 이토 묘와의 대면은 말로는 표현 못 할 만감이 교차되어 유해 발굴이 더욱더 절실하게 감화되었다.

그 후 2015년 부산영화제 참여 중에 안중근 의사 유묵이 일본 오카야마현 조신지 절에 있다는 정보를 듣고 바로 카메라를 메고 오사카를 거쳐 오카야마 조신지 절 주지를 만나러 간 적도 있었다.

오카야마에서 교토로 이동해 김월배 교수가 일본인들을 대상으로 '평화주의자 안중근 유해 어떻게 할 것인가' 강연에 참여하여 현장에서 일본인들의 반응을 목도하였다. 그 강연의 내용을 담아 공저자와 책을 발간하여 일본 최대 서점 기노쿠니야에서 판매되고 있다.

또한 2018년과 2019년 일본 동경에서 사료를 조사하던 김월배 교수와 만나 일본 외교 사료관에 직접 가서 길잡이 역할을 하며 조사 현장 속의 지난한 과정을 지켜보았다.

김월배 교수는 안중근 의사 관련 사료를 찾기 위해 방학 때면 불편하기 짝이 없는 캡슐 호텔에서 장기간 묵어가며 값싼 식료품으로 끼니를 때우면서 매일같이 외교 사료관으로 출근을 했는데 그 열정은 감복하지 않을 수 없었다.

이 책은 20여 년간 중국과 일본의 현장에서 발로 뛰어 엮어낸 그야말로 유일무이한 사료라고 해도 과언이 아닐 것이며 후손 된 도리를 지키고자 하는 모든 이의 마음이 가볍게 되는 날을 조금이라도 앞당기는데 일조할 수 있는 사료로서 가치가 있을 것이다.

그 20여 년간의 기록이 드디어 세상에 나온다니 감회가 깊다.《유해 사료, 안중근을 찾아서》가 드디어 편집인의 손으로 넘어 간다.

소중한 기록을 세상에 알리기 위해 나는 안중근 의사 유해 발굴을 문화 현상으로 이해하려고 한다.

그럼 어떻게 대중에게 그 현상을 알릴 것인가? 밈(meme)이다. 〈이기적 유전자〉에서 소개된 개념인 동시에 문화 전파 방식 중 하나이다.

안중근 의사의 유해를 찾는 것은 자기 복제적 특징을 갖고 번식해 대를 이어 내려가는 인간의 유전자처럼 앞으로의 우리 세대들에게도 자연스럽게 전달 전달이 되어 하나의 문화 현상으로 자리 잡을 수 있도록 자연스럽게 알리고 싶다

이제는 특정 애국인사들의 영역이나 연구자의 영역에서만 안중근 의사의 유해 발굴을 위해 힘쓰기엔 시간이 없다.

전국민이 관심을 가져야 한다.

그리하여 안중근 의사 유해 발굴에 대한 열정을 가진 연구자에게 자료 제공을 하고 잠재된 연구자에게도 기회 제공하고 차세대 연구자들에게 마중물과 지름길 역할을 할 수 있는 편찬이 되길 바란다.

발간소회
안중근 의사와 아버지 그리고 나

김성수(한양대학교 교수)

"내가 죽은 뒤에 나의 뼈를 하얼빈 공원 곁에 묻어 뒀다가 우리의 국권이 회복되거든 고국으로 반장(返葬)해 주길 바란다. 나는 천국에 가서도 조국의 주권 회복을 위해 힘쓸 것이다. 만약 하늘에서도 조국 광복의 소식을 듣는다면 나는 혼령들과 함께 덩실덩실 춤을 추며 만세를 부를 것이다."

1909년 10월 26일 중국 헤이룽장성 하얼빈역에서 이토 히로부미 일본 추밀원 의장을 사살한 안중근 의사. 안중근 의사는 이듬해 3월 26일 뤼순 감옥에서 교수형을 앞두고, 동생 안정근·안공근과 홍석구 신부에게 남긴 유언이다. 안중근 의사의 의거가 있은 지 한 세기를 훌쩍 넘겼어도 안중근 의사의 간절한 유언은 아직 실현되지 않고 있다.

나에게 안중근 의사는 삶의 지표(指標)이시다. 아버지께서 안중근 의사 유해봉환을 위해 평생을 노력하셨다. 안중근 의사를 유해 찾고자 고(故) 김수환 추기경, 고(故) 김우중 대우그룹 회장 등 당시 명망 있는 인사들을 직접 만나 친필서명을 받아 추진위원으로 영입하면서, 1984년 '순국선열유해 한국봉안위원회'를 발족하였다. 이때부터 안중근 의사의 흔적을 찾아 중국 30여 회, 일본 20여 회, 미국 4회 등 3개국의 각지를 누볐다. 안중근 의사의 후손과 유족 그리고 안중근 의사와 관계가 있을 만한 사람들이 있는 곳이면 만사를 제치고 만났다.

선친께서는 역사 앞에 단호하셨다. 일본의 교과서 왜곡, 전시동원령과 다름없는 유사법제 제정, 일본 총리의 신사참배와 독도 영유권망언 등 과거를 반성하기보다 역사를 거스른 행동에 대해 불편해 하셨다. 일본 지폐에 이토 히로부미 초상이 들어 있는 것을 보면서, 안중근 의사초상을 화폐 도안으로 사용할 것을 건의하셨다. 한민족의 기개를 보여준 안중근 의사를 통해 민족정기를 보여주어야 한다고 열변을 토하셨던 기억은 시간이 지날수록 기억에 생생하다.

일제의 을사늑약으로 국권이 침탈당하자 수많은 애국지사들이 구국을 위해 희생한 숭고한 정신을 잊지 않아야 한다고 하셨다. 청산리 항일대첩기념비'를 중국에 건립하는 것에도 선친께서 중심에 있으셨다. 1987년 안중근 의사 유해봉환사업으로 만주지역을 자주 찾다가 청산리 전적지가 우리의 무관심속에 잡초지로 방치된 것을 알게 된 후 역사적인 현장과 정신을 후세에 길이 전승시키고자 직접 후원회를 조직해 건립하셨다. 그러면서도 안중근 의사에 대해서는 지나칠 정도로 집착하셨다. 처음에는 잘 이해가 되지 않았다. 하지만 그 이유는 명백하였다.

우리 사회는 극심한 진영으로 갈라져 있다. 모든 일이 진영에 따라 결정된다. 진영에 속하면 동조해서는 안 되는 금기 영역과 비판해서는 안 되는 성역으로 양분된 결정을 강요받게 된다. 아니면 어느 쪽도 선택하지 말 것을 강요한다. 사회적 동의를 찾기 어렵다. 대안은 무엇일까? 합의다. 안의사의 유묵인 '국가의 안위를 위해 애쓰고 걱정한다'는 원칙을 확인하고 우리가 하나 될 수 있는 구심점을 세우는 것이 필요하다. 민족의 미래를 걱정하고, 정체성을 바로 잡는 것이다. 선친께서 쉼 없이 찾아내시고 주장했던 독립공채상환, 청산리대첩비, 구정공유일, 안중근 의사 유해봉환, 데라우치문고반환등이 그 논리이다. 그것은 우리 민족의 혼이요 정체성인 것이다.

미래는 역사의 흐름 속에서 찾아야 한다. 안중근 의사의 쉼 없는 민족애를 재발견하고, 오늘 우리의 행위규범으로 삼을 수 있을 것이다. 안중근 의사의 유해 봉환을 재추진하고, 현재 논의되고 있는 3만원권 화폐 모델로 안중근 의사를 채택하자. 일본의 반복되는 역사 왜곡 등에 맞서 우리의 민족정기를 선양하자는 뜻도 있다. 과거 일본의 1,000엥 화폐에 이토 히로부미를 모델로 한 적이 있었다. 안중근 의사를 화폐 도안으로 하자는 것은 결코 국수주의적 주장이 아니다. 안중근 의사는 평화론자였다.

또한 안중근 의사는 구국영재을 양성하기 위해 학교를 세운 교육가이자 의병장군이며 한국이 국력을 떨친다면 세계가 한국말을 통용할 것이라 확신하고, 실천한 선각자이셨다. 안중근 의사는 평화론자로 동양평화론을 주창한 사상가이셨다. 안타깝게 완성하지는 못하였지만 현재의 EU, APEC과 같은 공동체를 112년 전에 주장하였다. 한국이 문화강국이 되고, 세계평화를 위한 공동체가 만들어졌다. 안중근 의사의 예견했던 대로 세상이 돌아가고 있으니, 참으로 놀라운 일이 아닐 수 없다.

안중근 의사의 기상을 담은 "이익을 보거든 정의를 생각하고 위태로움을 보거든 목숨을 바쳐라"는 좌우명은 물질만능주의와 이기심이 만연한 현대사회에서 되새겨야 할 의로운 삶의 원리이자, 우리 민족의 좌표가 되어야 할 것이다.

살벌한 전투 중에 잡은 일본군 포로를 무기까지 돌려주며 살려주기도 하였다. 감옥 생활 중에는 간수들에게까지 감사의 글로 유묵을 남겼다. 대범과 절개와 절제의 성품은 감동을 넘어선다. 안중근 의사를 감시했던 간수의 후손과 안중근 의사를 만났던 일본인들의 후손들은 아직도 안중근 의사를 추모하고 있다.

얼마 전 방송사 지원으로 아들 용권과 함께 아버지의 발자취를 찾았었다. 안중근 의사의 유해는 아직 모셔오지는 못했다. 하지만 의사의 혼과 정신은 우리 마음속에 빗돌로 새겨져 이어지고 있다. 이 책은 안중근 의사의 혼과 정신을 잊지 않겠다는 우리의 약속이다. 그리고 언젠가 안중근 의사의 유해를 찾고자 새로운 발걸음을 디딜 때 초석이 되었으면 하는 마음을 담았다. 일본 수학여행 학생들은 한국을 방문할 때 '안중근 의사 기념관'을 찾는다고 한다. '우리는 어떨까?, 우리는 왜 찾지 않을까'

반문해 본다. '역사를 잊은 민족은 미래가 없다'고 하였다. 이 책이 역사를 반추하는 기록이 되고, 평화의 의미를 되새기는 계기가 되기를 희망하며, 안중근 의사의 영전과 아버님의 영전에 감히 바친다. 책의 완성을 위해 헌신해주신 김월배 교수님께 감사와 경의를 표한다. 마음을 함께 할 수 있음에 감사드린다.

2022년 10월 26일

김성수
한양대학교 정치외교학과 교수
미래문화융합연구원 센터장

발간소회
안중근 의사 유해, 국악으로 피어나자

김순진(청흥가야금연주단 대표)

안중근 의사와 음악

영웅을 선양하는 모습은 다양하게 표현된다. 마음과 정성을 다해 음악으로 안중근 의사님을 추모하며 선양하고 있다. 서울 국립창극단은 1975년 안중근 의사 독립운동 내용의 창극 '대업'을 공연하였다. 중국 하얼빈에서는 1992년 하얼빈 가극원이 오페라 '안중근 의사'를 공연하였다. 서울 예술의 전당에서는 1995년 광복 50주년 안중근 의사 순국 85기를 맞아 창작 오페라 '안중근'을 공연하였다. 안숙선 명창(국가중요무형문화재 제23호 예능 보유자)은 2001년 신작 판소리 '안중근 전' 음반을 발매하였다. 안중근 의사 의거 100주년에는 2009년 LG아트센터에서 뮤지컬 '영웅'을 공연하였고, 2015년 국립국악원 예악당에서는 광복 70주 기념 창극 '안중근'을 공연하였다.

이외의 예술단들도 연주, 발레, 연극 등 안중근 의사의 생애와 평화주의 이념을 정성껏 기리고 있다.

청흥가야금연주단과 안중근 의사 의거지 하얼빈

2010년 청흥가야금연주단은 장퉁고쟁(古箏)학교와 한중 공동 교류 연주를 시작으로 하얼빈과 대전을 오가면서 연주하고 있다. 하얼빈 국제여름 음악제에 한국 대표 연주단으로 초청받아 하얼빈시 중앙대가 방홍기념탑 야외무대에서 가야금 연주를 선보여 3천여 명의 관객들에게 호응을 받았다. 그 후 하얼빈 사범대학 연주 홀, 하얼빈시 가극원, 구어구어 거리 광장 등에서 연주하였다. 김순진 가야금 독주회도 흑룡강성예술연합회 주최로 열었다. 대전에서는 2010년 이후 격년으로 장퉁고쟁학교 연주단을 초청 연주하고 있다. 공주교육대학교는 장퉁(하얼빈 사범대학) 교수를 초청하여 가야금과 닮은 중국 고쟁을 소개하는 특강을 개최하였다. 장퉁 교수는 "두 나라 전통악기를 서로의 국민에게 알리고자 한 목표가 충분히 이뤄졌다."라고 말했다.

뤼순감옥에 울린 가야금 선율

뤼순감옥은 안중근 의사가 하얼빈 의거를 하고 뤼순에서 이감되어 구속되어 순국한 곳이다. 안중근 의사의 숨결과 넋이 잠든 곳이다. 2019년 3월 26일 안중근 의사 순국일을 맞아 뤼순감옥 내 안중근 의사 사형장 옆에 마련된 추모 공간에서 청흥가야금연주단이 노래와 가야금, 해금으로 안중근 의사의 영혼을 위로해 드렸다. 국악으로 처음 연주된 순간이었으며, 청흥가야금연주단 25년 역사에서 가장 소중한 연주였다. 하얼빈과 뤼순에서 안중근 의사를 기리며, 대한민국 전통악기로 연주하였다는데 의미가 깊었다.

안중근 의사 유해, 국악으로 피어나자

안중근 의사와 하얼빈은 김월배 교수의 인연으로 시작하고 참여하였다. 선생의 20년 준비와 4년간 번역 편집한 안중근 의사의 유해 사료를 종합한《유해 사료, 안중근을 찾아서》가 발간된다. 그동안 함께해 온 청흥가야금연주단은 안중근 의사가 남기신 〈유언〉과 〈장부가〉 등을 가야금과 노래로 연주해야 할 필연성을 느낀다. 대한민국 국민에게 안중근 의사 유해 반장의 당위성이 국악, 가야금으로 피어나기를 소원한다.

발간소회
안중근 의사 유해, 남북평화철도로 반장하고자 한다.

김원응(한국철도공사 남북대륙 사업처장)

안중근 의사 유해 발굴, 주권국가의 당연한 책임이다.

올해는 안중근 의사가 중국 뤼순감옥에서 순국한 지 112주년 되는 해이다. 죽어서도 해방된 조국의 모습을 보고 싶어 했던 안중근 의사의 마지막 유언에도 불구하고 우리는 현재까지 안중근 의사의 영혼을 조국의 품으로 모시지 못하고 있다.

과거 우리 정부에서는 북한을 포함한 주변국들과의 협력을 통해 안중근 의사의 유해 발굴을 여러 번 시도했었지만 실패한 경험이 있고, 시간이 많이 흐르다 보니 많은 사람들이 안중근 의사의 유해 발굴에 대해 회의적이고 현실적으로 어렵지 않은가 하는 생각들을 하고 있는 것도 사실이다.

동북아시아는 복잡한 역사적 배경 및 지정학적 리스크로 인해 국가 간의 갈등과 영토분쟁이 지속되고 있는 지역이다. 이런 환경 속에서 주변국과의 협력을 통해 안중근 의사의 유해를 발굴하고 조국으로 모셔올 수 있는 최선의 해법은 무엇일까?

동아시아의 관계국들은 안중근 의사의 유해 발굴이 단순하게 남한 북한만의 문제가 아닌 우리 모두의 과제임을 인식하고, 남한, 북한, 중국, 일본이 함께 공동으로 동아시아의 평화 프로세스 정착과 공존을 위해 접근하는 노력을 보여주어야 한다. 남한과 북한은 우선적으로 상호 협력하여 주변국의 도움을 이끌어 내야 중국과 일본도 안중근 의사 유해 발굴에 적극적으로 동참할 것이다. 그리고 무엇보다도 역사적인 원죄를 짓고 있는 일본은 안중근 의사 유해 발굴에 적극적으로 협조하여야 한다. 그러므로 우리의 외교 역량을 최대한 발휘하여 주변 관계국들과의 관계를 개선하고, 종합적이고 정책적인 판단을 통해 관계국의 협조를 이끌어 낼 수 있을 때 안중근 의사의 유해 발굴도 가능해질 것이다. 아울러 우리 정부는 지금이라도 정부 주도로 남한과 북한 또는 남·북·중·일이 함께 하는 '안중근 의사 유해 발굴 상설 위원회'를 구성하고 제도화하여 각국 정부가 공동으로 유해 발굴을 추진할 수 있는 기반을 마련해야 한다. 안중근 의사 유해 발굴, 주권국가의 당연한 의무이자, 책임이다.

남북철도, 평화를 위하여 달린다

하얼빈 일본 총영사관에 수감되신 안중근 의사는 1909년 11월 1일 하얼빈에서 랴오둥반도 최남단 뤼순으로 이동되신다. 뤼순으로 가는 길은 평화의 길이었다. 11월 3일 관동도독부 감옥서(현 뤼순일아 감옥구지 박물관)에 도착하였다. 감옥에서 안중근 의사는 불후의 역작 동양 평화론을 저술하신다.

동양 평화론에서, "일본이 첫째, 한국의 국권을 되돌려 주고 둘째, 중국 만주에 대한 침략의 야욕을 버리며 셋째, '독립한' 중국 · 한국 · 일본이 동맹하여 평화를 부르짖고, 서로 화합하여 평화를 위해 뤼순에 동양평화 협의체 건설"하여 동양평화가 이루어진다고 보았다. 그래서 안중근 의사는 과감하게 자신을 던져 한국의 독립을 갈구하고, 동양평화를 유지하며, 희망하셨다.

그러나 우리는 지금 안중근 의사 동양 평화론을 과거 역사로만 기억하고 있는 것은 아닌가. 일본은 역사에 대한 깊은 반성과 성찰도 없이 군사 대국화의 길로 나아가고, 지금도 여전히 독도 영유권을 주장하고 있지 않은가?

"역사를 잊은 민족에게 미래는 없다." 역사의 교훈에서 배울 줄 아는 민족이라야 밝은 미래가 보장되는 법이다. 지금 우리가 누리고 있는 대한민국의 발전과 번영은 우리 조상들의 피와 땀으로 이루어진 것이다. 그러므로 우리는 조국의 독립을 위해 소중한 목숨을 기꺼이 바친 애국지사들의 숭고한 희생정신에 누가 되지 않도록 반드시 안중근 의사의 유해를 발굴하고 고국땅에 모셔야 한다. 이것이 이루어지는 날 안중근 의사가 주창한 동양평화론은 완성될 것이며 비로소 아시아의 참 평화도 이루어질 것이다.

'평화' 아마도 인류 역사상 가장 많이 회자되는 용어일 것이다. 과거에도 현재에도 미래에도 평화는 인류의 영원한 숙제인 것이다. 한국철도공사에는 안중근 의사의 유언을 실현해 줄 진정한 대한독립의 광복을 위하여 남북철도 사업을 하고 있다. 안중근 의사는 통일된 조국을 염원하고 계실 것이다. 인류의 보편적 가치 평화는 현재진행형이다. 한국철도공사 남북철도는 평화를 위하여 달리고 있다. 안중근 의사 유해도 통일로 귀결이 된다. 중국은 안중근 의사 유해 발굴을 위해서는 안중근 의사가 고향이 황해도 해주임을 들어 남북한 공통된 의견으로 신청하기를 희망하고 있다.

한국철도공사 남북대륙사업처장인 나는 희망한다. 우선, '남북한 교통의 연결'이다. '통일과 평화의 주춧돌'이다. 둘째, 안중근 의사 같은 '독립운동가 및 애국지사를 한민족이 공동 선양'을 통해 공감대와 교류의 물꼬가 지속되어야 한다. 셋째, 나는 기관사 출신으로 "통일된 남북철도로 안중근 의사 유해를 모시고 싶다". 안중근 의사의 후손된 도리를 다하고자 남북대륙철도 연계 운행을 노력해야 한다. 남북철도가 이어지는 날, 남북이 하나 되어 통일되는 날, 안중근 의사의 우렁찬 만세 소리가 들릴 것이다.

이제, 《유해 사료, 안중근을 찾아서》가 발간된다. '2021 한국출판 연감'에 따르면 지난해 출판된 신간은 총 6만 5,792종이다. 많은 서적들이 출간되고 바로 잊혀지고 있는 현실 속에서 다양한 언론매체와 매스미디어, 유튜브, SNS 등을 통한 고객과의 지속적인 소통 활동과 홍보를 강화하고 정부와의 협력을 통해 정부를 통한 공식적인 홍보 채널도 구축하는 노력을 기울여야 한다.

발간소회
"흔적이 있을 것이다!"

노치영(예비역 육군준장)

안중근 의사의 유해를 찾기 위해 김월배 선생이 생을 바쳐 쫓는 이유이다.

일제는 불법 재판을 통해 안 의사에게 사형을 선고했고, 1910년 3월 26일 사형을 집행했으며 유족(두 동생 정근·공근)들도 모르게 유해를 매장했다.

나는 안중근 의사의 순국과 관련하여 김 선생이 정리한 기록을 보면서 일제의 행위에 다시 한번 경악했다.

순국 당일 관동도독부 고등법원장 히라이시는 (그들의 입장에서)안중근 사건 관련자 24명에게 거액의 상여금을 집행했고, 오후 5시부터 10시까지 관사에서 관련자 20명을 초청하여 연회를 벌였다. 이 자리에는 기생들이 동원되었고 공연과 장기자랑이 있었다. 치가 떨리고 눈물이 났다.

일본은 우리에게 잊지 못할 원한의 역사를 만들었고, 안중근 의사의 의거는 독립의 철학과 정신이 되었으며 이를 바탕으로 지금의 대한민국을 창업해 냈다. 그러나 안타깝게도 안중근 의사의 유해를 조국으로 모시지 못하고 있다. 이번에 발간되는《유해 사료, 안중근을 찾아서》가 많은 사람들의 관심사가 되고 의지가 되어 안 의사의 유해를 찾는 계기가 되길 간절히 바래본다.

한가지 다행스러운 점은 군의 관심이 큰 것인데 육군의 경우 오래전부터 안중근 장군을 초대참모 총장으로 추대하고, 계룡대 참모총장 회의실을 안중근장군실로 명명했으며, 안중근 유묵(위국헌신 군인본분)을 육군의 대표 슬로건으로 활용하고 있다. 청년들이 군에서 안중근을 만난다는 것은 온 국민이 안중근을 만나는 것과 같고 이 같은 만남은 민족의 정기로 이어질 것이다.

안중근 의사 유해를 찾아야 한다는 일념으로 현장을 밟아《유해 사료, 안중근을 찾아서》를 집대성한 김월배 선생과 고난의 길일 것임을 알면서도 김 선생을 닮아 가려는 청년 김이슬 선생께 존경과 감사를 드린다.

나도 안중근 홍보대사로서《유해 사료, 안중근을 찾아서》를 널리 알려 안중근 의사의 후예로서 소명을 다해야겠다는 다짐을 해본다.

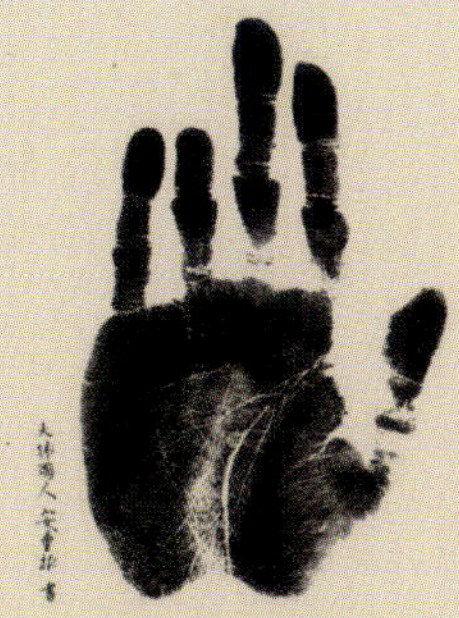

유해 사료, 안중근을 찾아서

부록

자료출처

참고문헌

자료 출처

1. 일본

순서	자료명		자료 출처
1	일본 신문	도쿄아사히신문	안중근 자료집 편찬위원회(2017), 《일본 신문 중 안중근 기사 Ⅳ: 도쿄 아사히 신문》, 채륜
			일본 국립국회도서관
		모지신보	독립기념관 한국독립운동사연구소(2011), 《일본신문 안중근 의거 기사집 Ⅰ》, 독립기념관 한국독립운동사연구소
			일본 국회도서관 신문도서실
			한국 독립기념관 자료실
		오사카마이니치신문	독립기념관 한국독립운동사연구소(2011), 《일본신문 안중근 의거 기사집 Ⅱ》, 독립기념관 한국독립운동사연구소
			일본 국회도서관 신문도서실
			한국 독립기념관 자료실
		조선신문	안중근 자료집 편찬위원회(2017), 《재한 일본 신문 중 안중근 기사 Ⅲ-조선신문》, 채륜
		교토일출신문, 국민신문, 나고야신문, 도쿄일일신문, 시사신보, 신애지신문, 요미우리신문, 이세신문, 규슈일일일보, 토양신문, 후쿠오카일일신문, 타이완일일신보	일본 국립국회도서관, 김월배 제공
2	이토 공작 만주 시찰 일건	이토 공작 만주 시찰 일건	원소장: 일본 외교 사료관. 자료: 한국역사연구원, 이태진, 오정섭, 김선영(2021), 《(그들이 기록한) 안중근 하얼빈 의거: 일본 외무성 소장 〈이토 공작 만주 시찰 일건〉 11책 총람》, 태학사
		이토 공작 만주 시찰 일건 밀봉	일본 외교 사료관, 김월배 제공
3	고가 하쓰이치	고가 하쓰이치가 판마오중에게 보낸 편지	뤼순일아감옥구지 박물관, 판마오중 제공
		고가 하쓰이치 참회록	뤼순일아감옥구지 박물관 제공
4	뤼순감옥 마지막 형무소장 다고 지로	다고 지로의 공술서	뤼순일아감옥구지 박물관 제공
		다고 지로의 죄행록	뤼순일아감옥구지 박물관 제공
5	뤼순감옥 형무소장 사망장 보고서		뤼순일아감옥구지 박물관, 김월배 제공
6	일본 감옥사 자료_사형 집행의 제도와 도고		뤼순일아감옥구지 박물관 제공
7	뤼순감옥 관련 인물 목록과 전화번호	관동국 경찰 회원목록	뤼순일아감옥구지 박물관 제공
		관동청 형무소(뤼순감옥) 전화번호부	뤼순일아감옥구지 박물관 제공
		뤼순감옥 관련 일본인 명단	국가보훈처(2010.10.25.) 보도자료, "안중근의사 유해발굴 추진 상황 보고"
			뤼순일아감옥구지 박물관 제공

2. 중국

순서	자료명		자료 출처	
1	중국 신문	만주일일신문	안중근 자료집 편찬위원회(2014), 《재만 일본 신문 중 안중근 기사 Ⅱ -만주일일신문》, 채륜	
			일본 국립국회도서관, 김월배 제공	
		성경시보	동북아역사 자료센터 소장	沈阳: 盛京時報影印組(1985), 《盛京時報-影印本 14》, 沈阳: 盛京時報影印組
			국가보훈처(2022.10.26.) 보도자료 "안중근의사 유해, 하얼빈산(産) 소나무 관 안치 후 조촐한 장례"- 국가보훈처, 안중근의사 순국 당시 중국 현지 신문 기사 최초 발굴 및 공개 -	
2	중국 잡지	《旅大小史》	뤼순일아감옥구지 박물관, 김월배 제공	
3	뤼순감옥 단독 안중근 의사 유해 발굴 조사 보고서		뤼순일아감옥구지 박물관 제공	
4	뤼순감옥 주변 공동묘지 현장 실태 조사		뤼순일아감옥구지 박물관 제공	
5	지도 근거 안중근 의사 묘지 추정 분석 보고서		중문본: 뤼순일아감옥구지 박물관 제공 한글본: 2008년 안중근 의사 유해 발굴단	
6	저우샹링 관장 진술자 조사 보고서		뤼순일아감옥구지 박물관 제공	
7	뤼순일아감옥구지 공동묘지의 과거와 현재(다롄일보)		뤼순 사지(史志) 향토 연구자 리화자(李华家) 제공	
8	뤼순 지도(연도별 뤼순감옥 주변 지도, 1911년 뤼순감옥 상수도 도면, 1918년 뤼순근교, 1956년 측정 지도)		뤼순일아감옥구지 박물관 제공, 1956년 측정 지도(전 뤼순수장가 협회장 서가회 제공)	
9	미국 등산포 공동묘지 GPR 발굴을 위한 공문서		뤼순일아감옥구지 박물관 제공	
10	안중근 의사와 윤봉길 의사 관련 문서봉투		다롄 영성자 고려 박물관 관장 황희면(黃熙冕) 제공	
11	안중근 의사 유해 발굴 관련 논문		뤼순일아감옥구박물관 전 부관장 왕전런(王珍仁) 제공	
12	관동도독부감옥법(《日本監獄法》)		뤼순일아감옥구지 박물관 제공	
	일본감옥법 감옥세칙		김월배 제공	
13	뤼순감옥묘지 변천 연구		뤼순일아감옥구지 박물관 제공	
14	북한 뤼순 안중근 유해 발굴 (1986)	〈朝鲜安重根遺骸调查团访华纪实〉	뤼순일아감옥구지 박물관 제공	
15	안중근 의사 유해 발굴 공문	《旅顺日俄监狱旧址博物馆年鉴(2006-2011)》	뤼순일아감옥구지 박물관 제공	旅顺日俄监狱旧址博物馆 · 大连市近代史研究所(2012). 《旅顺日俄监狱旧址博物馆年鉴(2006-2011)》, 旅顺日俄监狱旧址博物馆
16	뤼순감옥 근무 중국인	뤼순감옥 근무 중국인 명단	뤼순일아감옥구지 박물관 제공	
		마번위안과 마홍푸	뤼순일아감옥구지 박물관 제공	郭富纯(1975), 《旅顺日俄监狱实录》, 吉林人民出版社
			김월배 제공	마홍푸 탐방 조사(인터뷰)

3. 한국

순서	자료명		자료 출처
1	한국 신문	황성신문	국립중앙도서관 디지털도서관 디지털자료실
			안중근 자료집 편찬위원회(2017), 《국내 신문 중 안중근 기사 Ⅰ-황성신문》, 채륜
		대한매일신보	국립중앙도서관 디지털도서관 디지털자료실
			안중근 자료집 편찬위원회(2017), 《국내 신문 중 안중근 기사 Ⅱ-대한매일신보》, 채륜
		신한국보	독립기념관 한국독립운동사연구소(1997), 《新韓國報.國民報》, 독립기념관 한국독립운동사연구소
		경남일보, 신한민보	국립중앙도서관 디지털도서관 디지털자료실
		연합뉴스	뤼순일아감옥구지 박물관 제공
2	한국 잡지	《실화》	〈시사 IN〉 2010년 3월 26일자 기사([단독] 안중근 의사 딸 수기 발굴, "고국에 돌아와도 의지하고 찾아갈 곳이 없었다", 주진우 기자)에서 일부 인용(안중근 의사 기념사업회(이사장 함세웅)에서 발굴)
3	매천야록		국사편찬위원회(1955), 《梅泉野錄》, 新志社
4	김영광 선생 안중근 의사 유해 조사안		중문본: 뤼순일아감옥구지 박물관 제공 한글본: 김성수 교수(한양대학교 정치외교학과) 제공
5	안중근 의사 유해 발굴 보고서		뤼순일아감옥구지 박물관 제공
6	중국 외교부 · 한국 국가보훈처 자료		김월배 제공

4. 러시아

순서	자료명		자료 출처
1	국가기록원 발표 러시아 신문	우수리스까야 아끄라이나 (Уссурийская окраина)	국가기록원 보도자료(2019.05.29.) "'나는 조국 해방의 첫 번째 선구자', 그는 역시 영웅이었다."
2	러시아 국방성중앙문서보관소 소장 자료		러시아 국방성중앙문서보관소, 국가보훈처 자료

참고문헌

국사편찬위원회(1955),《梅泉野錄》, 新志社

독립기념관 한국독립운동사연구소(1997),《新韓國報.國民報》, 독립기념관 한국독립운동사연구소

독립기념관 한국독립운동사연구소(2011),《일본신문 안중근 의거 기사집Ⅰ》, 독립기념관 한국독립운동사연구소

독립기념관 한국독립운동사연구소(2011),《일본신문 안중근 의거 기사집Ⅱ》, 독립기념관 한국독립운동사연구소

박삼중(2015),《코레아 우라: 박삼중 스님이 쓰는 청년 안중근의 꿈》, 소담출판사

안중근 자료집 편찬위원회(2014),《재만 일본 신문 중 안중근 기사 Ⅱ -만주일일신문》, 채륜

안중근 자료집 편찬위원회(2017),《국내 신문 중 안중근 기사 Ⅰ-황성신문》, 채륜

안중근 자료집 편찬위원회(2017),《국내 신문 중 안중근 기사 Ⅱ-대한매일신보》, 채륜

안중근 자료집 편찬위원회(2017),《재한 일본 신문 중 안중근 기사 Ⅲ-조선신문》, 채륜

안중근 자료집 편찬위원회(2017),《일본 신문 중 안중근 기사 Ⅳ: 도쿄 아사히 신문》, 채륜

한국역사연구원, 이태진, 오정섭, 김선영,《(그들이 기록한) 안중근 하얼빈 의거: 일본 외무성 소장 〈이토 공작 만주 시찰 일건〉 11책 총람》, 태학사

황현 저, 김준 역(1994),《(完譯)梅泉野錄》, 教文社

황현 저, 이장희 역(2008),《매천야록(梅泉野錄).上, 中, 下》, 明文堂

郭富纯(1975),《旅顺日俄监狱实录》, 吉林人民出版社

刘志惠(2003),〈朝鲜安重根遺骸调查团访华纪实〉,《旅顺监狱旧地百年变迁学术研讨会文集(1902~2002)》, 吉林人民出版社

旅顺日俄监狱旧址博物馆·大连市近代史研究所(2008),〈安重根埋葬地寻访调查〉

旅顺日俄监狱旧址博物馆·大连市近代史研究所(2012).《旅顺日俄监狱旧址博物馆年鉴(2006-2011)》, 旅顺日俄监狱旧址博物馆

沈阳 : 盛京時報影印組(1985),《盛京時報 - 影印本 14》, 沈阳 : 盛京時報影印組

王珍仁(2015),〈关于安重根其人其事及遗骨寻找的相关问题〉, 大连近代史研究, 12, 大连市近代史研究所

周祥令(2006),〈旅顺监狱墓地遗址探究〉, 大连近代史研究, 大连近代史研究所

周之风,〈朝鲜爱国志士安重根遇害于旅顺监狱〉,《旅大小史》

국가기록원 행정지원과(2019.05.29) 보도자료, “나는 조국해방의 첫 번째 선구자”, 그는 역시 영웅이었다.

국가보훈처(2010.10.25.) 보도자료, “안중근의사 유해발굴 추진 상황 보고”

국가보훈처(2022.10.26.) 보도자료, “안중근의사 유해, 하얼빈산(産) 소나무 관 안치 후 조촐한 장례”- 국가보훈처, 안중근의사 순국 당시 중국 현지 신문 기사 최초 발굴 및 공개 -

문화일보(2019.05.30.) 기사, “기록원 ‘안중근 묘지 오보’ 알고도 공개...유해발굴에 혼선만”

시사IN(2010.03.26.) 기사, “[단독] 안중근 의사 딸 수기 발굴, ‘고국에 돌아와도 의지하고 찾아갈 곳이 없었다’”

국가기록원(https://www.archives.go.kr/next/viewMain.do)

국립중앙도서관(https://www.nl.go.kr/)

국사편찬위원회(http://www.history.go.kr/)

대한민국 정책브리핑(https://www.korea.kr/)